愛情像滿天的流星雨

藍博洲 著

目次

序曲

發現與尋訪

呂赫若與郭琇琮、許強及吳思漢是我們那一代台灣青年公認的四大才子。郭琇琮三人同時於馬場町刑場犧牲。呂赫若的生死下落卻是傳奇一般的「謎」。

——林書揚〔一九八七年〕

一九四六年十月十四日呂赫若攝於台北

（呂芳雄提供，藍博洲翻攝）

一九八七年七月十四日。

從台北南下的山線莒光號火車駛離苗栗站，隨即在穿越市區的鐵道上加速前進。窗外的風景隨著火車疾行而不斷倒退著。望著熟悉的故鄉景物，許多童年往事便一幕一幕重新回到腦海。火車疾疾駛過最後一道無柵欄平交道。我刻意望向右邊，不遠處山坡上的牧場已經沒有牛隻吃草的景象了，不堪入目的是一片零亂醜陋的公寓住宅。因為這樣，我又回到一九七六年春夏之間，思想開了竅，卻苦無出路的青春年代，從而看到那個在黃昏時候獨坐草坡望著南來北往的火車的孤寂少年的背影，並且重新體會了他那盼望早日遠離家鄉的心情。那時候，幾個談得來的同學都到外地念書了。我卻因為休學而困居閉塞的山鎮。這樣，每天走到媽祖廟對面那家書店看書，就成了紓解那令人鬱悶的氛圍的唯一安慰。

就是那個夏天，在書店裡擺著的一本《夏潮》雜誌第一卷第五期，我第一次讀到了謝敏譯的呂赫若小說《牛車》。我看到文後的「作者簡介」寫道：

呂赫若本名呂石堆，一九一四年生於豐原潭子。台中師範畢業，後赴東京學音樂，成為出名的男中音歌手。返台後，當教員、聲樂家和編輯，此外參與「厚生演劇研究會」，也是台灣文化界的風流人物。戰後參與台灣省藝術建設協會和出版業。死年不詳。

一九三五年開始發表大量小說作品，處女作〈牛車〉發表於一九三五年一月《文學評論》雜誌。

其他作品大部發表於台北《台灣文學》雜誌。一九四三年以小說〈財子壽〉得第一回「台灣文學賞」。一九四四年三月作品集《清秋》，由台北清水書店出版，收入小說：〈鄰居〉、〈柘榴〉、〈財子壽〉、〈合家平安〉、〈廟庭〉、〈月夜〉、〈清秋〉。其他還有很多作品未出書。

然而，像〈牛車〉那種題材的小說，彼時並沒有給思想剛剛啟蒙而又心性魯鈍的山鎮少年留下什麼深刻的印象。至於呂赫若，我也全然不知。

在我遐想著往事的時候，火車已經進入如今已經因為改道廢棄而改造為觀光步道的「功維敘」隧道。穿越這座長長的隧道之後，火車就要開始進入山區。

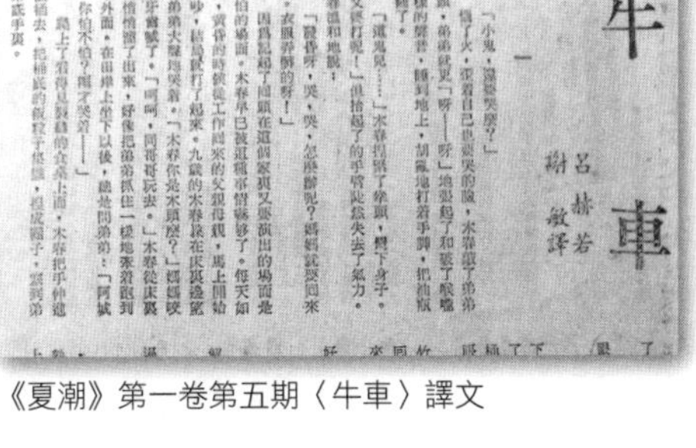
牛車
呂赫若
謝敏譯
一

《夏潮》第一卷第五期〈牛車〉譯文

一九七九年秋天，我終於得以遠離家鄉，到台北上大學。那年冬天，南台灣發生了一場「美麗島事件」。校園裡的空氣因此顯得沉悶而死寂。我聞不到大學該有的新思想的空氣。於是經常翹課，自己讀小說。就在這段期間，通過鍾肇政〔一九二五—二〇二〇〕與葉石濤〔一九二五—二〇〇八〕兩位文學前輩主編的遠景版「光復前台灣文學全集」第五卷《牛車》一書，我又讀到了呂赫若在日據時代的七篇小說創作：〈牛車〉、〈財子壽〉、〈風水〉、〈合家平安〉、〈廟庭〉、〈月夜〉與〈清秋〉。平心而論，相較於我在當時所能看到的日據時代其他前輩作家的作品，呂赫若的小說在表現手法上體現的藝術性，讓我留下最深刻的印象。這本書同時也附了與《夏潮》大致雷同的「作者簡介」：

呂赫若，本名呂石堆，一九一四年生，豐原潭子人，台中師範畢業，赴東京學習聲樂，是一名出眾的男中音歌手，返台以後，擔任公學校老師、聲樂家和興南新聞編輯，並參與「厚生演劇研究社」，是台灣文化界的風流人物。

一九三四年開始從事小說創作，成名作〈牛車〉發表於一九三五年一月號日本《文學評論》雜誌，一九四三年以〈財子壽〉得到台灣文學賞。一九四四年三月出版他的小說集《清秋》，共收入小說：〈鄰居〉、〈柘榴〉、〈財子壽〉、〈合家平安〉、〈廟庭〉、〈月夜〉、〈清秋〉等七篇作品。光復後參與台灣省藝術建設協會和出版協會，一九四七年傳聞被毒蛇咬死。其一生文學創作，以小說和文學評論為主。

呂赫若的名字與作品再次映入我的腦海。我對這樣一個既能唱聲樂又能寫小說，才情洋溢的「風流人物」，也有了更深的理解。更讓我感到好奇的是，原本「死年不詳」的他竟然會在「一九四七年傳聞被蛇咬死」。我不知道這個「傳聞」有多大的正確性？如果確是如此，我想知道為什麼。再者，我不知道「一九四七年」是什麼概念。那年，他，或者台灣社會，發生過什麼事情？我因此萌生想要更進一步理解他的生命史的念頭。

一直要到後來，讀了吳濁流先生（一九〇〇—一九七六）的《無花果》（一九八四年伸根版），我才約略知道，「一九四七年」應該是指充滿禁忌的「二二八事變」發生的那年。我想，呂赫若的「死」難道與「二二八」有關連嗎？然而，在彼時的大學校園，我既無從查找解答，也找不到討論的對象。

呂赫若，於是很快就在我尋找思想出路的苦悶歲月中，隨著酒後的頹廢而遺忘了。

1 光復初期台灣四大才子之一

八年後。呂赫若及其「傳聞」再次走進我的生命裡頭。一九八七年春天，我加入小說家陳映真先生（一九三七—二〇一六）創辦的《人間》雜誌的報告文學寫作隊伍。因為在全省各地採集有關「二二八」的證言史料，我偶然走進了在反共戒嚴體制下被人們刻意遺忘的、遼闊而悲壯的五〇年代白色恐怖歷史現場。就在那段田野調查的日子，我經常聽到許多當年的政治受難人提到關於呂赫若的種種傳聞。這樣，呂赫若及其謎般的生死下落又再次來叩我的心門了。

一九七九年版《牛車》封面

首先是一九五〇年五月底被捕，坐了卅四年又七個月牢的「麻豆案」老政治犯林書揚先生（一九二六—二〇一二）。在訪談中，他向我提到，浪漫的呂赫若，連同「台北案」的三君子——學生領袖郭琇琮（一九一八—一九五〇）、台大醫院第三內科主任許強（一九一四—一九五〇）、以及放棄京都帝大醫學學位，隻身穿越鴨綠江，尋找祖國三千里而投身抗日的吳思漢（一九二四—一九五〇）——

是他們那一代台灣青年公認的四大才子。唯一不同的是，郭琇琮三人同一天犧牲於馬場町刑場，呂赫若的生死下落卻是傳奇一般的「謎」。他強調，雖然他和呂赫若同為日帝支配下的殖民地人，但年齡差了一截，而且呂赫若是中部人，他是南部人，所以只見過呂赫若兩次，沒有什麼來往，只是讀過他的小說作品罷了。林先生進一步解釋說，他和呂赫若第一次見面是光復不久，在別人的家，許多人碰面雜談中交換了幾句話。他記得，當時的話題主要有關戰時被徵用到日本的所謂海軍工員的戰後境遇等。第二次，是二二八前一兩個月，還是在別人的家。因為情況有所不同了，他們互相點了點頭。如此而已。我於是問林先生，是否聽過他在一九四七年被毒蛇咬死的「傳聞」。它的可信度有多大。還有，這個「傳聞」究竟是怎麼傳出來的。我想，林先生既然是台灣坐牢最久的政治犯，那麼，在長年繫獄的押房裡頭，應該也聽到了這個「傳聞」吧。林先生毫不遲疑回答我，說他的確聽過這個「傳聞」。不同的是，他聽到的「傳聞」不是在一九四七年，而是在一九五〇年前後的鹿窟山區。

林先生的回答，雖然指出時間的不同，而且還多了一個現場地名。但是，「呂赫若被蛇咬死」的「傳聞」，仍然只是個「傳聞」罷了。

一九八七年，採寫了郭琇琮的生命史之後，我已經走入禁忌的白色恐怖歷史現場。我的思想狀態也已經不像大學時期那樣陷於沒有出路的苦悶，而有了一定的世界觀。雖然禁忌猶存，寫

一九九二年的林書揚（藍博洲攝）

過幾篇小說並以此為人生志業的我，卻因為受到郭琇琮的理想主義人格感召，立誓在往後的歲月全力挖掘這段被埋葬的歷史與人物。我告訴自己，今後寫不寫小說都無所謂了。而為了將來能夠寫出有意義的小說，我首先要去認識台灣的歷史，進而在這樣的基礎上，理解自己在寫作時該站的位置。我決心不再讓呂赫若與我擦肩而過了。我一定要去尋訪呂赫若的生命腳蹤，揭露他那「謎」般的生死傳聞。

我於是展開了尋找呂赫若的旅程。

2 第一個歷史見證人江漢津

火車穿越長長的隧道。不遠處，那座雜草叢生見證一九三五年大地震的龍騰斷橋，在陽光下露出依稀可見長著青苔的赭紅色磚面。穿越山線鐵路三義后里段最後一座隧道之後，窗外豁然明亮。火車駛過橫跨大安溪的鐵橋，進入台中縣界。窗外的風景與先前有了很大的變化。平原取代了丘陵。東邊的遠山隱約在視線盡頭處浮現。過了后里，就來到尋找呂赫若旅程的第一站豐原。

那年六月，我接到一通從大甲打來的長途電話。通話者是我不久前才採訪過的一名老政治犯郭明哲先生（一九二一—一九九八），日據下台中一中畢業，一九五〇年在南投信義鄉布農族望鄉部落同富國校校長任內被捕，一九六五年出獄。郭老出身大甲望族，家族裡頭也培養了不少知識分子，白色恐怖時期不可免地遭到相當打擊。除了他繫獄十五年之外，與呂赫若同是台中師範校友的叔叔郭萬福（一九一二—一九五三）槍決。在電話中，他告訴我，打這通電話，主要是要向我介紹一位呂赫若台中師範的同學江漢津先生。江先生也是老政治犯，坐過二十五年牢。他說，你去找他談談，應該會有一些線索吧。於是，經過事先的電話聯絡之後，我就南下了。

火車駛抵豐原車站。夏日午後的陽光斜斜照著站前廣場。我叫了一輛計程車，直奔角潭路。車子很快就轉進一條夾在兩排老式民房中間的狹窄巷弄，彎彎曲曲地前進著。一段路之後，房子沒了，右邊是水流湍急的灌溉圳溝，左邊是禾苗已經青黃彎垂的農田。車子沿著約略一個車身寬的鄉間小路繼續前行，過了一座攔水閘門上的水泥橋，終於在日頭西落前來到江家。我付了車資，打開車門，下車。藍先生吧。滿頭白髮的老先生站在院子門口微笑著向我招呼。先去洗洗手，準備吃飯。

我洗了手，從浴室出來。老先生把我領到餐廳就坐。餐桌上已經擺好飯菜。窗外，天色已經暗了下來。一盞暈黃的溫暖的燈光照著桌上幾樣色澤引人的家常菜。我突然就感到餓了。我們〔江老及其老伴與我〕於是邊吃邊聊。起先，當然是彼此互相介紹。江老是豐原人，與呂赫若同是一九一四年出生，一九五〇年四月任教豐原南陽國小時被捕，判處無期徒刑，一九七五年蔣介石逝世後的七月十四日特赦出獄，總共坐了二十五年又三個月牢。我於是端起桌上的那杯米酒說敬江老出獄十二週年。他笑了笑說你不說我倒忘了。他喝了杯中酒，然後說我知道你。我有點訝異。他於是笑著向我解釋，說他不久前才看過我在《人間》雜誌七月號發表的關於郭琇琮的報導〈美好的世紀——尋訪戰士郭琇琮大夫的足跡〉。他又說，他不但是《人間》的讀者，而且曾與陳映真先生在綠島監獄同房。他誇讚說，那篇報導寫得不錯，但是還可以更深入去寫。郭琇琮這個人很精采。

一九八八年的江漢津（藍博洲攝）

在「白色恐怖」的陰霾依然籠罩的年代，老先生的這些話，無疑是向我明示他對我的一定信任吧。這讓我對即將進行的採訪感到樂觀。

飯後，江老又把我帶到客廳坐下來，燒水泡茶。我從書包拿出筆記本，準備進行訪談。先別急。老先生給我倒了一杯茶，然後再給自己倒了一杯，說呂赫若的事情也不是一個晚上就談得完的，晚上就先隨便聊聊。通過閒聊，我知道，經常在報章雜誌發表政論的司馬文武是江老的姪兒（前國民黨主席江啟臣也是），只是彼此立場不同。江老也直接問我，為何會去寫郭琇琮，為何想要知道呂赫若的事情等等。我一一據實回答。

在談話中，牆上的掛鐘敲了九響。老先生站了起來，說鄉下人早睡慣了，晚上就先聊到這裡。他要我也早點休息，明天早上，再好好地談。然後就帶我到浴室。他的老伴提了一桶熱水進來，倒入擺在地板的大腳盆。我不知道該如何表達內心的謝意，就說我洗冷水就可以了。江老沒回應，只是告訴我如何使用盥洗用具，怎麼加冷水。然後遞給我一條乾淨的毛巾，說他們先去睡了。

洗過熱水澡。我進了客房，關了燈，在床上躺下來。屋外，田野的蟲鳴聲吱吱叫個不停。長期以來習慣晚睡的我久久無法入眠，於是扭亮床邊的檯燈，隨手翻看床頭櫃上擺著的，一本牛皮紙包著封面，內頁泛黃的影印裝訂書。那是一九四九年上海觀察社出版的《唯物史觀精義》，作者吳恩裕，「目次」包括：作者「自序」，唯物史觀的基本涵義、政治論、道德論、人性論、計畫社會論與永久和平論。為了更好地把握江老先生，乃至於青年呂赫若的思想狀態，我於是從作者「自序」開始隨意閱讀，直到睡意來臨。

正是從那個晚上起，我和江漢津先生成了無所不談的「忘年之交」。一直到他不幸於一九九三年春天病逝為止，環繞著呂赫若，以及他們那個時代的人物、歷史與思想，我們一共作了十來次正式與非正式的訪談紀錄。我的尋訪「台灣第一才子」生命史的漫長旅途，也就從這裡正式展開。

第二天的訪談，我就採集了許多台灣文化界前所未知的關於呂赫若的第一手資料。江老根據他與呂赫若的實際交往與耳聞目睹，按照時序，有條理地憶述了他所知道的呂赫若的家庭背景、青年時代、思想成長、文藝才華、戰後動態，以及失蹤傳聞等等。

3 呂赫若復出文壇

我結束了江漢津先生的第一次採訪就返回台北。我想，呂赫若主要是一名作家，那麼，尋找呂赫若，除了實地尋訪他的生命腳蹤之外，最重要的還是要先全面閱讀他的作品，然後才能在這樣的基礎上，進行更深入的調查與研究。因為這樣的認識，我隨即回到當年虛無過的大學，在文學院圖書館找到復刻版的日據時期台灣的文藝雜誌，花了一個下午的時間，自費影印了所能找到的呂赫若在《台灣文藝》、《台灣新文學》及《台灣文學》等三個重要期刊發表的作品。當天晚上，我就帶著這些複印件到敦化南路郭琇琮遺孀獨居的公寓，央請自稱少女時代是呂赫若粉絲的林雪嬌女士，翻譯這些一直被台灣本土文學界有意無意忽視的舊作。

從某個角度來說，林女士也算是呂赫若的舊識。她說，早在日據時期，還只是十四歲的文藝少女的她，曾在台北大正町四條通（今長安東路一帶），一個瀰漫著書香、咖啡香和蕭邦音樂的優雅的文學沙龍，見過年約二十六、七歲，高大又英俊的呂赫若。一九五〇年，二十五歲的她牽連所謂郭琇琮「叛亂案」被捕，並以「參加叛亂組織」之「罪名」處刑十年。從這個意義上來說，她和呂赫若也該算是「新民主主義革命」（葉石濤語）的同志了。基於這樣的雙重關係，林女士毫不遲疑地接下了那一大疊呂赫若作品影稿。

從此以後，我和林女士就分別在書房與田野，分別展開復活呂赫若的工作。

一九八九年年底。林女士艱辛而寂寞的翻譯工作大致完成了。我們一致認為，接下來，就該讓世人重新閱讀呂赫若的作品，重新再認識生死如謎的呂赫若了。我想，通過這樣的閱讀與認識，在反共國安戒嚴體制統治下被長期湮滅的呂赫若的思想，也必定會在台灣文壇重新引起討論與重視。但是，《人間》雜誌已經停刊了。我沒有把握哪個報刊敢或願意刊登他的作品。評估之後，僅有的可能出路，就是彼時絕無僅有願意刊登我的文稿的南部小報《民眾日報》副刊了。於是，我在通讀譯稿並略作清校之後，掛號寄給張詠雪主編。

這樣，一九九〇年四月十三日起，林雪嬌女士以筆名林至潔翻譯的一系列呂赫若日文作品，就以「呂赫若復出」專輯的面貌隆重刊登了。果然，呂赫若的「復出」，立刻引起台

二〇〇五年版關於郭琇琮與許強的書封

二〇一〇年版關於吳思漢的書封

灣本土文學界的重視與回響。首先，新竹清華大學文學所陳萬益所長主持的「台灣文學研究室」，於同年十月二十八日下午，在台北市清大月涵堂，舉行了一場題為「台灣第一才子呂赫若生平再評價」的座談會。座談會由先後研究呂赫若作品與生平的張恆豪和我做主題引言報告，與談人包括日據時期作家王昶雄和文學評論家施淑教授。座談會的內容後來也全文刊登在《民眾日報》副刊。陳教授說，「原以為用一次的時間，就可以對呂赫若先生重新再予評價，但是呂赫若的一生多采多姿，再加上死因成謎，成為大家關注的議題，所以在那次的座談會裡，我們幾乎只集中呂赫若先生『生平』的探討，至於他的小說藝術，根本還沒跨進去。」因此，為了「延伸上一次座談會的議題」，「台灣文學研究室」又於一九九一年在同一地點舉辦了〈台灣第一才子的小說藝術——呂赫若的文學評價〉座談會，受邀參與座談的人士包括：林至潔女士、施淑與張恆豪。會後，座

鄉土·文化 第20版
台灣文學研究室
呂赫若再評價
台灣第一才子——生平篇

一九九〇年十月二十八日《民眾日報》副刊

呂赫若復出
寫在呂赫若作品重新刊譯之前
⊙藍博洲
《呂赫若是誰？》

一九九〇年四月十三日《民眾日報》副刊

談內容仍然在整理後全文刊登在《民眾日報》副刊。

這樣，通過林至潔女士譯作的一系列重刊，以及這兩場座談會的討論，基本上，呂赫若的作品可以說已經在台灣文學界正式復出了。應該指出，林至潔女士和張詠雪主編對此做了重大貢獻。從此以後，呂赫若的作品研究成為許多研究生與學者的主要論題。關於呂赫若的文學研討會，也在不同的學術單位大大小小地舉行著。尤其是，一九九六年十一月三十日與十二月一日，初安民先生主編的《聯合文學》承辦，在台北師範大學教育學院舉行的「呂赫若文學研討會」，不但規模最大，也取得許多呂赫若研究的突破性成果，於一九九七年十一月出版《呂赫若作品研究》（本書引用時簡稱《作品研究》）。一九九八年一月十八日，在北京舉辦的「台灣作家呂赫若作品研討會」，出席證言者則有在白色恐怖時期流亡大陸的呂赫若的報社同事與地下黨同志吳克泰、蔡子民、周青、葉紀東，以及北一女時期的學生陳蕙娟。

然而，對我而言，這樣那樣的熱鬧場合並不是我想涉足之地，吸引我的還是循著呂赫若的腳蹤，在台灣乃

一九九八年一月十八日北京飯店

至海外，繼續尋訪可以為呂赫若的生命史提供材料的見證人。同時，尋訪呂赫若的旅途，只有在證實呂赫若被蛇咬死的傳聞，並且找到埋屍之地，乃至於挖出他的遺骨，才能終止。我這樣告訴自己。

第一章
建成堂

一九九〇年代的建成堂（藍博洲攝）

建不世奇勳讓他雄才大略，成數椽陋室慰我求田問舍。
建且從新敢此規模誇遠大，成非易事要知創業實艱難。
——建成堂楹聯〔一九一一年〕

江漢津先生也和林書揚先生一樣，否定了呂赫若在「一九四七年」被蛇咬死的傳聞。因為就在一九四七年「二二八事變」後那幾年，他還和呂赫若見過幾次面。可他並沒有否定「被蛇咬死」的傳聞，而且同樣聽說是在石碇山區一個叫做「鹿窟」的山村。然而，這仍然不具第一手的真實性，也只是「傳聞」罷了。儘管如此，他那關於呂赫若青年時代的證言，卻是可以幫助我們穿過層層迷霧，進而逐步接近呂赫若生命史的第一手材料。從角色上來說，正因為他與呂赫若的親密關係，自然成為帶領我們尋訪呂赫若的引路人。

江漢津是豐原下南坑人，和本名呂石堆的呂赫若不但同年出生，而且一同於一九二八年（昭和三年）四月考入台中師範。兩人既同班又同鄉，於是就成了孟不離焦的知交。後來，江漢津先生又介紹我認識了呂赫若的幾位公子。尤其是，通過二公子呂芳雄先生的口述與提供的文字資料，我不但證實了呂赫若系屬客家的事實，而且也對呂赫若的家族脈絡有了較為清楚的把握。

1 建成堂

一九九八年二月編印的《建成堂呂氏族譜》載稱，呂家原籍廣東省潮州府饒平縣車頭鄉里，清嘉慶年間十二世祖呂知移居今台灣省桃園縣龍潭鄉。呂知的次男呂春來育有四男，而其長男呂成德

〔一八四三—一九一一〕就是呂赫若的祖父。呂芳雄告訴我，他聽家族長輩說，呂成德十六歲喪父，因為謀生不易，生活困苦，便帶領三個年幼的弟弟四處打零工而來到潭子庄。儘管他刻苦耐勞，從事各種出賣勞力的工作，但生活依然沒有改善。更不幸的是，年輕的妻子又因他窮得無力負擔醫藥費而病逝。悲傷之餘，深感貧困的悲哀的他更加勤奮，節儉，終於存了一點錢，去做糧食買賣的小生意，逐漸積累了為數可觀的財富，並在庄內校栗林購地定居。

清康熙末年，漢人開始入墾原拍宰海族住地阿里史社。雍正年間大規模開發番社以外的荒地，客家移民又紛紛舉族移入墾闢。葫蘆墩（豐原舊名）附近於是漸成聚落。後因發生多次械鬥，漳州人移往潭子、大雅、內埔，泉州人遷居清水、梧棲一帶，客家人則避往豐原、石岡、東勢。日據後的一九〇一年，客家人聚落劃屬台中廳揀東上堡葫蘆墩支廳潭仔墘區。潭子墘地名的起源為「在潭之岸邊」。一九二〇年台灣實施州郡街庄制，潭子墘的行政劃分改為台中州豐原郡潭子庄。潭子街北約一點六公里處，因為是一片校栗樹林而稱做校栗林或校力林。〔洪敏麟《台灣地名沿革》頁七八／一九七九年台灣省政府新聞處〕

依此看來，呂赫若應該是客家人吧。但據一九二八年呂石堆台中師範「學籍明細表」所載，他父親呂坤霖已是「福建籍」。因此，呂赫若應是台灣一般通稱的「福佬客」。

呂赫若出生的時候，祖父呂成德已經去世三年多。儘管他未曾見過祖父，但從小就從長輩那裡聽到有關祖父發家致富的傳奇。一九四二年四月，他在《台灣文學》第二卷第二號發表的小說〈財子壽〉，主人公周海文的父親周九舍的形象，就彷彿可見經過藝術處理而呈現的呂成德原型。雖然小說不能對號入座，但呂赫若塑造的周九舍的社會身分卻與呂成德頗為雷同。只是虛構說他在「變成有錢人以前」，是以「一人殺了十位土匪的故事」而聞名，並被尊為「部落的英雄」。小說寫道：「日本占領台灣後，九舍被推選為三庄的總理，那時他已經是個有錢人，在牛眠埔蓋了福壽堂，這個時候做米的買賣事業剛好順應潮流所需，所以他的財產逐年增加。他有三位妻子。正妻是與他同甘共苦的賢慧婦人，由於沒有小孩，所以領養了一位養子……九舍想要有個親生子而娶第二夫人……正妻在第二夫人嫁過來的翌年病死，而養子年紀輕輕也死了。」（《呂赫若小說全集》頁二七二—二七三／二〇〇六年印刻／以下簡稱《小說全集》）

《建成堂呂氏族譜》又載，呂成德的正妻曾緣得年二十，入嗣坤霖。第二夫人林媚享壽八十歲，傳下長男漳秀（一八六九—一八八九）、次男坤泉。第三夫人劉梅五十七歲過世，傳下長男坤霖、次男坤厚、三男坤瑞。

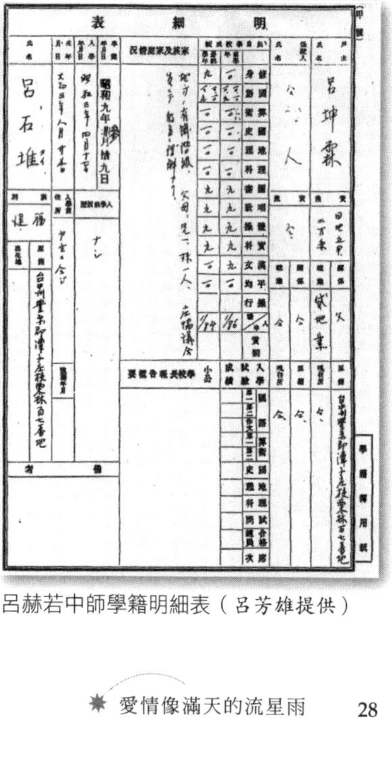

呂赫若中師學籍明細表（呂芳雄提供）

「林媚就是我父親在〈玉蘭花〉所寫的『老祖母』。」呂芳雄解釋說：「她沒有生育而領養了呂漳秀。曾祖父呂成德因為沒有親生子女，在四十二歲那年娶了第三房，也就是我父親所說的『年輕祖母』。她並沒有讓曾祖父失望，一共育有三男四女。我祖父呂坤霖是她的長子。在他出生那年（一八八九），呂漳秀不幸英年早逝。悲傷的『老祖母』於是又認養了一個年紀比我祖父大三歲的男孩，也就是我的二伯公呂坤泉。『年輕祖母』後來又生了我的四叔公呂坤厚和五叔公呂坤瑞。遺憾的是，我的曾祖父在一生心血打造的新居尚未落成就告別人間了，享壽六十九歲。那年，我祖父廿二歲。」

三年後，也就是一九一四年，呂赫若出世。

〈玉蘭花〉可以說是呂赫若的自傳體小說，一九四三年發表於《台灣文學》第四卷第一號。關於呂成德的奮鬥過程，它為我們提供了比較具體的敘述。儘管是以小說形式表現，但對照現實，也是成立的。呂赫若寫道：「祖父在定居於我們現在所住的那部落以前，生活相當貧困，到處流浪。雖然跟著曾祖父從事過各種的勞動，但日子似乎依然很清苦。從小，他就是個非常淘氣，充滿霸氣的人。十八歲與曾祖父死別後，就憑著一己之力，撫養四個〔按：實際只有三個〕幼弟。可見，從小他就是不簡單的人物。從零工到農民，最後流落到現在的部落。生活依然是捉襟見肘。他那剛結婚的妻子又遭病魔襲擊，由於窮於應付醫療費，終於香消玉殞。但失去祖母的祖父一點也不悲嘆，反而把它當作是一個刺激，越發奮起。由於弟弟們已長大成人，所以他就把田圃的事委託他們，自己開始從事賣米的工作。那時，資本只有五十圓，聽說還是跟別人借來的。由於賣米成功，祖父賺了大錢，終於積累了龐大的家產。但那時，他的年齡已超過四十了。然而，祖父還是再婚，她就是我們呼喊為「老祖母」的祖母。這位老祖母後來以八十一歲高齡去世。由於沒有親生兒子，她於是領養我的兩位伯父充當己子。沒有自己的親生子，祖父似乎感到相當寂寞。那時，他的生活已經非常富裕，祖父因而也跟大部分的富豪一樣，為了想要孩子而再度結婚。也就是娶了第三任夫人劉梅。這位祖母就是生下我父親與叔父的親祖母。為了與老祖母區別，我們就稱她為「年輕祖母」。父親、叔父相繼出世以後，祖父似乎感到被幸福包圍著。

二〇〇六年三月出版

他於是放棄經營多年的賣米事業。這時，他的弟弟們也能各自獨立，當然也不做農夫了。於是他就開始建築我們現在所住的家。以祖父來說，在名利雙收的今日，他一定希望搬到豪奢的住宅，與幼子們一家團圓度日吧。這個計畫可說是祖父一生的夢想。然而，在未看到新屋落成前，他就登往他界了。」（《小說全集》頁四九一—四九二）

呂赫若彷彿以祖父一生心血打造卻無福享用的新居為藍圖，在〈財子壽〉，以「福壽堂」為名，精細描寫了那棟豪宅的地理位置、建築格局，乃至內部構造的種種：它座落在部落的顯要位置，交通便利。紅瓦砌成的門樓與綠意盎然的田園交相輝映。門樓前面是一條小溪，過橋即連接筆直南延到鎮上的唯一道路。兩側以剪短而整齊的觀音竹作為籬笆圍繞著整個家。牆壁上裝飾著各種色彩斑爛的人形雕飾。門上懸掛著以青字寫著「福壽堂」的扁額。進了門樓是果樹綠葉成蔭的庭院。外庭有一口期待子孫入泮為官的半月池。面向正廳，種滿佛桑花、玉蘭、薔薇及仙丹花。兩翼則有蓮霧、柑橘、龍眼、芭樂，葉葉相連，非常茂盛。穿過外庭，跨過門，就是井然有序植著桂花、山茶與變葉木的內庭。然後是供奉歷代祖先牌位的正廳，擺設著非常講究的八仙桌，以及顯示家族衍脈的許多祭器。天花板上則掛著與房間的極盡奢華搭配的燈籠。整個家流露出典雅的氣質與份量。整座四合院大約有二十幾個房間，按照長幼有序的封建規矩，分別居住。（《小說全集》頁二六三—二六六）

玉蘭花

呂赫若

119

一九四三年發表的自傳體小說〈玉蘭花〉

到了〈玉蘭花〉，呂赫若又再描述說，祖父呂成德一生夢想的這棟豪宅，「建在田圃的正中，北側一排竹叢內植有相思樹，西側與東側有河流過，南側田圃的盡頭是甘蔗田」；在格局上，包括「正身一棟，護龍左右各兩棟，合計為四棟，房間恐怕有四十多間」；在院子種有龍眼、柘榴、荔枝及佛桑花等花果，枝葉扶疏間，靠近修剪齊短的竹叢旁，還有一株玉蘭花。

儘管呂成德生前無福享用這棟豪宅，後來，他的兒子們還是把它建成了。堂號就叫「建成堂」。所謂堂號，一般是指舊時客家人祭祀祖宗的祠堂的名號。《百家姓》載稱，呂氏「系出姜姓，神農後伯夷仕堯掌禮，佐禹治水，封於呂，世主太岳祀。」由此可見，呂姓是以封地得姓。秦時置河東郡，治所在山西省，是呂姓祖先繁衍的中心。因此，一般說來，客家呂姓的堂號都是「河東堂」；堂聯則為：「河東世澤　渭水家聲」或「河東世澤　渭北家聲」。「渭水」和「渭北」指的是呂氏後裔姜子牙（呂尚）八十歲時在渭水邊為周文王訪得而拜為「太師」，尊稱「太公望」，並助武王起兵伐紂，完成興周大業。

呂成德的兒子們不用「河東堂」而另取「建成堂」為堂號，除了反映呂氏先祖來台以後的艱難奮鬥之外，也說明了呂成德作為校栗林呂氏開基祖的事實。後來，我也循線找到「建成堂」舊址。儘管滄海桑田，昔日的豪宅已經敗落，但「建成堂」大門兩側堂聯，仍然清晰可見恰恰反映呂成德的志業與遺訓的聯文：

> 建不世奇勳讓他雄才大略　成數椽陋室慰我求田問舍。
> 建且從新敢此規模誇遠大　成非易事要知創業實艱難。

根據呂芳雄先生後來提供的《呂赫若日記》，我也看到，呂赫若在一九四四年（昭和十九年）元旦的日記「補遺」中自我督促寫著：「完成長篇小說〈建成堂記〉（暫定名稱）」的寫作計畫。可惜的是，這部應該是以家族發展史為背景的長篇小說，因為各種主客觀因素的限制，終究未能寫成。否則，它一定可以幫助我們更加具體理解呂赫若的家族史。

2 建義堂

呂赫若出生於建成堂右廂房，九歲那年（一九二二年）進入潭子公學校就讀。二年級（十歲）那年，父親呂坤霖與兄弟分家，後來又另外蓋了一棟自住新房，堂號為建義堂。據呂芳雄說，建義堂的規模與建材不遜於建成堂，地鋪六角紅磚，屋簷畫著彩圖，屋外兩層漆黑圍牆，圍牆之間植有果樹，大門入口處有一座古色古香小有氣派的門樓。房屋的建地是略知風水的呂坤霖自己選擇的，屋前不遠處是縱貫鐵路，屋後有條小溪流過。由此可以想像，呂成德遺留的家產確實龐大。

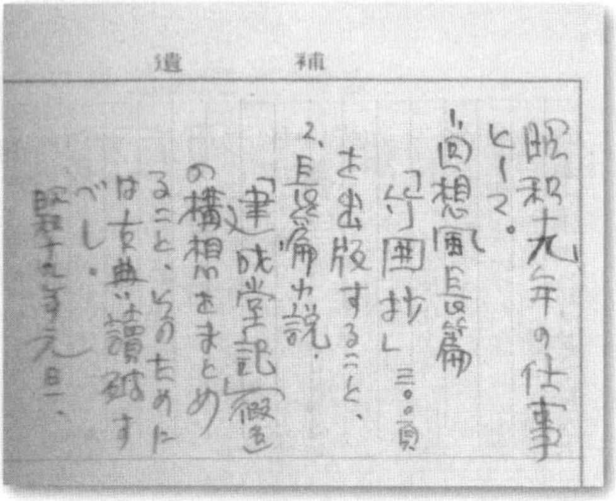

一九四四年元旦日記「補遺」

正因為這樣的成長背景，呂赫若才能在小說〈財子壽〉與〈玉蘭花〉精細地描述主人公家族居住的豪宅吧。在一九四三年四月發表於《台灣文學》第三卷第二號的小說〈合家平安〉，他不但又塑造了「正身前後兩棟，護龍四棟，建築用地總面積一甲步」的大埔厝部落最豪華的范家「大厝」，甚至對「大厝」的臥室與休養室等起居間內部作了細緻的描寫：「房間的正中央放置一張雙層的睡床，豪華，以金絲描繪，有大蟒模樣與花鳥浮雕的大紅靠背上，鋪了有美人畫、刺繡的深紅色毛氈。靠窗的化妝台兩側，並排了塗漆、有梅花形狀的椅子……外面的休養室，正面擺了一張雕有螭的紫檀中型桌。上面擺飾著刻有八卦的青綠色古銅鼎、筷子、湯匙、香盒、畫有美人圖案的酒杯形花瓶、碗。上面的牆壁，正中掛著有財子壽的畫幅，兩旁是寫著『常在祖德永流芳』、『遠接宗功慶澤長』金字的對聯。左右兩側各擺放八張楠木的交椅，上面的牆壁還掛著『錦瑟聲中鸞對語，玉梅花際鳳雙飛』、『鶯語和諧春風帳暖，桃花絢爛疊酒杯浮』的聯幅與花鳥的畫幅。天花板上懸吊有八仙畫像的深紅色八角花燈……從庭園眺望周遭，建築物的考究，青紅色鮮明的雕梁畫棟，屋頂上的人偶、龍卷、鯉尾等，一切都很美輪美奐。」（《小說全集》頁四二三—四二四）

就現實主義的創作方法來說，這些虛構的豪宅陳設，應該就是呂赫若以建成堂和建義堂為原型而據以描繪的場景吧。同樣地，在〈財子壽〉，他也以寫實筆法，描寫了已經不可挽回地走向衰頹的「福壽堂」的現況：四周人煙稀少，甚至有些陰森恐怖的氛圍；高大氣派的門樓牆壁上裝飾的各種人形雕飾已經褪色剝落，堂匾結滿了蜘蛛網；外庭的半月池蓄著紫黑色

建義堂（呂芳雄提供）

死水；大部分房間都閒置而任其頹圮等等。

宅邸的破敗也就體現了家族逐漸走向沒落的趨勢。所以，在經常去呂赫若家玩的江漢津當時的印象中，呂赫若雖然是他們中師那群窮小子中的「富家子」，卻也算不得是什麼有錢人家的子弟。就江漢津所知，呂赫若的父親只是個小地主，家境小康而已。他有一個哥哥呂石墩（一九一一—一九二九）不幸在留學日本期間死於一場車禍。因為這樣，他父親更是把他當寶貝般地呵護著。他的家庭生活雖談不上富裕，卻是幸福的。

呂赫若一九二八年台中師範「學籍明細表」載稱，呂坤霖時任潭子庄「庄協議會員」，是「地方的有識階級」，職業是「貸地業」，擁有資產「田地五甲」。

一九三五年認識呂赫若之後「經常到他校栗林的家走動」的巫永福先生（一九一三—二〇〇八）也在接受我的採訪時說，「那是棟有點老舊的土角厝，但院子很大。看起來，他的家境是中產階級的下層，是個小地主。」

一九三七年《台灣新民報》編印《台灣人士鑑》（頁九九）則載稱，呂坤霖「是當地有名的資產家，心懷遠大抱負。他為人清廉，始終秉持誠信，不斷奮鬥，是位模範人物。他擔任台中土地規畫委員一職二十年有餘，一直兢兢業業，作出巨大貢獻。從一九一一年任職於台灣總督府到土地規畫一職，多年來，他鞠躬盡瘁，取得重大功績。因此，他受到表彰，獲得木杯一組榮譽。從這一點也能看出，呂坤霖先生總是為社會大眾竭盡所能，常懷著為大眾犧牲的心，並將所有的行動化作具體的行為，切實使社會大眾受益。而且，他擁有巨額財富卻不驕傲，毫不吝嗇地將私有財產用於慈善或幫助他人。他是一位慈善家。也正是因為如此，他的聲望才如此之高。」（林娟芳中譯）

然而，因為沒有具體的數據資料，呂赫若的祖父呂成德在世時所購置的土地究竟有多少，也就無從知曉了。

問題是，像他這樣一個「小地主」出身的孩子，後來為什麼會背叛自己的階級，走上「新民主主義革命」的道路呢？

我們只能通過他所走過的歷史來理解吧。

第二章

左傾的師範生

一九二八年五月的少年呂石堆（呂芳雄提供）

呂赫若非常欣賞小林多喜二。沒想到，他後來的人生際遇也像小林一樣，不但在文學藝術上表現了優秀才華，而且也在實踐革命理想的過程中奉獻了生命。

——江漢津〔一九八七年〕

一九二八年三月卅一日，十四歲的呂石堆以第一名成績畢業於潭子公學校，同時考上台中一中與台中師範學校。呂芳雄說，他父親雖然比較喜歡台中一中。但是，惜財的祖父卻認為就讀師範學校可以免費，畢業後又有工作。在父命難違之下，他只能就讀台中師範學校。

一九一九年十月，殖民地台灣的首任文官總督田健次郎就職，採取「漸進的內地延長主義」的統治政策，並於一九二二年頒布新台灣教育令，規定中等學校以上「內台一致」。因為殖民地台灣的國民教育發展很快。第二年（一九二三年）四月，總督府又增設台中師範學校，招考公學師範部普通科的學生兩班，培訓公學校教員。

殖民地台灣的師範教育完全以配合殖民當局的經濟政策為目的，是殖民教育政策的一個關鍵部門。師範生的待遇也相對優厚。除了膳宿免費之外，每年冬夏供給制服一套，外發毛巾、鞋襪，以及書籍、文具、簿本，甚至小如雨傘和草紙也由學校代備，每月菜金三元並發給零用金十八元，畢業旅行的費用由政府負擔，旅行地點往往遠達南洋、日本一帶。另外，假期返鄉及派往服務地點的旅費也全由政府負擔。畢業後的待遇（月支四十四元）也比一般中學校畢業者（二十八至三十八元）為高。

就當時的台中州而言，家境較富裕的台籍學生，大多在公學校畢業後報考台中一中，準備日後再報考醫科。有心從商者就考台中商校。師範學校由於待遇相對「優厚」，畢業後職業有保障，雖然有義務年限的束縛，還是吸收了不少優秀的清寒學生。但是僧多粥少，要進去並不容易。江漢津說，呂赫若和他入學那年，報考者有一千多人，結果只錄取卅五人，其中還包括十五名日本人，台籍學生實際只有二十名：豐原兩位是廖金照和江漢津。潭子就只有呂赫若一人。這二十人，除了呂赫若與另一位來自北斗的陳姓學生之外，全都是窮苦人家的子弟。

中師時期的殘照（江漢津提供）

1 一九二八年的中師學潮

一九二八年至一九三四年，呂赫若就讀台中師範的六年期間，正是從十五歲的青少年逐漸步入成年期的過程。就一個人的思想成長而言，這也恰恰是從萌芽到定型的階段。當然，這段期間的內外情勢，一定在某種程度上決定了他的學習傾向，以及對社會問題的看法。那麼，作為師範學生的青年呂赫若，面對的是怎麼樣的時代情勢呢。

首先，就台灣島內本土的反殖民運動來看，一九二一年十月由台灣進步的知識分子和開明仕紳組織的台灣文化協會於一九二七年一月分裂。右派幹部在無力阻止文協左傾的狀態下脫離該會，另組台灣民眾黨，以要求地方自治為主要目標。以王敏川、連溫卿為首的新文協則主張階級鬥爭，以解放台灣最大多數的無產階級為目的。同年三月，新文協將本部從台北移至台中。台灣社會運動的指導中心跟著南移台中了。中部地區的學生也在一定程度上受到思想的啟蒙與激勵。再者，在形式平等的「日台共學」制度下，民族之間的尖銳矛盾並沒有因此緩和下來。「本島人」學生與「內地人」學生之間的衝突、摩擦司空見慣。殖民教育培養出來的學生往往成為日據時期發動學潮的主要角色。

先是台中一中的台灣人學生要求罷免宿舍的日人炊事長被校方拒絕，因而展開一場長達近兩個月的罷課學潮，結果有近四十名學生被勒令退學。接著，一九二八年十一月底起，台中師範的台灣學生也針對日籍舍監所施的辱言暴行，發動了一場持續達一年之久的學潮。

中師學潮期間，學生中的積極分子廣泛散發題為「中師狗官小山的暴言」傳單，同時經常與「新文協」幹部交換意見並徵求鬥爭指導。文化協會、農民組合、台中店員會等五個團體共組的「台灣解放運動團體台中協議會」也印發聲援學生鬥爭的檄文，呼籲全台灣被壓迫學生團結起來展開同盟罷課，同時提出「打倒流氓教員小山！絕對反對奴隸教育！絕對反對民族差別待遇！使用台語應絕對自由！打倒日本帝國主義！」等五點訴求。為了擴大學生抗爭的聯合戰線，它又草擬了一份〈為台中事件告全島工人、農人、小商人及所有被壓迫民眾〉檄文廣為散發，呼籲社會各界聲援中師學生鬥爭，打倒總督專制政治，解放被壓迫民眾。由於事件有擴大為台灣農、工、商、學及所有被壓迫民眾的反日解放運動的跡象，台灣總督府隨即密令台中州特高深入調查檄文執筆者及其散布管道和民間反響。學校當局恐怕事件擴大也答應好好考慮讓「小山退職」的學生要求。這時，遠在東

一九二八年《台灣民報》關於中師學潮的報導

京的台灣人留學生團體東京台灣學術研究會也隔海寄來〈告中師學生同胞們〉的聲援檄文，鼓勵台中師範的學生為反對帝國主義的奴隸教育而堅決抗爭到底。最後，中師當局終於在學生的壓力下將小山舍監調往台北第一師範學校。中師的台灣人學生雖然不滿，卻也無力擴大此次騷擾事件了。

那麼，中師的這場學潮是否對呂赫若與江漢津等剛入學的一年級新生產生了什麼樣的影響呢？江漢津回憶說，整個事件發展期間，他們只是跟在人家的後頭看熱鬧而已，也不知道究竟這場運動背後的思潮是什麼。而那些較有思想的高年生也沒空理他們這些小毛頭。後來，他們主要是通過閱讀《中央公論》與《改造》等中堅性刊物，而開始關注社會問題與政治局勢。那時候，像他們這樣並不是富裕人家子弟的師範生，住在學校宿舍，並沒有多餘的零用錢可作其他娛樂，下課後，到校門外的小吃攤吃一碗五角的肉圓，再逛逛市政府對面一家名為「棚邊」的書店，就是日常生活最好的消遣了。

中堅性刊物《改造》

2 日本本土的思潮

顯然，台中師範這波學潮並沒有在思想上給呂赫若他們什麼較具決定性的影響與啟蒙。他們的思想啟蒙，乃至於左傾，主要還是受到當時客觀局勢的影響，以及通過主觀的學習而逐漸發展的。那麼，日本本土當時的思潮又是什麼樣態？

一九一七年俄國革命以後，日本的社會主義者受到極大鼓舞而重新活躍起來。一九二二年七月，日本共產黨在幾個現有的社會主義團體聯合下成立，對先進的工人、農民、知識分子發生了很大的影響，革命運動也開始向大眾化方面發展。當權者為了把革命運動還在萌芽時就鎮壓下去，於是從一九二三年五月起，在「社會主義思想據點」的早稻田大學展開整肅。六月，日共第一次被檢舉。九月一日關東大地震，京濱一帶陷於一片混亂。當權者乘機利用震災造成的民眾危機感抨擊自由思想，挑起對社會主義者的警惕心，並鎮壓地方的共產主義青年團體。在這種加強鎮壓情況下，一九二四年二月，日共連正式會議也沒召開就決議解散，只留下進行聯繫的事務局。一九二五年二月，為了徹底鎮壓「非法」進行的革命運動，並對所有與這種結社有關係的人處以重刑，日本眾議院以壓倒多數通過所謂「治安維持法」，規定：凡是以「改變國體或者否認私有財產制度」為目的而組織、參加結社者，判處十年以下的徒刑或監禁；為了上述目的而進行協商、煽動和提供利益者也處以重刑。另一方面，大地震以後，日本的學生運動活躍起來了。在階級對立尖銳化的社會現實下，正面對抗天皇制度的馬克思主義，就作為全面掌握現實、指導變革道路的唯一理論而抓住了他們的心。一九二五年四月，日本政府決定在中上學校實施軍事訓練。學生社會科學聯合會（學聯）便帶頭掀起了「反對軍訓運動」。一九二六年一月，當局以「治安維持法」起訴了三十餘名學聯的核心學生。緊接著，文相（教育部長）又批准高等專門學校和大學預科的學生禁止研究社會科學的規定。一九二八年三月十五日，田中內閣大檢舉一千六百名與共產黨有關係者。在嚴刑拷打之後，約有五百名被以「違犯治安維持法」起訴，其中以學生和青年占多數。四月，勞農黨、日本工會評議會和日本無產青年同盟作為共產黨的外圍團體而被迫解散。緊接著，東大新人會和各大學的社會科學研究會也遭到禁止。河上肇等五教授被趕出大學。廣泛的社會主義運動和工農運動遭受打擊。不但談不上什麼政治自由，連學術自由也廣泛受到侵略。

就在這個時候，殖民地台灣的共產黨卻以「日共台灣民族支部」的名義在上海祕密成立了。也是在這個時候，十五歲的呂石堆進入了殖民地台灣的台中師範。那麼，從一九二八年誕生到一九三一年消亡的台共，是否在思想啟蒙上，對呂赫若及其同學們起到具體的作用呢？

「台共是非法的地下組織。所以對我們的思想啟蒙作用不大。要說影響，其實倒不如新文協和農民組合所展開的各種運動。」江漢津解釋說。「我想，我們的階級意識要在讀到的河上肇的《第二貧乏物語》（一九三〇年十月改造出版社出版）和山川均的《資本主義的詭計》兩書後才覺醒。尤其是河上肇充滿人道熱情的文章，讓我們非常感動。同時也促使我們開始大量學習進步思想。」

河上肇（一八七九—一九四六）是日本的經濟學家、研究馬克思主義的先驅者和社會主義活動家，最初研究資產階級經濟學，後來才逐漸轉向馬克思主義，一九一六年發表《貧乏物語》一書，具體深刻地揭露資本主義社會貧富兩極分化的現象，並試圖探求其產生的原因和途徑，同時企圖用「抑富濟貧」的方法作為解決之道。但是，通過俄國十月革命和日本一九一八年「米騷動」，他認識到：社會分裂為利害相反的兩大階級，「抑富濟貧」不能根治貧窮，一定要尋求從根本上治療貧窮的道路。

山川均（一八八〇—一九五八）則是日本的社會評論家、社會主義運動先驅者，一九〇六年參加日本社會黨，一九二〇年參與組織日本社會主義同盟，一九二二年參加建立日本共產黨，後因提倡解黨主義和合法主義，作為右傾機會主義的代表被批判後脫黨。一九二六年在《改造》五月號發表〈弱少民族的悲哀——在「一視同仁」「內地延長主義」「同化融合政策」下的台灣〉，同年出版《日本帝國主義鐵蹄下的台灣》。就在《改造》發表〈弱少民族的悲哀〉的同月十六日起至七月廿五日，《台灣民報》第一百零五號至一百十五號連載了十二回張我軍的中譯文。

江漢津先生說，他們的閱讀還包括當時的一些左派雜誌，例如日本共產黨的合法機關刊物《赤旗》，河上肇編輯的《社會問題研究》月刊……等等。通過《赤旗》，他們知道，一九二九年秋從美國開始的經濟危機波及了全世界各資本主義國家。相對地，社會主義國家蘇聯，從一九二八年開始實施第一個五年計畫，在經濟危機範圍外推進了經濟建設。

《社會問題研究》是河上肇於一九一九年一月創辦的個人雜誌，從事青年學生和工人運動者的思想啟蒙工作，一九二九年十一月停刊。在《社會問題研究》刊行的十年期間，河上肇發表了以《資本論》為中心的關於馬克思主義經濟學和辯證唯物論哲學的研究成果，對日本的馬克思主義研究和普及起到了較大的影響。從「民主運動」出發的學生運動也迅速向社會主義運動發展，並受到馬克思主義的強烈影響。

那麼，殖民地台灣的青年師範生呂赫若和江漢津等人，日後之所以會走上「新民主主義革命」的

一九三〇年十月改造社出版的《第二貧乏物語》（郭明哲提供）

道路，是否也曾受到這樣的思想影響呢。對此，江漢津先生進一步說，當時治安維持法主要的取締對象是共產主義的革命運動，對思想本身的取締並不那麼嚴格，所以這類社會科學的書，在各個反日社會運動團體都被檢舉以後，還是不難在台灣的書店找到。而且，除了書店以外，呂赫若還有一個書的來源，那就是他的堂姊夫林寶煙。

3 左派姊夫

一九八七年七月十五日對江漢津先生所作的第一次採訪，以呂赫若師範時期的思想啟蒙過程為主，讓我初步掌握了呂赫若的生命輪廓。為了準確掌握江老的口述內容，八月五日，我又專程南下豐原進行第二次採訪。午後兩點左右，採訪告一個段落了。我問江老是不是還有跟呂赫若夫人保持聯絡？可否帶我去拜訪。我想，通過她，應該可以更深一層理解師範畢業後的呂赫若。江老說，他考慮到自己的身分會給人帶來沒有必要的麻煩，所以從綠島回來以後只禮貌性地探問她一次。他雖然不確定呂赫若夫人是否還住在上回去拜訪的地方，但還是答應帶我去找找看。

江老隨即撥電話叫計程車，載我們到豐原客運站，再轉搭客運巴士前往台中。途經潭子鄉，應我的要求，我們在校栗林招呼站下車。江老指著眼前一家著名的網球拍工廠的廠房對我說，呂赫若的老家就在這家工廠的附近，可惜現在已經無跡可尋了。我跟著老先生在呂赫若老家的這裡那裡隨意走走看

一九二六年《台灣民報》連載山川均〈弱少民族的悲哀〉中譯

看，想像著彼時呂赫若在這裡生活的種種情景，也想著要如何進入呂赫若的生命世界。然而，嘈雜的市聲與擁擠的住房終究讓我怎麼也感受不到一絲呂赫若的氣息。

我們然後又搭客運車進了台中市界，在北屯國小附近的招呼站下車。江老記得，當初他來時，呂赫若夫人即住在國小附近一棟四樓公寓，於是帶著我在那片住宅區的巷弄之間尋找記憶裡的那條巷子。因為見了面之後就沒再聯絡，不但未曾留下地址，更沒記上電話號碼，現在要找，就只能憑著依稀記得的印象了。江老邊找邊解釋。終於，他在一條死巷的盡頭找到以前的記憶了。就是這裡，沒錯。江老說，但是，就是不敢確定是哪一棟的四樓。是的，放眼望去，一整排應該是同一時期建好販售的四樓公寓，除了各家陽台的鐵欄杆上所擺盆景的差異外，看起來也沒多大不同。我們只好在那裡徘徊著。

夏日午後三點多鐘的太陽照在都市一隅某住宅區寧靜的巷弄深處。氣流死寂般停滯。沒有風。也沒有人打開某個深鎖的鐵門走出來。我們連個詢問對象也沒有。我沉不住氣了，問說要不要按按電鈴試試看。沒事。江老說。然後指了指頭上窗門緊閉的四樓公寓。就這棟，沒錯。只是不知道是左邊這家，還是右邊的？我說都給它按一下吧。江老沒說好也沒說不好，遲疑了一會才走前幾步，伸出右手食指，按了左邊四樓的電鈴。對講機發出一個中年女人的閩南話口音問是找誰。請問呂太太是不是住這裡？江老把嘴湊近對講機，同樣用閩南話問說。我們不姓呂。對講機傳出來的婦人聲音同樣用閩南話回答。對門才姓呂。不過，婆媳倆都不在。年輕的，上班去了。老的，到台北另一個兒子家。你哪裡找？我是呂老太太的朋友。江老說，沒事了。謝謝您。

一年後，也就是一九八八年十月底，我又在江老陪同下，第二次去找呂赫若夫人。

就在那個月的中旬，我終於找到自稱親手埋葬被蛇咬死的呂赫若的當事人。為了讓呂赫若的家屬知道這個消息，我於十月二十七日去向江老匯報我所找到的證人與材料。他聽了之後，當下決定要讓呂赫若的家屬知道有這麼一回事，看看他們決定如何處理。他告訴我，上回尋訪未遇之後，他就設法打聽到了呂家的電話號碼，於是撥了電話到台中呂赫若四公子的家。呂家老四夫婦都上班去了，接電話的恰好就是在家帶孫子的呂赫若夫人。江老在電話裡向她問安敘舊，然後約定明天早上到她家拜訪。

第二天，我們一大早就出門，仍然在北屯國小附近下車，走到呂老太太的住處。對講機一按，樓下的鐵門便開了。問也不問一聲。上了四樓，鐵門和第二道木門已經開著。我看到一個七十左右歲數的老太太站在門口等待著。她讓我們入座，隨即給我們各倒了一杯熱茶。不知是生性害羞抑或恐懼猶存，她就坐在那裡不說話。江老喝了一口茶，主動向她問好敘舊並說明來意，然後就幫我問一些我想知道的問題。我坐在一旁，認真聽著。

呂老太太名為林雪絨。她在回答怎麼與呂赫若認識時說，他因為堂姊嫁給她二哥，所以經常到社口家裡找她二哥聊天，借書。後來，她二嫂就要她嫁給還在師範念書的呂赫若。她記得，她二哥在大正十一年（一九二二年）台中一中畢業後考入日本法政大學預科，三年後回台，經媒妁之言，娶了呂赫若二伯呂坤泉的大女兒呂阿葉為妻。婚後再回學校讀本科。

林雪絨老太太（藍博洲攝）

呂老太太的二哥名叫林寶煙（一九〇五—一九五六）。一九八九年六月，林書揚先生等五〇年代白色恐怖政治受難人集體翻譯，並集資出版了日據時期（一九三九年）警務局編印的內部機密資料「台灣總督府警察沿革誌第二篇領台以後的治安狀況（中卷）」—《台灣社會運動史（一九一三年—一九三六年）》中譯本。我因為負責後期的主編工作而在「第一冊文化運動／第三節東京留學生的各種運動／第二款共產主義的文化運動／第二台灣共產黨東京特別支部指導下的學生運動」看到，林寶煙在留學日本期間是台灣共產黨東京特別支部指導下「學術研究會」的重要幹部。據載，一九二八年「三·一五事件」後，日本田中義一政府繼續不斷迫害共產黨人。一九二九年四月十六日，共產黨人和進步人士七百餘人又被逮捕，其中二百九十人被起訴。這次大鎮壓使日共組織遭到嚴重破壞，大多數領導人相繼入獄。台共東京特別支部也在這個事件中被檢舉，在其指導下的學運組織「學術研究會」的主要會員四十三人也一起被捕。幸好，除了三名台共黨員之外，其他人不久以後都被釋放。其中一部分曾奉派返台參加島內戰線的人於是束裝回台。其他會員由於失去指導者而不能鞏固團結，以致活動逐漸停頓。但是，以原屬研究會目黑地區班組負責人林寶煙為核心的主要會員不願放棄既定方針，仍然伺機而動。林寶煙認為，學術研究會的重建暫時不宜進行公開活動，應該以地下運動的方式進行再組織，先把基礎工作打好，再逐步進行公開的運動。他與各同志密商後決定：調查同志被檢舉的狀況，募集救援資金及物品充作接濟被捕同志及重建研究會的基金，近日內召開臨時委員會決定重建方針。接著，他便以此決定徵求另外兩名幹部陳傳興與黃宗垚的意見。但他們兩人認為，在當前情勢下進行再組織會有危險，縱使學術研究會能夠重建，也完全不可能進行研究或其他活動，不如暫將會員分散到各校讀書會加以訓練，等待適當時機再進行重建工作。結果，陳傳興與黃宗垚兩人的「分散論」取得較多支持。這樣，暑假結束後，林寶煙又與陳、黃等人再次協商組織及指導方針，努力糾合會員，推動組織。可是，會員一旦分散就難再集結了。十月中旬，林寶煙和陳傳興於是想通過讀書會重新團結會員。第一次讀書會以《帝國主義與民族問題》為教材，在各幹部的住處輪流舉行。經時逾月，研究活動雖然勉強進行卻逐漸

變得消極而徒具虛名。學術研究會的重建也因此胎死腹中。旅居東京的台灣留學生的左翼運動機關也瀕臨滅亡邊緣。〔頁五五—六〇〕

林寶煙後來便黯然回台了。

因為堂姊呂阿葉嫁給林寶煙的姻親關係，再加上林寶煙在日本留學期間有過台共系統的學運經歷，所以，就讀台中師範的青年呂赫若經常會到林家走動。我們可以理解，吸引呂赫若的，除了林寶煙的運動經歷之外，便是他那豐富的有關馬克思主義的藏書了。林雪絨老太太笑著回憶說，有一回，呂赫若在林寶煙的書架前翻閱那些「赤色」書籍，呂阿葉瞧見了，就笑著警告他說：「你不怕死啊！還在翻那些書。你沒聽人說，你姊夫就是讀了這些書才被日本政府抓去關的嗎。」他看著堂姊，笑了笑，沒說什麼。後來，只要一有空，他還是跑去社口找林寶煙聊天，借閱他的藏書。

4 戰雲密布下的日本之旅

按照學校規定，台中師範的學生從一年級入學起，每學期都要繳交十圓旅行基金，到四年級學業結束時便動用這筆基金，去外地參觀旅行。然而，江漢津說，他們這些殖民地台灣的青年師範生來到日本進行畢業旅行期間，卻正當上海事變發生的時候。因此，思想剛才左傾不久的他們，已經不能看到任何公開的左翼運動了。

中年的林寶煙（呂芳雄提供）

由於受到一九二九年以來世界經濟危機的直接打擊，一九三一年前後，日本陷入空前深刻的經濟危機。左派組織不斷受到鎮壓。被逼到生存絕境的工人和農民於是自發進行尖銳的階級鬥爭。與此同時，由於經濟危機的波及和中國民族運動的發展，日本自甲午與日俄戰爭以來的侵略果實〔對「滿洲」的控制〕也受到威脅。軍部和右翼企圖把民眾生活上的困窘和社會不安引向戰爭這條出路，於是在日本國內帶頭展開煽動「滿蒙危機」和鼓動戰爭狂熱的大規模宣傳活動，強調有必要以武力來確保控制「滿洲」，並產生了一定效果。七月，敏銳察覺到戰爭危機迫近的日共在機關報《赤旗》刊發「為反對日本帝國主義戰爭準備而鬥爭！」號召「一分錢的軍費也不出！一個士兵也不送！」其後又指出：月初在吉林省萬寶山發生的朝鮮農民移民與當地中國農民、官憲衝突的事件，是日本正在準備占領「滿洲」的陰謀，並號召日本國民為反對日本帝國主義的侵略戰爭起來鬥爭。

九月十八日午後十點多鐘，日本關東軍為發起軍事行動，在瀋陽郊外柳條溝附近炸毀滿鐵軌道並藉口說是中國兵幹的，隨即進攻附近的中國兵營北大營，在「南滿洲」一帶展開軍事行動。日本帝國主義歷時十五年侵略中國的戰爭序幕就此揭開。

九一八事變爆發，中國各地掀起了抗日運動高潮。特別是在第一大工商業城市上海，學生、市民、工人等組織的抗

呂赫若（前右二）與江漢津（左一）等中師同學畢業旅行（江漢津提供）

日救國會更是活躍。而上海是日本對中國實行經濟擴張的最大據點，自然想用武力來維護其投資場所和輸出市場。一九三二年一月十八日，日本駐上海的陸軍武官田中為了「轉移列強的視線」，以使「滿洲」建國的陰謀得以成功，於是收買無賴流氓殺死日本僧侶。上海的日本僑民乃以此為由襲擊案發現場附近的中國工廠，殺傷中國警察。二十日，日本僑民大會更進一步要求出動陸海軍，同時一再向中國官憲挑起衝突。向來對長江流域持有特別權利的思想和強硬態度的日本海軍，雖在九一八事變爆發之際拒絕了陸軍方面的派兵要求，但為了與陸軍在「滿洲」獲取的贓物互別苗頭，於是在長江方面增強兵力，準備在勢力範圍上海發起軍事行動。因此，當日本內地增援的兵力抵達上海時，在上海的日本海軍陸戰隊便於一月二十八日晚上展開侵略行動。守衛上海的國軍第十九路軍在閘北奮起抵抗。一二八上海事變爆發。

另一方面，九一八事變通過憑權力發動的大規模排外主義運動成為動員日本國民支持戰爭的一大開端。在這種情況下，反對侵略戰爭，主張和平，是要有極大勇氣的。也因此，在此前後，日本的各種社會民主主義勢力放棄了反戰口號轉而支持軍部。只有地下的日本共產黨和它影響下的日本勞動組合全國協議會（全協）繼續舉著反戰旗幟，呼籲民眾反對帝國主義戰爭。但在殘酷鎮壓下，並沒有開展群眾性反戰運動的條件。

因為這樣，在日本期間，呂赫若和江漢津等這些殖民地台灣青年師範生耳聞目睹的盡是一片為占領滿洲與侵略上海的歌頌與歡呼。江漢津回憶說，更不堪的是，日本當局為了提高軍人的戰鬥士氣，特別編撰了一個所謂「肉彈六勇士」的故事。大意是說，這六名日軍戰士為了完成殲滅敵人（國軍）的任務，抱著炸彈突破敵人的防守線，然後衝進敵營，勇敢犧牲。言說不夠，還把它譜成隨口可唱的歌曲。這樣，在旅途中，無論是在船上，或是走在日本各地的街頭巷尾，這首歌，便像是幽靈一般隨時迴繞在他們的耳際。他們雖然都感到難以言喻的憤慨，卻也無可奈何。

5 祕密讀書會

對青年呂赫若及其同學而言，這趟日本之旅是非常不愉快的。江漢津繼續說，它除了讓他們更深刻認識到日本帝國主義本質之外，唯一比較愉快的事便是買書了。當時，有關馬克思主義的書並不管制。在東京，他們就利用自由活動的時間，逛遍神田書店街，蒐購了一大批關於馬克思主義的理論書籍。錢不夠，就抄了書目，回台以後再劃撥郵購。

就在他們回台以後不久，五月，共產國際發表了關於《日本的形勢和日本共產黨的任務》綱領，即所謂「一九三二年綱領」，針對九一八事變之後的新形勢，提出「帝國主義和戰爭」這一基本問題的重要性，並指示要展開反戰鬥爭。與此同時，日本軍部急進派與右翼巨頭們於同月十五日發動了一場武裝政變。首相犬養毅當場被殺。日本的政黨內閣歷史也從此打上了休止符。政黨遠離政權。軍部對政治的發言權卻一直加強起來。十月，日共遵照綱領展開反戰鬥爭，卻因特務密告而發生了全國代表一起被捕的「熱海事件」。大

「肉彈六勇士」的宣傳畫報。

逮捕持續進行著。一九三三年以後，日共中央機關幾乎全被破壞。二月二十日中午，日本無產階級作家小林多喜二在進行街頭聯絡時，因叛徒告密而被特高警察逮捕入獄，當天晚上就被嚴刑拷打致死。

小林多喜二（一九〇三—一九三三）於一九三一年參加日本共產黨，擔任日本無產階級作家同盟書記長，負責文化界的組織工作。他的代表作是反映日本工人階級英勇鬥爭，控訴資本主義殘酷剝削的中篇小說〈蟹工船〉；以及揭露帝國主義本質，描寫日本共產黨人戰鬥生活的〈為黨生活的人〉；其他還有中篇小說〈一九二八年三月十五日〉、〈在外地主〉、〈沼尾村〉、〈工廠支部〉、〈組織者〉等等，對日本的革命文學影響很大。

呂赫若非常欣賞小林。江漢津先生感嘆說，沒想到，他後來的人生際遇也像小林一樣，不但在文學藝術上表現了優秀才華，而且也像小林一樣，在實踐革命理想的過程中奉獻了生命。

一九三三年，世界正一步步地走向法西斯主義戰爭的危機當中。在德國，希特勒於一月奪取政權；二月捏造國會縱火案，鎮壓共產黨；為了根絕與馬克思主義有關的書籍又掀起「焚書事件」。日本政府也在鎮壓革命運動的同時，加強對國民思想進行統制和一體化，企圖使教育反動化；特別是徹底加強義務教育的軍國主義化，以及鎮壓高等教育。

就在這樣的沉悶世局中，青年呂赫若及其思想左傾了的同學們，在本土的左翼社會運動團體都被檢舉之後，仍然在沒人指導的情況下，靠著自己摸索，孜孜不倦地偷偷學習馬克思主義理論。那時候，已經沒有搞正規讀書會的客觀環境了。因為他們全體都住校，就利用每天晚上六點到八點半的自習時間，偷偷地閱讀。江漢津回憶說，他們事先已把舍監的巡房路線搞得一清二楚，在他還沒到以前，都把那些書藏好了。然後，他們只能利用飯後的時間，以互相聊天的方式，作些非正式的討論。這種學習活動一直持續到畢業為止。

儘管他們如此小心，其間還差點出事。江漢津繼續說道，當時，日本警察當局對留學生的思想狀態已經比先前更加留意了。有一次，班上一位來自北斗的陳姓同學與其他幾位經常往來的同學突然被抓。聽說，特高警察在他家搜到一批左派書籍，這才把他們抓起來。他與呂赫若等一起讀書的同學也開始緊張起來。後來知道，特高之所以會盯上陳同學，是因為一名要到日本留學的親戚在海關被查到一本馬克思主義的書而被扣押偵訊，並供稱那本書是向陳同學借的。陳同學於是被捕。還好，由於他們與陳同學等人並不常在一起而沒有受到牽連。後來，當局也派督學來調查這件事。最後，在日籍校長出面擔當之下終於小事化無。經過這個事件的衝擊，他們就更加謹慎小心地祕密進行讀書活動。

多年以後，日本學者垂水千惠靠著一九八四年發行的中師同學會名簿，而與其中兩名「仍健在」但「都不願意透露姓名」的同學（A先生與B先生）「取得聯繫」，從而「誤打誤撞，意外地得知此事」，並寫了〈被叫作RO（呂）的人——台中師範時代的呂赫若〉，由許佩賢中譯，發表於一九九七年十月《文學台灣》第廿四期。垂水綜合兩位先生的說法而指稱，呂赫若的台灣人同學大概可分為三派：「一是擔任班長的好學生集團，二是不喜歡與日本人爭執的溫和派，三是很認真、具有強烈民族意識的集團。」呂赫若與兩位先生都「屬於非中心人物的第三派」。他們「大約從四、五年級開始」，利用晚自習時間，「偷偷地傳閱河上肇的《貧乏物語》或《改造》雜誌」等「左翼思想的書刊」。據B先生說，一九三四年台中師範演習科畢業的同學有台灣人廿一名及日本人九名，共三十人。他又說，呂赫若「在不投緣的人面前不太說話」。B先生並對垂水解釋當時的想法說：「為了逃出殖民地政策，你說有什麼其他的辦法嗎？我當時認為只有赤化而已。」後來，「向日本左翼系書店函購書刊的A先生」察覺到危險，於是「寄了一封信取消訂購」，卻「被警察偵知」而被「拘留了二個星期左右」，其他人也「大多被調查」。B先生則「把書刊藏到香蕉園而逃難」。（頁一四一—一四二）

大體而言，垂水採訪的兩位「不願意透露姓名」的呂赫若同學的說法，與江漢津先生所說一致。而A先生大概就是江漢津先生所說的陳同學吧。

6 第廿三名畢業

根據呂芳雄先生提供的呂赫若在台中師範時期的「身體檢查表」所載，他的身體發育狀況如下。

一九二八年四月：身高一百四十六公分，體重卅二點九公斤。

一九二九年四月：身高一百五十五公分，體重四十公斤。

一九三〇年四月：身高一百六十五公分，體重四十五點三公斤。

一九三一年四月：身高一百六十七公分，體重五十一點二公斤。

一九三二年五月：身高一百六十九公分，體重五十四公斤。

一九三三年（實習科）：身高一百七十公分，體重五十六點八公斤。

也就是說，從十四歲入學到實習時的二十歲，呂赫若也隨著長高了廿四公分，增重近廿四公斤，而從稚嫩的少年發育為一個風采翩翩的成年人了。

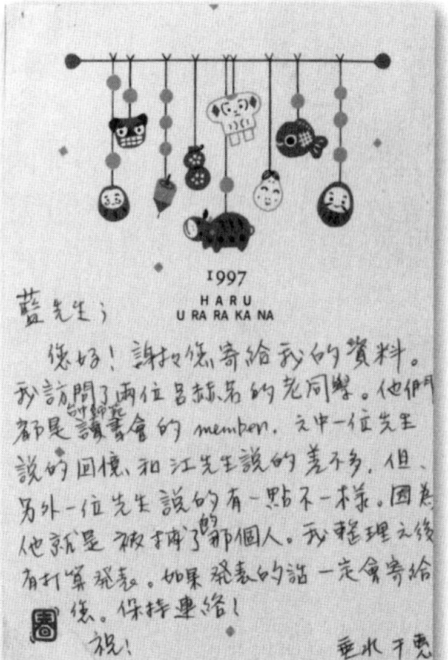
1997
HARU
URARAKANA

藍先生：

您好！謝謝您寄給我的資料。我訪問了兩位呂赫若的老同學。他們都是讀書會的member. 之中一位先生說的回憶，和江先生說的差不多。但、另外一位先生說的有一點不一樣。因為他就是被捕了的那個人。我整理之後有打算發表。如果發表的話一定會寄給您。保持連絡！

祝！

垂水千惠

一九九七年日本學者垂水千惠的信函

另據呂赫若的「學業成績表」與「操行考查表」所載，他的「學年成績」（一學年三個學期），操行部分和總名次如下：

第一學年：操行丙。總名次第卅一名。

第二學年：操行乙下。總名次第廿六名。

第三學年：操行乙。總名次第廿四名。

第四學年：操行乙。總名次第十五名。

第五學年：操行丙。總名次第二十名。

演習（實習）科：操行乙。總名次第十五名。

畢業總成績：第廿三名。

「我聽我母親說，我爸爸在學校不是那種乖乖念書的學生。第一年學期結束的時候，老師給他的評語就是『態度不良，不服從命令』。」呂芳雄笑著說，「而且，因為身材不錯，每次有什麼遊行，學校老是指派他掌旗。可是他偏偏不喜歡幹這種事，常常和同學一起脫隊。他的操行成績不好，我也不覺得奇怪。我認為，他那種性格是不大可能成為一名安分守己唯命是從的好學生的。」

顯然，中師時代的呂赫若並不是一般意義上的好學生，而且是具有作為革命者前提的叛逆性格的殖民地青年。

第三章

激越的青春

一九三五年，年僅二十二歲，甫自台中師範畢業，出身於小地主階級的呂赫若，就發表了〈牛車〉、〈暴風雨的故事〉那樣表現出深刻的社會認識力，對於以地主——佃農制為基軸的殖民地台灣的農民，因未曾「意識化」而極度矛盾、困厄的生活中呻吟、淪落和毀滅，表達真摯的同情，並為他們發出強烈控訴，又能避免文學青年難以避免的過剩的感傷、濫情和思想上的僵直和教條主義的作品。無論如何，他的「早慧」確實令人刮目相看。

——陳映真〈激越的青春——論呂赫若的小說〈牛車〉和〈暴風雨的故事〉〉（一九九六年）

婚後和林雪絨於校栗林家（呂芳雄提供）

初見呂赫若夫人那天，出發前，江漢津先生特別交代我，為了不讓老太太的心情波動太大，最好不要作採訪，有什麼要知道的事就由他替我問。因為這樣，我始終不敢插話。江老也在繞了一圈之後才把話題轉向敏感的核心，問說那個時候妳有沒有聽到妳先生的什麼消息？呂老太太似乎一時之間還無法平靜地回憶痛苦的往事，沉默了許久，然後才哽咽著說，聽人講是被蛇咬死了。停了一會，又說因為一直沒見到他的屍骨，心裡總還存著有一天他會回來的念頭。四十年來，這個念頭仍然沒有完全死滅。

談話的氣氛後來就因為呂老太太心情的沉重負擔而不好再繼續下去了。江老於是起身告辭，彼此互道保重。

後來，我並沒有放棄採訪呂赫若夫人的計畫。為了避免讓老人家受到刺激，往後幾年，我持續通過呂芳雄先生迂迴地做她的說服工作。四年後，一九九二年十月十四日，我終於在台北復興南路呂芳雄先生家正式採訪了林雪絨女士。她語氣平和地追憶了她與呂赫若訂親的經過。

1 獅頭山下的鄉村教師

日據時代的大正六年（一九一七年）八月九日，林雪絨出生於豐原社口林家。林家在地方上是有名望的家族，當地人稱三崑，也就是崑偉、崑賽、崑山三兄弟。林家有名的大宅院「大夫第」是崑賽的兒子林振芳一手建造。她父親是崑山的孫子，為人老實敦厚，擔任社口庄保正。她家的住地也很大，有前廳、中庭、後院。已婚的大哥、二哥、三哥在後院都有各自的居室。呂赫若每次來，都只找她二哥林寶煙。她二嫂呂阿葉後來就向她父親推薦，希望她嫁給他。她父親看他相貌堂堂，人品端正，就答應了。這樣，他們的婚事，連相親也沒有，就由雙方父母作主決定了。因為他還在師範念書，住學校宿舍，就先過訂。那時候，女人是不能隨便露臉的。所以，他雖然常來她家玩，她卻始終不曾見過他。一直要到過訂後，有一天，待嫁的她在二嫂陪伴下到台中辦嫁妝，在師範學校附近的街上，她剛剛看到幾個師範生在不遠處走動，二嫂就跟她說其中一個就是他，然後就叫他。他看到是堂姊和她就過來打招呼，然後帶她們到學校參觀。

青年師範生呂赫若和林氏雪絨訂親那年剛滿二十歲。推算起來，時間大約是一九三三年至三四年之間。

一九三四年三月十九日，呂赫若勉強畢業後與林雪絨辦了婚宴。儘管歷經四十餘年來的白色恐怖，呂赫若夫人和江漢津先生都還分別珍藏著婚禮當天在建義堂前的合照。林雪絨老太太看著向我展示的發黃斑駁的老照片，稍稍流露出內心喜悅的表情回憶說，在形式上，他們的婚禮比當時的一般人要來得現代。他坐小汽車來迎娶。她父親給她「半廳面」的嫁妝。婚禮很熱鬧。呂坤霖邀請了當地人稱作秀才的

婚禮合照（呂芳雄提供）

潭子庄長傅鶴亭先生來婚禮講話。江漢津和其他同學也都來了。

婚後不久，呂赫若就接到分發新竹峨眉公學校任教的派令。江漢津先生回憶說，他們這群人平時都不太在意學校的課業，雖然都勉強畢了業，但因為操行成績不良而被分發到窮鄉僻壤服務。他自己被派到雲林元長鄉下。因為分散各地，他們後來較少往來，也就不像同學時期那麼熟悉彼此的思想狀態了。

呂赫若的「履歷」載道，新竹峨眉公學校的派令簽發於一九三四年三月三十一日。他於四月二十一日到任。林雪絨老太太回憶說，他不想做老師，更不願意去偏遠的新竹峨眉任教。但是不去教就要賠一大筆錢。他父親堅持反對。他也只好去了。那天，他們從校栗林到豐原搭火車，到了竹南，再坐客運汽車到頭份。以後的路途沒有車可搭。他就租了轎子，經斗煥坪、珊珠湖，來到僻處獅頭山下的峨眉，住進學校在附近租的一間民房宿舍。

峨眉是個民風純樸的客家庄，山明水秀，但是人口不多。僅有的一所公學校也沒有多少學生，全校一共六個班，一個年級一班。學校校長是日本人。呂赫若身兼訓導與四年級級任老師。班上的學生一共三十幾個，全都是客家人。彼此溝通必須講日語才行。他不會說客家話，很少外出。日常的生活用品就委託學生購買。林雪絨老太太說，他不喜歡教書，語言不通，學校裡又沒有談得來的同事，心情很苦悶。每次，不得不參加學校當局安排的團體合照時，他總是故意不戴帽子，或者乾脆把頭歪向一邊，不去面對鏡頭。峨眉僻處山間，晚上也沒地方去。他唯一的寄託便是寫作了。每天晚上，他就點著一盞煤油燈，努力地寫。

從此，鄉村教師呂赫若就在新婚妻子相伴之下，在獅頭山下的峨眉客家庄拉開寫作生涯的序幕。

其實，呂赫若在讀師範的時候就開始練習寫作了。

一九四三年八月二十三日，呂赫若曾在《興南新聞》發表一篇題為「子曰『空空如也』」的隨筆。顯然，這是接受該報策畫「處女作」專題之邀而寫的回憶文章。一九九六年，成大歷史研究所朱家慧碩士論文《兩個太陽下的台灣作家》寫道，呂赫若在這篇隨筆的敘述中首先提到，小時候的他如何對「文學」產生「朦朦懂懂的憧憬」。他寫道：「在我公學校時代，眼見父親寫書法及叔父揮毫作文人畫的快樂情景，從此開始對文學有著朦朦懂懂的憧憬。每當我為他們研墨時，總是浸淫在一種特殊的氛圍裡，混合著前庭散放的含笑與桂花香，我便在這典雅的氣氛中暗自陶醉。」這樣看來，在文學上以帶有明顯「階級」意識的作品踏入文壇的呂赫若，其實是通過具有「小資產階級趣味」的中國「書法」和「文人畫」的吸引而喜愛上文學藝術的。在同一篇回憶文章裡，呂赫若也提到，他在公學校畢業前已經讀遍學校圖書館所藏的兒童文庫叢書，並在台中師範學校二年級時，通過日籍日文老師磯村的教導，真正接觸到日本近代文學。他說：「磯村老師以容易理解的方式自明治文學教起。當時我最欣賞德富蘆花。他在二年級的

一九八八年二月的原峨眉公學校（藍博洲攝）

暑期作業中，打破過去國文科的傳統規定，發給我們每人一本島崎藤村的《千曲川速寫》……直到現在，我依然無法忘懷當時一邊徘徊在鄉間的山川草木裡，一邊讀著《千曲川速寫》的感動心情。這是我最初讀到的文學作品。」（頁二三）

就日本近代文學的發展過程而言，明治時代的文學，也就是「近代文學」，始於明治維新，止於第一次世界大戰。它的特質是以「信仰社會主義」的知識分子作為作者與讀者，因而有批評文明傾向的文學作為開端，依口語從事個性的、多元化的文體及表現上的創作。它不但脫離了欠缺統一的漢詩文、傳奇、俳諧、淨琉璃等「文字」觀念，並且承受了許多西洋近代文學的影響，以小說、評論為中心，形成總括的、有機的文學觀。依此，將文學活動帶進了多角的關連境地中。根據《日本文學辭典》（呂元明主編／一九九四年上海辭書出版社）所載，少年呂赫若「最欣賞」的日本小說家德富蘆花與島崎藤村在日本近代文學的系譜上屬於浪漫主義。在日本，浪漫主義是隨著「自由民權」思想、政治小說、美國系的新教、西洋浪漫主義文學的傳入，以及東洋脫俗詩文傳統的壓抑而抬頭，並且在明治二十年代初期勃興。其中，西洋浪漫詩文的傳入，以森鷗外翻譯歌德、萊辛、易卜生等人的作品首先受到注目。創立民有社，提倡平民主義的德富蘇峰也對源自基督教的浪漫文學的發達起了相當作用。德富蘇峰之弟德富蘆花（一八六八—一九二七）青年時信奉基督教，崇拜舊俄作家托爾斯泰。他與國木田獨步等人就是受到民有社介紹的浪漫文學影響而產生的作家。他的代表作是通過女主人公浪子的一生寫出日本婦女悲慘命運的《不如歸》，以及以尖刻的筆法暴露統治階級的荒淫無恥的《黑潮》等長篇小說。隨筆小品集《自然與人生》（一九〇一）在描寫大自然的景色中隱含對社會現實的譏諷。島崎藤村（一八七二—一九四三）則是日本近代文學史上創作生涯最長的重要作家之一，橫跨明治、大正、昭和三大時代，既是浪漫主義的重要詩人，又是自然主義的代表作家。一八九三年，以北村透谷為首，追求「自由」、「神」

和「永遠」的詩人，創刊《文學界》，提倡浪漫主義。島崎既是創刊同人，並以詩人的身分登上日本文壇。明治三十年前後，他又根據北村透谷的文業確立了以《嫩菜集》為代表的「新體詩」。《嫩菜集》充滿青春的氣息和對自由的期盼，反映了日本近代青年反對舊道德、主張自由解放的強烈意識。他的詩描寫自然、愛情和農民的痛苦，具有反封建意識和浪漫主義色彩，從而被稱作是日本近代詩歌真正的開拓者。之後轉向自然主義，與國木田獨步、田山花袋、德田秋聲和岩野泡鳴等人，推動以論近代半封建社會中的自我（特別是以「家」的問題為主）為創造確切的人類典型的文學，風靡了明治四十年代的日本文壇。後來他又逐漸轉向現實主義。一九〇六年《藤村詩集》問世後自費出版長篇小說《破戒》，從廣闊的社會視野出發，深刻批判社會的不平等現象，確立了小說家的身分。主要小說作品包括：赤裸裸描繪與姪女的不倫之戀的《新生》。以父親為原型，揭露幕府末期到維新時代的變更激蕩的《黎明前》。但是，由於社會壓力等因素的影響，他在其後的文學中脫離了社會視角，創作了《春》、《家》、《新生》等一系列狹隘的「身邊小說」（即私小說）。由早期的積極「自我」向後來的消極「自我」轉化。一九一二年的隨筆《千曲川速寫》，描寫千曲川畔的美麗風光和風土人情，則是他由詩人向小說家轉型的散文代表作。

以此看來，青年呂赫若通過磯村老師的引領，首先由「浪漫主義」和「自然主義」而走進了具有現代意義的文學之門。後來，他除了和江漢津等幾名同學一起研讀馬克思主義的政治經濟學之外，又開始自己閱讀圖書館裡頭的《世界文學全集》。巫永福先生在接受我的採訪受訪時也向我表示說，據他所知，呂赫若在台中師範念書時受到日本作家德富蘆花的影響而走上文學之路，所以他的作品有德富蘆花的味道。他喜歡念世界文學。巫永福常向他借書，例如《包法利夫人》《罪與罰》《安娜·卡列尼娜》等等。

總之，就讀中師時，呂赫若的文學視野已急遽地開擴著。林雪絨女士所說的「練習寫作」，應該就是從這個時期開始的吧。至於他在師範時期的寫作風格，我們可以在他一九四三年六月十四日日記所載，對創作中的短篇小說〈柘榴〉的不滿之情，想像一斑。他寫道：「想縮短自己與作品之間的距離。至少現在的作品不是自己。自己應該是心情更豐富的，甚至毋寧是感傷的才是。師範時代的作文就是那樣子的。寫優美的小說吧。」

據悉，德富蘆花《自然與人生》與島崎藤村《千曲川速寫》，以曉暢平易的語言精確描摹大自然的瞬息變化與四時更替，曾被當作日本近代散文隨筆文學的典範，還一度被指定為近代日本國民實行「情感教育」的通讀書目。儘管呂赫若並沒有留下閱讀《自然與人生》的直接紀錄，但德富蘆花與島崎藤村的審美風格，顯然對他後來的寫作起了深刻的啟發和影響。

3 處女作〈暴風雨的故事〉

葉石濤先生認為小說〈山川草木〉是呂赫若的處女作。他在一九八七年二月一日出版的《台灣文學史綱》第六十四頁寫道：「一九三四年他的處女作〈山川草木〉發表於《台灣文藝》創刊號。」收錄於同書（頁二四五）的林瑞明先生編「台灣文學史年表」（未定稿）也載稱，呂赫若的〈山川草木〉刊載於一九三四年十一月十五日發行的《台灣文藝》第一期。以此看來，葉石濤與林瑞明的說法是一致的。然而，兩個治學嚴謹的台灣文學工作者的一致看法是不是就絕對正確呢？我想，兩位本土文學界的大老首先都要反對這樣的絕對「權威」吧。因此，林瑞明要特別聲明他所編的年表乃是「未定稿」。

在這樣的「共識」基礎上，作為後學，因此也才敢於在策畫「呂赫若復出」系列專輯時提出一點對證，究明呂赫若的「處女作」公案。

回顧日據時代的台灣新文學發展史，《台灣文藝》作為一個文學雜誌的刊名，曾經先後在兩個不同的歷史階段，由不同的集團掛名登場。據葉石濤《台灣文學史綱》（頁六二）所述，第一次是在台灣新文學「搖籃期」的「一九三四年五月，由張深切、賴明弘等人提倡舉開第一次全島文藝大會，旋即成立台灣文藝聯盟，發行機關雜誌中、日文並刊的《台灣文藝》共發行了十六期。」第二次正值台灣新文學的「戰爭期」：「一九四三年，《台灣文學》和《文藝台灣》同時廢刊。旋即從一九四四年開始由『文學奉公會』刊行《台灣文藝》共八期，編輯委員包括張文環、西川滿等台日作家。」

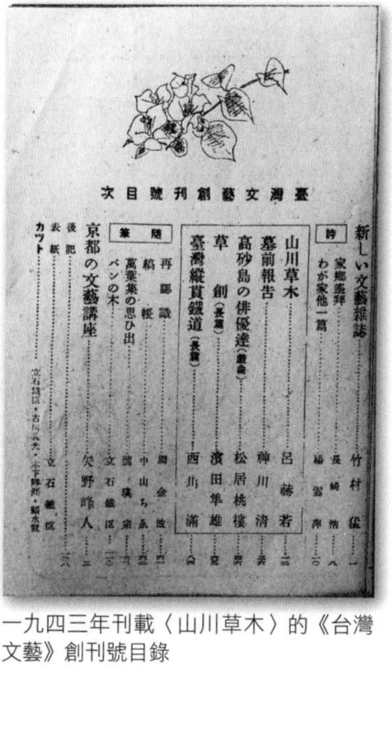
臺灣文藝創刊號目次

新しい文藝雜誌 竹村猛
詩
家鄉遙拜 長崎浩
わが家他一篇 楊雲萍
山川草木 呂赫若
墓前報告 神川清
高砂島の俳優達（戯曲） 松居桃樓
草創（長篇） 濱田隼雄
臺灣縱貫鐵道（長篇） 西川滿
隨筆
再認識 周金波
稿帳 中山ちゑ
萬葉集の思ひ出 龍瑛宗
パンの木 立石鐵臣
京都の文藝講座 矢野峰人
後記
表紙 立石鐵臣
カット

一九四三年刊載〈山川草木〉的《台灣文藝》創刊號目錄

通過閱讀林至潔女士中譯〈山川草木〉的內容，以及刊載〈山川草木〉的該期《台灣文藝》目錄，我們可以斷定：葉石濤與林瑞明顯然都把發表於一九四三年《台灣文藝》的〈山川草木〉，誤植為一九三四年的《台灣文藝》了。

一九三一年「九一八」事變以後，隨著日本積極準備侵華戰爭，島內的反殖民運動團體統統被檢舉鎮壓，除了以「確立台灣地方自治」為目的的台灣地方自治聯盟之外，殖民地台灣人反對殖民統治的鬥爭只能退到文學領域集結，命存一線。於是，一九三四年五月六日召開了第一回全島文藝大會，宣告成立台灣文藝聯盟。同年十二月十八日刊行的《台灣文藝》第二卷一號，張深切《第一回台灣全島文藝大會紀錄》載稱，大會選舉了黃純青、黃得時、林克夫、廖毓文、郭水潭、賴慶、賴明弘、賴和、何集璧、張深切、趙櫪馬、徐瓊二、吳希聖、吳逸生等十五名執行委員。除了賴和（一八九四—一九四三）與被張深切（一九〇四—一九六五）請來作掩護的黃純青（一八七五—一九五六）較為年長之外，其他委員都出生於一九〇〇至一九一五年之間。執行委員會議又選舉深孚眾望的賴和擔任委員長。賴和堅辭。於是就由曾經參加廣東台灣革命青年團、組織演劇會的張深切擔此重任。大會也因為「台灣義務教育尚未普及，一般大眾知識尚低，作品與讀者立在不即不離之間方能普遍」的現實考慮，一致通過「文藝大眾化」提案。具體方法是：「第一、描寫與大眾生活有密切關係之作品；第二、文體與文字宜用一般讀者容易理解的程度；第三、對一般大眾喚醒他們的藝術趣味」。

文聯的宗旨是「聯絡台灣文藝同志互相圖謀親睦以振興台灣文藝」，並以發刊雜誌、叢書，召開文藝座談會與講演會為主要事業。在委員長張深切與執行委員賴明弘（一九一五—一九五八）多方努力下，擔負著團結振作作家、啟蒙大眾、振興台灣文藝的使命的機關刊物《台灣文藝》在十一月五日創刊了。

年輕一輩的呂赫若，雖然僻處峨眉客家山村，還是密切注意著文壇的發展動態，並且通過在《台灣文藝》第三卷第六號（一九三六年六月）發表的〈文學雜感——兩種空氣〉，表達

一九三四年五月六日第一回全島文藝大會

了對該刊創刊以來的期待與觀察。他開宗明義指出，「似有若無，依然呈現不得要領狀態的台灣文壇，二三年來逐漸抬頭。台灣文藝聯盟的組織，《台灣文藝》的發刊等，一般民眾也開始抱持關心的態度，其具有歷史性的、進步的意義。這種可喜現象的表徵之一，就是有志於文學的人們，從古來混沌的氣氛中，向前邁進了一步，更加清楚認識從事文學的自己而勇敢地前進，以真正的態度來繼續成長。每人都利用一切的機會，明確地揭發自己的本體。這種持續的狀態最應值得注目。也就是說，各人對文學（一般也可稱為藝術）的見解及有文學以前的生活態度，雖然仍茫然不知，但已清楚地浮現出來」。（《小說全集》頁三七一）

於是，我們看到，呂赫若在一九三五年五月五日刊行的《台灣文藝》第二卷第五號，發表了「第一篇作品」〈嵐之物語（暴風雨的故事）〉。這篇小說通過刻劃描寫婦人罔氏在凶暴地主寶財和懦弱丈夫老松交逼下上吊自殺的過程，敘述一個窮困的農民家庭，在地主佃農制生產關係的殖民地覆滅的

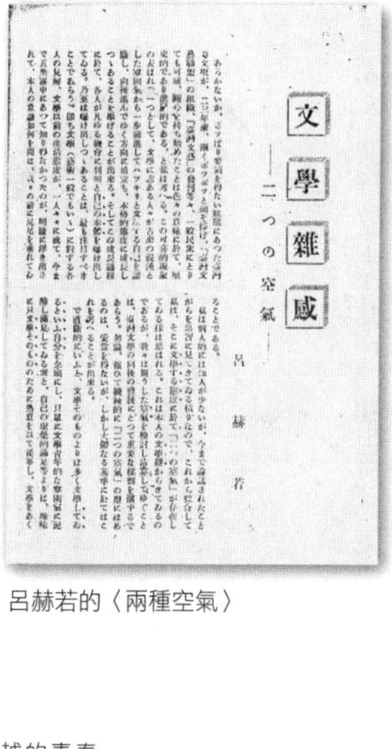
文學雜感
——二つの空氣——
呂赫若

呂赫若的〈兩種空氣〉

一九三四年十一月五日《台灣文藝》創刊

悲劇。

〈嵐之物語〉的文末寫著「一九三四年秋天書」。由此可見，這篇小說是呂赫若在峨眉山間的寂寞的夜晚寫的。他也曾在前述〈子曰「空空如也」〉憶述了自己「第一篇作品」的寫作背景與發表過程云：「師範學校畢業後，我被分發擔任新竹州獅頭山邊的公學校訓導。在幽靜而美麗的山間，我懷抱著寂寞而顫抖的心，在寺廟的鐘聲裡，就著煤油燈，全心寫下真正的文學作品。第一篇作品投給《福爾摩沙》的張文環先生，但並未刊登出來，這本雜誌沒多久便解散了。此作的題目已忘記，不過我後來將它改編，就是發表在《台灣文藝》中的《暴風雨的故事》。」（朱家慧《兩個太陽下的台灣作家》頁二五—二六）

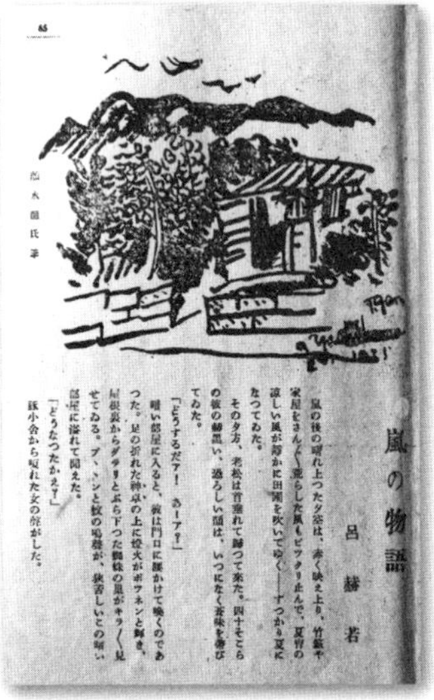

呂赫若的〈暴風雨的故事〉

《台灣社會運動史（一九一三年—一九三六年）》中譯版《第一冊·文化運動》載稱，一九三三年三月二十日，在東京籌組「台灣普羅列塔利亞（無產階級）文化聯盟」的台灣左翼青年，「以謀求台灣新文藝之進步發展為目的」組成了台灣藝術研究會。後經該會會員奔走各方，籌措發行資金，蒐集稿件，同年七月正式創刊《福爾摩沙》，宣稱「《福爾摩沙》雜誌的同人願與同鄉合作，以團體的力量推動一向被忽視的文藝運動，來提高台灣人的精神生活。」他們認為「在政治上、經濟上過完整的生活，當然是第一要緊的事。」但除此之外，他們「更渴望有藝術的生活」，因此「必須拯救台灣墮落的文藝」。在消極方面，他們要「把向來微弱的文藝作品，以及膾炙民間的歌謠傳說等鄉土藝術，加以整理研究」。

在積極方面，他們決心用全副精神「流露從心坎湧現出來的思想和感情，重新創造真實的台灣文藝。」因此，他們「決不被褊狹的政治、經濟思想所困縛。擬從高瞻遠矚的見地，觀察廣泛的問題，從事創作」。最後，他們呼籲台灣青年：「為了使自己的生活自由與豐富，我們應該自己著手推行這些文藝運動。平素心有所感，但尚未糾合同志的有志者，須奮起聚集，暢談所思，互相幫助，努力於文藝創作。」因為「迄今為止的台灣，只可比喻於錦繡其外，內藏朽骨爛肉的『白色墳墓』罷了。」所以，「從今以後，我們非要通過文藝來創造真正的『美麗島』不可。」創刊號一共印行五百份，分別寄發「東京主要新聞社、圖書館、各會員、島內同志」等。以此看來，當時還是台中師範學生的青年呂赫若，應該是在姊夫林寶煙家裡讀到這份雜誌的吧。同一份日本官方資料又說，「由於格外留意合法安全的刊行」，《福爾摩沙》「在內容方面，呈現了較少的宣傳煽動色彩。」（頁六九—七〇）

《福爾摩沙》發行人兼主編是就讀東京帝國大學文學部英文科的蘇維熊（一九〇八—一九六八）。他編了兩期之後，第三期改由輟學東洋大學預科自修文學的張文環主編，於一九三四年六月十五日出刊。之後，還是因為經濟困難而停刊，改與島內的《台灣文藝》合併。因為這樣，呂赫若的「第一篇作品」〈暴風雨的故事〉後來就改投《台灣文藝》。

〈暴風雨的故事〉發表之後，《台灣文藝》編輯部隨即接獲日籍讀者多田茂夫的投書，認為

一九三三年七月《福爾摩沙》創刊號

它「與楊逵的〈難產〉〔第二卷第一至四號〕一樣是相當洗練的作品」。黃英哲主編《日治時期台灣文藝評論集（雜誌篇）》〔二〇〇六年台灣文學館籌備處，以下簡稱《雜誌篇》〕第一冊收錄，日本人河崎寬康在台灣總督府《台灣時報》第一九五號〔一九三六年二月一日〕刊發的《關於台灣文化的備忘錄（二）》也特別提到，一九三五年《台灣文藝》發表的創作中，「最值得注目的就是七月號翁鬧的〈憨爺〉和五月號呂赫若的〈暴風雨的故事〉吧」。在「作品技術方面」，〈憨爺〉「較優秀」。但在內容、主題和作者對現實的熱情上，〈暴風雨的故事〉「遠比〈憨爺〉優異」。而且，它也比在中央文壇倏然引起關注的〈牛車〉「更進步」。因為「我們根據這個作品，根據在農村的一對夫婦的生活，能看到地主和佃農的關係，更能看到台灣的農村的真相」。而「它是否全部正確，是完全要靠作者寫實性的手腕的」。據此，他也同時指出〈暴風雨的故事〉和〈憨爺〉的「情況全然不同意義的寫實主義的不充分性」：首先是「人物類型化」，例如地主及其兒子與警察，作為佃農和窮人的反對對象，總是容易流於概念性，這樣就弱化了藝術性，使得作品逼真的力量大為消減。尤其是，這些人物在殖民地台灣特殊的社會條件下具有極為重要的角色，描寫他們的時候就會被讀者要求「極為冷酷的寫實主義」，沒有必要「硬要把他們寫成貪婪而又沒有人性的人物」。他認為，畢竟地主寶財和罔市及老松之間的階級矛盾不是個人的善惡可以解決的。最後，他批評說，如果台灣農村的警察「遠比內地有教養、親切的人格者很多是件事實」的話，那麼，概念性設定「地主和官吏勾結」的作品，「就決不能說是真正的寫實主義」。三月的《台灣時報》第一九六號緊接著刊發的郭天留〔劉捷，一九一一—二〇〇四〕〈一九三五年的台灣文學及今後的動向〉也指出，《台灣文藝》創刊以來「沒有引人注意的作品」，直到第十號為止，「我們則注意到呂赫若的〈暴風雨的故事〉，它是頗有味道的作品，但卻沒有人提到它」。〔頁三五七—三五八、四二五—四二六〕

4 成名作〈牛車〉

呂赫若的作品在七〇年代的台灣重新出土以來，一直是以短篇小說〈牛車〉作為其代表作而為人所知。不論是最早譯介的《夏潮》雜誌，或是遠景版的《光復前台灣文學全集》，都是如此。因此一般也誤認為〈牛車〉是他的「處女作」。

最早，〈牛車〉發表於一九三五年一月日本左翼的《文學評論》二卷一號。

《日本文學辭典》載稱，一九二八年三月，日本無產階級藝術聯盟和前衛藝術家同盟，聯合其他左翼文藝團體，組成全日本無產者藝術聯盟（簡稱納普）。一九二九年二月，全日本無產者藝術聯盟文學部獨立而成立日本無產階級作家同盟（簡稱納爾普），加入國際革命作家同盟，出版發行機關報《文學新聞》與機關刊物《無產階級文學》，主要成員有藏原惟人、小林多喜二、德永直（一八九四—一九七二）等，因受當局殘酷鎮壓，內部產生分歧於一九三四年二月解散。（頁六五）垂水千惠〈初期呂赫若的足跡——以一九三〇年代日本文學為背景〉指稱，德永直和同盟成員渡邊順三（一八九四—一九七二）等人，基於「以前的作家同盟把政治主義運動和文學運動搞在一起，因此受到不必要的彈壓，文學本身也沒有發展」的體會，認為「現在一定要克服過去的政治主義傾向，以文學運動的形式出發」，因此於一九三四年三月創刊合法的無產階級文藝雜誌《文學評論》，作為日本「普羅系文學者的中心據點」與「普羅文學發表的合法舞台」。（《作品研究》頁二二四—二四七）

恰恰因為《文學評論》是合法的文學雜誌，殖民地台灣的青年呂赫若要看到這份刊物也就不是什麼太困難的事了。其實，不止是呂赫若，在年齡上比呂赫若大了九歲的台灣普羅作家楊逵（一九〇五—一九八五）也從這份雜誌的讀者進而成為作者之一。

就一個作家而言，楊逵的登場始於一九三二年八月在《台灣新民報》發表日文小說〈新聞配達夫〉〔送報伕〕的前半部〔後半部被腰斬〕。第二年，東京的《文學評論》對外徵稿，楊逵就將這篇小說投寄，得到徵稿第二獎〔第一獎從缺〕，並於一九三四年十月發行的第一卷第八號刊載。三個月後，年僅二十二歲的呂赫若也在《文學評論》登場了。一九三五年一月發行的該刊第二卷第一號發表了他的短篇小說〈牛車〉。呂赫若因此成為日本文壇的新興作家。

另據下村作次郎《從文學讀台灣》〔一九九七年前衛〕的〈台灣作家進軍日本「內地」文壇〉一文所述，在〈牛車〉之前，一九三四年十二月號的《文學評論》「〔文學通信〕城市的生活、鄉村的生活」欄記載：呂赫若曾在該期雜誌截稿後，寄了一篇題為「南國風景」的稿子給《文學評論》。〔頁六〕可惜的是，這篇作品後來似乎並沒有刊登出來。我們不但無從知道它是何種文類的創作，而且也不知道呂赫若的短篇小說〈牛車〉，是否就是上一期未及刊登的〈南國風景〉的改題之作。但它也說明了呂赫若山居峨眉這段期間的寫作情況。

不管如何，如果沒有新的史料發現的話，就發表時間而言，〈牛車〉既是呂赫若登上文壇的成名作，也是呂赫若初登文壇之作。

誠如「台灣新文學之父」賴和一九二八年在〈無聊的回憶〉對「使人陷到不幸的境地裡去」的「時代進步」的感嘆：「啊！時代的進步和人們的幸福原來是兩件事，不能放在一處並論啊！」呂赫若的〈牛車〉，通過在日本殖民統治下走向破產的楊添丁一家的悲劇命運，形象地揭示了伴隨著殖民化而來的工業化、機械化對底層農民的致命打擊。

〈牛車〉的主人公是依靠拉牛車維持一家生計的農民楊添丁，儘管他總是盼想著「在雙親遺留下來的牛車上迷迷糊糊拍打黃牛的屁股，走在危險、狹窄的保甲道時，口袋裡隨時都有錢」。但是隨著殖民地的所謂「現代化」，彳亍前行的牛車的拉貨速度與效率，遠遠無法和汽車與機械工具競爭了。他走遍了鎮上所有的製材工廠、米店、批發店都沒人肯僱他的牛車。他想回頭去當佃農卻又無力湊繳給地主的租金而無地可種。可是，走投無路的他怎麼也不明白：「在米價昂貴的從前，可以快樂地過日子。卻在米價便宜的今天，每天為米煩惱。」不僅如此，他那沒有多少文化見識、性格又有些潑辣的妻子阿梅，也跟他一樣無法理解逼使他們一家淪落不幸的社會根源。作為一個農村婦女，她只能對入贅的丈夫整日發牢騷，並為謀得佃耕租金而出賣肉體。最後，不堪警察欺詐和妻子奚落的楊添丁鋌而走險去偷了幾隻家禽，但剛剛拿到市場變現，就被警察「大人」逮個正著，之後就「杳無音訊」了。

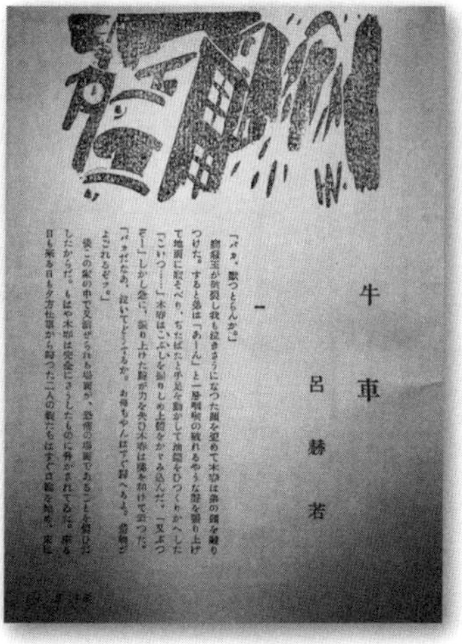

一九三五年一月《文學評論》二卷一號文本首頁（呂芳雄提供）

作為《文學評論》編輯，一九三一年被捕，一九三四年剛剛保釋出獄的日本無產階級短歌運動健將渡邊順三，在刊登〈牛車〉那期的《文學評論》「編輯後記」，特別向讀者大力推薦「新人作家」呂赫若及其〈牛車〉云：「創作欄的呂赫若氏是居住台灣的陌生的新作家。曾經本雜誌的募集小說因楊逵氏的〈新聞配達夫〉當選成為刺激，突然台灣文壇的活動活潑起來，此刻能介紹另一個台灣的新人作家是本雜誌最大的榮耀。這篇〈牛車〉是比〈新聞配達夫〉更好的佳作，我們敢於推薦。」

一九三五年二月號（第二卷第二號）的《台灣文藝》立即以「高興的消息」為題，報導了這個消息。楊逵也在同期雜誌上發表了一篇題為「藝術是大眾化的東西」的文藝時評，既肯定渡邊的看法，也提到了他對後起之秀呂赫若的高度期許說：「我的〈送報伕〉受到讀者的好評。三個月後的今天，呂赫若君的〈牛車〉超越了我，被刊載在同一雜誌上。我對於這位超越我而創作出比〈送報伕〉更受歡迎之作品的作家，希望他繼續創作能撼動人心的作品。唯有如此才是提高台灣文化的表現。」

因為〈牛車〉的發表，一九三五年二月號的《文學評論》又刊登了壺井繁治和中條（宮本）百合子對〈牛車〉與〈新聞配達夫〉的評論。壺井繁治（一八九七—一九七五）是信仰馬克思主義的詩人，全日本無產者藝術聯盟（納普）成員，主持機關刊物《戰旗》雜誌的發行和經營。一九三三年第二次被捕，出獄後組織桑喬俱樂部，從事諷刺詩創作。他寫道：「最近殖民地作家開始活躍於日本文壇，這是必須給予高度評價的現象。讀了發表於《文學評論》的楊逵的〈新聞配達夫〉及呂赫若的〈牛車〉等，我實在深受感動，並且感到這兩位殖民地作家的文章，都是非常質實素樸的。」一九一六年即以〈貧苦的人們〉為人注目，並被視為批判現實主義作家的中條百合子（一八九九—一九五一），是具有日共黨人身分的日本無產階級作家同盟（納爾普）成員。她認為：「從作品整體的效果來看〈牛車〉的話，從其描寫可以看到為了將細節形象化所作的努力，但是在打動讀者方面，乍看之下，以未成熟手法寫成的〈新聞配達夫〉則更勝一籌。但是〈牛車〉另有讓我深受感動的地方。」（垂水千惠《初期呂赫若的足跡》頁二二四—二四七）

可以這麼說，呂赫若與楊逵，一開始就通過日本進步的文學刊物而產生了文學的聯繫。

同樣是在一九三五年二月號《台灣文藝》，台灣文藝聯盟委員長張深切〈對台灣新文學路線的一提案〉更指出，呂赫若與楊逵的這兩篇小說與吳希聖（一九〇九—？）在東京《福爾摩沙》的〈豚〉「發表後，台灣文學的新興氣象，似乎大有一飛沖天的進步了。最可喜的，這三篇作品都是一樣接著日本普羅文學的路線。這條路線，現在好像逐漸形成一種影響的努力，將去建築台灣文學的新路線了。」

三月，郭天留緊接著也在前述〈一九三五年的台灣文學及今後的動向〉指出，「總的來說，今年的文學的確受到日本的普羅文學最多最大的影響。發表於內地的普羅文學雜誌上的，只是文學評論的〈牛車〉，但《文化集團》、《文學評論》、《文學案內》似乎頗為廣泛地被閱讀的樣子。這樣的傾向，我想是台灣的文學運動必然的情勢。今後當然也要和這方面的文學提攜著，會一步一步地形成台灣文學的意識形態的吧。」（《雜誌篇．第一冊》頁四二五）

其後，十二月廿八日發行的《台灣新文學》創刊號，楊逵又在「編後記」特別提到中國大陸的文學界翻譯介紹了〈牛車〉的消息。一九三六年二月六日《新文學月報》第一期，他在〈把作家的培養和編輯作業告訴大眾——決定本社第二次檢討會議方針〉的紀錄中，又兩次提到中國文壇已經翻譯介紹了呂赫若的〈牛車〉。楊逵所指的應該是胡風（一九〇二—一九八五）於一九三五年九月在上海《譯文》雜誌發表的譯本吧。

另據柳書琴主編《日治時期台灣現代文學辭典》（二〇一九年聯經）所載，在胡風之前，從一九三五年四月廿三日至七月九日，「偽滿」《滿洲報》文藝副刊「北風」已連續十二回刊載了「沉默」的譯文。在正文連載結束之後，譯者「附白」介紹了自己的翻譯動機說：「本篇是台灣呂赫若君所作。呂君是一位新進作家。自從楊逵君底一篇〈報差〉（〈送報伕〉），在《文學評論》第一卷第八號上當選，呂君則毅然而起。據該雜誌編者云：

日據時代拉甘蔗的牛車

此〈牛車〉勝諸〈報差〉，想我冒然譯出獻與諸君，不謂多事吧？」據悉，譯者「沉默」是旅順人，本名仲同升（一九一六—？），另有筆名「仲公撰」與「駱駝生」等，一九三二年留學日本，參與左聯東京分盟活動，並與日本普羅作家和雷石榆、吳坤煌、張文環等進步的文藝青年來往。他之所以譯介台灣作家的作品給「偽滿」的讀者，也是基於同是日本殖民地的兩地社會有其相同處境，通過文學彼此參照，具有重要的價值和必要。（頁四九二—四九四）

一九三六年四月，呂赫若的〈牛車〉與楊逵的〈新聞配達伕〉（〈送報伕〉）及楊華的〈薄命〉，通過胡風中譯，同時被選入上海文化生活出版社譯文叢書的《朝鮮台灣短篇小說集——山靈》一書。而《夏潮》重新出土的「謝敏」譯文，其實就是胡風的譯作。

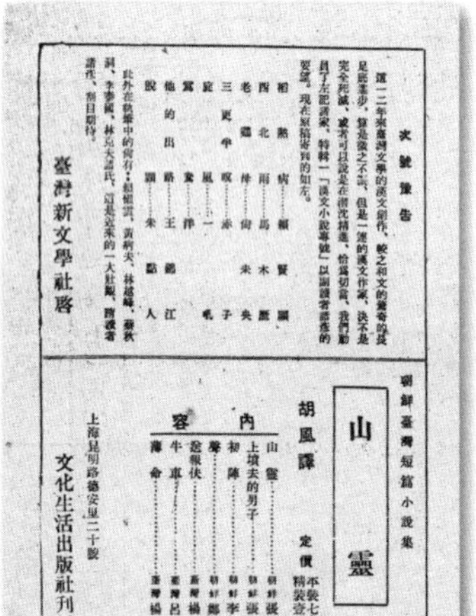

一九三六年《台灣新文學》關於《山靈》的介紹

5 筆名

可以這麼說，位於獅頭山下的峨眉客家庄，是呂石堆文學生涯的起點。從此以後，呂赫若便取代了呂石堆，走進歷史舞台。

關於呂赫若筆名的由來，在呂赫若生前故交之間有兩種說法流傳著。首先是呂赫若師範時期的密友江漢津先生的說法：「赫，是取自朝鮮作家張赫宙之赫。至於若，則是取自祖國作家郭沫若的若。他們兩人都是當時的進步作家。」呂赫若的文友，也是《福爾摩沙》同人的巫永福先生，在一九九一年十二月二十五日刊行的《文學台灣》創刊號發表的〈呂赫若的點點滴滴〉則有不同的說法：「赫若說：『我的本名呂石堆很粗俗，所以以若為號並為筆名。』針對他的筆名我說：『很有朝鮮小說家張赫宙的味道』。赫若一聽笑起來答道：『是啊！我比張赫宙年輕，所以名赫若，日本語的若是年輕的意思』。」

同情

牛車

筆的故事

過去與

一九三五年七月九日《滿洲報》「北風」副刊（攝自《日治時期台灣現代文學辭典》）

兩種說法都提到朝鮮作家張赫宙（一九〇五—一九九七）。那麼，張赫宙究竟又是怎麼樣的一個作家呢？

一九三二年四月，張赫宙通過作品〈餓鬼道〉入選《改造》雜誌第五次懸賞徵文，從而躍登日本文壇。在他之前，儘管也有朝鮮人作家的作品在一些普羅文學系統的雜誌刊載，但是，在一般的文藝雜誌上登場，則以張赫宙為嚆矢。當時還在台中師範求學的呂赫若，《改造》雜誌是他和幾個左傾同學經常閱讀的刊物之一。所以他對張赫宙應該是不會陌生的。

那麼，當時的台灣文學界又如何看待張赫宙呢？

首先，楊逵的〈新聞配達夫〉入選一九三四年十月號《文學評論》第二名時，負笈東京日本大學的台中文學青年賴明弘即「充滿了歡喜」以「指導殖民地文學吧！」為題，投書該刊「讀者評譚」專欄，並拿〈新聞配達夫〉跟張赫宙的作品作比較說，我們台灣的作家「比朝鮮晚了一年」終於進軍日本文壇了，「不能否認，〈新聞配達夫〉的確是未成熟的新作，其創作文筆的幼稚，壓根比不上朝鮮的張赫宙」，「但是張赫宙的作品並沒有像楊逵那樣，以殖民地歷史中的現實為題材做生動的寫照。〈新聞配達夫〉所受肯定的價值應該在此。」（《從文學讀台灣》頁二一—二二）

一九三五年七月一日刊行的《台灣文藝》第二卷第七號，也有署名「蔭口專問屋」者所寫〈二言・三言〉，舉張赫宙來期許本島作家呂赫若等人云：「不要一味只是模仿張赫宙！張赫宙是徹頭徹尾的朝鮮味所以偉大，這個島也非得產生徹頭徹尾的台灣式張赫宙不可。張赫宙是偉大的作家，這個島也應該出現許多比張赫宙更偉大的作家。被期待的本島作家呂赫若、吳希聖、楊逵、巫永福等，應該要開始更活潑的創作活動。」

難道說呂赫若的作品是在「模仿張赫宙」嗎？

前引垂水千慧《初期呂赫若的足跡——以一九三〇年代日本文學為背景》指出，壺井繁治在肯定呂赫若〈牛車〉與楊逵〈新聞配達夫〉「質實素樸」的那篇文章認為，同樣是殖民地出身的張赫宙的文

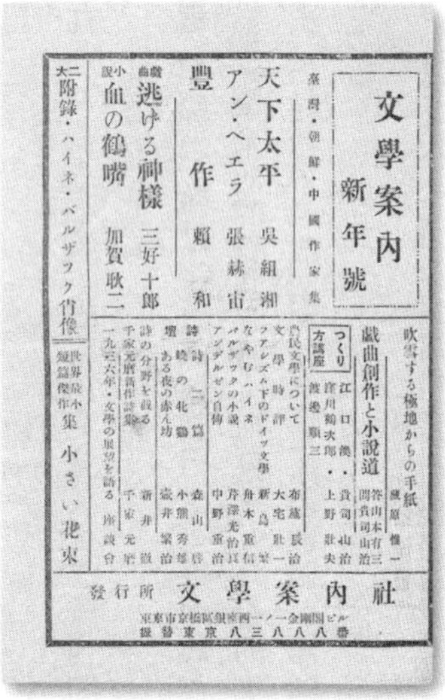

《台灣新文學》創刊號「文學案內」廣告的張赫宙書訊

章和楊逵與呂赫若比起來，「就具有非常不同的風格」。他批判道：「即使只看這一個作品，也可以知道這個作家相當有才能。但是，其文章才氣太過，在深刻地描寫現實以及整體地描寫各種複雜關係方面並不適當。」（《作品研究》頁二三二、二三六—二三七）

以此看來，呂赫若的〈牛車〉的風格顯然是和張赫宙「非常不同的」。既然如此，「模仿」就談不上了。可以這麼說，通過閱讀《改造》雜誌所刊登的張赫宙的作品，青年呂赫若受到張赫宙一定的影響也許是可能的。否則，他就不會取「赫」字為筆名了。我們在呂赫若出土日記的一九四三年二月二十日也可以看到：「下班後去大稻埕買張赫宙的長篇小說《人的羈絆》、《美麗的壓抑》」，以及緊接其後的「自己也非寫長篇小說不可」的記事。

那麼，從張赫宙那裡，呂赫若究竟受到的是什麼樣的影響呢？垂水認為，呂赫若與張赫宙的作品具有以下三點「共通性」：一是「對於『隨著日本殖民地統治制度上的變化而使農民受害』這個問題的理解方式」。例如呂赫若的〈牛車〉與張赫宙的〈被追的人們〉（一九三二年十月《改造》），都是「基於結合近代化與殖民地支配的觀點來寫的」。二是「從『風水』等民俗取材」。例如呂赫若的〈風水〉與張赫宙的〈出葬夜晚之事〉（一九三四年八月《文藝》），都是描寫兩個老人在傳統葬禮上的爭執。三是「處理娼婦、舞女等風塵女子的問題」。如張赫宙的《ガルボウ》（一九三四年三月《文藝》）與呂赫若的〈前途手記〉或〈女人的命運〉。（《作品研究》頁二三七—二四〇）

垂水所舉張赫宙的三篇小說都發表於呂赫若的〈暴風雨的故事〉脫稿之前。其實，作為一個具有「唯物史觀」的殖民地台灣的小說家呂赫若，與殖民地朝鮮「普羅文學」時期的小說家張赫宙，在某些創作題材上表現的共通性，也不足為奇。因為兩人是同樣的殖民體制下具有進步意識的作家，他們的共通性，不過是對現實生活觀察認識後，必然會在創作上作出的必然反映而已。談不上誰「模仿」誰吧。

就如一九三〇年東京帝大英文科畢業後，參加無產階級作家同盟，而於一九三三被捕轉向的日本小說家、詩人、評論家高見順（一九〇七—一九六五），在一九四三年八月一日《台灣公論》第八卷第八號發表的〈小說總評——昭和十八年上半年的台灣文學〉指出：「呂赫若令我想起朝鮮作家張赫宙。我之所以會聯想到他，固然是因為張君是我的友人，但也因為張呂兩人的作品風格十分相似。我認為呂赫若有著和張君相同的力量。」一九四一年高見順被徵為陸軍部報導員，隨軍至緬甸和中國並順道走訪過一次台灣，自稱對台灣的文藝界「一無所知」，只讀過呂赫若的〈月夜〉與〈合家平安〉兩篇「故事體」小說。因此，他認為自己用上述的「字眼」來評價呂赫若「有點不禮貌」。（《雜誌篇・第四冊》頁二六一）

或許，應該這樣來理解呂赫若的筆名。那就是，當他開始寫作的時候，已經自許要當一個比張赫宙年輕的、能夠徹頭徹尾寫出「台灣味」的台灣的「張赫宙」吧。只是，當時的他並沒想到，張赫宙後來會「脫離普羅文學」，並從一九四〇年代開始執筆一連串的「皇民化小說」。

關於呂赫若的筆名由來，除了江漢津與巫永福兩位老前輩的說法之外，年輕一輩的陳芳明在一九九五年十月一日《中時晚報》「時代副刊」發表〈復活的殖民地抵抗文學〉，另從純粹的字義「發現」：由兩個「赤」字組成的「赫」與日文含義年輕的「若」，「正好揭露了紅色青年的隱喻」。

針對這幾種說法，呂赫若的二公子呂芳雄認為，作為呂赫若的後人，江漢津與巫永福兩老的說法，他都能夠接受。但是，陳芳明的說法就是擺攤的「拆字學」了。

儘管如此，除非失蹤的呂赫若自己現身說法。否則，沒有人敢說，呂赫若筆名的由來，一定是他所說的「這樣」，而不是別人說的「那樣」吧。況且，不管怎麼說，就像陳芳明所說，「從筆名的選擇，到創作的實踐，一直到政治的介入，都足以顯示呂赫若之成為左翼，絕非偶然。」

既然不是偶然。它的必然，就脫離不了他成長過程所面對的時代背景與社會矛盾了。

第四章

舊又新的事物

高唱藝術（文學）超社會性、超階級性的二十世紀末的男人究竟是哪一類的動物？

——呂赫若〈舊又新的事物〉（一九三六年）

呂赫若伉儷與剛出生不久的長女（呂芳雄提供）

呂赫若在峨眉公學校前後只教了一年，就離開獅頭山下那「與世隔絕」的客家庄。一九三五年農曆二月十三日，林雪絨生下第一個孩子。在學校的音樂成績很好，喜歡彈鋼琴，曾經上台演奏的呂赫若，給第一個女兒取名愛琴。嬰兒滿月之後，四月一日，初為人父的他轉往台中州南投郡營盤公學校任教。

營盤公學校在南投街郊區人口稀少的小村莊營盤口，一個年級只有一班學生。呂赫若的宿舍就在學校旁邊。他教五年級那班，不分科，什麼都教。林雪絨回憶說，有一天，他拿了幾個學生農業實習課種的大番茄回家。這也是她生平第一次見到番茄。而這裡，離台中比在峨眉時近多了，語言也通，師範學校的同學也有很多在中部服務。他的生活不會那麼單調寂寞了。課餘之暇，他經常去找家在南投的同學江潮澤。

江潮澤是中師讀書會的核心成員之一，台灣光復後任教南投初級中學。五〇年代白色恐怖時期，他和廖金照都以「叛亂」之罪名被槍決。物以類聚。這樣的歷史發展也足夠說明，呂赫若生命的結局並不是什麼讓人無法理解的事情。但這是後話先說了。

1 文聯與台中的文友們

在南投任教期間，因為地理交通上的方便，使得呂赫若和妻小能夠每星期搭載甘蔗的五分車出去台中，再轉車回潭子。林雪絨老太太繼續追憶。路過台中，他經常會到中央書局走動，或去拜訪台中師範的磯江老師。這段時期，他的朋友圈應該還是以文藝界為主。

一九二七年一月三十日《台灣民報》第一百四十二號（頁七）「中央俱樂部已開辦」報導，中部各地有志者林獻堂、張煥珪（台中興業信用組合長）、莊垂勝（一八九七—一九六二）等人，一九二六年創立中央俱樂部，內分專門介紹漢文、和文、新文化書刊的販書部，以及提供同志聚會場所的旅館部。一九二七年年初，旅館部因還物色不到適當的地址而尚未開辦，販書部則在台中市寶町正式開辦中央書局，由中國大陸及日本採辦了經濟、政治、社會學、思想、哲學、科學、戲劇、醫學、地理、歷史、小說、雜誌之類的書刊三千餘種，悉數陳列。一時之間，讀者絡繹不絕，大有應接不暇之勢。

就在尋訪呂赫若的初期，我看到巫永福先生在一九八八年五、六月號《台灣文藝》第一一一期發表的〈台灣文學與中央書局〉提到，時任新聞記者的他，因為經常出入中央書局，而與張星建以及呂赫若等文化人交往。他指出，一九二八年三月，台灣總督府立台南商業專門學校肄業，時年廿三歲的張星建（一九〇五—一九四九）「出任中央俱樂部中央書局營業部主任，深獲張煥珪、莊垂勝的支持與重任，開始他的文化運動生涯，且透過各重要股東的關係，自然而然地與台灣文化協會……的抗日政治活動發生關連」。一九三二年元旦，莊垂勝與葉榮鐘（一九〇〇—一九七八）等人在台北刊行中文文藝雜誌《南音》半月刊。「第六期至第十二期改在台中發行，即由他（張星建）任發行人兼編輯，開始對台灣文藝界有所貢獻，並常以『掃雲』的筆名撰寫文藝時評。經這次的經驗，《南音》停辦後，台灣文藝聯盟創刊《台灣文藝》雜誌時，再任發行人兼總編輯。由於人際關係良好，以廣告收入作為雜誌財務來源，致雜誌的財務與編纂由他一人總攬……使張深切佩服張星建為《台灣文藝》大支柱。因此中央書局則成台灣文化上的梁山泊，藝術家雲集」。

在中央書局，呂赫若能夠與中部地區以《台灣文藝》為中心的文友們來往，其中，主要人物是「發行人兼總編輯」張星建。他在台灣文藝聯盟初創的困難之時挺身相助，因而深受張深切倚重，並稱為「使文聯起死回生的恩人」。我們可以想見，他肯定會邀請已經以〈牛車〉成名的新秀呂赫若給《台灣文藝》寫稿。於是我們看到，一九三五年五月，呂赫若在該刊第二卷第五號發表了小說創作〈暴風雨的故事〉。

一九四一年六月，旅居東京的呂赫若在《台灣文學》創刊號發表的隨筆〈我思我想〉，也憶述了這段期間與張星建等台中文友們交往的情形與感念。他首先寫道：「走到台中的那條大街上，寶町的拐角處〔三丁目十五番地〕，有棟名叫中央書局的漂亮建築物。進入其內時，辦公桌旁稍微年長的美男子令人不禁眼前一亮。他就是張星建氏。他讓人有『台灣文化界的綠洲』的感覺，也讓人油然而生『值得信賴』的心情。每當我們〔《台灣文藝》的文友們〕遇到任何困難時，腦海裡立刻浮現『因

在營盤公學校（呂芳雄提供）

為有張星建氏在，所以……』的想法，於是就彷彿吃下一顆定心丸。每當待在故鄉心緒萬般寂寞時，只要與他會面，隨便閒聊，立刻就能精神飽滿地歸來……他是個把《台灣文藝》搞得有聲有色，非常有才華的人。總之，他經常讓我有『沒有錯』與『因為有他在……』的感覺。如果沒有他，台灣的藝術家們會相當落魄吧。」接著，他又提到與巫永福、李石樵、藍運登、陳夏雨等文化人交往的情形與感言。尤其是由於年紀相仿而成了莫逆之交的巫永福。他寫道：「我和巫永福氏經常互相戲謔，同床夜談至天明。同床共眠拉近了我們的距離。最顯著的同床成員是夫婦。同床共眠顯示我等關係非比尋常。」他又說「第一眼看到畫家李石樵氏時，覺得他是個溫順、沉默寡言的人。但是，等他打開話匣子時，就變成口若懸河的男人。」他認為，「有志於藝術的人們，最初由於對美夢懷著憧憬，所以非常努力地學習。但在經過某段時期後，由於受到現實生活的衝擊，立刻就被打倒的例子，比比皆是。」就此而言，他覺得李石樵「實在很偉大」，也因此「深受感動」。他更強調，李石樵「對藝術抱持著堅定的信念，孜孜不倦、嘔心泣血的精神，正是值得後輩的台灣藝術家師法的長處。」他也念及留在台中的美術家藍運登與陳夏雨。他說，藍氏因為與他是台中師範同一屆同學，所以「經常彼此挖苦對方。但是，也始終不曾喪失對藝術的熱情」。他認為藍運登「是個非常有為的人，如果將其熱情更運用於藝術之實踐上，定能集大成。」至於雕刻家陳夏雨，呂赫若說「曾與他見過三次面，第一次是在某位前輩的宅裡」，而且，「乍見之下」，讓他覺得「陳氏是個與李石樵氏氣質非常相似的青年」。除了上述幾位較常來往的文友之外，呂赫若在文章中還提到當時居住在台中的藝文界朋友：楊逵、賴明弘、吳天賞、張深切和《台灣新聞》文藝部的名編輯田中保男等人。（《小說全集》頁三八〇—三八四）

我想，既然巫永福與呂赫若是經常「同床共眠」的好友，為了更深一層地認識呂赫若，於是在一九八九年九月二十九日晚上，前往台北市安和路一棟高級公寓採訪巫永福先生。巫先生首先對我替他的好友所做的努力致謝，隨即從他和呂赫若怎麼認識開始，詳細憶述了他所知道的呂赫若。他說：「我和呂赫若是在台中的中央書局認識的。一九一三年我出生於南投埔里。呂赫若比我小一歲，平常他都叫我永福兄。一九二〇年代的日本，是自由主義最昌盛的時代，共產主義也十分流行。當時的年輕人，如果沒有閱讀馬克思主義的書，自己就會覺得落伍。我和呂赫若也不例外。留學日本期間，我也是台灣藝術研究會的主要成員之一。到了三〇年代，日本社會走入軍國主義體制，之後就發生九一八事變。這時，共產黨的事情就絕不能提了，只要提到就一定會遭殃。一九三五年，我畢業於明治大學文藝科，因父親過世而返台。回台後，我即進入台中的台灣新聞社服務。因為當社會部記者的關係，我經常到中央書局走動。書局的經理張星建是《台灣文藝》的主編兼財務，可以說是台灣文藝聯盟的核心。他的身邊總是聚集了很多文藝青年。呂赫若即是其中之一。另外，還有一個張冬芳，也是同一天見到的。我也加入了台灣文藝聯盟。呂赫若的日文寫得相當好。我認為他是個社會現實主義者。當時的台灣是封建的社會，而他又住在農村，所以日常生活所見所聞的事物都成為他寫小說的題材。」

巫永福先生的話，我就先轉述到這裡。後續訪談內容，留待後頭敘述相關的事情時再隨時插入吧。

一九三五年《台灣文藝》編輯與作家吳天賞、張星建、張碧姻、楊逵與張深切（由右而左）（攝自《張深切全集》）

為了更加理解呂赫若在東京的生活情形，以及他與李石樵氏的交往狀況，我同時設法尋訪知名畫家李石樵先生（一九〇八—一九九五）。李石樵是台北新莊人，一九二八年台北師範學校畢業，為了實現畫家夢，在三度應考後進入東京美術學校西洋畫科，專攻油畫。經過一段時間的查詢電話與聯絡之後，李先生終於答應接受我的訪談。一九八九年十月二日晚上，我在松山區巷弄裡頭的一間普通公寓，見到了畫家李石樵及其夫人。從房裡的擺設看起來，我判斷那裡是他的畫室。看起來，這位把繪畫事業看作是「萬米賽跑」的老畫家，一直沒有停過他的彩筆。就像當年呂赫若第一眼看到他時的印象一般，我也覺得他是個「溫順、沉默寡言的人」。首先，我跟他提到呂赫若在〈我思我想〉中關於他們兩人交往情形的敘述，請他再深入地多談些細節。遺憾的是，不知是因為對我陌生的關係，還是我所要知道的呂赫若涉及了二二八及五〇年代白色恐怖的時代，我始終沒能讓老畫家「打開話匣子」，進而「口若懸河」地追憶他與呂赫若相交的往事。甚至，問他的許多事，都說「忘記了」。訪談進行得很不理想。到後來，他的「沉默寡言」，甚至讓我感到一種無形的壓迫。我清楚知道，那莫名的壓迫感，並不是來自他個人的氣質，而是白色恐怖的陰影仍然在他心性上起著不自覺的威脅作用，進而通過他的寡言傳達給我。盡管如此，談話也不是一無所得。在我的反覆詢問下，他還是斷斷續續地談了他所認識的呂赫若。他說他後來因為經濟困難而從日本回到台灣，大約在昭和十一年（一九三六年）前後，帶妻子到台中住。因為林獻堂

一九三五年八月巫永福（右）與陳夏雨（巫永福提供）

的關係，台中的文化界比較常聚會。許多美術家、文學家也都作伙支持《台灣文藝》，關心文化事業。他認識呂赫若就在那個時候。此外，還有吳天賞、巫永福、張星建等人。當時，大家才二、三十歲，少年，有熱情。他覺得，呂赫若是個深沉、理智的人，很有理性，但感性也強。他強調，他認識許多從事文學工作的人，往往會把構思的故事都先說出來。可是呂赫若從來不說自己心裡頭在想的事，等到他寫出來或做出來時，其他人才會知道。在他看來，呂赫若的思想開放、進步，但不是有一套什麼硬要去說服人。

2 馬克思女孩

一九三五年五月，《台灣文藝》編輯部圍繞著要不要刊登「藍紅綠」的小說〈邁向紳士之道〉而發生爭執。環繞著「宗派（sect）化」、「血源的不同」等問題，成立甫滿週年的台灣文藝聯盟內部出現了分歧，而瀰漫兩種不同的空氣。聯盟成員分作兩派，在《台灣新聞》「炸裂彈」欄目，展開了一直持續到第二回台灣全島文藝大會的聯盟內部的熱烈論爭。首先，筆名「惡龍之助」的《台灣新聞》文藝部主任田中保男，指責文聯內部存在階級性與民族性的派系之分。針對惡龍的指責，張星建在同月十八日嘉義支部的座談會上聲稱「常委認為絕無派系地事實」。六月一日，楊逵起而支持惡龍之助的說法。他先對〈邁向紳士之道〉的不能刊載表示不滿，然後激烈批評張深切與張星建。八日，張深切否認惡龍之助與楊逵指責文聯「搞派系」的說法；惡龍之助則認為張深切與楊逵之間是「兩個指導者的對立」，並主張日後應嚴厲批評文聯的缺點。面對「楊逵一派」的指責，「張深切一派」做出相應調整，讓賴明弘退出《新高新報》漢文欄，加入《台灣文藝》編輯群，並在十日發行的六月號〈編輯後記〉聲明：「編輯事務由次號開始得到楊逵、賴明弘、陳瑞榮的援助」。

然而，《台灣新聞》「炸裂彈」欄目的硝煙未息。六月十二日，SP的〈楊逵、張深切，誰在說謊？〉指稱，文聯的宗派問題是張深切、張星建兩人的專權獨斷，未必是指階級性的、民族性的小集團。十九日，楊逵發表〈不必打燈籠——文聯團體的組織問題〉，支持惡龍之助與SP的說法，批評文聯的組織過於鬆散，而且質疑張深切「否認派系化的存在」的說法，只是否認文聯存在「階級的、民族的小組織」的對立卻避談「專權獨斷」的指控。廿二日，楊逵再發表〈關於SP〉，承認自己就是SP，並認為他的忠言若不能成為良藥，願意被文聯除名。廿六日，楊逵進一步發表〈團體與個人——幾點具體的提案〉，否認批評文聯是為了沽名釣譽，承認有過度的人身攻擊，但並非本意；他更提出改進文聯組織的具體方案，以此證明他對文聯組織鬆散的批評，用意是希望文聯進步。（《楊逵文集．詩文卷（上）》頁一四七—一六二／二〇〇五年北京台海）

短篇小說〈婚約奇譚〉

就在台灣文藝聯盟內部硝煙瀰漫的六月，呂赫若也脫稿短篇小說〈婚約奇談〉，七月刊登於《台灣文藝》第二卷第七號。不同於〈暴風雨的故事〉和〈牛車〉，這次，他在當時的思想氛圍下，把創作的主題轉向描寫新時代進步女性對愛情與婚姻的態度。

小說的女主人公琴琴是C市T街某家道中落家庭的三女，儘管有聰明的頭腦，還是無法到高等女學校就讀。但她在就讀公學校時就經常出入一個激進的青年團體，接受了馬克思主義的思想洗禮。「台灣女性」是她的口頭禪。她自覺追求「真正的女性解放」，從而鄙視「一心一意當個布爾喬亞新娘」的

「身為知識分子的女性」。然而，公學校畢業後，她卻被為了挽救沒落的家計而絞盡腦汁想攀親財勢人家的父親逼嫁，並監禁在家裡。儘管慕她的美貌而登門求婚者不勝枚舉，她根本不屑一顧，斷然拒絕了這幫「布爾喬亞的紈絝子弟」。後來，為了擺脫父親對自己的禁閉，她與街上最有錢的人家的兒子相親。對方對她所提問題都能對答如流。她被假象蒙騙，誤以為他「相當瞭解馬克思主義」，會是思想投合的同志，因而答應訂婚。然而，此後他就卸除偽裝，露出放蕩子本色。不願做「玩偶」妻子的她，一旦認清真相，立刻決定擺脫這個「人面獸」的糾纏。她沉著選擇家裡忙著籌備婚事而對她放鬆看管的時機，機智地逃家，投靠一位非常活躍的女性社會運動者，並決心參加護士的考試，追求「真正的女性解放」。（《小說全集》頁一一九－一四〇）

在小說中，收留女主人公的那位女性，「與她丈夫都是『XX〔文化〕協會』的成員」。據此來看，它的時空背景應該是在文化協會左傾之後本部遷到台中的一九二七年至一九三一年之間。也因此，女主人公參加的就是新文協外圍的青年讀書會團體。通過這篇小說，中師期間曾經參與過祕密讀書會的呂赫若，不但塑造了一位絕無僅有，富有主見、充滿反封建精神的「馬克思女孩」，也從側面反映了那段期間台灣左翼反殖民運動的社會面貌。我們甚至可以認為，通過這篇小說，他用具體的創作參與了台灣文藝聯盟內部的「路線」爭論吧。當然，挪威劇

《台灣文藝》第二卷第七號「編輯後記」

作家易卜生批判男權社會，追求婦女解放的《玩偶之家》的影響，也是顯而易見的。

楊逵在該期的「編輯後記」寫道：「〈婚約奇談〉和〈扭曲的男人〉〔谷孫吉〕都是富有鄉土色彩的作品，從模仿到創作，凝聚了台灣作家的心血。」緊接著，呂赫若的中師學長李禎祥在八月四日刊行的第二卷第八、九合併號發表的《文藝短評》讚譽說：「讀完〈婚約奇談〉時，我覺得身為短篇小說作家的作者呂赫若算是相當有技巧的人吧？從〈牛車〉之後的〈暴風雨的故事〉和這一篇，就可以瞭解他很有志氣，認為自己的技巧要領先他人。所謂新人，不就是這個意思嗎？」但是他也批評說，「〈婚約奇談〉是批判式的寫實主義，可是令人覺得有像〈暴風雨的故事〉那樣傳統的地方。尤其是琴琴的態度。可以理解，她可以等年齡大一些再結婚的，但如果連這樣都拒絕，而成為馬克思女孩，就有違女性本能了吧！」最後，他強調說「現在已經不太有人欣賞附加了道理和說明的作品」，他也曾經評價呂赫若的作品「巧妙地克服了主觀，以藝術性取勝」，因此有所期待地「祈禱他能一以貫之」。〔《雜誌篇・第一冊》頁二七〇〕

3 兩種空氣

一九三五年七月一日，賴明弘等三人加入編輯群的《台灣文藝》第二卷第七號刊行。頁數大增。內容革新。該刊編輯部特地在「意見批評」欄聲明，歡迎讀者對刊登的詩、小說、評論提出意見、批評與指教。張深切也在「編輯後記」寫道：「咱們的機關誌受了重大的刺激、開始奮鬥的躍進了。由保守的而跑進擴大化、由消極的而進出積極化、由敷衍的而演進戰鬥化了」。

然而，《台灣新聞》「炸裂彈」的餘燼還是冒出了變色的裊裊煙氣。七月卅一日，楊逵在發表〈迎接文聯總會的到來——提倡進步作家同心團結〉，針對廿七日張深切所謂批評文聯的人「沒有一個是文聯會員」的說法，指稱黃病夫、楊守愚、賴和、賴慶、賴明弘等對文聯的現狀表示不滿的人，都是文聯的重要成員。（《楊逵文集．詩文卷（上）》頁一九〇—一九三）

八月四日，《台灣文藝》第二卷第八、九合併號「無任所編輯委員」的〈二言、三言〉（頁七二）對「血的不同」和「宗派化問題」作出解釋說，「關於血的不同問題：為求團體的順利發展，聯盟在成立時即已聲明以超越階級、內台人提攜為宗旨，俾獲得各界與當局之理解、奧援。本雜誌即是秉承這一精神，以作品本位為選稿原則。」又說「關於文聯宗派化問題：就組織上的對立而言，吳希聖的〈豚〉和楊逵的〈新聞配達夫〉兩文膺選為一九三四年之傑作，榮獲文聯獎金並非黨派之故，也全然沒有違反文聯精神，可見根本不存在內部黨派問題。再就編輯上的專擅而言，張深切和張星建兩人，是受常務委員之委託，擔任編輯任務；這也是基於編輯委員散處各地，無法執行其職務所作的非常處置。」

為了開好即將舉行的第二屆文聯大會，張深切也在該號《台灣文藝》發表〈歡迎文聯大會〉（頁一二七），最後對文聯「創設的當初」「就犯了許多的誤謬和錯誤，演致群智群策群力不能集中，所懷抱的意志和目的不能貫徹」，感到遺憾而惋惜，同時誠懇歡迎所有同志，在「經過了這一年有餘的體驗，深切地認識過去的誤謬和錯誤」之後，出席文聯二屆大會，一起「清算過去的是非曲直而改革咱們所理想的文聯」，讓文聯成為大家理想的文聯。

然而，歧見並未因此消除，事情並沒有朝著團結的方向發展。

八月十一日，在台中市民館召開的大會上，筆名郭天留、張猛三的屏東萬丹人劉捷公開提出開除楊逵的建議。莊明當要劉捷說明理由。從而演變成劉捷對抗楊逵的論爭。最後，在惡龍之助的斡旋下，兩人基於團結的考慮而「握手言和」。（《楊逵全集．卷九》頁三五二、三九六／二〇〇一年文化資產

保存研究中心籌備處）

當天，呂赫若也以新進作者的身分與會，並成為聯盟的新進盟員。他在前述的文學雜感〈兩種空氣〉（一九三六年六月《台灣文藝》第三卷第六號）中表示，對文聯內部爭論的「這些事情雖然不甚明瞭，但自以前，就有所預感」。他表態說：「雖然我個人的知己寥寥無幾，但由於能忠實看到迄今的許多議論，而加以綜合，因此覺得人們對『從事文學』的態度，存在著『兩種空氣』。這雖然是來自本人的『文學觀』，但是我等檢討、清算的這種空氣，在台灣文學日後的發展上，扮演著重要的任務吧。當然，硬是機械地分成『兩種空氣』，有點不妥當，但能夠作為大體上的基準。」所謂「兩種空氣」，也就是兩種立場。他「直截了當地說，就是存在著，一心一意記掛著正在大做文學工作的自己而忽略文學本身，只是沉醉、滿足於籠罩在文學青年氣氛的人；以及樸實地執著要從事真正的文學，沒有虛榮的自我滿足，窮其一生都要努力探究文學的人。前者說難聽一點，彷彿是故意撕裂衣服、披上毛巾、下作木屐打扮，卻像自我陶醉的中學生，單憑我是作家、詩人這些就覺得心情愉快，為『文學』披上一層神祕的紗，連日常生活也陰陽怪氣。因此，極端討厭藝術是為了什麼的藝術之問題，只視為了藝術而藝術的觀念如命。除了酒、酒家、戀愛外，找不出一丁點的價值。如此觀念者，不僅台灣，世界到處，都存在著這種人。何況，這也是眼前過渡期的台灣文壇不得已的現象。相形之下，後者是屬於『進步的』。他們經常能掌握住藝術、文學的本質，著

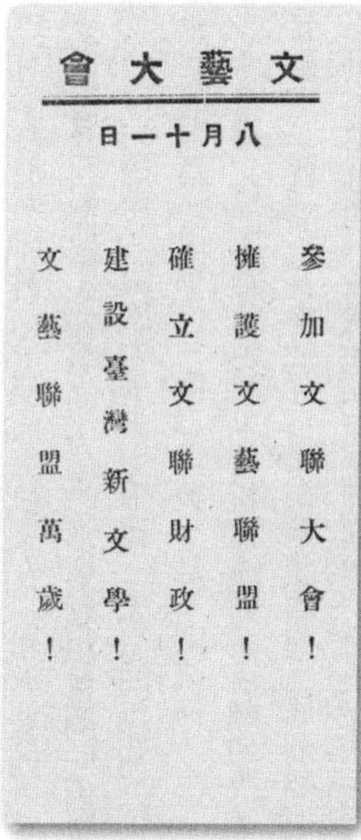
文藝大會
八月十一日
參加文聯大會！
擁護文藝聯盟！
確立文聯財政！
建設臺灣新文學！
文藝聯盟萬歲！
台灣文藝聯盟第二屆大會的口號

重現實的觀察，不認為現實的藝術史及各個的藝術現象是事先就完成的『一般美』，或是自天而降的東西。然後努力留意自己的生活，『從生活中出發』。我們應效法何者呢？當然是後者。」在大會現場，呂赫若則實際地「痛切感受到」台灣文壇對「從事文學」的態度存在著的「兩種空氣」。一種是某支部不知其名者關於「宗派」與「血源的不同」的報告，另一種則是來自台南鹽分地帶，六月一日成立的台灣文藝聯盟佳里支部成員之一「鹽村詩人」王登山（一九一三—一九八二）的報告。他寫道：「關於『宗派』（sect）『血源的不同』，支部報告時（很遺憾不知其名），其意為『宗派與血源的不同，對文學而言，完全在範疇之外。抱持這種想法的人，可說是文藝的門外漢。』我為這種大膽的說法大吃一驚。他本人沒有提及這種說法有何依據，從那種語氣看來，大概是無所根據，只是想到什麼就說什麼吧。而且，像神一樣崇高的文學會出現這種情形，是很麻煩的想法。他應該是屬於前者吧。與他相形之下，佳里支部的王登山氏的報告，就令人深受感動。大體上，他是敘述關於文學以前生活態度的抱負。立意可說是極好。記得他說『不是要製造擅長寫的專家，而是要製造出人類。』這個『人類』是指關心文學以前的生活態度，能掌握住生活的『真』的人類。」（《小說全集》頁三七一—三七三）

然而，大會結束之後，劉捷和楊逵的歧異並沒有因為握手而言和，反而很快又在《台灣新聞》「炸裂彈」爆發新一波的論爭。八月十七日及廿一日，劉捷發表〈何謂文藝上的大眾〉，質疑楊逵的「大眾」專指無產階級，乃是太過偏頗的論點。九月四日及七日，楊逵〈關於大眾——張猛三先生的無知〉，回應劉捷的質疑，並批判劉捷將「大眾」（第四階級）解釋為「民眾」（第三階級）是知識淺薄。

十一月，楊逵又在東京《文學導讀》先後發表〈台灣文學運動的現況——新劇運動與舊劇的改革〉（第一卷第五號）與〈台灣文壇的近況〉（第二卷第十二號），其中批評張深切承諾改進文聯的問題卻又做不到，大有不如歸去另起爐灶之意。同月十三日，他就在《台灣新聞》「炸裂彈」發表了〈「台灣

新文學社」成立宣言〉。（《楊逵文集・詩文卷（上）》頁一九六—二〇二、二一八—二三四）

十二月廿八日，楊逵與妻子葉陶，聯合原台灣文藝聯盟常務委員賴和、賴明弘（文聯發起人之一）、賴慶，原來活躍的漢文作家林越峰、朱點人、楊守愚，與黃病夫、王詩琅等人創刊《台灣新文學》。台灣文藝聯盟正式分裂。

《台灣文藝》基本只剩東京支部（原台灣藝術研究會會員）支撐。據統計，除了張深切、張星建、劉捷、吳坤煌、吳天賞等少數之外，原《台灣文藝》作者都轉向《台灣新文學》投稿。而且，除了吳新榮、黃寶桃、張文環、翁鬧、陳垂映、王登山等少數人兩邊都支持之外，其他人只給《台灣新文學》供稿。

我們看到，在台灣文學陣營的主流轉向《台灣新文學》之後，年輕的呂赫若不但繼續供稿支持被一些人遺棄的《台灣文藝》，並且還通過前述的〈兩種空氣〉寄望能夠以佳里支部諸君子的認真態度為典範，把台灣文壇的「兩種空氣」化為「一種空氣」。他指出：「佳里支部的諸君只要抱持著（從生活出發）這種信念，應該就不會出現文學青年，也不會瀰漫文學的流浪者、頹廢的氣氛。如此一來，就能有所發展，創作上也能有可觀的收穫。佳里支部蘊釀出的空氣，可說是極為甜美。是值得期待的。他們能掌握住現實客觀的事實的日子即將到來。」他強調，「不管怎麼說，我們期待佳里支部的會員，對文學抱持著認真的態度，能從前者所謂樂天崇拜的文學態度中掙脫桎梏向前邁

一九三五年六月一日台灣文藝聯盟佳里支部成立

進。如此一來，『兩種空氣』才能早點變成『一種空氣』，調整步伐，繼續前進。」（《小說全集》頁三七三）

佳里支部的主要成員包括吳新榮（一九〇七—一九六七）、王登山、郭水潭（一九〇七—一九九五）和林精鏐（號芳年，一九一四—一九八九）等人。基本上，這群鹽分地帶的作者都以寫詩為主，因此，當時的鹽分地帶被稱為「詩人鄉」。呂赫若讀過他們一九三五年三月在《台灣新聞》發表的詩輯，並且在一九三六年二月《台灣文藝》第三卷第二號發表評論〈關於詩的感想〉，誇讚他們「超越群倫，妙筆生花，其有為的前途值得大書特書。」同年三月，吳新榮在《台灣文藝》第三卷第三號「文聯佳里支部作品集」發表詩作〈思想〉，批判「從思想逃避的詩人們」，更被呂赫若視為「從事新詩創作的人，必須奉為圭臬的作品。」這也是他想通過《台灣新文學》詩歌編輯王登山在文聯第二回大會的報告切入，進而為台灣進步文學界的團結，發出一點新生代的聲音吧。

除了前述的小說處女作〈暴風雨的故事〉和隨筆〈文學雜感——兩種空氣〉、〈關於詩的感想〉，以及短篇小說〈婚約奇談〉之外，在《台灣新文學》創刊後，呂赫若

詩についての感想
呂赫若

評論〈關於詩的感想〉

還在《台灣文藝》陸續發表過短評〈文學雜感——舊又新的事物〉（第三卷第六號），以及持續關注殖民地半封建社會下台灣女性悲劇的短篇小說〈女人的命運〉（第三卷第七、八合併號）。

〈女人的命運〉的女主人公雙美，十七歲喪父，迫於生活壓力而去做藝旦。但淳樸善良的她「出汙泥而不染」，恪守傳統的倫理道德，並期待著「早點找到合適的男人，成立家庭，供養年老多病的母親」。因而傾倒於風度翩翩的白瑞奇，並同居生女麗鴿，「全心全意付出超越職業意識的刻骨銘心的愛」。但是，失業而依靠她供養的白瑞奇結識了一個有錢的寡婦後無情地拋棄了母女兩人。雙美也因為「那個沒有錢的男人」的背叛，而「感受不到生存的意義」，最終連堅守的道德情操也瓦解了。小說最後痛心地描述雙美的心理轉折道：「『我要當妓女了。』她叫了出來。雖然無論如何自己都要走上這條路，但是，即使自己墮落，也都是白瑞奇的罪過。這麼一想，越發產生勇氣。她決定等麗鴿長大後，要宣傳她就是白瑞奇的女兒，且讓她當妓女。想著想著於是露出了愉快的笑容。」（《小說全集》頁一五九—一九一）

然而，《台灣文藝》還是在八月發行七、八月合併號後停刊了。也就是說，呂赫若對《台灣文藝》（也可以說張星建）的支持，持續到停刊為止。

4 舊又新的事物

一九三六年，呂赫若也在五月四日刊行的《台灣新文學》第一卷第四號發表了日文小說〈前途手記〉，開始以創作的實踐，表達他對楊逵及《台灣新文學》的支持。

〈前途手記〉是「我」從新搬到隔壁的農人婆婆那裡聽來的故事：從十四歲就做藝妓、女侍的淑眉，嫁作商人「林」為妾，飽受大房歧視，因此擔心無子的自己將來會無所依靠而想要一個孩子。但「林」患過嚴重的梅毒無法生育，又始終不讓她領養。她誘借「林」的外甥播種不成。最後，只好藉由喝廟裡帶回來的草根、香灰與燒化的神符，期待佛祖保佑送子。但終致抑鬱成疾，罹患胃癌，在醫院孤獨寂寞地死去。（《小說全集》頁一四一—一五七）

可以看到，在小說創作上，呂赫若繼續揭示缺乏獨立謀生能力而依附男性的女性的悲劇命運，並且意有所指地把這篇日文小說命名為〈前途手記〉。但是，九月十九日刊行的該刊第一卷第八號，文聯佳里支部盟員莊培初（一九一六—二〇〇九）的〈從讀過的小說談起——《台新》創刊號到八月號〉批評說，〈前途手記〉只有在仔細地描寫刻劃淑眉的「心理」這一點上「有某種程度的成功」。在呂赫若筆下，「『林』的生活簡直成了影子」。而且，到最後，還是脫離不了「想到她的一生和她寂寞的死以及作為有錢人家的妾的悲哀，不禁滲出淚水來」的描述套路。實在「很可惜」。（《雜誌篇・第二冊》頁一六〇）

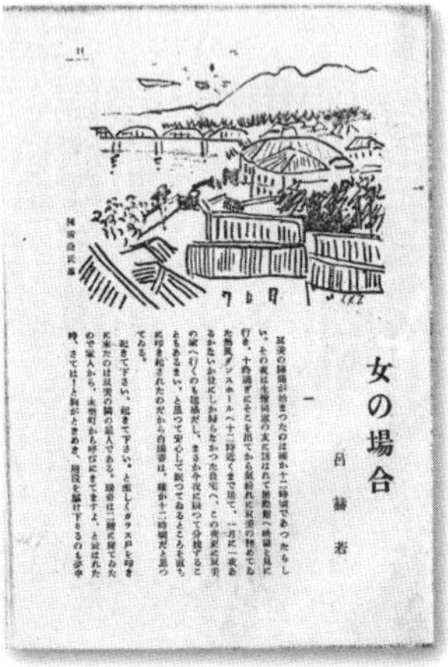

短篇小說〈女人的命運〉

眾所周知，楊逵是一個信仰「科學的社會主義」的農民運動者。《台灣新文學》自然要強調站在勞動人民的立場，反映窮苦大眾的現實生活，所以它在〈創刊的話〉表明創刊的動機，是因為「台灣的作家和讀者，迫切需要反映台灣現實的文學機關。」通過這種旗幟鮮明的主張，相較於「寧無路線」、「不偏不黨」的「大染爐」——《台灣文藝》，我們自然不難理解楊逵另起爐灶的原因了。在他的掌舵之下，《台灣新文學》也表現得非常進步。我們從創刊號刊登的日本著名左翼作家，如德永直、葉山嘉樹、前田河廣一郎、石川達三、藤森成吉、貴司山治、細田民樹，以及朝鮮作家張赫宙等人的感言，就不難看出它的社會主義傾向。它也不遺餘力介紹大陸、日本、蘇聯等地作家的現實主義文學。視野相當遼闊。高爾基與魯迅兩個進步作家的作品也都相繼在此登場。

如前所述，呂赫若與楊逵，兩個「凝視著台灣現實的作家」（尾崎秀樹語），一開始就通過〈送報伕〉與〈牛車〉而緊密地走到現實主義文學的同一條戰線。一九三五年二月，楊逵也在《台灣文藝》第二卷第二號發表的〈藝術是大眾化的東西〉，高度期許以〈牛車〉初登文壇的呂赫若。而「文藝大眾化」，一直是台灣新文學運動的主張。早在一九三二年，葉榮鐘就在《南音》一卷二號〈「大眾文藝」待望〉一文提倡「通俗化的大眾文藝」。一九三三年創刊的《福爾摩沙》同人也自許要把「膾炙民間的歌謠傳說等鄉土藝術，加以整理研究」，以「重新創造真實的台灣文藝」。一九三五年創刊的台灣文藝聯盟機關誌《台灣文藝》的方針之一即為：「把這本雜誌辦到能夠深入識字階級的大眾裡頭去」，並明訂以「文藝大眾化」為宗旨。聯盟委員長張深切在同年六月發刊的《台灣文藝》第二卷第五號發表〈「台灣文藝」的使命〉一文也指出，「新藝術和大眾之間，猶有一條很廣闊的溝壑」，寄望作家們「不要只為滿足自己的意象而執筆，最要緊的還是要把大眾為對象，來完成咱們的啟蒙工作」。

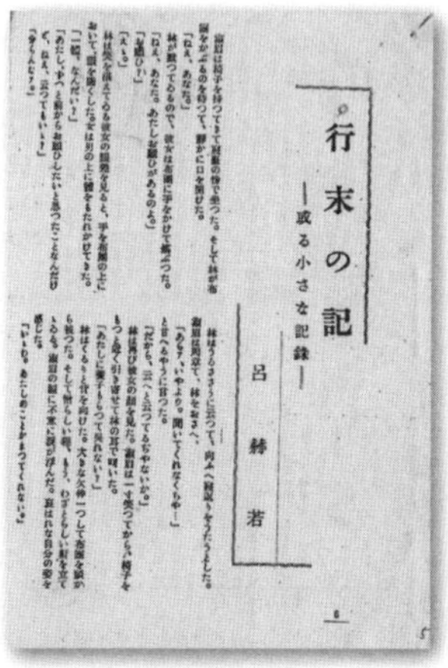
行末の記
—或る小さな記録—
呂赫若

短篇小説〈前途手記〉

然而，楊逵提出的「藝術大眾化」卻被一般人批評「是根據張猛三氏（劉捷）的主張，是內地的亞流，不是屬於新的見解。」針對這種批評，同年九月，呂赫若在《台灣文藝》七、八月合併號發表文學雜感〈舊又新的事物〉，替楊逵作了有力的辯護說：「我認為從台灣的現狀觀來，即使是亞流也沒有關係。當然，我們沒有必要檢討楊氏的見解是否是亞流。但台灣迄今的評論不都是亞流嗎？至少都是由內地移入，加上環境不太優渥，應該不會出現新的主張。當前的社會正處於台灣的人們學習在內地議論的事物之狀態，既然已經把它融會成自己的東西，以它為基礎，再敘述事物，還能說是亞流嗎？」接著，他便通過吳天賞對文學的認識，進而從「藝術大眾化」的觀點，進行有關藝術的社會性與階級性的論辯。（《小說全集》頁三七四—三七九）

吳天賞（一九〇九—一九四七），台中市人，是呂赫若摯友陳遜仁的大哥（吳從母姓），年紀比呂赫若大了五歲，台中師範畢業後到日本青山學院英文系就讀，先後參加台灣藝術研究會和台灣文藝聯盟東京支部，文學創作包括小說、詩和隨筆等。呂赫若在〈我思我想〉提到台中一帶的文友時也曾這樣描述過吳天賞：「他是我同窗的前輩，是個本身就充滿故事的男人。聽他講話，心情會無比愉快。我所能描述的僅止於此。對他，再也沒有什麼好批評的。在許多運用無用技巧的人群中，他彷彿鶴立雞群。」（《小說全集》頁三八四）一九七九年七月遠景出版的《光復前台灣文學全集》第三冊《豚》，關於吳天賞的「簡介」（頁二九七）也寫道：「從吳天賞的小說作品中，我們可窺悉作者擅長表現男女之間的愛情，尤其是刻劃少女矜持的情緒。其技巧步步為營，情節則處處傳神。」相對之下，呂赫若這個階段發表過的作品的女性形象，卻是犀利地描寫殖民地台灣女性的不幸。顯然，兩人在寫作上有著截然不同的立場。那麼，呂赫若認為吳天賞是「運用無用技巧」的那段話，就明示了他不苟同吳天賞的文學觀。所以，通過〈舊又新的事物〉，他既為楊逵的「藝術大眾化」主張辯護，進而深刻批判了吳天賞的文學觀。

臺灣新文學

第一卷・第一號

創刊の言葉

新年創刊號

《台灣新文學》創刊的話

那麼，吳天賞是如何看待文學的呢？就在一九三五年九月，呂赫若為楊逵「藝術大眾化」的說法執筆辯護之前的一些日子，吳天賞在《台灣新聞》「文學通訊」欄的三行通信上表白自己的文學觀說：「我們沒有必要說文學上的社會性與階級性如何又如何。這是次要的問題，即使不存在於文學中亦可。」（《小說全集》頁五五五）吳氏的這段話，應該是針對翁鬧（一九一〇—一九四〇）在《台灣文藝》第二卷第七號（一九三五年七月）發表的小說〈憨爺〉的讀後感。在這篇小說中，翁鬧通過描寫一個無知貧農的生活，反映了窮困農村「路有凍死骨」的悲慘處境。東京醫專畢業後返回故鄉佳里行醫，同時參與鹽分地帶文學活動的吳新榮也讀了這篇小說。當他看了吳天賞的感想文之後，就寫了〈致吳天賞〉的短文給《台灣新聞》文藝欄，替翁鬧的作品辯護，並批判吳天賞純文學論「的鑑賞力把翁氏的作品意識扭曲至多」。他說：「過去我們認為翁鬧是值得敬愛的詩人，這次讀了〈憨爺〉，更發現他是值得尊敬的有能作家。」他認為這篇小說「的確發揮了寫實主義的本領」，可以說是「真正的農民文學」。但是，「吳天賞卻強調了他自己的無思想性乃至非社會性」。他因此質疑說「文學抽掉了社會性乃至思想性〔階級性〕，則還剩下什麼呢？」同時批判吳天賞「未免是個太過好奇的樂天家」。他強調，「除非吳氏是性惡論的虛無主義者，否則便告白了他自身的無知。」（《吳新榮全集．卷一》頁二三一—二三二／一九八一年遠景）

相對吳新榮的批評，呂赫若的批評就比較沒有針對吳天賞個人，而是通過對吳氏文學觀心懷寬容而憂心的批評，一步步表達了他個人對文學藝術的看法。他指出，吳天賞的「這段話像是理論完全落後的台灣所說的話。它是屬於意識上樂天派唱倒采所說的話，或是對意識形態的批評盲目嫌惡，或是動不動就『舊又新的事物〔舊調重彈〕』之一。他很憧憬『高度文學的氣氛』，但對何謂忘掉社會性、階級性時的文學氣氛，卻以我們無法理解的奇言怪語來說明。恐怕他並沒有根據什麼高深的理論，只是一時興起說的吧。這種說法矯枉過正時，就會轉化成藝術要超社會性、超階級性的主張。」然後，他強調說，「本來，藝術的超社會性、超階級的主張，〔早〕已經被歷史〔的發展事實〕打破了。但是，不只是藝術，〔凡是〕一般有意識形態的超階級性，純粹性的觀念，都是屬於資產階級的觀念。由於資產階級的社會不停地遞嬗，越發繁榮，所以吳天賞氏所說的也不無道理。〔但是〕我們必須要牢記，藝術離開了階級的利害是無法存在的，而且無法有所發展。」（《小說全集》頁三七五）

的確，就馬克思主義的文藝美學觀來看，在階級社會中不存在超階級的藝術，文學藝術創作者反映生活具有各式各樣不同的目的，不同的文學藝術創作者分別站在他們各種各樣不同的階級與社會階層立場體會被描寫的事件，所以作品就會含有各種各樣不同的思想，這種思想是文學藝術創作者積極對待生活，體會生活的成果。在被分成許多階級的社會中，文學藝術的階級性首先取決於此，而文藝的思想傾向也取決於此。殖民地台灣既然是一個階級分化的社會，那麼，它所產生的文藝作品就不可能沒有一定的階級性。

事實上，同樣的觀點，呂赫若在一九三六年一月發表於《台灣文藝》第三卷第二號的〈關於詩的感想〉（寫於一九三五年九月），就已經表達過了。在此之前的通過一九三五年八月，左聯詩人雷石榆（一九一一—一九九六）在《台灣文藝》第二卷八、九期合刊號發表的〈詩的創作問題〉，引用了日本詩人、小說家、馬克思主義文學評論家森山啟在〈藝術上的現實主義及唯物論哲學〉中兩段關於詩的論

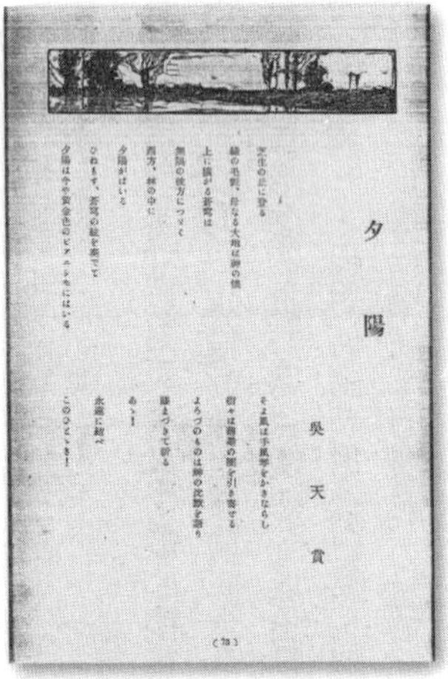

吳天賞發表於《台灣藝術》的詩

說。呂赫若據此而轉引了森山啟的詩論。

森山啟（一九〇四－一九九一），就讀東京帝大美學科時參加「東大社會文藝研究會」，並加入「全日本無產者藝術聯盟」，成為《無產階級藝術》、《戰旗》雜誌同人，一九三二年與中野重治（一九〇二－一九七九）、伊藤信吉（一九〇六－？）共著《無產階級詩的諸問題》，一九三三年發表論著《藝術上的現實主義及唯物論哲學》。（《日本文學辭典》頁四八一）證諸當時台灣的文學環境，至少，在《台灣新文學》刊載的《文學案內》廣告就載有森山啟的文學理論。因此，呂赫若肯定閱讀過森山啟的論著。森山啟認為：「詩中有表現價值的東西，經常是與一定的社會階級的『必要』相結合的生活感情。」呂赫若則強調：「詩也與小說一樣，在現實與根本上，是站立在同一觀點上的。而且從詩歌的史觀看來，詩絕不是脫離客觀現實的東西。」

一般認為，光從所引森山啟的論述，就顯現了初登日本左翼文壇的呂赫若，應該已是對馬克思文藝理論及社會主義理論有相當認識的文學青年。否則，他不會如此純熟地運用這些帶有馬克思主義術語的文字。那麼，廿一歲的呂赫若認為什麼才是有價值的詩呢？他首先認為：「島上詩人們所作的詩，當然不是全部都沒有歌詠自己的生活，也不是沒有站在現實上。可是，他們所歌詠的情緒之波與感情，都是些無用、無法感動他人，個人主義的產物。」（《小說全集》頁三六八）

問題是，為什麼會這樣呢？也許，我們可以通過高爾基（一八六八－一九三六）對神話的解釋得到理解。

詩的創作問題
雷石榆

雷石榆〈詩的創作問題〉

一九三四年八月十七日，高爾基在第一次全蘇作家代表大會上作題為「蘇聯的文學」報告，把神話解釋為人對自然和社會的鬥爭的經過提煉的詩。他指出：「神話是一種虛構。虛構就是從客觀現實的總體中抽出它的基本意義並用形象體現出來……這樣我們就有了現實主義。但是，如果在從客觀現實中所抽出的意義上面再加上……依據假想的邏輯加以推測……所願望的、可能的東西，並以此使形象更為豐滿……那麼我們就有了浪漫主義，這種浪漫主義是神話的基礎，而且是極其有益的，因為他有助於喚起人們用革命的態度對待現實，即以實際行動改造世界。」他又批判道：「資產階級的個人主義的浪漫主義，帶著它的空想和神祕主義的傾向，既不能激起想像，也不能磨練思想。這種浪漫主義脫離現實，同現實隔絕，它不是建立在形象的確鑿性上面，而幾乎完全是建立在『文字的魔術』上面。」（《論文學》頁一一三—一一四／一九七八年人民文學）

其實，呂赫若對「島上詩人們所作的詩」的批判，不就是高爾基對「資產階級的個人主義的浪漫主義」的批判嗎。那麼，能不能說，呂赫若的觀點正是高爾基看法的轉用呢？我想，應該是可以的。至少，在一九三五年五月號的《台灣文藝》，高爾基的報告已經通過郭天留（劉捷）的引用而介紹到台灣了。呂赫若在〈舊又新的事物〉一文中還特別提到，郭天留的這篇報導是相當值得學習的。從這點來看，我們敢於確定，呂赫若對高爾基的報告是能夠掌握的。

那麼，島上的詩人究竟要寫怎樣的詩才有較高的價值呢？呂赫若仍然引用森山啟的論點說：「為了實現特定社會階級歷史性進步的任務，詩人感情的波濤越能湧出，那種感情表現在詩裡的價值就越高。」因此，他希望島上的詩人能夠正確地認識自己所吟詠的感情，同時也必須正確地認識這種感情所反映的現實事態。（《小說全集》頁三六九）

從這些文學批評的片斷所透露出來的傾向性，證諸呂赫若這段期間所發表的小說，我們可以了解，為什麼呂赫若從一開始就是一個堅定的現實主義作家。而現實主義的文學強調，「藝術作品的思想性源泉在於藝術家與現實、與人民、與進步的社會力量的密切聯繫；因為這一切能鼓勵他創作。」所以，「藝術家如果不積極參加社會生活，不時時刻刻觀察和研究現實，他的思想知識就會十分貧乏，他就必然會離開同時代人的思想感情，離開激動了他們的各種問題。這種藝術家創造出來的形象，將會使人覺得它只是現實人物和事件的朦朧的影子，不但如此，或者甚至是歪曲了現實人物和事件。」（特羅斐莫夫等著《馬克思列寧主義美學原則》）

呂赫若在〈舊又新的事物〉一文批判了吳天賞解消「文學上的社會性與階級性」後，接著便通過藝術史的發展來探討文學藝術的本質，進而論證「文學中社會性的需要」。首先，他引用黑格爾（一七七〇—一八三一）的理論，明確指出：藝術創作由精神產生，一定要個人先對現實產生精神共鳴，才能創造得出藝術作品。根據這點，他認為，藝術不能沒有社會性，不能不立足於產生它的經濟構造與社會現實之上，因為它「是人類物的活動之認識型態，人類在其中意識到社會的衝突，而且在其中完成鬥爭的形式。」接著他引用了馬克思（一八一八—一八八三）在〈《政治經濟學批判》導言〉中關於希臘藝術和史詩同現代的關係的看法，來批判資產階級批評家們所主張的「純粹藝術」。（《小說全集》頁三七六）

馬克思說：「一個成人不能再變成兒童，否則就變得稚氣了。但是，兒童的天真不使他感到愉快嗎？他自己不該努力在一個更高的階梯上把自己的真實再現出來嗎？在每一個時代，它的固有的性格不是在兒童的天性中純真的復活著嗎？為什麼歷史上的人類童年時代，在它發展得最完美的地方，不該作為永不復返的階段而顯示出永久的魅力呢？有粗野的兒童，有早熟的兒童。古代民族中有許多是屬於這一類的。希臘人是正常的兒童。他們的藝術對我們所產生的魅力，同它在其中生長的那個不發達的社會階段並不矛盾。它倒是這個社會階段的結果，並且是同它在其中產生而且只能在其中產生的那些未成熟的社會條件永遠不能復返這一點分不開的。」是的，按照下層建築決定上層建築的唯物史觀，一定的生產關係會產生一定的藝術表現。但是，為什麼希臘在那麼低度生產力的狀態下，可以產生那麼高度的藝術作品，而且對後人還能保持永遠的藝術魅力呢？馬克思又說：「關於藝術，大家知道，它的一定的繁盛時期決不是同社會的一般發展成比例的，因而也決不是同彷彿是社會組織的骨幹的物質基礎的一般發展成比例的。例如，拿希臘人或莎士比亞同現代人相比。就某些藝術形式，例如史詩來說，甚至誰都承認：當藝術生產一旦作為藝術生產出現，它們就再不能以那種在世界史上劃時代的、古典的形式創造出來；因此，在藝術本身的領域內，某些有重大意義的藝術形式只有在藝術發展的不發達階段上才是可能的。如果說在藝術本身的領域內部的不同藝術種類的關係中有這種情形，那麼，在整個藝術領域同社會一般發展的關係上有這種情形，就不足為奇了。困難只在於對這些矛盾作一般的表述。一旦它們的特殊性被確定了，它們也就被解釋明白了……但是，困難不在於理解希臘藝術和史詩同一定社會發展形式結合在一起。困難的是，它們何以仍然能夠給我們以藝術享受，而且就某方面說還是一種規範和高不可及的範本。」（《馬恩選集．第二卷》頁一一二—一一四／一九七二年人民出版社）

事實上，馬克思的這套理論對當時的東方社會來說，算是相當前衛的美學觀念。在一九三六年的台灣，二十出頭的呂赫若能夠引用這種文學藝術觀，的確相當令人刮目相看。從這點來說，不管青年呂赫若對這個難題有多少理解，也已反映了文學傾向的進步性。針對這樣的「困難」，呂赫若又引用了森山啟的話來理解說：「希臘藝術確實有其今日仍不失卻魅力的理由。更應該強調的是，連此社會的少年時代之藝術，對於自然與現實的人生，在那時代某種程度的限制內，（也）能述說客觀的真理。因此，對於今日的人生，也具有某種程度的訴求力。」緊接著，他提出自己的看法說：「事實確是如此。在『希臘的神話化』方面，描寫自然的本身，並沒有對今日的我們有多大的魅力。因此，它不是作為純粹藝術；它所充滿的社會性才對我們有無限的魅力。」（《小說全集》頁三七七）也就是說，希臘社會的階級矛盾所造成的人間悲劇，才是讓我們感受到希臘藝術無限魅力的所在。所以，希臘藝術的「永遠性」，並不是因為它是所謂的「純粹藝術」。任何純粹的藝術，其目的與素材，也都得之於一定社會關係中人類有效的感性活動中。而且，一般說來，藝術、文學與科學、哲學、宗教、政治等，以及其他型態相同的精神產物，反映創作出它的作者們於社會的生存方式與現實的生活過程。

呂赫若的這段話，我們也可以在馬克思和恩格斯對「存在、意識和意識形態上的反映」的探討中找到相同的提法。我們不妨在《德意志意識形態》書中摘錄一段話來做個比較：「思想、觀念、意識的生產最初是直接與人們的物質活動，與人們的物質交往，與現實生活的語言交織在一起的。觀念、思維、人們的精神交往在這裡還是人們物質關係的直接產物。表現在某一民族的政治、法律、道德、宗教、形而上學等的語言中的精神生產也是這樣。人們是自己的觀念、思想等等的生產者，但這裡所說的人們是現實的、從事活動的人們，他們受著自己的生產力的一定發展以及與這種發展相適應的交往（直到它的最遙遠的形式）的制約。意識在任何時候都只能是被意識到了的存在，而人們的存在就是他們的實際生活過程。」（《馬恩選集．第一卷》頁三〇）

依此來看，呂赫若其實也是「反映論」的文學信徒。就在這樣的認識基礎上，他又以但丁的《神曲》和中世紀西歐的詩歌作例子，探討中世紀的西歐社會為何會產生「充滿奇蹟與幻想，天國與地獄」的宗教詩歌。他認為，由於當時西方的社會型態是封建貴族階級統治的自然經濟，在自然經濟支配下，人的意識就會仰賴「自然元素的諸力」（如雷、電、風、雨等）；因為受到自然天災的恐怖威脅，所以人們會產生「一切取決於上天」的信仰，並且賦予僧侶階級崇高的地位。這樣，就更加深了人們對神和上帝的信仰。人們於是也會對宗教創造的天堂和地獄的主題加以探究。這樣，當這些現象反映在文學創作上時便產生了大量的宗教詩篇。另一方面，因為封建貴族是當時社會的統治階級，因此，當時的文學作品也「充滿奇蹟的軍事性英雄詩和騎士故事」。因為這樣才能反映時代社會的現實。通過這樣的論證，他再次強調：「沒有純粹的藝術」。藝術一定與人們存在的社會有關係，它應該是「一定社會、政治控制下的產物」，並且受到「社會諸階級政治勢力的影響、控制，以及引導」。他認為，從藝術史的發展來看，從事農業或家庭手工業的民眾的詩歌，如插秧歌、打地基歌、打麥歌、紡紗歌、打撈歌、船歌等等的題材與節奏，「一定與他們的勞動行為關係密切」。（《小說全集》頁三七八）

呂赫若接著還引用了蘇聯文藝理論家盧納查爾斯基（一八七五—一九三三）所說「藝術是認識現實的特殊形式」的論點來強調文學的社會性與階級性。其實，藝術（或者說文藝）不僅僅只是人們「認識現實的特殊形式」而已。由於它對客觀現實的反映，所以在人們認識世界、認識自身的活動中起了重要的作用。恩格斯（一八二〇—一八九五）在〈致瑪格麗特·哈克奈斯〉中稱讚巴爾札克「在《人間喜劇》裡給我們提供了一部法國『社會』特別是巴黎『上流社會』的卓越的現實主義歷史」。列寧（一八七〇—一九二四）把托爾斯泰的作品比喻為俄羅斯生活的一面「鏡子」。都是從這些作品真實反映了現實生活這個角度出發的。就像高爾基在第一次全蘇作家代表大會上的報告所說：「當認識世界變成了牧師們的事情的時候，他們就能夠只用形而上學去解釋種種現象，解釋自然界的自發力量對於勞動人民的目的和精力的抵抗，從而把這件事情據為己有。這個把幾百萬人從理解世界這件工作中排除、擯斥的犯罪的過程，從古代開始，一直繼續到今天，結果使幾萬萬人被種族、民族、宗教的思想分離開來，停留在極度的愚昧無知、駭人的精神盲目的狀態中，停留在各種各樣的迷信、偏見和成見的黑暗之中。」（高爾基《論文學》頁一一二）

可是，「理論完全落後」的台灣作家卻有人無睹於這樣的藝術發展史，仍然呼籲：「我們沒有必要說文學上的社會性與階級性如何又如何」。這就難怪呂赫若對吳天賞追求的「所謂被抽象化的『文學的氣氛』」，在「百思不解」的情況下只能沉痛地指出，如果台灣作家硬要忘卻文學的「社會性與階級性」，就必須先把人類既有的藝術史「全部燒毀」，再自己「隨意創造出新的藝術史吧」。同時，他也呼籲台灣作家，應該追求一種比較正確的創作方法。也就是說，如何正確地認識現實，以及「如何以藝術的真實性來表現自然、歷史及人類的思維」。他認為，當認識與表現現實的方法統一之後，就可以尋找到一個正確的創作方法了。但是，他也反對依據「機械論」而產生的「只著重於要如何看見現實的抽象問題」或「一味地進行所謂意識形態批評」的創作方法。因為「藝術作品只有真正是藝術的時候才能達到它的社會目的」。

在〈舊又新的事物〉的最後，呂赫若解釋說，他之所以會對吳天賞個人發表那樣的「謬論」，除了吳新榮對吳天賞所封的「樂天派」外，還因為他認為吳天賞也是個世界觀屬於小資產階級的「虛無主義者」。儘管如此，他還是期許吳天賞及同時代的台灣青年能夠「在遼闊的世界中尋得視野」。這樣的話，恐怕就能在更高的文學視野上了解到：「高唱藝術（文學）超社會性、超階級性的二十世紀末的男人究竟是哪一類的動物吧。」（《小說全集》頁三七九）

第五章
轉軌

台灣的文藝近來驟然不振……與四、五年前顯著的活動相比，最近的確太過貧弱了。但這絕非台灣文藝本身喪失全部的活動力，而是受客觀情勢所迫，只好暫時停止活動，以養明日的英氣，以待明日之活動，而暫時持續「文學之夜」的狀態。

——《台灣新民報》「新銳中篇創作集」預告（一九三九年六月廿九日）

一九四〇年一月十四日在台中公園（呂芳雄提供）

總的來說，在發表這幾篇帶有評論性質的文學雜感之前，呂赫若最初的兩篇作品〈暴風雨的故事〉和〈牛車〉，就已經具體實踐了現實主義的文學觀，並且表現了強烈的思想傾向。只是，隨著時局惡化，他後來的寫作方向才不得不作出策略性轉變，乃至於改攻聲樂演唱吧。

呂赫若在南投營盤公學校前後只教了兩年。林雪絨說，這段期間，他除了繼續不斷寫作，也經常買唱片來聽，自己偷偷地學唱聲樂。在師範五年級時，他曾在學校接受鋼琴的專門訓練，並登台演奏。可是練不到年餘，就表現得不那麼積極了。因此，江漢津讚嘆地回憶說，他們幾個和他來往比較密切的同學怎麼也沒想到，這傢伙不但寫小說而已，竟然還唱起聲樂來了。

我們要怎麼理解對文學抱持高度熱情的呂赫若的心理轉折呢。在沒有具體的文字資料可供參考的情況下，除了去理解他所面對的時代限制與文學生產的環境之外，恐怕就沒有別的方法了。

1 台灣新文學之夜

一九三六年五月一日，台灣文藝聯盟佳里支部改組。在此之後，我們在吳新榮日記看到幾則他與呂赫若交往的記載。他寫道，六月一日，「豐原呂赫若君寫來一信，不止合我意啦。他純然是一個激情的好男子。」很可惜，我們無法看到這封信。因此也就無從知道，究竟呂赫若為什麼要寫這麼一封信，裡頭又都談了些什麼。而吳新榮也沒告訴我們：為什麼呂赫若「不止」（閩南語「非常」）合他意？我們所知道的只是，在吳新榮看來，呂赫若「是一個激情的好男子」。這點，大體上也與其他人的看法一致。八月十五日，呂赫若在長男滿月當天南下，拜訪他期望很高的吳新榮等佳里支部文友。吳新榮的當日日記寫道：「晚上豐原呂赫若君來訪，是同志文藝愛好者，所以招郭水潭、黃炭、林精鏐君去咖啡店開座談會。」（《吳新榮全集．卷六》頁三四、三八）

我們不知道，這幾位前輩是否留下當晚座談會的回憶文字。就我所見，似乎沒有。儘管如此，我們也都看到吳新榮保存了可能是呂赫若這次訪問所題寫的墨跡：「救精神」。眾所周知，魯迅在小說集《吶喊》自序表白棄醫從文的心路歷程曰：「凡是愚弱的國民……第一要著，是在改變他們的精神，而善於改變精神的事，我那時以為當然要推文藝，於是想提倡文藝運動了。」如前所述，呂赫若在同月發表於《台灣文藝》三卷七、八月合刊號的〈舊又新的事物〉，為了強調文學的社會性與階級性，也曾引用黑格爾的話說：「創作由精神產生，依從精神的地基，是屬於精神的東西，保持不失去它的洗禮，當只表現因精神共鳴而形成的東西時，始得到藝術品。」（《小說全集》頁五五六）也就是說，「救精神」，就是呂赫若從事文學的態度與目的吧。

一九三二年十一月二十日中師五年生鋼琴獨奏（呂芳雄提供）

與此同時，東京音樂學校聲樂科教授長坂好子（一八九一——一九七〇）訪台，並於八月十五至廿八日分別在台北、高雄、台南、台中、新竹等地舉行獨唱會。吳新榮日記載稱，鹽分地帶同人負責廿二日在台南公會堂那場的賣票事務。從時間上看，呂赫若的南下可能與此有關。也許因為這樣，林雪絨說，這年暑假，他特地到日本找老師，接受短期的聲樂訓練。

張深切晚年回憶錄《里程碑》寫道，在此之前，朝鮮舞蹈家崔承喜經文聯東京支部負責人吳坤煌與張星建聯繫接洽後，於七月來台公演，「使文聯蓬華生輝，聲價十倍，至此反對派不得不暫緘守默」。八月廿八日出刊的《台灣文藝》第三卷第七、八合併號刊出崔承喜的電台廣播稿〈關於我的舞蹈〉。一度因日文編輯楊逵離開而衰弱的文聯，重新顯示了它在台灣文藝界的重要地位與影響力，但也因此遭到殖民當局的默殺壓迫，再加上經濟條件的限制，以及抗戰爆發後文學同志相率離開台灣，而逐漸停止了活動。《台灣文藝》也未能再繼續出版而廢刊（共十五期，缺三卷一號）。

這樣，殖民地台灣就只剩下《台灣新文學》單獨推動反殖民的台灣新文學運動了。

十二月五日，《台灣新文學》第一卷第十號製作「漢文創作特輯」，但以「內容不妥」之名被禁。同期刊載的陳永邦〈餘憂——評《台新》十一月號〉一文，在感嘆《台灣新文學》「明顯地露出了疲態」的同時，指出呂赫若在《台灣新民報》三月三至五日發表的〈文藝時評〉「嘆息台灣文壇的乾涸，也不是沒有道理的」。六日晚上，楊逵邀請了朱點人、黃得時、張維賢、王詩琅與藤野雄士等一批日台人作者，在台北高砂食堂舉行了一場「一九三六年台灣文學界總檢討」的座談會。廿八日發行的《台灣新文學》第二卷第一號刊出題為「台灣文學界總檢討座談會」的紀錄，其中，藤野雄士（一九〇八—？）針對呂赫若這一年的創作表現批評說：「他在《文學評論》上寫過的〈牛車〉等幾篇，描寫技巧雖然稚拙，但我覺得結構相當嚴謹，然而最近退步了。就文學而言，這是非常不誠懇的態度。」

時序就這樣進入有特別歷史意義的一九三七年。

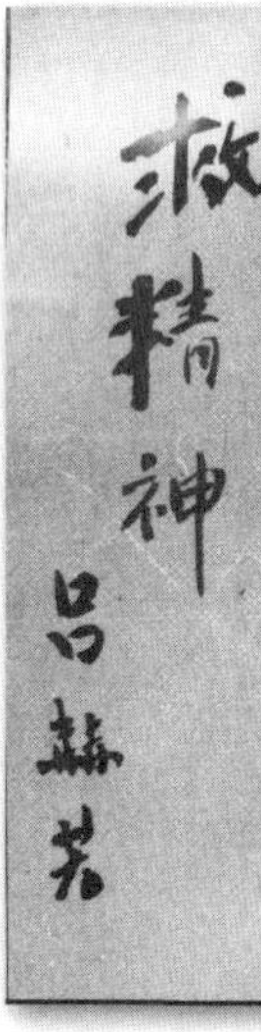
呂赫若遺墨

四月一日，台灣總督府為了消滅台灣人的民族意識而禁止台灣人使用漢文，全面禁止報紙、雜誌的漢文欄。同月，台灣軍司令向台灣總督府提出〈對總督府要望事項〉，聲稱「台灣防衛的根本在於島民思想的皇民化，特別是國防思想的普及徹底。軍部在任務實行上，以此為最關心者」。

五月六日，呂赫若在《台灣新文學》第二卷第四號（四、五月合併號）發表日文小說〈逃跑的男人〉。小說場景設定在他經常南來北往的山線鐵路的火車車廂上。一個男人抱著因為沒奶吃而哭個不停的初生嬰兒。過了大安溪，進入隧道重重的十六份站（勝興站）之前，通過「我」與鄰座這個抱著嬰兒的男人的互動與對話，從而敘述了主人公逃跑的故事：慶雲出身台中州以武力和財勢享盛名的王舉人家，因為父親吸食鴉片而家道中落。十七歲時母親過世，隔年父親續弦。再一年，他被迫輟學，又再兩年後，結婚生子。由於與小他兩歲的繼弟的繼承權糾葛，自認為被父親冷落與繼母敵視的他，要求新婚妻子成為自己「唯一的同夥」。但在與繼母的一次激烈衝突之後，他獨自前往花蓮港創業，三個月後失敗而歸。他發現妻子不但背叛了他的立場，而且與繼弟私通。他徹底孤立了。他圖謀報復，卻因種種顧慮而放棄，最終選擇帶著「唯一的同夥」——那個還沒斷奶的初生兒子，逃離這個讓他絕望的加速沒落中的家，前往命運未卜的花蓮港。聽完這個「被所有的人遺棄的人」講完故事後，「我」感嘆地對讀者說道：「哎呀！世上遭受打擊而絕望的人，都一樣，連整個身體都完全處在絕望中。對於這些人，不知如何表達自己的心境呢？像這樣受到親人敵視，又悲哀，又不講情理的家人，人生如此遭遇，真是可憐！一想到此，我就默默垂手了。」而這時火車已經駛入新竹平原，車窗外，大海在陽光照耀下閃爍著白色的波光。（《小說全集》頁一九三—二一六）

呂芳雄認為，在這篇小說中，呂赫若藉由主人公的敘述，描寫了自己十七歲師範學校三年級時喪母的哀痛。應該是楊逵執筆的「編輯後記」則指稱，呂赫若的小說《逃跑的男人》「充滿新氣象，代表了島內文學的水準」。

六月，《台灣新民報》漢文版被廢止。十五日，《台灣新文學》第二卷第五號（終刊號）刊行。

七月七日，日本軍國主義發動了所謂盧溝橋事件，展開全面侵略中國的戰爭。相應地，八月十五日，殖民地台灣軍司令宣布全台灣進入戰時體制。九月，殖民當局發布國民精神總動員實施綱要，通過舉辦各種活動，「確立（台灣民眾）對時局的認識，強化國民意識」，企圖從思想上消除台灣人民的祖國意識，灌輸大日本臣民意識。

短篇小說〈逃跑的男人〉

農曆十一月中旬，呂赫若接到繼母打來電報，說父親病危。林雪絨回憶說，他隨即帶著她與兩個嬰兒趕回校栗林建義堂老家。建成堂家族的長輩都聚集在大廳。他們說，兩天前，呂坤霖自知不久於世，就按照傳統習俗，要求家人在大廳置放一條大長板桌椅，然後把他移放在上頭。呂赫若帶著妻兒趕到家時，父親的神智還很清醒。呂坤霖看到呂赫若一家四口，有點不高興，就問呂赫若：「是誰通知你的？」呂赫若肅立一旁，簡略地據實回答。呂坤霖似乎還不想讓遠在南投營盤的呂赫若與妻小知道。他後來也就不再多說什麼了。寬闊的大廳頓時凝聚一股凝重而肅穆不祥的氣氛。他在交代一些後事之後便閉目不語。當天，就過世了。

《建成堂呂氏族譜》載稱，呂坤霖病逝於昭和十三年（一九三八年）農曆十一月十九日。經與呂芳雄先生討論並比對各種相關資料後，他認為，此說顯然是修譜的堂叔呂榮泉（如鵬）筆誤，實際應是一九三七年才對。

隨著日本帝國侵華戰爭的擴大與深入，殖民當局在殖民地台灣的思想統制也日益嚴厲。它竭力通過「皇民化運動」來徹底消滅台灣人民的民族意識和抵抗精神，對文化界的壓迫更為嚴厲。在極端嚴重的經濟、政治壓力下，《台灣新文學》雖然努力設法維持刊行，最終仍不得不停刊。

台灣新文學的暗夜降臨。

此時，從所謂台灣新文學運動的「成熟期」步入第三階段「戰爭期」的台灣作家，已經完全不可能按照自己的所思所想來寫作了。於是我們看到，在發表短篇小說〈逃跑的男人〉之後，呂赫若的寫作成績一片空白。

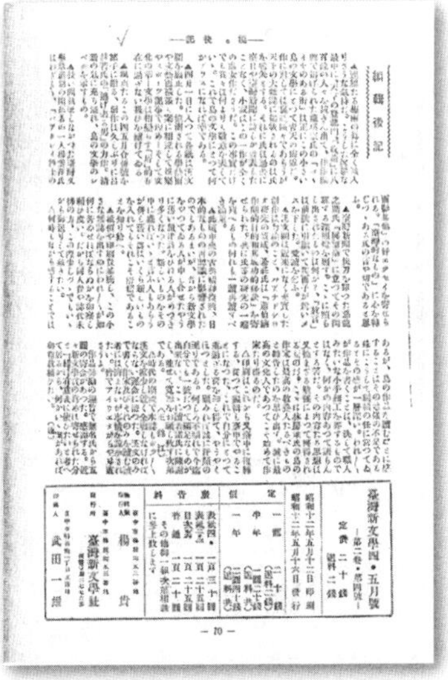

《台灣新文學》第二卷第四號編輯後記

一九三八年元月八日，呂赫若再添一名女嬰，乳名田鶴子。十五日，在日本大本營政府聯席會議上，參謀本部希望繼續通過德國斡旋日中和平，南京陷落之後勝利氣焰高漲的日本軍部和政府卻堅持停止和平談判，自行堵死了結束戰爭的路。十六日，日本近衛政府發表第一次聲明，宣稱今後不以蔣介石政權為對手，「而期待真正能與帝國合作之中國新政權的建立與發展」。

二月，因為在台已無可能有所作為，台灣文藝聯盟委員長張深切認為，「我們如果救不了祖國，台灣便會真正滅亡，我們的希望只繫在祖國的復興，祖國一亡，我們不但阻遏不了殖民化，連我們自己也會被新皇民消滅的。」於是請得旅行券，隻身搭輪船，前往大連。（《張深切全集・卷二》頁七八／一九九八年文經社）

據統計，抗戰期間，前後有高達五萬多名愛國的台灣青年，為實現台灣光復，冒著生命危險，間關萬里，潛回大陸，尋找重慶或延安的抗日根據地，積極投入抗戰行列，與大陸同胞並肩作戰。小說家吳希聖的〈一個曾在日帝統治下被迫徵召反正投誠勇敢的鬥士〉，也見證了他在一九三九年之後回到祖國大陸，易姓為陳，參加李友邦領導的台灣義勇隊的史實。〔《李友邦先生紀念文集》頁一二一—一六四／二〇〇三年世界綜合出版社〕

因為封建家庭的人際關係複雜，社會壓力大，已經是三個小孩父親的呂赫若，並沒有選擇去大陸或參加抗戰。根據履歷所載，他於三月廿九日調職潭子公學校。林雪絨老太太回憶說，潭子公學校是他以前求學的母校。學校的老師和學生都很歡迎他。有些老師還是教過他的。學校距離家裡很近，他便腳踏車代步去上課。然而，他在潭子公學校任教期間似乎並不愉快。一九四二年從東京歸來後的五月廿二日，他與堂弟如鵬順道去潭子學校散步後的日記寫道：「以前的壞印象又復湧現，令人不快。」也因此，林雪絨又說，偶爾學校同事聚餐，不善飲酒的他總是騎著腳踏車，一路搖搖晃晃地回家，一進門，就爬不起來了。顯然，他是在喝悶酒吧。至於具體情況，就不得而知了。

總之，那時候，因為台灣新文學運動已經沒有陣地了，呂赫若和那些留在台灣的作家，不得不在極端苛劣的條件下繼續迂迴苦鬥，甚至乾脆擱筆不寫。十九歲時寫有詩作〈祖國〉，「隔著海呼喚祖國」的

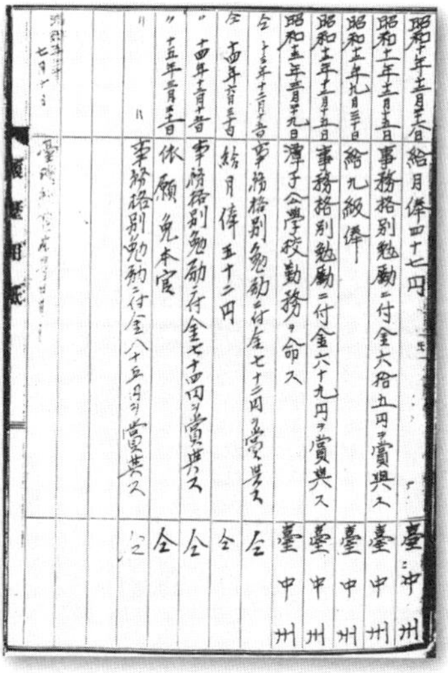

昭和十[illegible]	給月俸四十七円	臺中州
昭和十一年十二月二十五日	事務格別勉勵ニ付金六拾五円ヲ賞與ス	臺中州
昭和十二年九月三十日	給九級俸	臺中州
昭和十二年十二月十五日	事務格別勉勵ニ付金六十九円ヲ賞與ス	臺中州
昭和十三年三月二十九日	潭子公學校勤務ヲ命ス	臺中州
仝 十三年十二月十五日	事務格別勉勵ニ付金七十三円ヲ賞與ス	仝
仝 十四年三月三十一日	給月俸五十二円	仝
〃 十四年十二月十五日	事務格別勉勵ニ付金七十四円ヲ賞與ス	仝
〃 十五年三月三十一日	依願免本官	仝
〃	事務格別勉勵ニ付金八十五円ヲ賞與ス	[illegible]
[illegible]	[illegible]	

調職潭子公學校的履歷（呂芳雄提供）

巫永福在訪談時告訴我，日本發動侵華戰爭以後，他和呂赫若，再加上張星建，三個人，有時還加上吳天賞，經常一起在台中中華路的路邊攤喝酒聊天。聊來聊去，總是在談論時局。有時候，談得太認真而悶得受不了時，大家就異口同聲地嘆說：「唉！喝酒啦。」然後就一邊喝一邊唱〈心酸酸〉來抒發心裡的苦悶。巫永福強調，盡管如此，當時，他們都預測日本終將會輸掉這場不義的戰爭。在他們看來，中國的焦土政策是以寸地換寸金的策略。他記得，呂赫若就曾經隱喻日本在戰爭中的處境說，日本就像是賽珍珠小說裡頭描寫的一部想要穿越沙漠卻被深深陷住的馬車。

2《台灣新民報》藝文版的兩個專輯

「七七」以後，在沒有自己陣地的客觀限制下，創作活動基本暫停的呂赫若，後來因為黃得時接手《台灣新民報》日刊「學藝」欄的編務，處境才有所改變。

一九八九年十月二日下午，我在台北林森北路近民族路口一棟大樓的一樓採訪了八十高齡的黃得時先生。黃得時（一九〇九—一九九九），祖籍泉州府南安縣，台北樹林人，從小就跟隨傳統文人的父親黃純青學習傳統漢學，先後就學台北州立第二中學校、台灣總督府台北高等學校、台北帝國大學文政學部東洋文學（漢學）科，一九三七年三月卒業後進入《台灣新民報》學藝部工作，歷經同年六月該報漢文欄廢止，一九四一年二月易名《興南新聞》，一九四四年被合併為《台灣新報》，乃至光復後的《台灣新生報》。他的談話內容主要從《台灣文學》一直談到光復後的《台灣新生報》。關於呂赫若，他認為，是個「風流作家」，作品主要是批判台灣封建的風俗習慣，筆調彷如砌磚頭似的堅實，充分發揮日文的優點，可惜英年早逝，作品不多。因為當時我對《台灣新文學》停刊以後至《台灣文學》創刊期間的文學狀態所知不多，更不知道黃得時先生在主編《台灣新民報》日刊「學藝」欄時曾經策畫了兩個專輯並向呂赫若邀稿，所以就沒有針對此事問出更多第一手的史料。一直要到近幾年，隨著相關史料出土、翻譯與出版，我才對台灣新文學運動的這段歷史有了基本認識。

一九四二年十月，黃得時在《台灣文學》第二卷第四號發表〈輓近的台灣文學運動史〉指出，一九三二年四月，《台灣新民報》日刊獲准發行，毅然決然為文藝提供版面，其中，「引進日本文學系統」的日文版和「承繼中國文學潮流」的漢文版各占一頁，努力引進來自兩地的「新思潮」。（《雜誌篇．第三冊》頁三九〇）

但是，黃得時的這種說法卻與台灣文藝界此前的期待落差很大。首先，一九三五年二月《台灣文藝》第二卷第二號「《台灣文藝》北部同好者座談會」紀錄載稱，張深切在這場一九三四年十二月廿三日於台北舉行的座談會就批判說：「現在的新民報標榜的是質重於量，寧願割捨島內作品而儘可能地動剪刀和漿糊，以轉載中國作品為能事。我認為這是非常無意義的事情。如果說台灣沒有作家，新民報的使命不正在於如何刺激創作意念，以培養作家誕生嗎？……總之，今天的新民報，在認識時代的態度上實在太差了。」

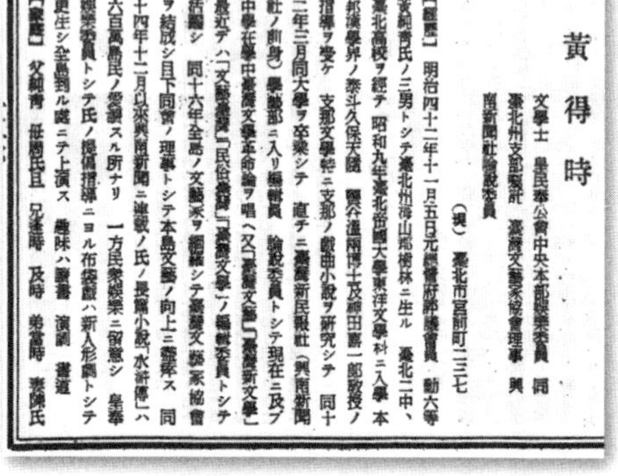
黃得時
文學士 皇民奉公會中央本部娛樂委員 同臺北州支部囑託 臺灣文藝家協會理事 興南新聞社論說委員
（現）臺北市宮前町二三七
【經歷】明治四十二年十一月五日元總督府評議會員 勳六等黃純青氏ノ三男トシテ臺北州海山郡樹林ニ生ル 臺北二中、臺北高校ヲ經テ 昭和九年臺北帝國大學東洋文學科ニ入學 本邦漢學界ノ泰斗久保天隨 鹽谷溫兩博士及神田喜一郎教授ノ指導ヲ受ケ 支那文學殊ニ支那ノ戲曲小說ヲ研究シテ 同十二年三月同大學ヲ卒業シテ 直チニ臺灣新民報社（興南新聞社ノ前身）學藝部ニ入リ編輯員 論說委員トシテ現在ニ及ブ 中學在學中臺灣文學革命論ヲ唱ヘ（又「臺灣文藝」「臺灣新文學」 最近デハ「文藝臺灣」「民俗臺灣」「臺灣文學」ノ編輯委員トシテ活躍シ 同十六年全島ノ文藝家ヲ網羅シテ臺灣文藝家協會ヲ結成シ且下同會ノ理事トシテ本島文藝ノ向上ニ盡瘁ス 同十四年十二月以來興南新聞ニ連載ノ氏ノ長篇小說「水滸傳」ハ六百萬島民ノ愛讀スル所ナリ 一方民衆娛樂ニ留意シ 皇奉娛樂委員トシテ氏ノ擔任指導ニヨル布袋戲ハ新人形劇トシテ更生シ全島到ル處ニテ上演ス 趣味ハ讀書 演劇 書道
【家庭】父純青 母楊氏且 兄逢時 及時 弟當時 妻陳氏

一九四三年興南新聞社編《台灣人士鑑》

一九三五年十一月，楊逵在《文學案內》第一卷第五號發表〈台灣文學運動的現況〉也批判說：「新的文學運動受到資產階級報刊的影響，這是眾所周知的事實。尤其在讀了本刊十月號張赫宙氏的報導之後，我更感同身受。看到朝鮮的許多報紙都採用朝鮮作家的作品，我實在很羨慕。和資產階級報刊扯上

關係，往往就有扭曲文學運動的危險。雖然這是事實，但是即使考慮到這種危險，在我們的文學運動上，還是不能輕忽資產階級報刊的力量……現在，只有《台灣新聞》一週開放兩次文藝版，刊登短篇作品、笑話、評論、詩，而《台灣新民報》則只是不定期刊登這些詩文而已。至於連載小說，幾乎都是文藝通信社的天下。只有《台灣新民報》日刊的連載小說和夕刊的漢文欄接受島內作家投稿小說。」（《楊逵全集．第九卷》頁三九八—三九九）

一九三六年二月，日本人河崎寬康在官方的《台灣時報》第一九五號發表的《關於台灣文化的備忘錄（二）》，更加毫不留情地痛批道：「看台灣的日報的方針，最讓人苦於諒解的是由本島人之手辦的唯一的日報《台灣新民報》對文藝問題完全不關心，對相當多數的台灣文藝愛好者不給予一顧的事實。台灣的文學主流既然以本島人為中心，本島人辦的最強有力的發表機關，應該給予文學充分的活動舞台的《台灣新民報》對它卻不關心，不能不說新聞經營者的頭腦是可疑的。儘管這樣卻設立學藝欄等，介紹陳舊的電影，採取低級的中間讀物，真是荒謬絕倫。」（《雜誌篇．第一冊》頁三五九—三六〇）

青年黃得時就在各方批評聲浪中去主編《台灣新民報》文藝欄。但是，面對漢文欄廢止與台籍作家輟筆的客觀現實，情況並沒有即時轉變。

一九三八年一月，日本人柳川浪花在《台灣公論》第三卷第一號〈寂寥的昭和十二年的本島文藝界〉指稱，「最讓人失望的是《台灣新民報》的文藝版。該報乃是自詡，同時亦為外界所承認的，本島人的意見領袖報紙。我們本以為該報會隨著文藝欄的新創，大幅開放版面，提供本島愛好文藝的人能夠活躍的舞台。然而從六月以來，刊登於該報的島內作品寥寥無幾，幾乎都用內地雜文敷衍了事。」他接著不點名批評黃得時說：「最近根據文藝圈朋友提供的消息指出，擔任該報文藝版的主編乃是台大畢業的文學士。但他專攻的是漢文，若論讚美支那文學則頗有一手。對日本文學則是個門外漢。因此根本沒有能力對投稿作品做取捨。雖然也曾經投稿者甚夥，但是最後都沒了下文。到頭來再也沒有人投稿了。」（《雜誌篇．第三冊》頁三一四—三一五）

就在這樣的文壇壞景氣下，半年之後，一九三八年七月一日至五日，《台灣新民報》連載了呂赫若題為「入山三題」的隨筆七回（第一回未見）。

時序就這樣進入一九三九年。

一月四日，呂赫若的三女緋紗子出生。

二月廿一日，台灣總督府機關報《台灣日日新報》推出第二課課長、副刊「學藝欄」主編西川滿（一九〇八—一九九九）策畫的「明信片隨筆」專欄。黃得時針鋒相對，主動出擊，三月廿一日推出以「鄉土」為主題，包括台、日人作者，但以台灣人作者為主，隨性書寫生活見聞、經驗與感想的「鄉土隨筆集」系列專輯。該專輯一直到七月一日結束，陸續刊登了包括龍瑛宗、張文環、吳濁流、郭水潭、賴明弘、林精鏐、王昶雄與呂赫若等著名的本島作家在內的廿二篇隨筆。其中，呂赫若的〈父亡〉於四月十日至十二日，連載三回。從題目可以想見，他所寫的應該是兩年前親歷父親過世的切身感受吧。

通過「鄉土隨筆集」的專輯策畫，黃得時扭轉了被動的局面，於是在廣獲佳評的基礎之上，進一步策畫了引領台灣新文學的小說創作走向另一波高峰的「新銳中篇小說特輯」。六月廿九日和七月二日，《台灣新民報》學藝欄連續以大篇幅刊登了一則題為「本島文藝界未曾有的快舉」的「新銳中篇創作集」連載預告。據成大台文所陳淑蓉博士論文《戰爭前期台灣文學場域的形成與發展——以報紙文藝欄為中心（1937-40）》（二〇〇九年）所譯，預告聲稱：「最近常聽到台灣的文藝近來驟然不振的消息，確實是如此。與四、五年前顯著的活動相比，最近的確太過貧弱了。但這絕非台灣文藝本身喪失全部的活動力，而是受客觀情勢所迫，只好暫時停止活動，以養明日的英氣，以待明日之活動，而暫時持續『文學之夜』的狀態。但如今東方黎明之鐘高響，大體文運已由沉默轉為活動。本社有鑑於此，委託左記新進氣銳作家六人執筆『新銳中篇創作集』於本報八面（版）連載。執筆者皆為本島文藝界第一線活躍之人物，齊聚一堂，各自攜其傑作，相繼於本報登場。這是本島文藝界未曾有過的快舉，相信必是劃時代的事蹟，望讀者各位喜愛。」〔頁一五一〕

應該是黃得時執筆的預告所說的「左記新進氣銳作家六人」及其執筆的「中篇創作」，計有：翁鬧〈有港口的街市〉、陳華培〈胡蝶蘭〉、呂赫若〈季節圖鑑〉、王昶雄〈淡水河的漣漪〉、張文環〈山茶花〉和龍瑛宗〈黃夫人的戲畫〉等六篇。後來，陳華培的〈胡蝶蘭〉因故未刊，龍瑛宗〈黃夫人的戲畫〉改題為〈趙夫人的戲畫〉。對此，黃得時在前述〈輓近的台灣文學運動史〉〔頁三九四〕一文解釋企劃此「特輯」的原因說：「隨著事變長期繼續，眾人也逐漸恢復做文學的心情，加上被朝鮮以及滿洲〔的文學〕蓬勃的進展所刺激，不期然地，在眾人念頭浮現了台灣的文學也必須有所發揮的想法。」

雖然是事後之言，但應該也是事實。於是，從七月六日開始，以「幻影之人」翁鬧的〈有港口的街市〉開場。黃得時導演的這齣「中篇創作」連續劇，熱熱鬧鬧地展開了。

十月十四日刊出預告：呂赫若的〈季節圖鑑〉作為「新銳中篇創作集第四篇」，繼第三篇〈趙夫人的戲畫〉之後明後天登場。廣告的內容包括「介紹詞」與「作者的話」兩個部分。首先，介紹詞寫道：「呂君過去曾在台灣文壇留下不少作品，並曾以〈牛車〉一作入選《文學評論》，與楊逵君的〈送報伕〉共同作為台灣的代表作品，被支那中間作家胡風所翻譯，在該地獲致好評。這次為本紙執筆的〈季節圖鑑〉，根據『作者的話』，是描繪本島某季節時候的真實戀愛之作，搭配的是新進插畫家一木君，相信必能符合讀者所望。懇請各位愛讀。」呂赫若則在「作者的話」強調，他「想說的有兩點。第一，如題所示，想描寫生活在台灣的人們於某季節的樣態。又，雖然沒有述及此題材，但若此作可以作為皇民化之一翼，則為作者至幸。第二，要描繪熱戀中的青年男女的美好心情，浪漫的快樂與甜美。戀愛也好，戀人們如同作品中的人物般甜美；其後，果真失戀，應該也沒有什麼好抱怨。這就是年輕的戀人呵。請各位愛讀，共同流淚與感動。那麼，明天起的戀愛會變快樂吧。老人家們即便不認同，無論如何，也請讀下去吧。」

呂赫若留下了一句讓後人必須去研究理解的話：「但若此作可以作為皇民化之一翼，則為作者至幸。」難道，此時的呂赫若已經屈從殖民當局的皇民化政策了嗎？

我們還是先看看小說的內容再說吧。

從十月十六日起至十一月十五日，〈季節圖鑑〉連載了三十回。小說一共七節。第一節「霞降之夜」：故事開場於雷電交加，夜空中狠狠地降霰的東京車站，百貨公司銷售小姐花田惠美子黯然送別大學畢業後即將返台的男友鄭大勳。然後倒敘兩人一年前邂逅相戀的經過，以及母親花田藤枝幾近歇斯底里反對兩人交往的背景：年輕時候做女侍時與台灣留學生相戀同居，生下惠美子，卻被棄而獨自撫養。第二節「綠園」：身為中部世家獨子的大勳歸鄉後，藉由釣魚與流連故鄉的山川草木，逃避思想保守的漢學秀才父親逼婚。親事是由留日且較開明進步的叔父的好友「前木博士」促成的，對象是財力雄厚的中部名門林有禮的獨生女林麗心——畢業於島內女學校及大阪教會學校，才貌兼備的現代女性。儘管大勳對她印象不錯，卻無法忘情惠美子，於是向日籍醫師的老博士坦訴一切，最終取得他的同情理解與祝福，並讓婚事停滯不前。就在這時，大勳收到惠美子的航空郵簡，告知其母因狹心症於五天前猝逝。第三節「思戀」，惠美子處理完母親後事，帶著偶然發現的與父母合影的週歲生日照片，來台尋找父親林雅文，並在霧雨朦朧的基隆港與久別的戀人鄭大勳重逢。第四節「雲的嘆息」，經由大勳介紹與「前木博士」的協助，惠美子任職醫院的藥局會計，同時開始尋找生父。其後，她與一位同樣成長於東京，年約二十五六歲的女性患者陳照子相熟，並談到了尋父之事。四年前嫁給台灣人留學生而來台生活的陳照子提供她一條線索：「二十幾年前能到東京讀書的（台灣）人大多是名門之後，而如今大概也有相當的地位。」第五節「宛如薔薇」，惠美子、陳照子與林麗心在醫院偶遇。陳照子發現惠美子與林麗心長得很像。同一天，惠美子不堪鄭父嘲笑怒罵的屈辱而決心返回東京。第六節「彩色的漩渦」，陳照子偕同林麗心探訪惠美子，林麗心發現家裡有張與惠美子所擺一樣的照片，急忙回家質問父親。林有禮坦認：林雅文是自己年輕時候醉心於夏目漱石的筆名；十八年前，他因雙親反對內台通婚而被迫與麗心之母結婚，花田藤枝只好帶著三歲的惠美子傷心離台，從此失聯。隔天一早，林有禮與惠美子父女相認。惠美子也從大動口中得知同父異母的妹妹麗心就是他相親的對象。她與「前木博士」談話後決定放棄自己的愛情，成全麗心與大動，於是留下兩封信，悄然返日。第七節「我們的太陽」，惠美子搭乘內台航輪返日。大動、林有禮與麗心聞訊後搭乘飛機緊隨赴日，終於在神戶見到惠美子。林有禮將她託付給大動⋯⋯。四年後，作者見到帶著小孩的惠美子，並交由讀者想像「這孩子是誰的」。故事就在這裡開放性結束。（《戰爭前期台灣文學場域的形成與發展》頁一五一－一五五）

從內容來看，這篇小說的主題是在講內地人（日本人）和台灣人通婚的「內台融合」，情節從殖民地台灣人展開文化抗日的二〇年代（惠美子週歲生日是大正九年七月五日）的悲劇展開，到十八年之後（也就是一九三七年九月台灣總督府強迫推行「皇民化運動」）的喜劇收場。其中，轉折的關鍵應該是一九三三年三月實施的「日台人通婚法」吧。因此呂赫若會說「但若此作可以作為皇民化之一翼，則為作者至幸。」但呂赫若所言是真心話嗎？我看也不見得吧。我們看到，不管是財力雄厚的名門之後林有禮與做侍女的日本女子花田藤枝，或是世家獨子的鄭大動與百貨公司銷售小姐的私生女花田惠美子，兩代的兩對戀人，從世俗（婚姻本就是世俗）的社會地位眼光來看，都是門不當戶不對的戀情。它的悲劇本質並不在於小說所謂的「當時內台通婚不被祝福」所致。反過來說，呂赫若言外之意的批判在於，即便日台人通婚是合法的，但是作為殖民地名門世家之後的高級知識分子，卻也只能與殖民國的下層女子「自由戀愛」。這樣的現實本身就是殖民與被殖民的不平等關係的體現，根本談不上真正意義的「內台融合」。另外，從人物塑造上也可以看到呂赫若想要傳達的歷史訊息：二〇年代的林有禮是醉心於夏目漱石的狂熱的文學青年。男主人公鄭大勳不屑於殖民地台灣功利主義的學醫走向，立志當為民喉舌的新聞記者而毅然選擇「被欺侮的」文科。「前木博士」則是「來台三十年，在市內的一角經營醫院，盡力提攜文化事業」的日本人。在台灣的反殖民社會運動已經全面被鎮壓多年，台灣新文學運動也在日本帝國主義發動全面侵略中國的戰爭之後進入黑暗之夜的彼時，呂赫若的〈季節圖鑑〉應該也是他日後一貫「朝著國策的方向」去描寫並闡釋生活的寫作策略的初次嘗試吧。值得一提的是，它比同樣主題卻更為人知的庄司總一（一九〇六—一九六一）的長篇小說《陳夫人》（一九四〇年出版第一部《夫婦》）更早反映了這個問題。

一本のラケット
呂赫若

短篇小說〈一根球拍〉

〈季節圖鑑〉刊完之後，一九四〇年一月七日，新銳之一的龍瑛宗在《台灣新民報》發表〈一段回憶——文運再起〉，肯定「呂赫若是個極具未來性，前途光明的作家。」同時也在此基礎上善意批評說：「翁鬧的〈有港口的街市〉、王昶雄的〈淡水河的漣漪〉、呂赫若的〈季節圖鑑〉等作品，若是以通俗小說之意圖為根基而寫成，那麼問題就另當別論。但即使如此，也不免使人產生過於混水摸魚之感」。針對〈季節圖鑑〉，他則認為「過於輕視『寫實』，予人任意而行之感。」（《龍瑛宗全集・第五冊》頁二〇一二二／二〇〇六年台灣文學館）

3 另尋出路

一九三九年十一月十九日至廿八日，呂赫若又在《台灣新民報》日刊連載十回第一篇樂評〈舒伯特歌曲論〉。同月，他以在日本讀大學時因車禍過世的堂兄呂其政（一九〇九—，二房呂坤泉的長子）為原型，寫了一篇題為「一根球拍」的兩千多字的短篇小說，反映新舊世代對媒妁婚姻與自由戀愛而產生的對立問題。跨年之後，這篇小說刊於元月廿三日的《台灣新民報》。

一九四〇年三月四日，台灣藝術社以「網羅本島所有藝術之內部，綜合性的編輯」為宗旨，在台北創刊殖民地台灣戰爭體制下唯一的大眾文化雜誌《台灣藝術》。因為該刊「編輯兼發行人黃宗葵」的邀稿，呂赫若以峨眉的生活體驗續寫了有關女性與藝術主題的短篇小說〈藍衣少女〉，發表於四月出刊的《台灣藝術》第二期。該期的「編輯後記」特別指出：「延續洗鍊的獨特風格，於台灣文壇綻放異彩的是張文環的〈辣韮罐〉，以及前此發表在《台灣新民報》的〈季節圖鑑〉而受到相當好評的呂赫若，繼續帶來了〈藍衣少女〉。」（《戰爭前期台灣文學場域的形成與發展》頁一五五）

短篇小說〈藍衣少女〉

呂赫若日記的「履歷事項」記載，他於三月卅一日應盡的五年教職義務期滿，「為上東京之故自願辭退公學校之職」。當時，他的月薪已調漲為五十四圓，並獲台中州賞事務特別勉勵金八十五圓。但是，因為真正理想的文學創作之路難以為繼，一妻四子的他，只好遠離台灣，到日本轉攻聲樂，尋求另一種藝術的出路。

第六章 東京歌手

我認為，「要從事音樂，或是著手文學」的問題，是心靈狹隘的想法。學習文學就是學習一切事物。只局限於文學，卻對其他文化部門完全無知的話，這種文學就不能說是真正的文學。

——呂赫若〈我思我想〉（一九四二年）

穿燕尾服的聲樂歌手（呂芳雄提供）

如果以一九四〇年五月《台灣藝術》第一卷第三號刊載的消息為據，呂赫若「負笈日本東京學習聲樂」的日期是同年「四月十七日」。四月廿五日，他從「東京市澱橋區上落合 2-801，村山方」寄了明信片給台北市建成町的劉英宗（龍瑛宗）兄，問候之後寫道：「在豐原郡潭子公學校工作期間承蒙各位關照，感激不盡。由於個人原因，辭去教職進修音樂。懇請今後繼續給予支持和關照。」由於明信片的內容是用打字印刷的，因而可以據此推斷，這應該是他到了東京以後廣向各方親友報平安，並保持聯繫的格式統一的問候書信。

呂赫若在前述〈我思我想〉提到，離開台灣的前一天，他和被他批判過的吳天賞，在台北市楊佐三郎氏的工作室裡，「擠在一張小床上，暢談到天明。」（《小說全集》頁三八四）

楊佐三郎（一九〇七—一九九五）也就是有名的楊三郎。一九二七年還是京都美術工藝學校學生時加入台灣留日美術學生的赤島社，同時也以旅行哈爾濱的畫作〈復活節〉入選「台展」（台灣美術展覽會）。一九三二年赴法深造。一九三三年〈賽納河畔〉入選法國秋季沙龍。一九三五年帶著一百多幅作品返台，並以楊家為據點，籌備台陽美術協會，從而成為該會主幹。留法三年的生活經驗，使得他的藝術血液裡瀰漫浪漫的情感。後來他在台灣文藝界，尤其是美術界，享有極高的聲譽，也建立了屬於他的楊三郎美術館。可惜的是，我們無法從他這四、五十年來的談話或文字，找到一絲絲有關他與呂赫若交往的紀錄。

因為這樣，我的尋找呂赫若，到了他東渡日本的階段就碰到很大的困難。首先是口述材料不足，具體情況說不清楚。然後又聽說他遺留有這段時期的日記，可是卻無法看到。我的寫作因此只能暫停。一直要到呂芳雄先生設法複印了一份日記送我參考，我才有機會看到更多呂赫若的留日記事。二〇〇四年十二月，台灣文學館也委託印刻出版了《呂赫若日記》手稿本與中譯本（鍾瑞芳譯）。但是，知道了更多訊息卻理不清具體事情的種種問題，反而使我的尋找呂赫若的書寫陷入更難跋涉的泥沼。到了二〇一八年，客家電視台大量宣傳以「台北歌手」為名推出的呂赫若傳記連續劇。長期以來不看電視的我雖然還是不曾過目此劇，但也躲不過各種自媒體的文字與音畫侵擾。事實上，「台北歌手」是我最早在〈呂赫若的黨人生涯〉提出的名詞，源於一九五一年保安司令部通緝的「潛匪名單」中註記的職業身分。我原本計畫以呂赫若為原型，以「台北歌手」為題，寫一部長篇小說。但因這樣那樣的原因而遲遲未能落實。現在，經過這一連番的刺激，我決定把已經寫了十萬餘字卻擱置了十幾年的《尋找呂赫若》殘稿寫完，作為我個人對呂赫若及歷史的交代。我原來以為，只要三個月，就可以通過梳理日記的內容而在舊稿的基礎上脫稿。但事實卻遠遠不是我想的那麼簡單，而且一旦涉入便難

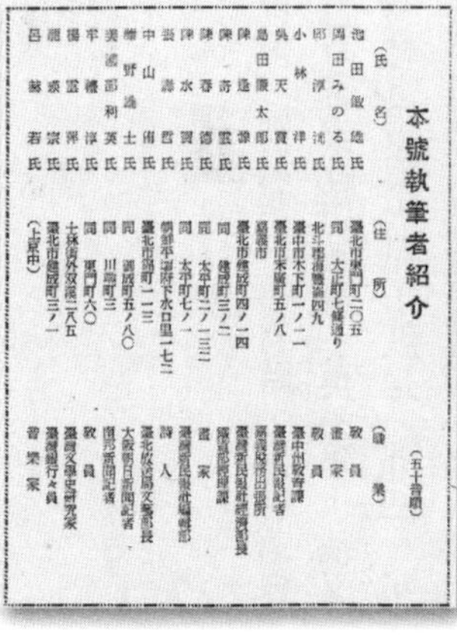
本號執筆者紹介

（五十音順）

（氏名）	（住所）	（職業）
池田敏雄氏	臺北市東門町二〇五	教員
岡田みのる氏	同　大正町七條通り	畫家
邱淳洸氏	北斗郡海豐崙四九	教員
小林洋氏	臺中市木下町一ノ一一	臺中州教育課
吳天賞氏	臺北市末廣町五ノ八	臺灣新民報記者
島田謹太郎氏	嘉義市	嘉義稅務出張所
陳逸松氏	臺北市建成町四ノ一四	臺灣新民報社經濟部長
陳許雲氏	同　建成町三ノ二	臺灣總督府課
陳春德氏	同　太平町二ノ一三三	畫家
陳水賢氏	同　太平町七ノ一	臺灣新民報社編輯部
張詩哲氏	新竹平溪府下水口里一七二	詩人
中山侑氏	臺北市錦町一一三	臺北放送局文藝部長
植野逸士氏	同　調成町五ノ八〇	大阪朝日新聞記者
美濃部利英氏	同　川端町三	興亞新聞記者
平澤淳氏	同　東門町六〇	教員
楊雲萍氏	士林街外双溪二八五	臺灣文學史研究家
羅頌宗氏	臺北市建成町三ノ一	臺灣銀行々員
呂赫若氏	（上京中）	音樂家

▲呂赫若氏　聲樂勉強のため四月十七日上京。
▲小林洋氏（臺灣社社友）臺中市木下町一ノ一一に轉居。
▲坂口䙥子氏（龍舌蘭同人）員林郡永靖公學校に轉勤。
▲短歌中心の文藝雜誌「臺灣」は四月十日創刊號を出して好評嘖々。
▲張萬傳氏（ムーブ展同人）第十八回春陽展に「廈門の風景」を出品して入選。
▲龍瑛宗氏（小說家）四月二十六日夜行にて阿里山へ旅行。
▲張星建氏（臺中市中央書局專務）四月二十六日來北、本社を訪問した。
▲洪水報氏（臺灣新聞記者）同上。
▲鄭安氏（畫家）同上。
▲純然たる洋畫團體として、臺灣美術界のために貢獻して來た臺陽美術協會は、臺灣美術家の親睦團結を圖り、以て斯界の向上發展を期するため、此程機構を變革して、新たに東洋
（83）

《台灣藝術》第一卷第三號刊載呂赫若上京的消息與作者介紹

以自拔。然而，路既已走到這裡，我也只能迎難而上，做個過河卒子了。

1 音樂學校

關於呂赫若赴日的準確時間，年事已高的林雪絨女士已經記不得了。她只記得，當時，呂赫若自己先去日本，一年後才回來帶她與大兒子同往東京。另外三個女兒就暫時寄養社口娘家。再一年，他又再回來把三個女兒帶過去。這樣，如果以一九四〇年四月十七日為準，林雪絨與大兒子就是一九四一年跟隨呂赫若前往東京的，另外三個女兒則是一九四二年才又回來帶過去。但是，證諸呂赫若一九四二年的日記所載，三個女兒在元旦之前就已經一起生活了。由此可見，時間略有出入。

我想，我們不要再糾纏於這個理不清的時間細節了，還是繼續來看呂赫若赴日以後的生命軌跡吧。

基本上，林雪絨女士是一個典型的封建社會的女性。為人妻子與母親，她謹守相夫教子的本分，盡力操持家務，好讓呂赫若專心致力於藝術工作。因此，呂赫若在外頭的事，她向來所知不多。這點，對我們想要重新進入呂赫若的生命世界（尤其是東京時期的生活）而言，不能說不是一種遺憾。

就我初期採訪所知與能夠看到的文字材料，呂赫若到了日本以後的情況有兩種說法。一是江漢津先生說呂赫若回台以後曾經告訴他，說他進了寶塚戲劇學校，後來又進了東京寶塚劇場，做劇場舞台的歌手。二是張恆豪編〈呂赫若生平寫作年表〉載稱他「進入武藏野音樂學校聲樂科，師事聲樂家長坂好子女士，參加東寶劇團，演出《詩人與農夫》歌劇，前後有一年多的舞台生活。」

這裡，出現了幾個關鍵詞，依序是：寶塚戲劇學校、東京寶塚劇場、武藏野音樂學校聲樂科、聲樂家長坂好子女士、東寶劇團、《詩人與農夫》歌劇等等。我們務必先要搞清楚呂赫若與這幾個關鍵詞的實際聯繫，否則「尋找呂赫若」的工作就很難推進。以下，我們就按序來釐清吧。

首先，呂赫若是進入「寶塚戲劇學校」還是「武藏野音樂學校聲樂科」。

據查，日本當時並無「寶塚戲劇學校」。維基百科「寶塚音樂學校」載稱：一九一三年寶塚唱歌隊成立。一九一八年經文部省認可後正式成立寶塚音樂歌劇學校。一九三九年，阪急電鐵會長小林一三（一八七三—一九五七）以培養寶塚歌劇團團員為目的，更名成立寶塚音樂舞踊學校，招收年滿十五至十八歲未婚女性。一九四六年改稱寶塚音樂學校。

雖然江漢津先生的說法是根據呂赫若的說詞，但是，其中不可能沒有耳誤之處。既然如此，我們就捨去「寶塚戲劇學校」之說，看看「武藏野音樂學校聲樂科」是否屬實。

根據野間信幸〈關於呂赫若作品「一根球拍」〉所述，一九七九年十月十三日發行的《武藏野音樂學園五十年回顧》載稱，武藏野音樂學校就是現在的武藏野音樂大學。一九二九年該校以「各種學校」（綜合技術學校）的名義創立。一九三二年再依日本專門學校設立令改為武藏野音樂學校。從創立至今，學校都在東京練馬區江古田。如果呂赫若確實是到了東京就入學武藏野音樂學校，就正好碰上該校創立十週年校慶。當時該校的學科編制分為研究音樂相關技能學術的「預科．本科」（本科又分成聲樂部及樂器部）、培育中等音樂教師的「師範科」、培育管弦樂員的「普通科」、本科畢業後繼續深造的「研究科」，以及針對為陶冶生活而學習音樂的人所開設的「選科」等。因此，呂赫若進入本科聲樂部的可能性較高。但是，該校當時並沒有製作入學者名簿，目前也未見發行各年度要覽（偶爾會刊載新生姓名）之類的簡章，而該校同窗會記載各會員畢業年度及出身地的「會員名簿」（一九五九年十一月十日出版）並沒有呂姓學生，同窗會室（校友室）所存原始檔案亦然。所以，直到現在，仍然沒有任何文獻資料可以證明呂赫若的確入過武藏野音樂學校。（《作品研究》頁一八九—二〇四）

這樣，關於呂赫若「進入武藏野音樂學校聲樂科」的說法，顯然也是耳食之言吧。問題是，為什麼會有這樣的說法出現呢？它的根據又在哪裡？這些，在始作俑者沒有注明出處的情況下，我們也就無法找到可以求證的「消息來源」。然而，就算它是沒有根據的「傳聞」，也不可能只是「空穴來風」吧。既然會有這樣的說法出現，多少總有一些可能的關連事實吧。

關於呂赫若入學武藏野音樂學校的傳聞，在一九九六年年底台北的研討會上，日本學者藤井省三發表的〈呂赫若與東寶國民劇——自入學東京聲專音樂學校到演出「大東亞歌舞劇」〉也作了相當的調研考證。他認為，「這可能是因為從戰前到現在，該校多數台灣人音樂家輩出，且武藏野音樂大學同學會在台灣也設有支部的情況下，而自由推測出來的吧。」而他曾「委託武藏野音樂大學磯村敘子講師，調查戰前學籍簿，並沒有呂赫若名字的紀錄。」另外，針對他的詢問，一九四一年武藏野音樂學校鋼琴科畢業的周遜寬教授在署記一九九六年七月二十八日的信函也回答說：「我不記得在武藏野音樂學校，曾和呂赫若先生同學過。」（《作品研究》頁二六九—二七〇）

總之，在沒有能夠確切證明的材料出土以前，關於呂赫若「進入武藏野音樂學校聲樂科」的說法，只能暫時存參了。

一九四〇年十二月下旬呂赫若（前左一）出席東京各大學高專台灣出身團體共同主辦的紀元二千六百年奉祝大會（呂芳雄提供）

2 師事何人

那麼，呂赫若「師事聲樂家長坂好子女士」是否屬實呢？如果屬實，不在「武藏野音樂學校聲樂科」，又會在哪裡呢？

一直要到多年以後，隨著呂赫若的日記出土，這個公案終於有了比較清楚的脈絡可尋。據日記所附「履歷事項」所載，他於「昭和十四年（一九三九年）四月，入學下八川圭祐聲樂研究所，師事東音教授長坂好子女士」。

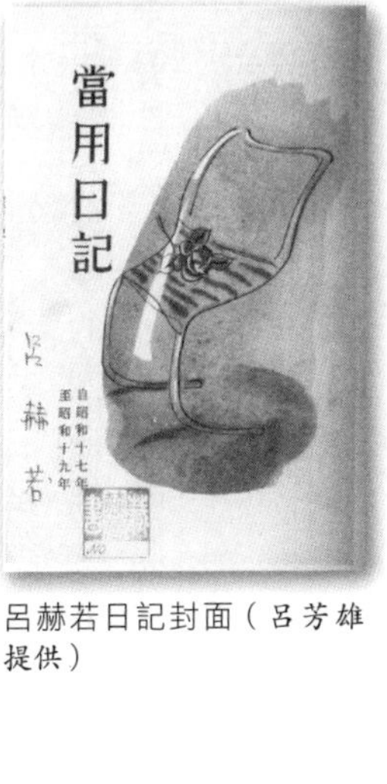

呂赫若日記封面（呂芳雄提供）

這裡暫且不討論呂赫若是否將昭和十五年（一九四〇年）四月誤記為「昭和十四年四月」的問題（顯然是筆誤）。據此，可以肯定的是，呂赫若「進入武藏野音樂學校聲樂科」，只是傳說而已。但是，他所說的「師事聲樂家長坂好子女士」，雖然也不知道出處，證諸呂赫若的「履歷」卻是事實。林雪絨女士在受訪時也告訴我，她記得呂赫若在日本跟了兩位老師，一男一女，學聲樂，這兩個人都曾出過唱片。但她不記得叫什麼名字了。也許，她所說的應該就是下八川圭祐和長坂好子吧。

既然如此，我們就先來看看下八川圭祐聲樂研究所是怎樣的一所學校，從而確認呂赫若是否在下八川圭祐聲樂研究所師事東音教授長坂好子女士。

下八川圭祐（一九〇〇—一九八〇）是日本首席男低中音，畢業於日本東洋音樂學校本科聲樂科，專習義大利式美音唱法，一九三〇年創設聲樂研究所，一九四〇年一月十五日該所正式升格為東京聲專音樂學校而開學。可惜的是，該校已在一九四五年五月美軍空襲中消失，它的學籍簿之類也完全沒有保存下來，從而找不到呂赫若入學該校的確鑿證據。問題是，呂赫若總不至於「偽造文書」吧。那麼，呂赫若的「師事東音教授長坂好子女士」，指的就是在東京聲專音樂學校嗎？藤井省三指出，事實上，「東音」，指的是日本「唯一的國立音樂專門學校」的東京音樂學校，與東京聲專音樂學校不同。長坂好子（一八九一—一九七〇）一九一四年畢業於東京音樂學校，一九一七年四月以教務囑託（兼任講師）為起點任教該校，一九二六至二八年及一九三四至三五年間曾經兩次赴義大利留學。（《作品研究》頁二六八—二七一）

如前所述，一九三六年八月，長坂曾以東京音樂學校聲樂科教授的身分訪台，在台北、高雄、台南、台中、新竹等地舉行獨唱會。可以想像，時任南投營盤公學校訓導的呂赫若一定設法出席了廿三日在台中舉行的獨唱會，甚至在後台結識了長坂，從而在暑假結束前「赴日習短期聲樂」，乃至為後來的「師事聲樂家長坂好子女士」作了鋪墊。

野間信幸認為，呂赫若留學日本時，長坂應該在東京。問題是，她是否在東京聲專音樂學校任教呢？藤井查證一九四一年東京聲專音樂學校教職員名簿後指出，名簿雖然列有下八川圭祐以下五名教員的名字，但沒有長坂好子。因此，他判定長坂那時不可能在東京聲專音樂學校開課。而現存東京音樂學校畢業生名簿裡也沒有呂赫若的名字。他認為，呂赫若也不可能以旁聽生之類的資格在該校師事長坂。他據此判斷，「或許呂赫若是接受長坂個人的教導」，也因為長坂是呂赫若留學東京期間「日本聲樂界的最高權威」，所以，一九四四年三月他在台北清水書店出版短篇小說集《清秋》的簡歷欄裡，省略了入學下八川圭祐聲樂研究所的經歷，而保留了「師事長坂好子學習聲樂」的記事。（《作品研究》頁一九四、二七一、二七〇）

3 東寶與呂泉生的情結

釐清前述的幾個問題之後，我們要瞭解的就是呂赫若參加的究竟是江漢津所說的「東京寶塚劇場」，還是「東寶劇團」。為此，在尋找資料的過程中，我又在舊書攤看到《大同》雜誌的莊永明〈從採編台灣歌謠到領導兒童合唱團——樂壇老圃呂泉生耕耘不倦〉提到，著名的音樂家呂泉生（一九一六—二〇〇八）一九三九年「東京東洋音樂學校鋼琴科」畢業後進入「東寶日本劇場」，這之後，呂赫若才經由他的推薦加入。我不理解的是：東京寶塚劇場、東寶劇團與東寶日本劇場，三者有何不同，或者所指都是同一個團體。為此，幾經尋索，我看到了呂泉生在一九五五年八月《台北文物》第四卷第二期發表的一篇題為「我的音樂生活」的說法——所謂「東寶日本劇場」，全稱是東京東寶株式會社日本劇場，簡稱日劇。會社的組織很大，除了日劇，還有電影制作所，以及全國各地連鎖的電影院。在日本侵犯中國的中期曾任日本商工大臣的會長小林一三，在當時的日本工商界相當有勢力。日本劇場靠近東京銀座，在省線有樂町車站的旁邊，擁有一百多位男女舞蹈演員，分為日本舞和西洋舞兩組；四十人的音樂隊，可以合唱、重唱和獨唱；以及五十幾人的管弦樂團。劇場的座位大約有兩千多個。就陣容、規模而言，比當時的日本寶塚歌劇團要大得多。它的特色是每天演出兩場。每場大約四個鐘頭。一半是放最新的影片（日

呂泉生
我的音樂生活

一九九〇年代初葉《首都早報》重刊呂泉生〈我的音樂生活〉

語叫作「封切」）；另一半是舞台演出，大約一個半鐘頭，包括西洋歌劇與美國式的輕歌劇（Musical）等音樂節目。總監則是日本鼎鼎有名的法國文學泰斗——秦豐吉（筆名丸木沙土）。

藤井省三指稱，小林一三於一九三二年創立專門製作和發行戲劇、電影與演藝的影劇藝術事業公司——「株式會社東京寶塚劇場」。一九三四年，東京寶塚劇場（東寶）完工。之後「株式會社東京寶塚劇場」又陸續收購日本劇場（日劇）與帝國劇場（帝劇），急速成長為與老牌的松竹映畫株式會社平分日本演藝市場的企業。也就是說，彼時，株式會社東京寶塚劇場已經擁有東京寶塚劇場、日本劇場與帝國劇場等三個表演劇場。一九四〇年七月，小林就任第二次近衛文磨內閣的商工大臣。十月，大政翼贊會成立。十一月，小林任命有「日劇經營的主幹，也是歐美通」之稱的秦豐吉（一八九二—一九五六）擔任東京寶塚劇場社長。又把名演出家白井鐵造（一九〇〇—一九八三）從關西的寶塚歌劇團遷調到東京寶塚劇場文藝部，組織合乎新體制的新國民歌舞劇團，也就是所謂東寶國民劇團（東寶劇團）。（《作品研究》頁二七五—二七六）

呂赫若「履歷」載稱，他於一九四〇年八月十日進入歐文社編輯部，月薪八十五圓。藤井省三指稱，歐文社主要出版因應升學考試的參考書，並創刊日本最早以通信方式教學的雜誌。對呂赫若來說，這個工作的無趣可以想見。因此，僅僅四個月，他就因為得以進入株式會社東京寶塚劇場演劇部工作，而於十二月二十日自願辭職。

呂泉生說，在那種環境當聲樂演員，每個月可以拿到報酬七十圓（當時的日幣與美金沒什麼差）。對單身的他來說已經感到「非常滿意」了。可是，對攜家帶眷的呂赫若，這樣的收入就不同了。所以，除了唱聲樂以外，他還要在出版社當編輯，編字典，才勉強能夠養家餬口。也就是說，迫於生活壓力，呂赫若很有可能曾經一邊學習聲樂，一邊在歐文社兼差，直到進入東寶劇團，在日劇登台表演。

呂泉生有關「（東寶）日本劇場」的說明還是沒有解決我的困惑。

為了更深入理解呂赫若的音樂才華及其在東京的演唱生活，一九九〇年十一月二十七日午後，我到天母採訪了呂泉生先生。訪談，從他個人的音樂經歷談起。中間，我也請他談談他所知道的呂赫若這個人。可是，不知何故，聽到呂赫若的名字，他的情緒立刻莫名所以地激動起來。他先是叫我把錄音機按停，然後語氣略轉激昂，碎碎說了起來。為了客觀呈現問題所在，以下就根據錄音把現場的對話整理成文字：

「我跟你說，我若跟你說，你也不會信啦。我對他一點也沒有好感。怎麼說呢？對他的人格……所以這個，我現在也不便跟你說。如果談起來，他現在是人們心目中的英雄，是抗日的，是……是什麼，是所謂反抗國民黨的英雄。可是在我所想的，他不是，一點都不是。」

「不要緊啦。」我試著說服呂先生把他心裡所想的對另一位呂先生的看法講出來，於是用閩南語勸他說，「不要緊啦，您若沒講，後來的人對他也沒法客觀地瞭解……」

「不會啦。」我的話還沒講完，他又搶著接著說了。「以後，人會寫啦。人會寫啦。現在，你好比說，現在，在你們的眼裡，某某人是怎樣，某某人又是怎樣。可是在我的眼裡，我所知道的那都不是事實。」

「就因為你們同一個時代的人不說。」我說，「我們年輕人才無法全面瞭解嘛。」

「有一天就會知道啦。現在，你們要寫還過早。因為……」他話沒說完就停了。

「可是，人若已經死了……」我的話還沒說完又被打斷了。

一九三九年東京東洋音樂學校鋼琴科畢業的呂泉生

「沒錯，人已死了。人家說，他是英雄，很了不起……你現在，我跟你說，你這個（錄音機）暫停一下。」呂泉生先生的情緒更加激動起來了。

「不要緊啦，您就談談您所知道的他的……」我再次想要說服呂泉生先生談談他所知道的呂赫若，可是話還說完又再度被打斷了。

「那不需要講。你要採訪我，最要緊的是你想要問我什麼？」

「我起頭已經向您說明，我想通過您個人的整個活動來瞭解你那個時代的……」我向呂泉生先生解釋說。可是，我的話還是沒有講完。

「我的活動跟呂赫若一點關係也沒有。因為，因為在日本，我跟他差不多三年在同一個戲院，也是我介紹他去的。」

「那麼，你們都不熟嗎？」我問。

「怎麼會不熟。就是因為太熟了才不跟你講。」

「哪一個戲院？」我回頭追問。

「東寶日本劇場。」

「那麼，您可不可以談談您是如何介紹的。」我迂迴地試探說。「要不然這變成……」

「現在，現在我要是說出來，人家會說，啊……」他不以為然地說。「你又在給人潑冷水了。」

「有人這麼說嗎？」我問。

「現在他已經被捧成民族英雄了。我怎麼能說他的壞話。」

「有人這樣捧他嗎？」

「怎麼沒有。」他的音量已經降低了。「現在，人家都說他是台灣日本時代最優秀的作家，如何如何……我怎麼會不知道。我跟他，一點關係也沒有。確確實實，在日本跟他一起差不多三年。不，兩年多。確確實實，也是我介紹他去日本東寶劇場，這也沒錯。」

至此，我的採訪就進行不下去了。

從呂泉生先生的談話，我們可以知道，他絕對是幫助我們瞭解呂赫若在日本的音樂生活的第一人。然而，正如他自己所說，就因為兩人太熟了，所以總有不便言說的舊事吧。我們不知道，兩個台灣早期的聲樂家當年是否有什麼難解的「心結」？總之，這也不是作為後輩的文藝工作者能解的「公案」了。

我以為，問題，也許可以從另一個角度來看。既然呂泉生先生說他和呂赫若曾經在日本一起兩年多，那麼，通過他當時的音樂生活，我們或多或少也可以從另一個側面來把握呂赫若在日本的音樂生活的可能狀態吧。

根據呂泉生〈我的音樂生活〉所載，他在日劇所待的時間並不長。二十四歲的他進入日劇時還沒有音樂隊，只有四位歌手，其中三位都是日本人，另一位就是來自殖民地台灣的他。不知何年的櫻花祭，日劇要演由日本傳統的舞蹈和歌曲音樂改編的舞台輕歌劇，其中一名平時即最歧視他、經常刁難他的歌手就以他不太懂日本民謠的唱法為由，提議不讓他演出。他於是辭去日劇的工作。失業一段時日後，他才通過一位前輩和老師的幫忙，找到一份抄樂譜的工作，維持生活。後來，他再通過一位台中一中時期的同學轉輾介紹，面見了日本黑龍會頭頭——頭山滿，進入松竹演劇會社演藝部，分配到日本庶民階級的娛樂區（淺草）最有名的常盤座，當舞台歌唱演員，薪水也是七十圓。一九四〇年，日本為慶祝建國二千六百年並舉辦奧運會，而徵求合唱團團員三百名。他在報上看到這則啟事。為了更進一步研習音樂，就離開淺草，於十二月參加奧運會合唱團考試，結果在一千多位報考者中被錄取了。後來，因為日軍在徐州大會戰慘敗，奧運會停辦，合唱團也解散了。日本唯一的廣播電台——日本放送協會ＮＨＫ

就接收這三百名團員，經過測試，留下包括他在內的一百二十位團員，成立ＮＨＫ放送合唱團。他在ＮＨＫ唱過很多大合唱及西洋名曲。每月可以拿到六七十圓左右的車馬費與廣播費。

呂泉生說他曾經和呂赫若在日本一起兩年多。我們不知道，這兩年多，他們「在一起」是到了什麼樣的一種程度？但呂泉生的日本經歷，或多或少總會幫助我們進入呂赫若生命的某個片段吧。當然，我也希望如他所言，以後，這段歷史總會有人寫的。也許要到那時候，我們才能夠更準確地掌握到呂赫若一生傳奇的某個片段吧。

後來，我們也在出土的呂赫若日記看到了他所記錄的與呂泉生交往的翔實紀錄：一九四二年四月七日，他「正式辭掉東寶職務」決定歸鄉後，為了「借泉君的車票以託運單託運兩個行李」，而於十三日下午「去日劇等候泉生」。當天「晚上，泉生君來訪，和他閒談。他十點半辭去。」廿七日「晚上寄信給泉生等人」。呂赫若寄信給呂泉生，應該如同寄信給其他人那般，是禮貌性的「告知返鄉的日期」吧。其後，一直到離開東京。他們兩人都不再有過往來。但是，呂赫若回到潭子校栗林老家後，呂泉生卻是第一個來拜訪他的文化界友人。

就在接受我採訪的七年後，一九九七年十月廿六日，呂泉生在回答日本學者垂水千惠的日文私信中，提到了他和呂赫若的認識及交往經過。一九九八年十二月，在台中靜宜大學中文系主辦的「殖民地經驗與台灣文學——第一屆台杏台灣文學學術研討會」發表的論文《二次大戰期間的日台文化狀況與呂赫若——以其音樂活動為中心》，垂水千惠引用寫道：「我和呂赫若認識，是在昭和十四年，我從東洋音樂學校畢業（三月），通過日劇舞蹈隊的歌手考試，馬可波羅的電影在日本劇場首演，作為一個表演秀……《馬可波羅東洋的一夜》這個音樂短劇裡，我飾演一個中國的將軍……之後，呂赫若君來訪問我，那是第一次和他見面。那時，他和太太帶著三、四個小孩住在中野。他說，到東京還不到一年，跟著長坂好子學聲樂大約半年左右。之後，就常常來找我，以我的伴奏歌唱，唱男高音音色很美，只可惜音程稍差（修業不足故也）。翌年（昭和十五年）六月？日劇為了籌設聲樂隊而召募隊員，貼出廣告來，所以他跑來找我，告訴我他要去應徵。他比我大兩歲，是面貌姣好的美男子，又能言善道。我也為他的應徵盡了微薄之力，音程的問題是稍為（微）較擔心的。當時他在東京生活，經濟狀況聽說有點問題，而那時日劇聲樂隊的薪水是九十日圓。以當時的薪水而言，似乎不壞……他在我的推薦之下，稍後就進了東寶。聲樂隊全員四十三名？（男女總共）當時是由內田榮一照料聲樂隊，負責合唱的練唱。」垂水指稱，根據東寶方面的紀錄，《東洋的一夜》是在一九三九年三月廿一日到三十日之間於日劇公演。所以，呂泉生與呂赫若「兩人的見面，應可推定是在四月或五月吧」。但是，根據呂赫若《日記》揭載的履歷事項，呂赫若赴東京的時間卻與呂泉生書簡的敘述相矛盾。她因此認為「這是單純的呂泉生的錯覺，或是……呂（赫若）是『在離開公學校訓導前，在每年的寒暑假，便到日本去學習音樂』，所以，那時已經師事長坂好子的吧！」

4 粉墨登台

關於「日劇為了籌設聲樂隊而召募隊員」的事，藤井省三的論文指稱，一九四〇年十二月七日的《都新聞》與廿五日的《朝日新聞》陸續發布了東寶為準備明年春天三月舉行正式公演而徵募男女歌手的消息。那麼，就入社時間來看，呂赫若應該是在這次徵募中進入東京寶塚劇場演劇部工作的吧。但是，一九四一年三月東京寶塚劇場的ＰＲ雜誌《東寶》所刊大森久二〈歌ふ東寶聲樂隊〉又云，東寶聲樂隊在決定了名稱與合唱指導者內田榮一後，首先於一九四〇年十二月三十日在日本劇場進行男聲歌手的徵募考試，自認聲音美好聚集而來的三百多人，經由秦豐吉社長、上野勝教音樂主任與內田等考試委員的篩選，初步入選了三十名。最後通過一九四一年元月七日的第二次審查，錄取十八名。同月十九與廿七日又分別舉行了第二次徵募的初審與複審，錄取七名。儘管這廿五名徵募進來的男聲歌手有兩名是台灣出身的，但是因為徵募考選時間明顯遲於呂赫若「履歷」所載，所以他不可能是這兩名台灣出身的男聲歌手之一。然而，大森的文章又引內田榮一的談話說，東寶聲樂隊「有三分之一是來自中央、東洋、國立、帝國等音樂學校，其他則是跟隨個人教授學習」。據此，藤井認為，呂赫若可能是經由下八川圭祐推薦給音樂評論家的恩師崛內敬三（也是東京聲專音樂學校的命名者），再借用與秦豐吉社長交情親密的崛內的個人關係，或是通過他所師事的長坂好子的強力推薦，而不必經過考試就被錄用了吧。（《作品研究》頁二七七—二七八）

接下來，我們就來梳理呂赫若在東京的舞台生涯曾經演出過哪些劇目。

「呂赫若那時還能到日本留學，表示他家還有一定的經濟條件。」巫永福先生在接受我的採訪時說。「他的聲音很好，到日本學習聲樂，唱男高音。江文也是男中音。呂泉生是男低音。後來，他還在東京日比谷公會堂與日本最出名的歌手藤原義江同時登台。這是他第一次登台公開演唱。後來，他還各寄了一張演唱的照片給我和張星建。」

《維基百科》載道，藤原義江（一八九八—一九七六）是混血的男高音。一九三三年，江文也（一九一〇—一九八三）受聘為藤原義江歌劇團男中音，一九三四年六月參與日比谷公會堂普契尼歌劇《波希米亞人》演出，一九三五年十二月假新橋演舞場演出普契尼歌劇《托斯卡》。一九三九年，藤原義江正式使用藤原歌劇團名稱演出歌劇《卡門》。但是，呂赫若寄給巫永福作紀念的第一次登台公開演唱的照片，背面用阿拉伯數字題記的日期是一九四〇年十二月二十日。所以，呂赫若應該沒有參與藤原歌劇團的《卡門》演出。至於一九四〇年十二月二十日藤原是否有在日比谷公會堂演出就有待查核了。

根據呂赫若日記所載，他在東寶的確參加過歌劇《卡門》的演出，但那卻是一九四二年年初的事情。記事如下：一月廿三日，「老闆情緒不佳之故吧，突然宣布用歌劇《卡門》的詠嘆調做課題曲，廿七日開研究會。大家臉色都變了。」廿四日，「反覆數次練習《卡門》的〈花之歌〉。」廿五日（星期日），「忙於排練歌劇《卡門》。齊田愛子演『卡門』一角，來日劇。」廿六日，「練習歌劇《卡門》，晚上〈花之歌〉鋼琴伴奏。」廿七日，「早上十點起，在日劇五樓有聲樂研究會，研究歌劇《卡門》的課題曲，唱〈花之歌〉。」廿八日，「早上九點半上班，十點起進行《卡門》的管弦樂隊配樂。」廿九日，「早上九點起直到中午，在東寶劇場舞台排練歌劇《卡門》。」三十日，「早上九點起，在東寶劇場彩排《卡門》。」卅一日，「在東寶劇場的第二次東寶舞蹈大會上晝夜表演歌劇《卡門》」。二月一日，在第二次東寶舞蹈大會演出最後一場《卡門》。五日起，他利用表演空檔與返家休息時抄寫歌劇《卡門》的重唱樂譜，至八日終於在後台抄完。廿八日起，又為了在日劇藝能大會的表演而開始彩排。然後，三月一日，從上午十點到晚上十點，「連續不停」在藝能大會和東寶首演。二日與三日「在日劇與東寶兩邊兼差」表演而「忙得團團轉」。四日，表演結束。

一九四〇年《台灣藝術》第一卷第三號介紹的藤原義江

以藤原義江當時在日本聲樂界的地位，呂赫若的日記不可能不記下與他接觸乃至同台演出的事蹟。顯然，呂赫若的《卡門》演出也沒有與藤原義江同時登台。那麼，所謂呂赫若「演出《詩人與農夫》歌劇」的說法又是事實嗎？

《詩人與農夫》是奧地利作曲家、指揮家茲．馮．蘇佩（一八一九—一八九五）所作三幕歌劇，其中作於一八四六年的〈序曲〉是其代表作之一，原是管弦樂曲，後被改編為多種器樂曲。樂曲以歌劇的旋律為主要音樂素材，共分為三個部分。序曲中最為有名的第三部分主題，採用三拍子圓舞曲形式的旋律，表現純樸清新的農夫音樂形象，具有濃厚的鄉村氣息。（《維基百科》）但是，因為此說沒有出處，目前為止，也還沒有哪個學者明確查證東寶劇團曾經上演過這齣歌劇，或者呂赫若曾在其他演奏會演出，因此，也就只能存疑了。

藤井省三的論文載稱，一九四一年東寶聲樂隊的演出活動大體如下：一月中旬，東寶舞蹈隊在日本劇場公演《伊郭爾公爵》，唱「名曲管弦樂」的湯豪塞（Tannhauser）祝賀歌和哈雷路亞合唱曲（Halleluyah chorus）。二月，舞蹈隊在日本劇場公演，全體演唱《松》、《雪國》、《歌ふ李香蘭》和「名曲管弦樂」的浮士德士兵合唱。其中，滿洲映畫協會首席女演員李香蘭（山口淑子）演出白井鐵造導演的個人秀，將劇場擠得水洩不通。三月，東寶國民劇第一次公演——白井鐵造總指揮，夏本健一劇團、東寶舞蹈隊和東寶聲樂隊共同表演：民族舞蹈《雪國》和歌劇式的《榎健去龍宮》等節目。七月，東寶國民劇第二次公演——白井鐵造編導，女演員小夜福子、流行歌手

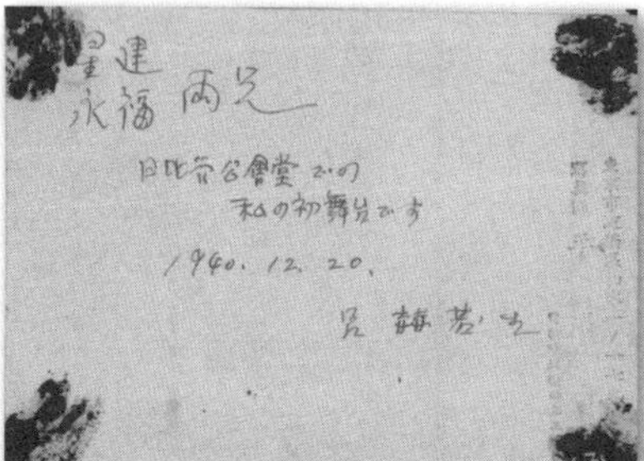

呂赫若贈給張星建與巫永福的紀念照及題記（巫永福提供）

灰田勝彥、舞蹈家花柳壽美等人與東寶舞蹈隊、東寶聲樂隊共同表演《木蘭從軍》。（《作品研究》頁二七九—二八一）但是，我們不能確知呂赫若是否參與了上述演出。

呂赫若日記詳載了一九四二年以後在東寶表演的相關記事。除了上述《卡門》之外，具體還有：《大爆擊》／日劇，一月一日；（江東劇場，二月四日首演，十日最後一場。）白井鐵造的舞蹈劇《黃鶯》／日劇，一月七日首演，廿六日最後一場。《奄美大島的新娘》／日劇，二月十四日首演，廿三日公演結束。新演技座的《夏威夷的晚鐘》／東寶劇場，二月廿七日排演。《富士山》／日劇，三月五日首演，六日演出完畢，十一日再次公演。「軍歌戲」（劇名未載）／日比谷電影劇院，三月六至十日。

三月十二日，呂赫若因為「感冒變嚴重了。無法登台表演，在後台睡。」因此，前一天（三月十一日）在日劇公演的《富士山》，就是他在東京最後一次粉墨登台了。

四月七日，他正式辭掉東寶職務，結束了在東京的歌手生涯。十四日，他在日記總結寫道：「如今回顧一年有餘的舞台生活時，覺得沒有意義。並非舞台生活本身沒有意義，而是因為被迫做些無謂的事，連帶也使得舞台生活變得沒有意義了。」

第七章
異地的寂寞與創作

為鬱悶之感所籠罩，陷於想寫出優秀的作品卻寫不出來的狀態，那樣的話，在東京也是寂寞。為何往昔的熱情不再湧現？只是漫步日比谷、銀座而已。

——呂赫若（一九四二年三月八日）

呂赫若夫婦與兩個小孩攝於東京（呂芳雄提供）

一九四〇年四月十七日前往東京之後，基於對文學的熱愛，也應該是為了賺取稿費貼補家用吧，呂赫若依然在島內的大眾文化雜誌《台灣藝術》持續連載了六回長篇小說〈台灣的女性〉——五月，第一卷第三號，第一回〈春的呢喃〉。七月，第一卷第五號，第二回〈田園與女人〉。八月，第一卷第六號，第三回〈花的表情〉。九月，第一卷第七號，第四回〈在深山〉。十月，第一卷第八號，第五回〈是朝露嗎〉。十一月，第一卷第九號，第六回〈西沉的落日〉。

目前為止，《呂赫若小說全集》只收錄了前兩回〈春的呢喃〉和〈田園與女人〉譯文。其他各回，筆者淺陋，尚未見有譯文發表，因此也就無法通過文本閱讀去認識呂赫若的創作。這裡，還是得借助文獻來理解當時的反響與評價。就在刊完第六回之後的十二月，《台灣藝術》編輯部在第一卷第十號製作了「回顧昭和十五年度的台灣文壇」專輯。其中，高雄出生的日本人新垣宏一（一九一三—二〇〇二）指出，《台灣的女性》大致上與龍瑛宗在《文藝》雜誌發表的〈黃家〉相同，「總覺得為了凸顯台灣味而凌亂地運用了許多道具，卻看不出它們散發出什麼強烈的光彩」。他認為，雖然「如今也沒有必要再鄙視它的通俗性，可是〔它〕在表現形式和修辭上還是有不純熟的地方，有點可惜。」鹽分地帶的林精鏐則認為「姑且不論作者的技巧如何，正因為寫出來，所以才有熱力。」因此，「呂赫若的長篇小說也滿好的。先別管理論，寫出來就是了。」（《雜誌篇．第三冊》頁五九、六一—六二）

根據呂赫若「履歷」所載，他於八月十日進入歐文社編輯部。應該是因為有了固定收入吧，他的寫作也就暫停了。十二月二十日他自願辭職歐文社，進入株式會社東京寶塚劇場演劇部，一直到一九四二年五月一日退出。這段期間，他雖然過著熱鬧的舞台人生，可現實上，無論在生活、感情和思想上，卻都感到從來沒有過的艱難、寂寞與苦悶。

1 艱苦瑣碎與寂寞苦悶的生活

一九三八年起，日本進入戰時體制，嚴格施行經濟統制，極力壓縮民眾生活所需物資。一九四一年十二月對美英開戰以後，經濟更加戰時體制化，糧食危機進一步嚴重，一般民眾的生活也就更加不容易了。林雪絨老太太記得，她和孩子到東京後住在中野區川添町十三番地〔一九四一年十月九日遷入戶籍〕。呂赫若白天學習音樂，晚上學習英、法、義、中等語言。後來在出版社當編輯，編字典。生活還算過得去。可是，具體到呂赫若一九四二年的日記所載，生活，恐怕就不是老太太所說的「還算過得去」，更不是一般人所以為的風流倜儻的第一才子的瀟灑，而是艱苦瑣碎與寂寞苦悶。在生活資料嚴格管制的社會條件下，作為一家之主的呂赫若，在登台表演之餘，還要為每天的柴米油鹽張羅。例如：

一月八日，「家裡寄來日式布襪子、綁腿、褲子。配給米吃光了。

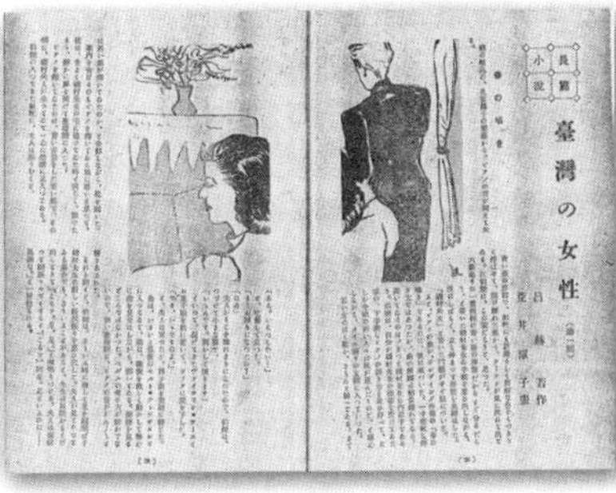

〈台灣的女性（第一回）──春的呢喃〉

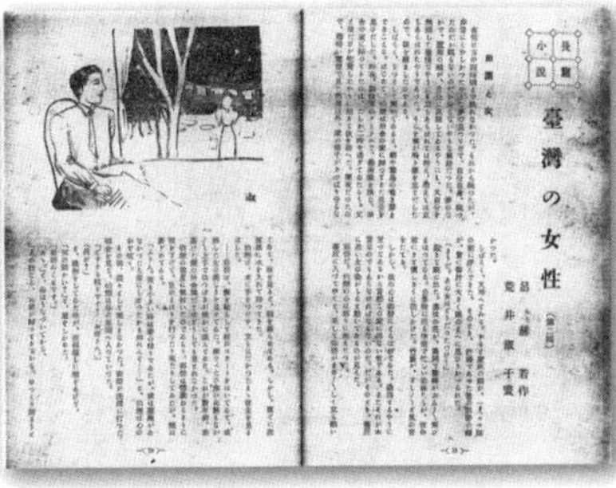

〈台灣的女性（第二回）──田園與女人〉

雪絨他們沒辦法只好啃地瓜。」九日，「配給米沒來，一整天沒米。」十三日，「到堂哥〔長房呂漳秀的次子呂石壽（一八九三—一九七七）〕的店裡去，要了魚回來。」二十日，「晚間歸途去拜訪蔡香吟小姐，要了些米。」廿一日，「晚上拿西裝去典當，買了一個耐酸鋁製鍋子。是珍品！深夜，社口的岳母寄來電報匯票一百圓。」廿二日，「將中國手提皮包、茶色西裝拿去當。早上開始配給點心，存心當個傻瓜去排隊買了一圓二十錢，到晚上送進了孩子們的肚子裡。從堂哥店裡拿回四隻豬腳，晚上料理。因為是想吃油膩食物想得慌的時候，很好吃。配給到蜂窩煤，為了升火折騰了一番。」廿三日，「帶芳卿〔長子〕去年糕紅豆湯店，買了三十錢的壽司當禮物帶回家。」廿四日，「領到月薪。晚上買酒一升，買年糕紅豆湯回家給孩子們吃。」廿八日，「帶田鶴子〔次女〕到咖啡屋，給她吃蛋糕。買兩個麵包帶回家當禮物。」三十日，「木炭用光了，蜂窩煤又點不著。夜深沉而寒冷。下午開始颳風，益增寒冷。」卅一日，「上午在沒火的房間裡，好冷。想用瓦斯取火卻難以點著而放棄了。傍晚去堂哥店裡要木炭。」

二月七日，「痛感凡事都是錢」。八日，「買了四包花生米」。十一日，「四點五十分起來，到外面升火燒蜂窩煤。」十七日，「早晨去買酒回來。木炭配給到了。下午一點半，趁演出的空檔，從堂哥店裡要了十四個蜂窩煤，扛回家裡，好重。」十八日，「拿鹽去給二哥〔堂哥〕的店裡」。十九日，「因米不夠，向派出所低聲下氣要了五升米。」廿六日，

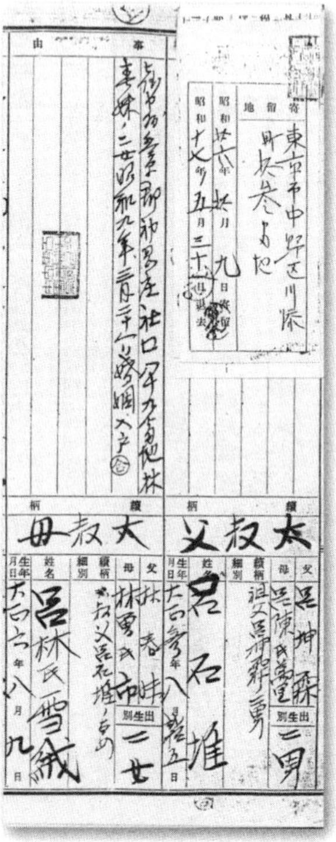

呂赫若夫婦旅日時期戶籍資料
（呂芳雄提供）

「早上和芳卿一起到櫻山町那邊買配給點心」。

三月二日，「上午帶芳仔（卿）去平交道旁的糖果店買奶油泡芙，排隊排了半小時才買到。」三日，「早晨去買點心，排隊，買了五十錢。」四日，「早上七點帶芳仔去買點心，排了半小時隊伍才買到。傍晚買一箱奶油，立刻搬回家。」

除此之外，呂赫若還要關照懷孕的妻子與四個小孩的衛生、健康、學習與娛樂，並且為從小就跟他們夫婦一起生活的姪女愛治入學高女之事奔波。

一月十八日（星期日），「帶愛琴（長女）、芳卿去『日劇』上班。去表演時，將愛琴、芳卿送去『日劇』的三樓和小劇場，讓他們看電影。之後去銀座，在千代田用餐，到松屋百貨公司買手套給他們。五點時先帶孩子們回家。」廿一日，「就寢前教愛琴算術，一百以內的減法，笨到不會做，氣得狠狠地打了她。真不應該。」廿三日，「雪絨喉嚨痛，讓她吸藥。晚間回家的路上，在舊貨商店找到兒童用摺疊式『昭和書桌』，花三圓買下，意外的便宜東西。」廿六日，「七點回家，帶芳卿去澡堂。」廿八日，「下午五點半回家，帶雪絨、愛琴、田鶴子上澡堂。」

二月二日，「積雪未融。背田鶴子去理髮店理髮。之後在家替緋紗子（三女）剪頭髮。」五日，「昨天半夜緋紗子突發夢魘，睡不著覺，光是哭，今早顯得很憔悴。孩子們有點感冒。」七日，「因為緋紗子老是哭，不睡，而氣得打她。真不應該。」八日，「早上帶雪絨去看產婆，因為要申請孕婦產婦配給品。」十一日，「晚上七點回家，帶芳卿去澡

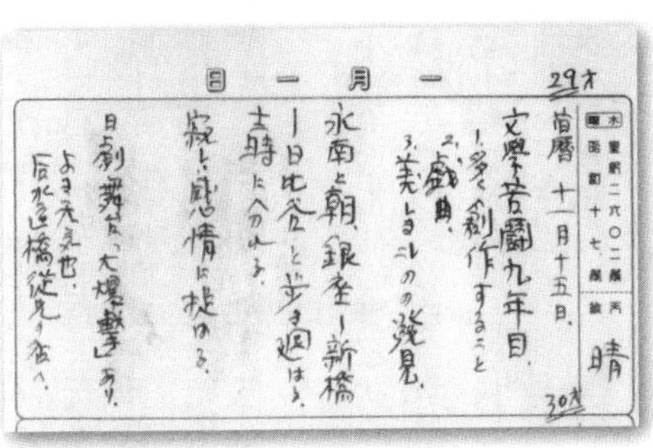

一九四二年元旦日記

堂。」十三日，「孩子們都因有點感冒而身體虛弱。緋紗子、愛琴會咳嗽，令人煩惱。」十六日，「緋紗子感冒沒好，頻頻咳嗽。田鶴子、芳卿，健康。愛琴不怎麼愛讀書，真令人操心。孩子們每天玩尢仔標遊戲。」廿一日，「因田鶴子啼哭，氣得打她。後悔做錯了。」廿二日，晚上「八點半回家。下麵條給孩子們吃。田鶴子發燒入睡。」廿四日，「早上去訪問文園高等女學校，要了學校規則。就愛治升學之事發信給市田校長。」廿六日，「晚上七點回家。與愛琴、芳卿等並排著書桌一起用功。」

三月三日，「今天是女兒節，愛琴帶便當上學。」

上述這些瑣碎的日常記事，都是一個年未三十的年輕作家，帶著一家妻小在異地生活的實際狀態。一點也沒有無知者所想像的那種浪漫。也因為這樣，暫時沒有文字創作的呂赫若，雖然過著登台演唱的藝術生活，還是經常要被無法抵擋的寂寞情緒所籠罩。於是我們看到他在日記上頻繁地記錄寫著灰白的心緒。例如：

一月一日，「被寂寞的情緒籠罩」。十五日，「總覺得很寂寞」。

二月九日，「傍晚趁演出的空檔去找蔡〔香吟〕小姐。到錦糸町江東橋附近散步。對人生總感覺有點寂寥。吾人畢竟沒有藝術就活不下去。」十一日，「清晨在夢中感覺無聊而醒來」。

三月五日，「傍晚時分下起入歲以來的第一場雨。故鄉無音書來。寂寞。」六日，「昨夜的雨聲淒清，令我憶起童年。」十五日，「雨淅淅瀝瀝地下個不停。寂寞，非常寂寞。」十七日，

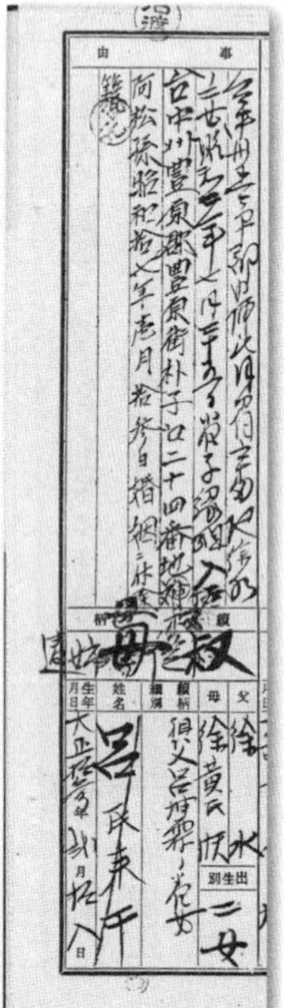

妹妹來于的戶籍資料（呂芳雄提供）

「今天是寂寞的一天，非常寂寞，太過寂寞而覺得悲傷了。」

四月十七日，「寂寞！寂寞！」十九日，「自思在東京所過的是寂寞生活。」

異地的寂寥感，呂赫若經常只能藉由寫信給台灣的親友來排遣，更因為收到遠方親友的來信而稍獲慰藉。例如：一月七日，「如鵬來信，說叔叔全家搬來我家住了。令人又懷念，又眷戀，真想回去聚首。」一月十一日，「廖金照、溫仁和來信，有好朋友真快樂。」因此，他也總是會因為「故鄉無音書來」，沒有收到友人的書信而感到「寂寞」。

根據一九四二年日記所載，從一月二日寄信給原在荷屬爪哇島經商而返台定居的叔叔呂坤瑞與即將結婚的妹妹來于（父親養女呂秀雲）起始，一直到五月一日「寄掛號信給如鵬，發信給永南、金照、漢津等人」為最後，呂赫若書信往還的對象包括：親戚／叔叔呂坤瑞、妹妹來于、堂弟如鵬、繼母、岳母、妻舅林永南（任職大阪市東區道修町鹽野義製藥公司）、錦屏、林寶煙、呂芳洲、愛治、玉杯、清忠等。中師的老師、同學與學長／磯江與江漢津、廖金照、溫仁和、邱新枝（一九二九年畢業）、李紫庭（一九三一年畢業）等。文化界友人：張星建、張文環、王井泉、巫永福、陳紹馨、陳遜章、呂泉生等等。

2 因為《台灣文學》創刊而來的思與想

在繁華的東京，呂赫若的「寂寞」主要還是來自創作的苦悶吧。在苦悶中，支持他的就只能是文學藝術了。他說「畢竟沒有藝術就活不下去」，而文藝又是「苦悶的象徵」。

如前所述，《台灣新文學》停刊之後，台灣新文學運動失去了僅存的陣地。呂赫若也就在失去戰場的情況下決定東渡日本，改攻聲樂。所以《台灣文學》的創刊，讓他又重新燃起重回文學戰場的熱情。

在殖民當局推動皇民化政策的歷史條件下，以西川滿為首的殖民地台灣的日本文人趁隙而起，大肆活動。一九三九年九月九日成立台灣詩人協會，十二月一日創刊機關誌《華麗島》。十二月四日，台灣詩人協會擴大改組為包括日、台文人的台灣文藝家協會，並於一九四〇年元旦發行西川滿主編的綜合性文藝雜誌《文藝台灣》。一年之後，《文藝台灣》脫離台灣文藝家協會，改由文藝台灣社發行，完全被懷有濃烈的殖民意識形態的御用文人西川滿獨控。由於它是一本「外地文學傾向的以異國情趣（exoticism）為特色的日人文學雜誌，代表殖民者的意識形態，對台灣民眾的現實生活毫無關心」（葉石濤語），於是激起東大畢業後回台北掛牌當辯護士的陳逸松（一九〇七—一九九九）、前《福爾摩沙》主編張文環與原無政府主義戲劇工作者王井泉（一九〇五—一九六五）等台灣有志起而抗衡的決心。他們商議後決定在太平町三丁目九番地陳逸松的事務所成立啟文社，由山水亭料理店的老闆王井泉負責實務，陳逸松負擔財政開支，張文環負責編輯，創刊《台灣文學》季刊。張文環隨即辭去工作，全力投入，並於六月創刊《台灣文學》。（《陳逸松回憶錄》頁二六四—二六八／一九九四年前衛）

張文環（一九〇九—一九七八）是嘉義梅山人，一九二七年前往日本留學，一九三一年入學日本東洋大學文學部，一九三二年三月結合東京的台灣留學生組織台灣藝術研究會，創刊日文文藝雜誌《福爾摩沙》，並發表第一篇小說創作〈落蕾〉，一九三五年〈父親的顏面〉入選《中央公論》小說徵文第四名，之後為台灣文藝聯盟東京分盟活躍分子，一九三八年返台，擔任《風月報》編輯，並任職台灣映畫株式會社。（《張文環全集》／二〇〇二年台中縣立文化中心）

一九七七年，台北東方書局計畫復刊一九三〇年代台灣主要的文藝雜誌。張文環應邀「悲喜交集」地撰寫了題為「『台灣文學』雜誌的誕生」的回憶文章。他首先指出，「在激烈的戰爭中發刊文學雜誌，是否妥當，此外，能夠刊載何種程度的作品，也不得不叫人考慮，然而以當時的情況而言，已達非刊行不可的環境（處境）。」因為「文學雜誌只有西川滿氏所主編的《文藝台灣》一種而已」，而他的父親西川純既是昭和炭（煤）礦的社長，同時又是「法西斯型」的台北市協議會議員。所以，「有背景且資金也很豐富」的西川滿「也是個御用文藝家。他所編的雜誌過度傾向於他個人為中心的趣味性。」因為這樣，「台灣人」和「幾乎所有傾向於人道主義的日本人都不太喜歡它」。張文環強調，他自己「雖然也是《文藝台灣》同人中的一分子，但每當召開編輯會議時」，看到西川那種「像富婆扮家家酒似的」樣子，就「忍耐不住」而「覺得頭痛」。因此，任職廣播電台文藝部長的日本朋友中山侑首先提議「大家來辦雜誌」，並取得陳逸松和王井泉「熱烈地贊成」。他們認為，「只要有一本雜誌在，就可以號召台灣島的文化人，同時也可取得聯繫。」陳逸松隨即找他出來一起幹，並允諾「暫先出一千五百圓（當時是大數目）」。他義無反顧答應說：「好，幹吧！」於是眾議決定「以啟文社的社名，《台灣文學》的表題出刊。封面拜託李石樵氏畫」。他同時請經常與他任職的電影公司有所往來的印刷廠老板，使用道林紙印刷了一千張封面。結果，西川滿「飛速地」到他家裡表示「極力反對」，說是「會給人誤會是（《文藝台灣》同人）鬧分裂，而且體面上也不好看」，叫他「務必停辦」，又說願意負擔「封面的印刷費」。他為了「讓西川滿氏回去」，就託辭說「已經和朋友們約定了不可停辦，不能以一己的意見而退縮，跟大家商量之後才給他答覆」。

張文環〔攝自《張文環全集》〕

於是《台灣文學》創刊號就印行一千本堂堂上市了。

如前所述，呂赫若曾經投寄小說處女作〈暴風雨的故事〉給時任《福爾摩沙》主編的張文環。可惜，因為《福爾摩沙》停刊，後來改於《台灣文藝》發表，因而延後了他與張文環在文學戰線上共同戰鬥的時間點。這也是為什麼當他聽到張文環要主持《台灣文學》雜誌的編輯大任時會「欣喜若狂」的原因吧。同樣地，他當然也是張文環的重要邀稿對象。於是，我們看到，在東京忙於舞台表演的呂赫若，在《台灣文學》創刊號發表了一首紀念逝世的摯友的新詩〈謹呈陳遜仁君靈前〉。陳遜仁（一九一五—一九四○），東京醫專畢業，留學期間參與台灣文藝聯盟東京支部的文藝活動，行醫之餘創作詩歌。一個名叫分布照成的日本人讀者讀後在《台灣文學》第一卷第二期（一九四一年九月一日）發表〈文匪〉一文，指稱〈謹呈陳遜仁君靈前〉「可從中感受到作者在故友靈前的豐沛感情」，但「作為詩作則有尚待斟酌之處，是一篇稍微使人無法完全認可的作品。」（《雜誌篇・第三冊》頁一八九）

呂赫若同時在《台灣文學》創刊號發表了一篇隨筆〈我思我想〉。通過〈我思我想〉，他毫不掩飾地表露了客居異地的寂寞，以及對重建台灣新文學運動陣地的熱烈期待，並且一一表白了對台灣文友的思念與想望。這篇雜感的字數雖然不多，卻具體提供了我們理解呂赫若與同時代文友張文環、龍瑛宗、巫永福、吳新榮等人交往的第一手材料，同時也讓我們從某個側面感受到呂赫若旅居東京期間的孤寂心境。

呂赫若首先提到的文友就是一九四〇年一月在《台灣新民報》連載長篇小說〈山茶花〉深獲好評，並另闢《台灣文學》陣地的旗手張文環。他認為「張文環氏是當今最

「台灣文學」雜誌的誕生
張文環作
葉石濤譯
暖流・第一卷・第六期・民國71年6月 58

一九八二年六月《暖流》雜誌轉載

值得信賴的人。在許多的作家中，當決定何時寫出什麼樣的東西時，絕不會讓人失望的作家，捨他其誰。」他指出，讓台中的文友「一邊捧腹大笑，一邊津津有味地從一開始的雞生病閱讀到麻雀醉酒之趣事」的〈山茶花〉，是張文環「利用每日拂曉時光完成的，深獲好評。仔細思量，這也是理所當然的。」因為「山村的種種情事、想法或事物，只有在山村長大的他才能真實地描寫出來。」他強調，「創造這種文學，絕不是單憑理論，也不是單靠桌上苦讀，就可以一蹴可及的。這得全憑生活力，體內流動的血液，浪漫氣質以及天才而成。」因此，他始終認為張文環的「作品中蘊涵了張文環氏的文學趣味，以及他的生命。」他又指出，張文環「修養文學的經歷很長，在東京也生活過好長一段時光，因此，他的作品本身就已經是文學了。即使只將他所思的原封不動寫出來，也依然是不折不扣的文學。能如此使文學變成血，變成肉的人，恐怕唯有他一人才有此能耐。」他同時樂觀期待說，張文環「又有無窮的精力、口才、本事，讓他從事這項工作，真令人額手稱快。這次的《台灣文學》因而就更具有某種意義」。他也「因此感到非常痛快」。呂赫若對張文環的看法來自於與他相處的觀察。赴日以前，呂赫若每次上台北都蒙受張氏的照顧。此外，他們在台中也碰過幾次面。呂赫若說：「每次碰面，他給我並不是美男子的印象，而是一個『值得信賴的男人』」。猶記得（一九三五年四月廿一日）中部震災的翌年，在台中的旅館，他說深夜會因為喧嘩聲而輾轉難眠，因此就到

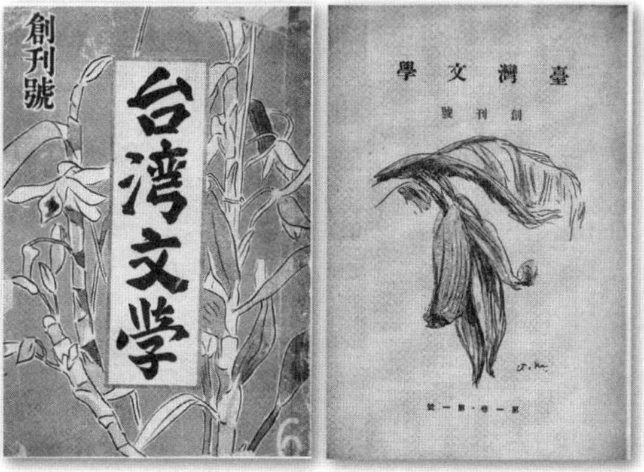

《台灣文學》創刊號封面與扉頁

鄉下的我家借宿一夜。因為我家是純台灣式的土磚建築，他似乎也一整晚輾轉反側，好不容易才挨到天明。」（《小說全集》頁三八〇—三八一）

呂赫若所提張文環對一九三五年中部震災慘狀餘悸猶存的敏感趣事，後來也在文學界傳了開來。多年以後，鹽分地帶作家林芳年的散文〈失落的日記——緬懷往事〉（一九八四年九月十一日《台灣日報》副刊）寫道：「聽說張文環曾在呂家過夜，很巧的那夜發生地震，文環狼狽萬狀，邊叫邊由屋內匍匐而出。據說，文環的膽子很小，他怕房屋倒下來壓死他。」而我之所以讀到這篇散文，是呂赫若的四公子呂芳甫先生提供給我的私人收藏的剪報。由此可見，他也同樣在尋找失蹤的父親吧。

同樣一件事，經過多人的口傳之後，顯然就會出現不同的說法。由此可見，口述歷史的對象若非當事人，那麼，他所敘述的事情的真實性是要打折扣的。當然，即使是當事人本身，也難免會基於這樣那樣的理由而重塑歷史。這是題外話了。

顯然，呂赫若並不因為張文環的「敏感」而認為他是個「膽子很小」的人。他認為，「大體說來，他是個敏感，深具感性，且浪漫的男人。〈山茶花〉裡將他的這一面表露無遺。」他是朝著好的一面去看待張文環的「敏感」的。這點，既反映了呂赫若對文學先輩抱持的敬重態度，同時也體現了

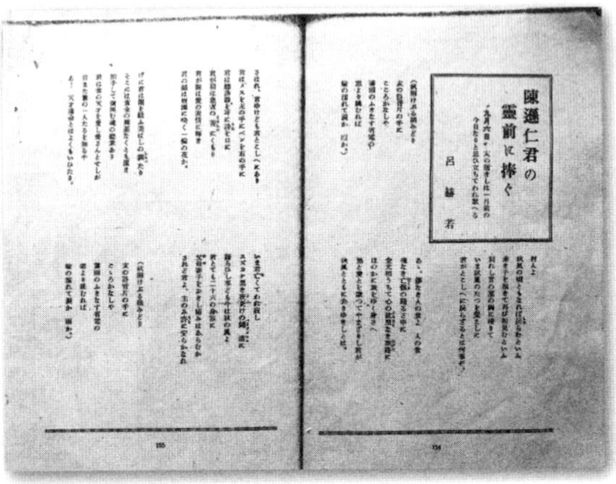

《台灣文學》創刊號呂赫若悼詩

他對即將誕生的《台灣文學》的期待。他寫道：「一想到通過這本雜誌的拋磚引玉，可以使有意於台灣文化的人們，將已經充滿趣味性的文化向前更推進一步，致力創造熱情誠實的台灣文化，我的內心就不禁油然而生一種快樂的心情。因此，當腦海浮現許多人的身影而思及今日自己寂寞的周遭時，期待之心就更加強烈了。」因為提到張文環，呂赫若就「不由得想起」曾經「把《台灣文藝》搞得有聲有色」的張星建。人在東京的他不免要感嘆出入張星建主持的「台灣文化上的梁山泊」中央書局的「情景已不復在」，這使得他感到「心緒極端孤寂」。因而在《台灣文學》即將創刊之時「竊喜」張星建依然能共同參與，從而「做出轟轟烈烈的事業」。呂赫若強調：「今日的文藝界，熱鬧非凡，作家輩出。當我們思及這是《台灣文藝》以來的現象時，就不容我們忽視他對台灣文化的功績。也因為有他在台中，才得以有一礎石。總之，他是個重寶。」然後，呂赫若也對經常「同床共眠」，不隨便發表作品的巫永福，寄予高度期許說：「沉默的作家巫永福氏，許久才發表一篇創作，這種做法很好。」他藉此引申說，他「經常在想，在台灣這個地方，一般人認

一九三六年六月七日張星建（前右四）在東京與張文環（後右二）、吳天賞（後右三）、吳坤煌（後左三）、陳遜仁（後左一）、劉捷（前右五）、翁鬧（前右六）等台灣文藝聯盟東京支部成員會談（攝自《吳坤煌詩文集》）

為只要有人常發表作品，『他就是大家，他非常努力』，因此就追隨他。可是當他沉寂，人們就馬上認為他很差勁。事實上，人們並不了解誰才有實力，也不明白有些人雖然不發表，但依然孜孜不倦在埋頭苦幹。不發表與不努力是兩碼子事。文學的學習就是人生的學習，也就是生活的學習。生活貧乏的文學會令人覺得厭惡。」關於此點，呂赫若進而指出，巫永福「做的很好。與其勉強擠出一些亂七八糟的東西，倒不如遂心悠閒地豐潤生活。」他認為，不久後，巫永福「從豐潤的生活中創造出傑出的文學是指日可待的」。因為對巫永福而言，「文學已經融為他的血與肉」。如前所述，呂赫若也提到了他們兩人過去密切交往的情形，並且表示，聽到巫永福即將結婚的消息，想到「等我回台灣時，再也無法與他如昔日一般同床共眠了」，就忍不住「黯然神傷」。（《小說全集》頁三八一—三八三）

根據《呂赫若日記》所載，後來，呂赫若很可能據此生活經驗寫了小說〈同宿記〉，寄給張文環，但是一九四二年三月三日卻收到退稿。他「重讀看

一九四四年張文環、吳新榮、王井泉、楊逵（後右一、二、三、六）等文友出席巫永福婚禮（巫永福提供）

看，自己也覺得不好。」並且自勉「要寫出優美的小說」。

呂赫若也表露了對楊逵的懷念與期待而寫道：「楊逵氏應該也在台中。昔日他非常活躍，今日不知在從事什麼工作。在台灣文藝界已許久不見他的名字，內心因而有點落寞。期待他能再度活躍於文學界。」（頁三八四）就年齡而言，呂赫若與楊逵差了九歲之多。就台灣作家而言，楊逵是第一個在日本文壇登場的人。三個月之後，呂赫若通過〈牛車〉成為第二個在日本文壇登場的台灣作家。但是，在日常生活上，呂赫若與楊逵似乎並沒有什麼來往。因此，我們看不到有關這方面的文字記載。日後，我們好像也沒看過楊逵在各類文章及談話提及他與呂赫若的關係。這點，不知是白色恐怖的網羅未除，抑或是兩人雖在思想路線上一致，但個性氣質上卻有所差異，或是其他因素所致。這就有待後來的學者去調查研究了。

緊接著楊逵之後，呂赫若也提到曾經被他批判過的中師學長吳天賞。吳天賞當時在台中興南新聞社任職。呂赫若從而預料台中的文藝界也將因為「吳天賞氏終於回到台中」而「越發熱鬧起來」。他同時對吳天賞的藝術才情惺惺相惜說：「面對著款款而談的他，我只覺得胸口腫脹，什麼話也說不出來。真是浪漫極了。與他接觸，就宛如接觸到一件藝術品。」他也充滿信心地期許「不論文學、美術或音樂方面皆多才多藝的」吳天賞，在文學藝術上「成就輝煌的日子應該為期不遠」。（頁三八四）由此看來，呂赫若顯然並沒有因為對吳天賞個人文學觀的批評而與他發展到水火不容的對立狀態。儘管過了幾年，在呂赫若看來，吳天賞的寫作仍然是「運用無用技巧」，卻也不妨害兩人的私交。

除了上述幾位創作者與作為編輯人的張星建，呂赫若也特別想念倡議組織台灣文藝聯盟的張深切與賴明弘，以及點燃文聯的宗派與血緣論之爭的日人編輯田中保男。他滿懷思念地寫道：「賴明弘氏也不知近況如何？聽說他去了廣東。已有一年未見《台灣新聞》文藝部的名編輯田中保男氏從事編輯工作

的情形了。不知他近況如何？張深切氏好像回過台中，現在大概也回去北京了吧？」（頁三八四）

張深切在一九三八年三月初抵達北平，四月先在北京藝術專科學校擔任副訓育主任兼教授，未幾又在王克敏主持的新民學院擔任日語教授，生活終於安定下來。六月家眷安抵北平，賃屋團聚。一九三九年九月一日，受日人邀請擔任主編及發行人的《中國文藝》正式出刊，強調保持固有文化、鼓舞民心的重要性。十月父歿，返台奔喪一個月。由此可見，呂赫若很可能通過張星建等文友的書信往還而輾轉得知其他人的近況吧。當然，這些人，也包括前面提過的在台中的美術家李石樵、藍運登與雕刻家陳夏雨。呂赫若寫道，「去年（一九四〇年）秋天，我在李石樵的引導下參觀上野美術館的慶祝展。當一眼看到他那震懾人心的作品時，不覺眼睛一熱。藝術是很樸實的東西，需要培養實力。顯然（需要）習取他修養的不只是我一人而已。」藍運登（一九一二—一九九七）於一九三五年赴日習畫，返台後轉入《興南新聞》擔任記者。呂赫若認為，藍氏「是個非常有為的人，如果將其熱情更運用於藝術之實踐上，定能集大成。」陳夏雨（一九一五—二〇〇〇）於一九三六年到東京藝術學校學雕塑，第二年起連續三年入選「帝展」，從而在一九四〇年成為第一位獲得帝展無鑑查出品特權的台灣藝術家。「在李石樵氏要離開東京那夜的東京車站」，呂赫若與陳夏雨第二次見面。一九四〇年十二月二十日，在他第一次登台的音樂會，

美術
第六回臺陽展
隨想　陳春德

社告
臺灣藝術社

結局あなたが描いたものだから
—畫家の內容—
吳天賞

一九四〇年吳天賞在《台灣藝術》發表的文章

他們在日比谷公會堂公演的會場上第三次見面。呂赫若寫道：「三次，他都給我同樣的印象，對於他是少數雕刻家中背負起台灣責任的作為，令我非常感動。」（頁三八三—三八四）

在此之後，我們也可以在呂赫若的一九四二年日記裡，看到呂赫若與陳夏雨在東京往來的幾則記載：二月十六日「傍晚，許久不見的夏雨君來訪，和他逛銀座，一起喝酒。」廿二日「傍晚，夏雨等三位朋友到日劇來訪，一起去日比谷散步，走到淺草。」廿四日「下午一點半左右去找陳夏雨，之後一同去本鄉拜訪許久不見的李紫庭，三人買酒共語，至夜八點告辭。」四月九日，「夏雨君寄來雕刻展招待券。發信給他和李紫庭。」十一日「到〔上野〕美術館看雕刻展，晤陳夏雨、黃清呈」等等。

黃清呈（一九一二—一九四三）是澎湖人，一九三六年入東京藝術學校雕塑科，一九四二年接受北京藝術專科學校邀聘而返台準備赴任，但所乘高千穗丸被炸，不幸身亡。一九四三年五月十七日，呂赫若於《興南新聞》發表〈嗚呼！黃清呈夫婦〉。

呂赫若表達了對台中文友們的思念與期許之後，緊接著就把關切之情轉向台北的文友。他表示台北有幾位想見卻不能如願見面的文友。首先，他點名提到的是曾經在《台灣新民報》日刊策畫「新銳中篇小說特輯」，刊發〈季節圖鑑〉的黃得時。一九四一年二月，隨著殖民地台灣作為日本軍國主義南進基地，《台灣新民報》面對越來越大的政治經濟壓力，常務董事兼總經理羅萬俥及主筆兼編輯局長林呈祿不得不讓步改名為《興南新聞》。黃得時留任學藝版主編，並有日譯《水滸傳》問世。因此，呂赫若寫道：

張深切任教北京藝專時的畫像（攝自《張深切全集》）

「提到台北，腦海裡最先浮現的是，每次北上時，總在百忙中接待我的《興南新聞》學藝版的編輯黃得時氏。他的《水滸傳》迄今我依然常常津津有味地閱讀。一想到只要持有新聞文藝欄這個利器，依照他的文思，定能左右台灣文藝界的活力時，我對他的期待就更加殷切。往年，他總是訂出各種劃時代的計畫，以挽救台灣文壇的生命。現在，他也一定能完成適應新時代的新計畫與編輯工作。希望他能有堅守台灣文壇一個陣地的自覺，更加使台灣文壇的生命能淋漓盡致地發揮。」呂赫若也表達了對另一新起作家龍瑛宗（一九一一—一九九九）的關心。龍瑛宗，本名劉榮宗，新竹北埔客家人。一九三七年以處女作〈植有木瓜樹的小鎮〉入選日本《改造》雜誌小說徵文「佳作推薦」。此後又在日本文壇發表了幾篇小說和隨筆。雖然他比呂赫若大三歲，但登上日本文壇的時間卻晚了兩年。但呂赫若說，「龍瑛宗氏陸陸續續地從事許多有意義的創作，每次接觸到他的作品，我總有難以言喻的欣喜感。」一九四〇年十一月，龍瑛宗的小說〈黃家〉在日本《文藝》雜誌第八卷第十一期發表。正在東京的呂赫若因此認為自己恐怕就是「最先接觸到（〈黃家〉）鉛字的台灣人」吧。他曾在台北與「身體羸弱」的龍瑛宗見面三、四次。因此「每次看到他在創作，內心總有股暖流」。他認為龍瑛宗的「創作具有將來性」，因此「好想跟他呼籲『文學就像是馬拉松賽跑』……希望他能有健康的身體，能從書齋中解放出來。」龍瑛宗與呂赫若一樣，接受過馬克思主義的思想洗禮，並且在這個理論體系的基礎上展開小說創作。然而，他們兩人在個性、氣質上卻又極端不同。呂赫若高大，英俊而浪漫，對生活及文學藝術充滿著熱情。相對地，龍瑛宗卻「瘦弱多病」，「個子矮」，「生來口吃」，而且「極端內向」，儘管對文學也懷抱著最大的熱情，但內心卻充滿了「挫折、困境，畏縮和妥協」（葉石濤語）。因此，兩人在寫作的筆觸上也完全不同，一個是「客觀、冷靜」，很難找到另一個的「自憐或吶喊」。也許因為這樣，龍瑛宗不太能夠理解呂赫若怎麼能夠既搞音樂又搞文學。呂赫若因此「歷歷在目」提到，「去年（一九四〇年）春天」，他們幾個文友「深夜漫步台北街頭時」，龍瑛宗挨近他的身旁，詢問：「呂君！今後你到底要從事音樂，或是著手文學？」然後呂赫若不以為然地寫道：「為什麼他會這麼問呢？即使到了今日，每次（在報章雜誌上）看到他的名字時，我依然回想起這段往事。」呂赫若強調，他「認為『要從事文學，或是著手音樂』的問題，是心靈狹隘的想法。學習文學就是學習一切事物。只局限於文學，卻對其他文化部門完全無知的話，這種文學就不能說是真正的文學。」因此他又善意地戲謔說，「如果今日他看到化著濃妝、穿著戲服、站在舞台上的我時，不知道他會說些什麼？或許他會大吃一驚。」（頁三八三—三八五）

呂赫若與龍瑛宗這段對話的情景，恰恰表現了兩人性格與觀念的根本區別吧。如前所述，呂赫若初登舞台演出是一九四〇年十二月二十日在東京日比谷公會堂。由此看來，呂赫若與龍瑛宗的這次會面可能是他赴日之前，台北的文友為他餞行之後散步時的對話吧。因此，正在東京展開歌劇演唱生涯的呂赫若不由得這樣遙想著遠在台灣的龍瑛宗可能會有的反應。可惜的是，終其一生，龍瑛宗並沒有以文字為我們寫下這個問題的答案。客觀來說，呂赫若對龍氏的友情相對地就要來得比較厚重了。他在〈我思我想〉中針對龍氏的回憶與期許，應該是希望在日本侵華戰爭的悶局中，龍氏也能「進入張文環氏的茅屋《台灣文

一九四〇年五月十五日《台灣新民報》學藝版

一九四〇年《台灣藝術》的龍瑛宗寫真隨筆

學》『接受招待』吧」。然而，據說是因為龍氏的「口吃」及「跟福佬作家的溝通不良」（葉石濤語），他卻參加了由日人作家西川滿主宰的外地文學集團《文藝台灣》。一直要到《台灣文學》快要廢刊的時候，他才姍姍走進張文環的那間「茅屋」，「接受招待」。

呂赫若認為，今後，台灣新文學運動的陣地已經隨著雜誌的發行所轉移，而從台中轉移到台北了。所以，如何讓《台灣文學》發展壯大，一切只能仰仗台北的文友支持了。然後，他又把目光與關切轉向一直寄予極高期許的鹽分地帶的那批年輕作家說：「南部的佳里有許多年輕的文學家。如吳新榮氏、郭水潭氏、王登山氏、林精鏐氏等。許久不曾有他們的消息了，不知近況如何？五年後、十年後、或十五年後，他們一定會做出一番大事業吧。」最後，呂赫若強調，他沒有想到或不知道的文友一定不勝枚舉，而這些人「當然要進入張文環氏的茅屋《台灣文學》『接受招待』吧」。想到這，他就不禁因為「能感受到《台灣文學》正逐漸在生根發芽」而感到「喜悅」。他也期待這些集結在《台灣文學》的文友，今後都能懷抱著無限的熱情，誠實地從事文學工作。（頁三八五—三八六）

一九四二年，呂赫若的日記也記錄了他與張文環等文友密切的書信聯繫，討論文學創作與《台灣文學》的編輯等種種問題。例如，一月十六日，他收到張文環來信。得知張文環「對後方小說的熱情」。他認為，「歸根究柢，描寫生活，朝著國策的方向去闡釋它，乃是我們這些沒有直接參與戰鬥者的文學方向吧。」然而，他並沒有說明什麼是所謂「後方小說」與「國策的方向」。

一九四〇年五月起，日本《文藝春秋》雜誌社社長兼日本文藝家協會會長菊池寬（一八八八—一九四八）大力鼓吹並召集文壇人士，在日本本土和各殖民地展開後方文藝運動巡迴演講（文藝銃後運動演講）。十二月十六日至廿四日，在台灣總督府情報部的後援支持下，菊池寬與久米正雄（一八九一—一九五二）、吉川英治（一八九二—一九六二）、中野實（一九〇一—一九七三）、火野葦平（一九〇一—一九六〇）等來到殖民地台灣，展開巡迴演講。其中，十六日在台北公會堂，他們五人分別以「事變與武士道」、「文藝的事變處理」、「覺悟之談」、「宣傳戰與大後方」與「回到內地」為題，講述有關武士道精神、日本傳統文學、物資不足、文藝宣傳、戰地經驗等戰時文創作的思考面向等問題。（《日治時期台灣現代文學辭典》頁五〇三—五〇四）

這裡，我們不知道張文環所謂「後方小說」是否就是據此而來相對於描寫前線戰事的創作方向。我們也不清楚，呂赫若所謂「朝著國策的方向去闡釋」生活的真正意思。也許，他的意思是說，在不能違背日本「國策」的限制下，只好盡可能客觀地去描寫現實生活吧。

一月廿五日，呂赫若收到張星建的來信。同時也寫信給王井泉和張文環，「談關於戲劇的事」。同月卅一日，他又寫信給巫永福。二月三日，張文環有信來。八日，張文環的信又到了。十二日，他收到《台灣文學》春季號。第二天立即寫信給張文環，表達自己看了這期《台灣文學》以後的感想說：「內容何其陳腐空洞！必須多用功。」

3 從事文學艱苦奮鬥的第九年

一九四二年元旦，「被寂寞的情緒籠罩」的廿九歲的呂赫若，在日記本開篇寫道，這是「從事文學艱苦奮鬥的第九年」，並自我期許「要多創作。戲劇。發現美的事物」。於是我們也看到自許「要以劇作家來立身」的呂赫若，後來詳細記錄了在小說與戲劇創作上努力的痕跡。兩天後，同月三日，他自勉「要創作戲劇。很想為台灣的戲劇運動做些貢獻」。五日，他自我批評說「這幾天沒有創作」。九日，他「想到了短篇小說的好主題：丈夫／受過教育的男子，妻子／舊式教育的女人，描寫其間發生的新舊之爭。」

〈財子壽〉脫稿

一月十日晚上十點四十五分，「去年八月以來停停寫寫」的短篇小說〈財子壽〉脫稿，共「七十七張」稿紙，約三萬字。擱筆時，他聽到「妻和孩子們都發出熟睡的鼻息」。同時感到創作的「那種喜悅」。廿六日「將〈財子壽〉原稿寄給張文環」。四月四日，他收到張文環寄來刊載〈財子壽〉的《台灣文學》第二卷第二號，並在日記上寫道：「看到用活字印刷出來的自己的作品時，一點一滴寫下的痕跡歷歷然」。

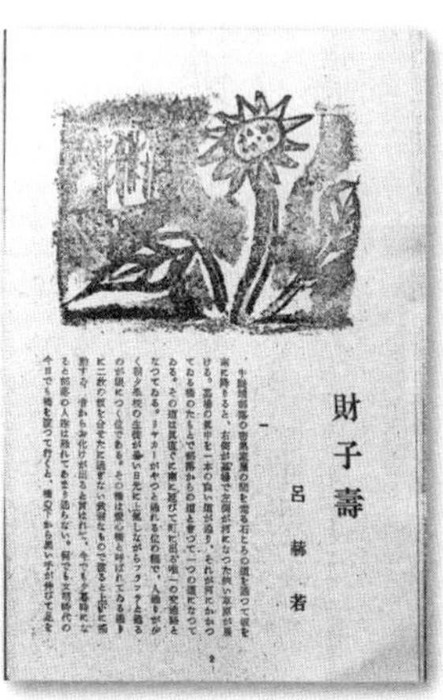

〈財子壽〉

如前所述，〈財子壽〉的場景福壽堂的原型取自呂成德的建成堂。只是，呂赫若把情節加以轉化，虛構一個繼承福壽堂的守財奴，描述他與妻妾及女傭之間的故事。小說主人公周海文，年約四十歲，生性好色又吝嗇，守著龐大家產，既不發展投資事業，也不參與地方活動，不跟親戚來往，甚至想推辭父親留下來的「保正」職務。「福壽堂」雖有十幾間空房卻不出租，即便做生意失敗的胞弟想搬回來住也被無情趕走。最終，出生沒落富家，個性賢淑的繼室玉梅，在大老婆留下的兩個男孩敵視，以及與周海文有染的女傭百般虐待之後，得了產褥熱而精神失常，並在福壽堂進行的婆婆喪禮上當眾發瘋。可是，周海文卻不服喪，並只在意被偷了八十圓，趕緊要所有的兄弟分攤喪葬費用。喪禮後，玉梅由母親、哥哥和福壽堂老長工陪往城北廉價的州立療養院。周海文不但沒有前來送行，反而忙著在冷清的福壽堂大宅院，找「媒婆」把大老婆留下的下女嫁到別的地方以牟利。（《小說全集》頁二六三—三〇五）

這篇小說完全與時局無關，著眼於描寫台灣封建家庭的生活黑暗面，從而批判崩潰中的台灣傳統的舊家族制度。這也許就是面對不允許文學對現實有過多的批判的時局時，呂赫若採取的「歸根究柢，描寫生活，朝著國策的方向去闡釋它」的寫作策略吧。因此，《文藝台灣》日本人同人河野慶彥（一九〇六－一九八四）於一九四四年六月十日《台灣時報》第二九三號發表的《呂赫若論——關於作品集《清秋》讚譽說，「這篇小說是篇結構嚴謹的作品，擁有強勁的力道」，「確實是一篇力作」。「可以說就是小說之道所說的『主建築』」。但他也同時指出它的缺點說，「只是，建築工具如果太過齊全的話，有時反而有流於小說式的小說之嫌。」儘管如此，他還是借用圍棋的術語肯定〈財子壽〉對呂赫若小說創作之路的意義說，「對作者而言，由於作品的布局是極為穩固的定石，因而具有第一著棋的意義。」（《雜誌篇・第四冊》頁四七）在殖民地台灣出生的日本人尾崎秀樹（一九二八－一九九九）寫於一九六一年的〈決戰下的台灣文學〉也指出，「呂赫若注重研究解放前中國農村社會所見（雖然形式上已經進入崩潰期，但是依然不能擺脫牢固的封建桎梏）的「家族」，並從中探索人類的普遍性問題。」他認為，「『財子壽』就是財產、子孫以及長壽的意思。因此把它看作是在殘存著濃厚封建意識的台灣農村社會裡家長慾望的象徵，可能比較合適。」他更強調，像〈財子壽〉這樣「會讓我們聯想起魯迅的〈故鄉〉」的短篇小說，竟然「創作於戰爭中」的一九四二年，而且「幾乎看不到所謂國策性的空話」，「其本身恐怕已能說明呂赫若的文學取向」。（《舊殖民地文學的研究》頁一九七－一九八）

〈月夜〉的起筆與擱置

〈財子壽〉脫稿後，呂赫若「立即著手下一個作品的構想」。這個作品應該就是創作過程艱難與曲折的短篇小說〈月夜〉。日記載道：

一月十一日（星期日），開始「構思短篇小說〈月夜〉」，並自我要求「要多創作，必須一篇接一篇地寫」。十四日，早晨上班前，晚上下班後，繼續寫作〈月夜〉。寫得不順利，寫到夜裡十一點半。十八日（星期日）晚間繼續寫作〈月夜〉。十九日，雖然酷寒，晚上繼續創作。二十日繼續創作〈月夜〉。廿一日，「很想寫些什麼，經常在思考，想寫出優秀的傑作來，卻總是沒法靜下心來寫。」廿二日寫作〈月夜〉。買進一百張稿紙。廿四日晚上「喝過酒之後寫稿」。廿五日「晚上喝了酒，頭腦昏沉，以致無法寫作」。廿六日晚上繼續創作〈月夜〉，同時「真的覺得今後能寫出好的小說來。覺得再過十年以上一定能寫出來」。廿八日晚上又因為「心情靜不下來」而「無法寫作」。卅一日創作沒有進展。二月一日寫作沒有進展。二日晚間寫作，還是「停滯不前」。三日晚上創作〈月夜〉，但「筆停滯不前」。十日「因為寒冷，無心握筆」。十一日「上午連筆也沒碰，盡在發呆」。自惕「許久沒這樣了」。十三日，「隔了許久（十天）」後，晚上「重新將〈月夜〉拿出來試著續寫」，但「遲遲沒有進展。喝酒」。十四日晚上創作，「將昨夜寫的（〈月夜〉）撕掉扔了」。十五日（星期日，農曆正月初一），上午創作〈月夜〉。至此，短篇小說〈月夜〉的創作就未見續載，顯然是暫時擱筆了。三月十六日，他又因為「想寫更像台灣人生活的、不誇張的小說。有台灣色彩的作品……」，因而將這篇「已達三十張稿紙」，卻「總覺不中意」的「心血之作」「付之一炬」。

《百日內》劇作脫稿

二月十四日晚上，呂赫若在創作〈月夜〉遇困的同時，「想到了戲劇《家風》的構想」。〈月夜〉暫時擱筆的第二天，也就是二月十六日，上午及晚間，他想好將劇作《家風》改題為「百日內」的構思，同時「預感將會產生好的戲劇」。但是，十七日晚上，還是「靜不下心」而「沒進展」。同時也質疑自己「只從事戲劇嗎？」儘管如此，他還是在創作中感受到戲劇的魅力，而持續專注《百日內》的創作。十八日，他清晨五點就起床，「冷得手老是凍僵」，於是「升火燒炭，寫戲劇《百日內》的第三張」。晚上依然「寒冷，冷得不想提筆」。十九與二十日的上午，續寫《百日內》，仍然認為「還是戲劇有魅力」。廿一日，早起後寫到十一點，晚上又續寫到十一點。但始終「苦於無法靜心寫作」。他認為「若能定下心來，應該可以寫出更好的作品」。廿三日，早上和晚間，持續寫著。但是，從廿四日至三月三日，他又因為「靜不下心來」而「沒有創作」。三月四日上午又重新提筆創作《百日內》。六日早上十點出門之前續寫，但「沒什麼進展」。七日早晨，又在十點出門之前續寫，覺得「下筆輕快，寫得順利」。於是在晚上八點回家後繼續寫到十一點。八日早上又持續寫到十點半，然後出門。然而，九日，他卻因為天氣晴雨不定，忽冷忽暖，再加上同時在兩個或三個劇場跑場演出的勞累而感冒發燒了。停筆七天之後，十六日上午，感到「人稍微舒服點兒」，又試著續寫，一直寫到「快十二點時」才去上班。二十日晚上「繼續創作戲劇」。如果，這裡的戲劇創作指的是《百日內》，這也是它暫時中輟的日期。

一直要到四月十二日（星期日），呂赫若又重新續寫戲劇《百日內》。十五日上午續寫。同時告訴自己「還是應該靜下心來寫作」，努力在「返鄉前完成」。十六日，整個上午都在家寫戲劇《百日內》。但還是「不能平心靜氣地寫」。他自我批評這「是最要不得的」。這樣，他在十七日早上及下午一共寫了七張。因此「相信文學才是自己的使命」，自勉「要一心一意地寫下去」。十九日晚上七點半，一共寫了「五十四張」稿紙，兩萬一千六百字的劇作《百日內》，終於「脫稿」。

同年七月發行的《台灣文學》二卷三號中山侑執筆的「編輯後記」載稱，獨幕劇《百日內》寄給該刊，並預定在次號「戲曲特輯」刊出。但是，後來卻不知因何未見發表。

未完成的劇作與小說

除了《百日內》，呂赫若在寫短篇小說〈月夜〉期間，也構思和寫作了戲劇《順德醫院》、《聘金》與短篇小說〈鄰居〉。

首先，他在一月十一日「構思短篇小說〈月夜〉」的第二天晚上，又「構思戲劇《順德醫院》」並「運筆創作，卻遲遲無法進展。」十四日，因為〈月夜〉「寫得不順利」，又很想把《順德醫院》寫成「喜劇」。十七日於是「到舊書店買《幽默俱樂部》來看，但沒半篇有趣的。」

一月十九日晚上，他在「酷寒」中繼續創作〈月夜〉的同時，也「想到了短篇小說〈鄰居〉的構想」。二月三日晚上，終因〈月夜〉「停滯不前」而另寫〈鄰居〉。但也同樣「停滯不前」。

二月十七日晚上，他又想到三幕劇「《聘金》的構想」，並且「接著想完成三幕劇《順德醫院》」。

三月廿一日，他又「頻頻構思短篇小說〈碗筷〉」，並督促自己「要努力」。但是，廿二日早晨六點起床後，他又回頭「寫下《順德醫院》第一幕的構想」。一直寫到十點出門。當天晚上，他又「想到要寫戲劇評論〈關於台灣人觀眾〉」。廿三日晚上十點半回家後，「開始寫隨感〈新劇與關於台灣人觀眾〉」。廿七日，他繼續「構思短篇小說〈碗兩個筷子四支〉（原題『碗筷』）」，並開始寫了約兩張。同時體認到「小說就要像小說，戲劇就要像戲劇，題材、手法皆然。」三十

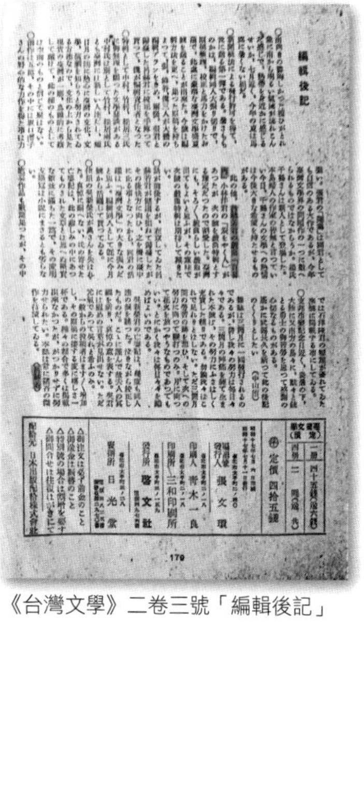

《台灣文學》二卷三號「編輯後記」

日，續寫〈碗兩個筷子四支〉，「下筆愉快」。卅一日上午，他「抱著火盆」，繼續「創作〈碗兩個筷子四支〉」。

後來，呂赫若日記就未再見到有關短篇小說〈碗兩個筷子四支〉後續創作的記載，也未見在哪個刊物公開發表。顯然是一篇未完成的棄作吧。

也就在〈碗兩個筷子四支〉最後寫作的三月卅一日，呂赫若又轉而構思另一齣喜劇《七夕》。四月一日，他在日記期許自己「必須有系統地研究」戲劇，並且「必須多寫」。二日，上午，他把「《七夕》的人物和性格寫下來」，並「想將它寫成一齣出色的喜劇」。因為這樣，晚上續寫時卻因為「慎重考慮」而「進展遲緩」。他因此自我批評說這是「壞毛病」，同時自勉「要毫不客氣地寫下去。要毫不顧忌地大量創作。」三日，他因為「睡不著」，清晨五點半就醒來寫《七夕》，十點出門前，一共寫了四張稿紙。後來，他顯然終究因病而沒有繼續寫完喜劇《七夕》。

四月五日，他在日記上「懷疑自己的文學才能」。不過，還是自勉「要有毅力地學習下去」。因為「除了獻身文學之外別無他途」。

四月七日，他又「想到了三幕劇《父親逝世後》的構想」，並「想將半自傳性小說〈鴻河堂四記〉寫成四部曲的形式」。他感到十分可惜的是，「好的構思雖一個接一個浮現，卻沒有執筆的時間。」他因此告訴自己，今後要「專事文學，文學！」然而，三幕劇《父親逝世後》的構想後來似乎也沒能實踐。四部曲的半自傳性小說〈鴻河堂四記〉顯然也沒有寫成，而在回台後改以「常遠堂主人」為題開筆。

四月十九日《百日內》脫稿之後，他又抓緊返鄉前的空檔，從廿二日晚上起，開始寫二月十七日晚上構思的二幕劇《聘金》。他同時告訴自己：「小說暫且擱筆吧！應該寫戲劇。」廿四日早上續寫。廿五日早上「想寫稿卻靜不下心來」。廿八日，凌晨四點，他就起來續寫，一直寫到「外面天已亮了」。

但「對戲劇的語言之難感到棘手」。下午，無論「讀書或寫作」，都「難以靜下心來，所以不成。」廿九日上午繼續寫了約六張稿紙。五月三日早晨，他繼續寫作《聘金》。同時體認到，在「戲劇創作上，語言要盡量巨細無遺地、精密地、豐富地去寫。」

然而，據日記所載，呂赫若在東京期間的寫作終止於五月三日。三天後，他就攜眷返台了。由於目前為止未見《聘金》的發表，它也可能是一篇未完成的佚作吧。

4 當務之急就是要琢磨技巧

在創作上，呂赫若自我期許要「發現美的事物」。他雖然強調文學內容的「社會性」與「階級性」，卻還是一個「藝術至上主義」者。當然，他的「藝術至上主義」，講的還是創作者針對藝術的態度。在〈我思我想〉的最後，他說他從明治時代與現代作家的比較中，看到了現代作家的無聊小說到處氾濫的現象。從這裡，也能看到現代的職業作家媚俗的真面目。因此，他認為，台灣的作家不但「要放棄以好奇心眺望台灣的習性」，而且也「要改變從台灣風俗習慣之獵取中感受文學的態度」。然而，他並沒有因此而忽視「台灣風俗習慣」。我們看到，與此同時，他不但在一九四二年正月的《民俗台灣》第二卷第一號發表了〈拉青和八卦篩——結婚習俗的故事〉，而且在日記表明，決心為進一步認識與表現作為「中國人的生活史」的「台灣風俗習慣」而努力。二月十一日，他又寫道：「一直覺得有學漢詩的必要，必須從唐詩著手。」三月三日，他「買雜誌《北支》兩冊。想把中國人的生活史、《紅樓夢》改寫成戲劇。」同月六日，他「試著讀《台灣風俗志》」，並感慨道：「我們似乎遺忘了要去認識我們自己風俗的優點了，拯救她吧！」十四日晚上，感冒多日的他覺得「身體比較舒服一點」，於是「動手翻譯自去年以來處於棄置狀態的《紅樓夢》」，同時自許「儘管費上十年工夫也行，一定要把這傑作譯出來，廣為流傳。這是自己作為一個台灣人的義務。」

在此之前，同年元旦，與呂赫若密切通信聯繫的張星建在《台灣藝術》第三卷第一號「對於台灣藝術界的期許」專題中指出，「本島文壇未來的三大使命」之一就是「積極致力於翻譯文化」。緊接著，他在二月一日刊行的《台灣文學》第二卷第一號發表〈論翻譯文學〉，又再強調翻譯的重要性，介紹「中國四大奇書」日譯的現況，同時透露「據說呂赫若也在百忙之中，正抽空翻譯某大作。」（《雜誌篇・第三冊》頁二二二、二三一）由此可見，彼時彼地，翻譯中國的經典名作，其實也是呂赫若等進步文化人抵抗皇民化的鬥爭方式之一。

一九四二年正月《民俗台灣》第二卷第一號

呂赫若「試著讀」的《台灣風俗志》，作者是曾任台南地方法院檢查局通譯官的日本民俗學者片岡巖。他竭力搜羅台灣民眾的生產活動、生活中的結婚禮儀與喪葬儀式、家庭社會等民俗文化，包括口碑、傳聞、怪談、俚諺、歌謠等等整理撰寫而成。一九二一年二月，由台灣日日新報社出版發行。據悉，其中收錄的「小笑話」與「滑稽故事」，「至少約有三分之二」彷彿明清笑話的複製。因此，在呂赫若這裡，殖民地台灣與祖國大陸顯然不是對立的。「台灣風俗習慣」就是「中國人的生活史」的一個組成部分。要瞭解台灣的「風俗習慣」就得對中國文化有更深刻的認識。

三月十五日，呂赫若繼續翻譯《紅樓夢》。下午，上班途中，他又順道去神保町舊書店，花了兩圓，買一本明代劇作家湯顯祖（一五五〇—一六一六）的代表作《還魂記》（全稱《牡丹亭還魂記》）。隔天晚上，他因為「想寫更像台灣人生活的樣子的、不誇張的小說。有台灣色彩的東西」，決絕地燒掉「總覺不中意」的「心血之作」——短篇小說〈月夜〉。四月一日，他又在神保町舊書店購買了清初孔尚仁（一六四八—一七一八）創作的傳奇劇本《桃花扇》等六本書。五月一日，他去寶塚劇場看了《桃花扇》的彩排之後批評說：「孟姜女的戲劇化非由我們自己來做不可。看到中國的文化被那樣子歪曲，實在令人難忍。」

呂赫若認為，台灣作家「當務之急就是要琢磨技巧」。當然，就像他在提到龍瑛宗時所說：「學習文學就是學習一切事物。只局限於文學，卻對其他文化部門完全無知的話，這種文學就不能說是真正的文學。」而他所說的「技巧」，也不僅僅是狹義的寫作技巧而已。因此，除了努力創作之外，他也通過不斷閱讀文學（小說與戲劇）經典與觀賞電影，拓展藝術視野，並提高寫作技巧。首先，「很想為台灣的戲劇運動做些貢獻」的他，除了創作劇本與寫劇評，也觀賞各種戲劇演出與展覽。例如：

東寶新劇研究會在有樂座熱烈演出劇作家真船豐（一九〇二—一九七七）獨幕劇《狸》（一九四一年九月發表）與三幕劇《山間參道》（同年十一月在《文藝》發表）。一月十九日，他去看了之後有感而發地寫道：「畢竟有前途的戲劇唯有新劇，很想寫出個好戲劇來。」同月廿八日，他到銀座的菊屋畫廊觀賞橋本欣三的「舞台布置展覽會」，認為「大有足可供參考之處」。三月十八日，藝術座劇團女演員水谷八重子（一九〇五—一九七九）在有樂座第一次試演會。他看了，不以為然地批評說：「最明顯的是戲劇內容貧乏，描寫不足，戲劇上的構成俗不可耐，就算在台灣也可以辦到。」文學座劇團在築地新劇場公演馬爾地尼斯·薛爾拉的二幕劇《搖籃曲》與女演員長岡輝子（一九〇八—二〇一〇）的獨幕劇《拐杖》。四月五日，他觀看後無奈地寫道：「對『日劇』實已厭倦，但為了研究舞台，不得已也。」

一九四二年二月十九日，呂赫若在日記自許「要以劇作家來立身。把主要精力放在這方面吧。這是自己的『文學與音樂的結合點』」。也因為「決心要好好創作新劇」，他陸續購讀了各國的經典劇作與理論。例如：

德國劇作家：Gustav Freytag〔一八一六－一八九五〕的《戲劇作法》上下兩卷〔「改造文庫」版〕；Max Halbe〔一八六五－一九四四〕的成名作——六幕劇《青春》。以及匈牙利作家Ferenc Molnar〔一八七八－一九五二〕的戲劇集《戲正合宜》。二月廿二日，他「決心月購一冊」第一書房「為紀念易卜生百年誕辰而刊行的《近代劇全集》（從一九二七年到一九三〇年共四十三卷，另加別冊一卷）」。廿六日，在宮園路買了三本，並再三強調「為了將來成為劇作家要努力。每個月要買一本」。到了三月廿四日，已經買了十八冊。三月廿八日又買了五冊。四月二日再買三本。此外，他還買了《易卜生集》、《近代戲曲集》、《近代劇十二講》、高沖陽造《戲劇論》，以及《戲劇社會學》、《近代的劇場》、《歐洲戲劇史》、《戲劇的本質》〔島村民藏，一九二五年東京堂書店出版〕等等。

據日記所載，呂赫若讀過的劇作包括德國、法國、舊俄、美國、丹麥、荷蘭、奧地利、瑞典、西班牙、挪威、英國，以及日本等國劇作家的名作。其中包括——挪威：現代散文劇創始人易卜生〔一八二八－一九〇六〕的《野鴨》。瑞典：現代戲劇創始人之一斯特林堡〔一八四九－一九一二〕的獨幕劇《閃電》與《茱麗小姐》。德國：威爾多剛斯〔Anton Wildgans〕的五幕劇《愛》。Wilhelm Meyer-Forster〔一八六二－一九三四〕的五幕劇《亞爾特・海德爾格》。Hermann Sudermann〔一八五七－一九二八〕的成名作四幕劇《榮譽》。法國：Charles Vildrac〔一八八二－一九七一〕的三幕喜劇《商船田納西號》。小仲馬〔一八二四－一八九五〕的《茶花女》。都德〔一八四〇－一八九七〕的《阿魯魯的女人》。Junes Renard（一八六四—一九一〇）的《胡蘿蔔鬚》。Tristan Bernard（一八六四—一九一〇）的獨幕劇《自由的重擔》和《不用自掏腰包》。George Caurteline（一八五八—一九二九）的《署長是好好先生》。舊俄：果戈里（一八〇九—一八五二）的五幕喜劇《欽差大臣》和托爾斯泰（一八二八—一九一〇）晚年的《黑暗的勢力》。美國：一九三六年諾貝爾文學獎得主尤今．歐尼爾（一八八八—一九五三）的四幕劇《歸鄉》（《長夜漫漫路迢迢》）。獲得一九二九年普利茲獎的Elmer Rice（一八九二—一九六七）的《街景》。荷蘭：聲稱「藝術應該是社會主義的」猶太裔劇作Herman Hejermans（一八六四—一九二四）的獨幕劇《永遠的猶太人》。英國：唯美主義代表作家王爾德（一八五四—一九〇〇）的獨幕劇《莎樂美》。丹麥：Gustav Wied（一八五八—一九一四）的獨幕劇《死》。奧地利：Arthur Schnitzler（一八六二—一九三一）的獨幕劇《綠鸚哥》與三幕劇《戀愛三昧》。西班牙：Jacinto Benaventey Martinez（一八六六—一九五四）的《白相思》。日本：大政翼贊會文化部長岸田國士（一八九〇—一九五四）的《歲月》。

呂赫若的日記也寫下了幾則閱讀劇作的心得：一月七日，再三讀了法國 Charles Vildrac 的《商船田納西號》，「不管讀它幾遍都覺得好」。三月七日，讀蘇德曼的《榮譽》，類似其一八九三年的作品《故鄉》，「特別追究人的精神生活，並且戲劇性效果巧妙，足以為師。」第二天又「試將蘇德曼重讀一遍，每重讀一次都覺得好。」同月十一日，看梅耶黑爾斯特的《亞爾特．海德爾格》，覺得「無讀後餘韻，僅只是搬弄道理而已。」廿二日，繼同月一日之後重看海厄曼斯的《猶太街》（《永遠的猶太人》），「深覺略顯單純」。廿九日，「看果戈里的戲劇《欽差大臣》，諷刺雖有趣，但總覺得再加入夢、快樂、浪漫會更好。」四月廿三日，看艾爾曼．萊斯的《街景》，「佩服其編劇手法和巧妙的文字，像這種寫實式的作品也想試著寫寫看，在寫實當中編入劇情……」等等。

除了大量閱讀經典劇作，那段期間，呂赫若至少也看過德國、奧地利、法國、日本等國的電影。其中包括——德國：烏華（UFA）出品，Lilian Harvey（一九〇七—一九六八）主演的《舞女記》。Willy Forst（一九〇三—一九八〇）導演的《黃昏的維也納》。以及《巴黎—柏林》、《衝鋒間諜戰線》、《聖女貞德》與《乘船的八少女》。奧地利：莎夏的《女人一個》。Illyst（一九〇三—一九八〇）導演的《布魯克劇院》。以及《第二人生》和《鄉愁》。法國：女演員Daniele Darrieux（一九一七—二〇一七）主演的喜劇片《戀愛交叉點》和「輕快淡泊」的《男性止步之家》。Julien Duvivier（一八九六—一九六七）導演的《白色處女地》、《商船田納西號》和《走在大地盡頭》。Pierre Chenal導演的《流血船埃利諾西亞》。以及《火之夜》。日本：東寶出品的《希望的藍天》和島津保次郎導演的《綠色大地》。松竹出品，當年賣座第二名的小津安二郎的《父親生前》。其他則有背景不詳的《五兄妹》、《青春的氣流》和舊默片《歸鄉》等等。另外還有文化（紀錄）電影《珠江》與《石川啄木》。

呂赫若的日記也寫下了幾則觀影以後的感想：二月十五日，「觀賞文化電影《珠江》，接觸大陸風貌，感慨無限，希望我們的文學也是那樣子的。想往抒情文學邁進。自然之美，人物之美……」十八日，「觀賞電影《布魯克劇院》，如薰的維也納情調。」廿五日，在東寶四樓觀賞電影《石川啄木》（劇情片）和文化電影《石川啄木》。石川啄木（一八八六—一九一二）是日本明治末期詩壇的一顆彗星，得年僅止廿七歲，早期作品多屬浪漫主義的瑰麗詩歌，但在貧病交煎的嚴苛現實重壓下掙扎數年後，逐漸收起了蒼白的自傷眼淚，毅然直面生活底流的社會罪惡，寫出血汗交迸的生活詩歌。呂赫若因此感觸良深地寫道：「啄木的苦難生涯！是藝術家必走的命運。我們也不能不覺悟。但藝術直到後世猶然動人心弦者還是『美』。」三月十日，觀賞德國電影《聖女貞德》，感想是：「國家的強盛在於全民協力一致、一心一德、團結的力量。《聖女貞德》一片顯示出不是那種國民的悲慘。」四月十三日，到日比谷電影院看小津安二郎的《父親生前》，覺得「不好看」。

當然，呂赫若也閱讀了大量日本及西洋作家的小說，並對部分著作寫下感想。例如：一月二日，讀德國作家赫曼．赫塞（一八七七－一九六二）的成名作《鄉愁》。三十日，讀日本女作家林芙美子（一九〇三－一九五一）的《明暗》，覺得是「有趣的抒情作品」。二月二日，讀日本耽美派作家谷崎潤一郎（一八八八－一九六五）的《貓與庄造和兩個女人》。十日，小雪寒天，在被窩裡看瑞士德語作家 Gottfried Keller（一八一九－一八九〇）的《村裡的羅密歐與茱麗葉》。廿二日，試著重看英國作家 Walter Pater（一八三九－一八九四）被葉慈（一八六五－一九三九）稱為「現代英國文學界唯一的一部偉大的散文作品」的哲理小說《享樂主義者馬里厄斯》等等。三月二十日，他更自勉「要讀世界古典作品，如巴爾札克等。年過三十的時候非要寫出偉大的長篇小說。非寫不可！」

這段期間，期刊雜誌也是呂赫若吸收新知的重要管道。它包括來自島內的《台灣文學》、《民俗台灣》，以及日本本土的《改造》、《文藝春秋》、《知性》、《新潮》、《現代》、《北支》與《中央公論》等等。其中，他看了二月號的《改造》，認為是「很常識性的論調」。《文藝春秋》則「內容無足觀者」。讀了《新潮》之後寫道：「文學家的苦悶很自然。說是：『要愛的不是一時性的、乘機利用的，而是永遠的事物。要去愛人。』」並抄下一句尼采語錄以自勉：「對我而言，幸福何物？究竟我是否朝著幸福而在努力？不，我只是朝著工作在努力而已。」一九四二年三月號的《中央公論》讓他「覺得室生犀星（一八八九－一九六二）描寫平安朝的小說很有意思」（十二月廿二與廿七日晚上再「讀室生犀星的作品」）。值得一提的是，他讀了《中央公論》二月號文藝評論家小田切秀雄的文藝時評〈間隙的克服〉一文後寫道：「很能與自己的創作態度起著共鳴。自己的創作態度畢竟沒錯。」

小田切秀雄（一九一六－二〇〇〇），一九三五年進入法政大學國文系就讀，發表論文多篇，堅持以進步觀點研究日本文學史和文學理論，成為引人注目的新批評家。一九四一年畢業後任法政大學教授，出版《萬葉的傳統》等論著以對抗軍國主義文學潮流。一九四五年四月被憲兵隊拘捕。戰後與本多秋五等人共同創辦《近代文學》雜誌，參加新日本文學會並擔任中央委員。一九四七年退出「近代文學派」，擔任《新日本文學》主編。在理論上，他基於戰前二三十年代日本無產階級文學運動的經驗和教訓，提倡結成民主文學的統一戰線，並主張作家要憑實感進行創作，發揮創作主體的能動作用。主要評論集有《民主主義文學論》（一九四八）、《小林多喜二》（一九五〇）、《現代的自我》（一九五八）、《文學史》（一九六一）、《近代日本作家論》（一九六二）、《近代日本文學思想與現狀》（一九六五）等。〔《日本文學辭典》頁五四〇〕

一九四二年二月廿八日，呂赫若還特別抄錄了小田切秀雄的一些看法：一，「為了要縮短、克服個人與時代間的分歧，作為文學，除了從根探究那分歧而徹底去描寫它之外，別無他法。」二，「探索現實上應被否定的事物的根源，而且徹底加以描寫，以資真正去克服它的文學之中才能感受到美。」三，「正因為有希望光明而厭惡黑暗的、不易止息的希求之心，所以希望文學從根徹底描寫黑暗，以達到克服黑暗。」證諸呂赫若〈財子壽〉以降的小說創作，他對封建台灣家族黑暗面的描寫，不就體現了這樣的精神嗎。

四月三日，呂赫若購讀了新創刊的《演劇》雜誌後認為「多謬論」，並質疑「拿自個本身的，特別是老來的心境對文化性的事物說三道四的，到底該不該？」他從而感嘆「現今日本的文化不是被青年們，而是被老一輩的人把持著，實在可悲。日本文學沒有指望。」

也就在這種「沒有指望」的現實之下，呂赫若萌生了「還是非回台灣不可」的想法。

第八章

歸鄉

早上醒來後，想到農村時代所夢想的東京繁華，到底是怎麼回事了呢？事物是只有伴隨著空想才美麗的……人生除了為精神而活，此外則是無意義的。

——呂赫若〔一九四二年五月二日〕

一九四二年五月卅一日家族合照（呂芳雄提供）

呂赫若性格忠厚，也風流，是個 handsome man。巫永福先生在受訪時向我表示他對好友的主觀評價。但作為男高音歌手，他的體格還嫌不夠魁梧，再加上在東京的生活條件並不好而得了肺病。因為這樣，太平洋戰爭發生後就回來台灣。

其實，旅日之初，呂赫若顯然有在東京久待的想法。至少，我們在他的日記看到，他本來是準備把大他七歲的繼母接到東京一起生活的。

呂赫若的母親陳萬里體弱多病，經常臥病在床，無法做家事。呂芳雄向我轉述族中長輩的說法。呂坤霖想娶二房，就讓算命的遊說陳萬里，說她命中注定要讓丈夫再娶二房，身體才會健康平安，而且二房還會幫忙做家事。她聽信算命的話，就同意讓呂坤霖再娶。媒人於是幫他物色了十七歲的豐原人廖氏霧霞。廖氏是呂赫若中師同學廖金照的同宗。家境困苦。其父貪圖聘金可以全數收取，不用退還，於是答應讓女兒嫁給呂坤霖做二房。一九三〇年三月十六日（農曆二月十七日），陳萬里過世。呂赫若師範畢業前的一九三四年二月，廖

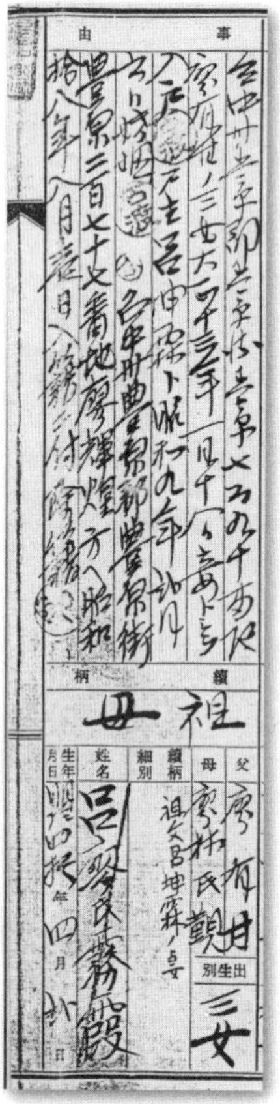

廖霧霞的戶籍記事（呂芳雄提供）

氏霧霞正式入籍，在戶口上登記為呂坤霖的妾。

一九四二年一月廿九日晚上，呂赫若收到中師同學江漢津和廖金照的信後在日記上委屈地寫道，他們「攻擊我對待母親的態度。可是，財產全都交給她管理，卻連分文匯款也拿不到的現在，教我還能怎麼樣？」可以猜測，江漢津和廖金照應該是批評呂赫若棄置繼母一人在家鄉的不孝吧。他於是連夜「寫信回覆兩氏，寫到十點。」二月八日下午，他在日劇後台寫信給「媽媽」。從後來的記事來看，內容應該是邀請繼母來東京同住吧。同一天，他也收到張文環的台北來信，勸他留在日本好好寫作。他因此在日記寫道：「文環說，三四年內不要回台，好好用功吧。當然是那樣囉。要拚命努力。要寫作。好好幹一番吧！」三月三日，他又「拍電報催媽媽來東京」。但是，兩天後「故鄉〔卻〕無音書來⋯⋯關於媽媽來東京的事也不知情況，令人氣憤。」為此，他還是於同月九日「忍耐著寫信給叔叔」呂坤瑞，告知情況。也許是這樣，十三日「媽媽打電報來談來東京的事」了。十六日晚上，他於是「寫信給〔江〕漢津」，匯報有關接繼母來東京一起生活的最新情況。

然而，三天後，呂赫若終究還是因為演出過於勞累，身體健康出現狀況而萌生歸返台灣的念頭。

1 辭掉東寶職務

呂赫若在日記上詳細記載了病灶初現以後的病情發展與心境變化。

三月四日晚上，日劇「藝能大會」公演結束。九點半回到家。他感覺「好像感冒了」。第二天，日劇的軍歌戲《富士山》首演。早上六點半，他就出門彩排，晚上九點表演完畢，九點半回到家。感到「胸部疼痛」，心想「是因為熬夜吧？」同時因為「媽媽來東京的事亦如在五里霧中」而感到「氣憤！」八日，他陷於「想寫出優秀的作品卻寫不出來的狀態」，因而「為鬱悶之感所籠罩」，不知「為何往昔的熱情不再湧現」。心想，像這樣在東京待下去的話，「也是寂寞」而已。九日，「一起床就發燒，發冷得厲害」。他確定自己「感冒了」。在日比谷表演之後，到醫務室看病，量體溫，結果已經「燒到三十七度五分」。打了針。醫生說「不能太勞累」。於是回家睡覺。醒來之後，感慨地寫道：「所謂人生黑暗者即如是乎？但是不能不盡力而為吧！《浮生六記》的沈復的生活態度的確是精神生活者所應走的命運吧！然而只是害怕，怕產生不出偉大的作品。」十日，「燒退得差不多了，但頭很疼，喉嚨痛，頻咳。「上午躺著。」午後起來，「發冷也全退了」。十一日，因為「感冒未癒，上午在家臥床」。中午去日劇上班，並在醫務室打了一劑維他命B。醫生說從今天起要持續打針。十二日，「感冒好像變嚴重了。頭痛厲害，頻頻發冷」。無法登台表演，「在後台睡」。然後到醫務室打一針維他命B。早退，回家睡覺。噴嚏很嚴重。買了「氯化鈣注射劑」。打算以後要繼續打針。十三日，頭還是「非常痛」。「很想寫些什麼卻無法如願」。十四日，頭痛還是「很嚴重」。到醫務室打了維他命B，並且首次靜脈注射氯化鈣。「頭昏昏的」。十五日，到醫院做了檢查，醫生說「肺門有點不好（左側），不過似乎還無需靜養」。雨又淅淅瀝瀝地下個不停。因此感到「非常寂寞」。十七日，「沒發燒，只是頭痛。雖有食慾，但不知為何頭昏眼花」。醫生說不要看書。結果什麼事也沒做。因此感嘆「今天是寂寞的一天，非常寂寞，太過寂寞而覺得悲傷。」同時自問：「到底是怎麼啦？究竟在東京是為了什麼呢？在東京到底有什麼收穫呢？」十八日，「頭痛好多了，人也舒服了」。到澡堂量看體重，五十四公斤，輕了許多。但覺得「還好，身體不錯，無需擔心。」十九日，佐谷主任勸他休息。他也不想在東京把身體弄壞，「突然想要搬離東京回去故鄉」。於是寫了一封「悲壯的」信投寄張文環。可是，他又「總覺得非寫出個作品，偉大的作品不可」。因而有所猶豫。「雖然東京令人討厭」。

據此，我們可以看出，面對現實的健康情況與創作理想之間，呂赫若的心理是矛盾的。但最終，他還是為了寫出偉大的作品而想繼續留在「令人討厭」的東京吧。這樣，他就在東京繼續過著貧病交加而又抑鬱苦悶的生活。每天到醫院打針。一邊診療，一邊創作。

三月廿一日，早上，他去買配給點心，拿西裝去當了十七圓。下午去日劇交診斷書。天氣晴朗，他卻感到「淒涼」。廿三日，「打電報回家催促寄錢來」。廿四日，「神經焦燥難過」。打電報給岳母。將皮包拿去當。晚上被暴雨淋到。廿五日，去日劇領月薪。「父親謝世後唯一的骨肉親人」叔叔呂坤瑞打電報來問候病情。他「對叔叔的溫情深深感激」與「懷戀」。廿六日，岳母匯來兩百圓。「母親」匯來二十圓。對正值窮乏的他來說，來得正是時候，因而「感激涕零」。於是去當鋪贖回西裝、風衣。也因此「心情不錯」，覺得「似乎康復許多了」。晚上叔叔又來電報問病名。廿八日，他感覺「身體狀況好很多了，只剩下交感神經痛」。廿九日，岳母來電報詢問病名。「一整天心情鬱悶暗澹而寂寞」。三十日，上午回電報給岳母。下午去找蔡香吟女士，商量「歸鄉獨唱會」的事。晚上寄信給岳母、張文環、張星建。從當鋪贖回一套手工紡織的西裝和皮包，卅二圓廿五錢。卅一日寄信給叔叔。「總覺得非做些什麼不行，心裡急得慌。」

四月一日，郵資、火車運費從今天起漲價。妻弟林永南寄藥來。呂赫若到日劇上班。見佐谷主任，「決定今天起恢復上班」。張文環來信「鼓勵並慰問病情」。二日，姪女愛治、堂弟如鵬來信，告知「母親不來東京，而且迄今為止的電報都是〔廖〕金照打的」。他認為「由此可知母親的計謀。只有朝自己的信念邁進一途」。也就是說，到了四月二日，他已經決定：不管繼母來不來東京的問題，繼續留在東京，為「寫出偉大的長篇小說」努力。

但是，死亡的陰影仍然籠罩著健康未能完全恢復的呂赫若的內心。

四月三日「晚間略微發燒，頭昏沉，精神極差」。他想「難道真是肺病？」但「死非所懼，唯恐沒有可以傳世之作」。四日，他「又感冒了，頭痛，噴嚏很嚴重」。「晚上發汗，睡不著」。同日，通過島內寄來刊登〈財子壽〉的《台灣文學》，他看到了「台灣文學界的混沌狀態」，並且因為失望而決定「還是在這裡用功吧」。

然而，事情很快又因為健康問題而起了變化。

四月五日，因為「昨夜實在睡不著，早上頭很沉重」。他知道自己「對『日劇』實已厭倦，但為了研究舞台，不得已也」。也許是決定不再戀棧之故吧，「稍能入睡」。六日，因為「身體虛弱」，覺得「再留在東寶也是一籌莫展，舞台經驗到此就可以了。」因而決定「還是非回台灣不可」，同時「最重要的是要買很多書帶回去」。七日於是到郵船大樓預約回台船票。然後會晤佐谷主任，「正式向『「東寶』辭職」，並向秦豐吉社長辭行。隨即拍電報回故鄉報信。同時在日記上自勉，誓言「今後專事文學、文學！」

當了又贖的皮包（呂芳雄提供）

2 離開寂寞的東京

辭職以後，呂赫若就忙著處理各種善後，同時也積極為返鄉作準備。

四月八日，他四處尋買漂白布和毛巾，在銀座買了一塊布料。逛了三越、松屋、伊東屋等幾家百貨公司卻沒貨，什麼也買不到。又去醫院接受最後一次檢查。去日劇診療所領藥用酒精。買到五支「羅金諾葡萄糖鈣」。自己注射「優巴蒙」。蔡香吟告訴他說因「父親不同意」所以歸鄉獨唱會停辦。十日，打包行李，將書籍裝了四箱。寄限時專送託林永南代購船票。又去郵船會社再問一次船班，「答說五月上旬」。到新宿三越百貨公司，買了六圓四十五錢的漂白布、法藍絨。十二日，帶妻子去西裝店量製短大衣，買了十件廉價的女童裝與一雙膠鞋，將一張桌子賣給舊貨商。十三日，他向呂泉生借車票，以託運單託運兩個行李。超重，補交三圓。對「站員的傲慢」深感不滿，認為是「日本人心胸狹窄的最佳典型」。十七日，林永南限時專送告知託購船票的事。二十日，將風琴以一百四十圓轉讓給貨運行。廿一日，將湯婆子（熱水袋）、耐酸鋁製茶壺、電熨斗賣給舊貨商，六圓。廿三日，到郵船會社打聽船班，並到東洋音樂學校向友人辭別。廿五日去日劇領最後一次薪水。廿六日收到郵船會社關於購買船票的明信片通知。廿七日，他到郵船會社本店買了船票，然後拍電報給岳母、叔叔，告知返鄉日期。廿九日，呂坤瑞叔叔匯來一百圓。三十日從當鋪贖回冬季西裝兩套。

五月一日早晨，他把一個棉被袋和三個木製書箱等隨身行李，拿去東中野車站寄，運費十圓。二日，他親自替孩子們理髮，向鄰近藥房買了兩箱「羅金諾葡萄糖鈣」。收到「不知是誰匯來的」電匯百圓，因此感到「還是有人在關心」的溫暖，並告誡自己「不能忘了要愛人」。同時有感而發地想到：「有所謂『人性』、『人情味』之語。心似蒼天。『愛情』必須是萬事的根本。」四日，轉讓矮腳飯桌、瓦斯爐和收音機。五日，將書桌等賣給了舊貨商。膠鞋轉讓。去塔山國民學校替長女愛

長女愛琴就讀的小學（呂芳雄攝）

琴正式辦轉退學。

就在呂赫若「忙於打包行李」而「暈頭轉向」的這段期間，東京也開始遭遇了盟軍飛機的轟炸。他的日記也留下了幾則現場的實態描寫與感受。

三月五日，「早上八點多，空襲警報響徹四方，全市充滿緊張之色，十點過後解除。」

四月十八日，「早上八點半發布警戒警報，全市緊張。十二點半正吃著午飯時，突然高射炮轟然響起，令人感到揪心……接著空襲警報響起。高射炮似乎不是試射，緊張的空氣陡地飄盪。偵察機的轟隆聲頻仍。事後才知道，聽說是敵機來襲……首先是兩架，接著九架，可以看到炸彈投下。高射炮彈的破片掉落到鄰家……火災的火舌竄起。砲聲隆隆的響了一下午。三點五十分空襲解除。全市都因是頭一遭的空襲而緊張。」十九日，「凌晨兩點半時分響起空襲警報。起床。四點左右解除的吧？……下午一點左右空襲警報……全市森嚴。轟隆聲、爆炸聲頻頻。三點左右解除……總覺得氣氛緊張，所謂的『空襲狀態下』就是這樣嗎？」二十日，「早上警戒警報解除」。廿一日，「傍晚響起警戒警報，爆炸聲頻仍，入夜解除。」

此外，呂赫若也陸續寫信或明信片給各方親友，告知返鄉的決定與空襲下的平安等生活近況。他也先後收到巫永福、叔叔、江漢津、張星建、廖金照、磯江老師、張文環等人勸他返鄉或關心他的健康的來信。與此同時，他的日記也深刻記錄著返鄉前內心的情感波動。

四月十日，「恨不得早一日返鄉……雨繼續下著。東京呀！妳不可思議的魅力只存在於空想之中，現實卻很無謂。不過，東京美好具有魅力又怎麼樣呢？」十一日，「即將離開東京，對東京的迷戀之情有點殷切。因此，好好地瀏覽了東京。但又如何呢，東京就不再寂寞了嗎？」十二日，「晚上睡不太著。一想到終於要離開東京了，心情就不平靜。啊！東京！果真在兩年間親身感受到耳聞的東京了嗎？」

十六日，「臨將離開東京，從市營電車車窗眺望馬路，覺得只是寬大而已。現在的東京、台中都是一樣的。」十七日，「總之歸去吧……寂寞！寂寞！」十九日，「自思在東京所過的是寂寞生活」。廿一日，「整天頭痛，沒心情讀書。書信也無，寂寞而已。夜裡風緊。人生畢竟到那裡都一樣。唯有努力。東京也只在努力時才有意義。」廿二日，「回去吧！盡快地！」廿六日，「自己試著反省：自己不是適應都會的人，適應不了東京。田園才是自己的精神故鄉吧！」廿七日，「回鄉後就能定下心來幹了吧！」廿九日，「神馳故鄉，心嚮田園。回鄉下之後，要定心從事文學！除了獻身文學之外就別無他途了吧！要大量地讀，不斷地寫！」

五月二日，「夢裡夢見東京生活的寂寞。不過，早上醒來後，想到農村時代所夢想的東京繁華，到底是怎麼回事了呢？事物是只有伴隨著空想才美麗的……人生除了為精神而活，此外則是無意義的。」

五月六日，早上五點半起床後，呂赫若馬上打包行李，到九點，弄好三個，拿去車站寄，運費十五圓。然後，他帶著妻子林雪絨及四個幼小的孩子，在堂哥家吃了晚餐，就由友人林培遠和姪兒呂芳庭送行，搭乘七點四十分的火車，離開寂寞的東京。

3 歸鄉後無所事事的鬱悶

車廂裡的乘客擠得厲害。在晃動的車廂中，呂赫若與妻小度過非常辛苦的一夜。作為一家之主的他幾乎沒闔過眼。第二天（五月七日）早上八點三十分，火車比預定時間晚了兩個鐘頭抵達大阪車站。他們轉搭九點的電車前往神戶。十點半登上富士號郵輪，中午啟航，穿越波平浪靜的瀨戶內海。入夜後，由於燈火管制，船艙密閉而悶熱。但船身不搖晃。他們反而睡得安穩。因為就要遠離了，他「不由得想起東京的種種」而感到「寂涼萬分」。八日早上，八點不到，郵輪停靠門司港。中午，船再次啟航，激烈搖晃著駛向波濤起伏的大海。九日，整天都在海上。十日，天亮之後，海上蔚藍晴朗，南方的氣息隨風襲來。午後，郵輪終於在「絕對保密」的情況下抵達基隆港。下午四點半，他帶著妻小上了岸，然後住進台北蓬萊旅館。

十一日下午，呂赫若又帶著妻小，搭乘兩點四十三分從台北車站開的火車南下。天光暗下來了。七點半，火車抵達豐原。叔叔呂坤瑞與不少親戚在車站熱熱鬧鬧地迎接。乍然相見，他幾乎認不出「熱淚盈眶」的叔叔了。但「真的為親情所感動」。他們然後一起轉回潭子校栗林老家，一直聊到半夜十二點，人才散去。但他卻因為情緒波動而睡不著了。

第二天起，呂赫若除了忙著與岳母、林寶煙等龐大的親族面見、餐敘，處理女兒愛琴入學等現實生活的人情世故，也拜訪了台中師範的同學廖金照和江漢津。同住豐原地區返台探視重病多時的父親的呂泉生也首先來訪。之後，在無所事事的鬱悶狀態下，他就迫不及待地與台中地區的文友往來，先後參加了李石樵和台中回春醫院醫學博士黃朝清所辦的文化界宴會。他在日記寫道：

五月十三日上午，正在整理書籍時呂泉生來訪，略談之後一起去台中，與張星建、巫永福餐敘。訪陳遜章。在楊基先律師家聊天。再去公園划船，消磨了一下午。又到吳天賞家談了一會。十五日下午走

門司港

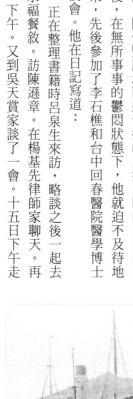

路去三角仔呂泉生家。十六日下午又應呂泉生之邀同去台中，找李石樵，同訪李紫庭，聊到十點。再一起坐火車回潭子，走到呂泉生家過夜。十八日近午時邀堂弟如鵬一起去台中，遍訪中央書局、李石樵、大姑丈楊慶和林寶煙工作的地方。廿一日，早上去台中。在中央書局和張星建碰面，張說他「胖了」。下午兩點回到家。四點騎腳踏車經三角仔到社口，給岳母打針。再繞到豐原，將腳踏車託交林寶煙，然後去台中，參加李石樵的邀宴。與會者都是年輕的藝術家、文化人，談天，逛街。他因而有感而發地督促自己「要大膽直率地行動」。

關於呂赫若返台以後的往來情形，李石樵在接受我採訪時面無表情地追憶了當年的情景與印象說，戰爭中，日本當局到處拉台灣人去當軍伕，他們文化人雖然反對，但也不能集體行動，只能夠放在心內。為了不讓日本人看衰，他們彼此鼓勵並互相觀摩，共同在文學、藝術的領域努力。他記得，每次大夥聚會時，常要呂赫若唱歌來聽。他也都會唱個一段或一首，讓大家過過癮。

五月廿三日晚上，呂赫若去台中娛樂館看電影時被呂泉生和李紫庭叫出來上街。三十日，他帶如鵬去台中黃朝清宅，出席文化茶話晚會。一點左右散席後，他們與呂泉生同往巫永福家過夜，聊到三點才就寢。度過一夜「美好的聚會」。

從五月廿五日起，呂赫若又忙著處理叔叔呂坤瑞「要去南洋的事」。從東京回到校栗林的第二天，他就「覺得叔叔真的上年紀了。自己很慚愧沒有盡到什麼孝心」。於是買鴨肉和四瓶酒孝敬叔叔。廿六

基隆港

日，呂坤瑞突然決定搭六月三號的船出發。他於是去台中替叔叔買船票、雜貨和其他東西。晚上，聽叔叔講種種人生道理。他想到將要離別，就覺胸中梗塞。卅一日，建成堂來了很多親戚，送別呂坤瑞。一整個上午，都在拍家族合照。晚上，呂坤瑞招待親友吃飯。李石樵和李紫庭也到席。場面很熱鬧。也許是離愁之故，呂赫若「喝了很多酒」，情緒激動，「生了氣責罵〔林〕雪絨。動了怒」，「以致吐了。其後的事什麼都不記得」了。

六月一日晚上，呂赫若請了很多親友來給叔叔餞行。雖沒什麼菜，但家裡修理過的電唱收音機開始有聲音了，於是一邊播放音樂一邊宴請。氣氛很熱鬧。叔叔呂坤瑞也很高興。二日，呂坤瑞出發之日。早上，林雪絨卻要分娩了。「陣痛，大約持續有一個鐘頭」。上午九點廿五分，終於由產婆協助平安生下次男。呂坤瑞於是在十點半出門。下午，呂赫若和個性溫順的堂弟如鵬到車站與叔叔會合，一起坐快車北上。下午六點抵達基隆。他們和「台中的人」合起來，一共六人，投宿日新町日新旅館。天氣涼爽。呂坤瑞留在旅館。呂赫若和其他人則一塊出去逛街。第二天早上，呂坤瑞突然接到「地方會」要他「先別出發」的電報，於是決定暫不上船，先回校栗林。他們又陪呂坤瑞回到台北，投宿大東旅館。下午，呂赫若自己到郵船〔會社〕分店申請退票。辦事員說要在基隆才能辦。他於是和如鵬回到台北，借宿王井泉家。隔天〔六月四日〕早上，他們先到大東旅館看叔叔他們，然後搭八點半的鐵道部交通局局營巴士去基隆，在壽町郵船會社辦完退票之事，又搭十一點半的鐵路列車回台北。下午，他們原想去淡水走走的，但取消了。當晚依然借宿王家。五日上午，他們就與陳夏雨同坐快車返鄉。

4 以〈廟庭〉展開新階段的創作

呂赫若從東京返鄉之後，因為不能早日進入寫作狀態，每隔幾天，就會不由自己地在日記寫上焦慮的心情。五月十三日，他告訴自己「一定要從事文學，這是我活著要走的路。」十四日，他寫道：「返鄉以來全沒從事文學。是因為心情還沒定下來，而且行李也還沒運到吧。」十七日，他自我批評「都沒寫作。靜不下心來！物心兩面都還未齊備……」十八日「上午空閒，要寫作可以寫作，想讀書可以讀書」，但他「卻總是無法靜下心來」。十九日，上午整理書架。傍晚到車站去看看，行李運到了。於是冒雨搬運。因為一整天陰雨綿綿而「感覺鬱悶」。二十日，雨下個不停。早上將行李搬進屋裡整理。他又自我批評「返鄉以來都沒讀書，創作方面似乎也苦於題材太多。」廿一日，「在家不思不為，只是發呆。」廿三日，「無意間發覺到窗外田園樹林的美麗」。但「感到憂鬱。一直覺得厭煩。」廿五日，看了一會兒赫塞的小說。廿六日，「創作構想頻頻在腦中來去，卻無心執筆。」

過了將近一個月無所事事的鬱悶日子，因為接到台灣總督府發行的《台灣時報》文藝欄的邀稿信，呂赫若終於又開始動筆寫短篇小說〈廟庭〉。從他的日記可以看到，身為人夫、人父的青年創作者，每天都要克服日常生活的瑣碎雜亂，然後抓緊難得的餘暇，努力寫作。

六月五日，下午兩點半，呂赫若從台北回到家。想睡卻睡不著，昏昏沉沉的。傍晚，他和如鵬到河邊搬運砂子。《台灣時報》來信邀稿。「雖不斷地在腦海中構思創作，但起頭凌亂，寫不出來。」六日，他請叔叔給次男命名為芳苑，然後去潭子保甲事務所領申報表格，到公所辦完事後去學校玩。下午四點去台中。先在中央書局與姊姊的小孩賴進根面談。然後給李石樵請晚餐，也洗了個澡，再一同與張星建和陳夏雨去拜訪大東信託株式會社專務取締役（總經理）陳炘博士。搭十點二十分的火車回潭子後步行回家。七日，中午到潭子，替叔叔辦事並共用午餐。下午騎腳踏車經豐原去社口岳母家，載了許多甘藷，經三角仔回家。他注意到田裡的稻子已呈金黃色，成熟得差不多了。晚上開始寫作。八日，早上，許久不見的豪雨猛烈，雨水溢滿庭院。他被這可怕的雨嚇壞了。但依然「聽著雨聲寫稿。寫了大約三張，終究還是不滿意而撕掉了。總想寫出些好作品來，卻定不下心。」下午，他冒雨去潭子，交次男芳苑的出生申報，但被退件。「晚上修改構想後，開始寫作，下筆流暢。可是重看時，感覺極其乏味，總覺得生硬。」寫到快十二點時就寢。九日，早上借腳踏車去潭子派出所，繳交退出寄居地申報書和芳苑的出生申報書（名字被要求改成像日本人的「芳雄」），並領取配給奶粉和豬肉。下午，帶芳卿走去社口岳母家，途中順道拜訪三角仔呂泉生，五點多坐巴士經豐原回家。晚上「寫稿到十一點半，達八張」。十一日，上午騎腳踏車經豐原去社口，拿回岳母給妻子坐月子用的四隻雞、四瓶日本酒。又到潭子買配給豬肉。下午「沉不下心工作」。午覺睡不著。稿子也沒能寫。於是到田間散步。看見到處都開始割稻了，稻田一片金黃。晚上雖然「想睡」，但還是「忍著寫稿到十一點」。十二日，早上騎腳踏車去社口載地瓜。下午教芳卿複習功課。晚上「寫稿到十點半」。十四日，早上騎腳踏車到豐原，拜託林寶煙交涉叔叔的船票。邀廖金照一起回家午餐。午後田裡開始割稻了。下起西北雨。他將桌子搬到大廳，「聽著雨聲寫稿」。十五日，早上騎腳踏車到社口，載地瓜，拿荔枝。回家後又到潭子信用合作社，貸款三百圓。去國民學校閒談。午後坐巴士去台中，到日本銀行兌換內地鈔票，之後去理髮。在街上巧遇江漢津，於是一起去公園玩。晚上「趕稿」。但有客來，聊到十二點。

六月十六日起，為了給重新出發去南洋的叔叔呂坤瑞送行，呂赫若的寫作又不得不暫時中斷。當天早上，他急著想在叔叔出門前脫稿而「趕稿」。好不容易寫了二十張」，但因為「定不下心，終究沒寫完」。午後，他騎腳踏車去豐原買鹹魚，再去社口載地瓜回到校栗林家裡。沖洗過汗臭的身體，換了乾淨的衣服，他便坐四點半的巴士去潭子與叔叔會合，在傅春魁醫生家吃過晚飯，然後同往台中。呂坤瑞投宿旅館。儘管台中市實施燈火管制，呂赫若還是邀了李紫庭，一起去拜訪吳天賞。楊佐三郎和李石樵等人也聞訊趕來，徹夜談天。十七日凌晨，未曾入睡的呂赫若趕抵台中車站，陪同叔叔搭乘三點廿五分的快車北上。八點五十分抵達基隆。這一整天，他都因熬夜而頭痛，咳嗽，並且痰中帶血。他堅持著去辦好乘船手續。叔叔呂坤瑞就把他叫到天橋邊，流淚叮囑說：「我最擔心你的健康。首先要注意健康，好讓我放心。」他強忍著淚水答不出話來。然後把叔叔送到車站的樓梯口，感傷道別。

呂赫若回到台北，做客王井泉家。六月十九日，早上，他繼續給《台灣時報》寫稿。但「思緒紛亂，沒有進展」。晚上十點從外頭回來，因為停電，就與王井泉聊天。聊到十二點，恢復供電了。他「好不容易才能寫作」，就一直寫到三點，然後於三點半就寢。因為交稿時間催迫，第二天早上七點起來後，就不停地寫，一直寫到九點二十分，短篇小說〈廟庭〉終於完稿。一共卅二張稿紙，近一萬三千字。他立刻去拜訪張文環，並把稿件寄給《台灣時報》。

如果從六月七日開筆算起，呂赫若返台以後完成的第一篇小說創作，前後花了不到兩個星期的時間。效率不能說不高。但是，讓他生氣的是，這篇作品並沒有在預期的七月號刊登，要到八月號才刊登出來〔見「作品年表」〕。

就主題而言，〈廟庭〉要表達的是台灣女性在封建婚姻制度下的悲劇命運。就在寫作這篇小說之前的五月廿五日，呂赫若去看了兄嫂〔姪女愛治的母親〕之後在日記上寫道：「很同情她苦命的一生。對女人的命運感到哀憐。」因此，即便她不是這篇小說女主人公翠竹的原型，至少，她的遭遇也是喚醒他的創作靈感的現實吧。就文字的描寫來看，小說以敘事者「歸鄉以後」破題，然後展開場景描寫與人物塑造。通過其中一些段落，我們也可以看到，創作當時的小說家如何把自身這段期間的生活體驗與家鄉的風土人情，轉化為藝術審美的表現。例如：

「我跟鄰居借自行車出門。騎到田間小路，穿過相思樹林下，溫柔的微風掠過許久才又重新玩味的故鄉之青空，些微的汗臭味果然令人感到舒暢。映入眼簾的蒼鬱色彩，一會兒就喚醒我沉睡中的生命力，感覺到全身都在躍動的力量。」

「放眼一看，閃閃發亮的紅瓦屋頂恰似在跳舞。目睹此一情景，思念與感傷之餘，胸中翻騰不已。」

「一回想起孩提時所記得舅舅精神奕奕的模樣，驚訝歲月使舅舅變得卑屈得不可思議……」

「暑氣漸漸消去，周遭開始籠罩在夕陽的餘暉下。店頭的玻璃瓶在反射下閃閃發光，雞群跑到廟庭那堆甘蔗葉上。」

「水流像蛙鳴般的吵雜，作弄小小月亮的圓光。」

「廟庭內，蟋蟀的鳴聲不歇，只有屋頂沐浴著月光……」

更值得一提的是，呂赫若也通過客觀的場景描寫，迂迴地批判了小林總督毀壞台灣傳統寺廟及神像，命令台灣人祭拜神社及日本神祇以來，以關帝廟為代表的民間傳統信仰敗落的具體情況。小說寫

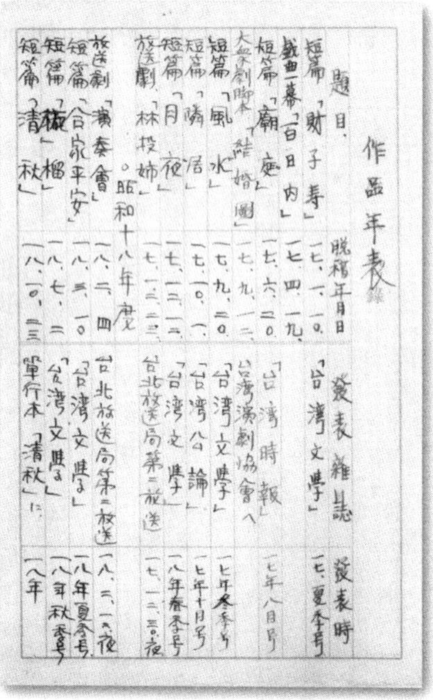

作品年表

題目	脫稿年月日	發表雜誌	發表時
短篇「財子壽」	一七、一、一〇	「台灣文學」	一七、夏季號
戲曲一幕「百日內」	一七、四、一九		
短篇「廟庭」	一七、六、二〇	「台灣時報」	一七年八月號
大眾劇腳本「結婚圖」	一七、九、一二	台灣演劇協會へ	
短篇「風水」	一七、九、二〇	「台灣文學」	一七年冬季號
短篇「鄰居」	一七、一〇、一	「台灣公論」	一七年十月號
短篇「月夜」	一七、一二、二	「台灣文學」	一八年春季號
放送劇「林投姊」	一七、一二、二三	台北放送局第二放送	一七、一二、三〇夜
。昭和十八年度			
放送劇「演奏會」	一八、二、四	台北放送局第二放送	一八、二、一六夜
短篇「合家平安」	一八、三、一〇	「台灣文學」	一八年夏季號
短篇「石榴」	一八、七、二	「台灣文學」	一八年秋季號
短篇「清秋」	一八、一〇、二三	單行本「清秋」に	一八年

呂赫若自擬的「作品年表」（呂芳雄提供）

道：「走進關帝廟一看，廟庭堆滿甘蔗的枯葉，雜草叢生。道出無法舉辦個熱鬧的祭典之實情。連神廟內的祭壇也看不出有整修過的樣子。壁上的石灰剝落，燈籠已褪色而且破舊不堪，結滿蜘蛛絲。關帝爺神像鼻旁的塗料剝落，偃月刀與神旗等任其荒廢。曾經擺過數十頭牲禮的長桌，如今也變成長物，只有斑斑的雞糞。怎麼看也看不出關帝爺曾經顯靈的痕跡。隨著時代潮流的沖激，它已逐漸沒落，如今變成部落居民的倉庫。」（《小說全集》頁三〇七—三二三）

5 未完成的〈常遠堂〉

根據日記所載，呂赫若在一九四二年六月二十日脫稿〈廟庭〉，寄給《台灣時報》之後，立即督促自己「非趕緊著手下一個創作不可」。可是，他隨後又投入《台灣文學》的無償編務而無暇開筆。廿九日，鄉居校栗林的他「雖頻頻構想小說的結構，卻不想動筆。」三十日晚上，他才「構想就緒，以『常遠堂主人』為題，開始寫，想寫成好作品，無論如何想描寫老人的心情。」

如前所述，在東京期間的四月七日，呂赫若曾經「想將半自傳性小說〈鴻河堂四記〉寫成四部曲的形式」，後來卻一直未見下文。〈常遠堂主人〉也許就是這個構想的實踐吧。而它的創作過程也是曲折而艱難的。

《日記》續載，七月二日，他不停地創作。「想寫出個好作品來」。但「遲遲沒有進展」。五日下午繼續寫作一陣子。六日，早上不停地寫作。晚上在潭子雖有宴會，但不想去。只是留在家寫作。七日早上創作。

七月八日至十八日，失業中的呂赫若又上台北待了十天，偶爾應邀到廣播電台唱歌，賺取微薄的

「謝禮」，也參與《台灣文學》和《民俗台灣》的各種文學活動，並出席了台灣文藝家協會大會，然後與吳新榮同車返鄉。他在台中下車後立即被張星建、巫永福，以及昨晚在台北剛剛分手的楊逵一起接去餐敘。回到家後，晚上十一點十分，前往南洋的叔叔因為船久候不至而從東京折返回來。於是又聊到一點半才就寢。第二天開始，他又忙著處理繁瑣的家務、佃耕等問題，拜訪師友與召開《台灣文學》座談會，同時努力克服困難，抓緊空檔，繼續加緊寫作中斷了十一天，尚未完成的〈常遠堂〉。

七月十九日晚上，呂赫若將〈常遠堂〉的稿子「改成第一人稱」，開始寫。他認為「這樣效果會更好」。二十日，早上寫了一陣子後出去辦事。晚上想繼續寫，但訪客很多，沒法寫。廿一日，睡一會午覺，起來後無所事事。雖然斟酌小說的構想，「但理不清頭緒。感到產生作品時的痛苦。」晚上還是一直不停地寫。廿二日，早上在家裡寫稿。晚上繼續不停地寫。十一點睡。廿四日，一整天沒外出，在家寫稿。但因「構思紛亂」而「陷於進展困難的狀態」。不過，他相信「可以產生好作品」。廿五日，一吃過早飯就開始寫作。他覺得「從來沒有如此認真寫作過」，並告誡自己：「要自重，為了要以作家來立身，要努力不懈」。對文學要有「持續的熱情」。雖然「寫作實在是辛苦事，但另方面又是愉快的工作。」他自問「還有比這更愉快的、值得去做的工作嗎？」同時自答說「畢竟還是除了寫作別無其他事業」。廿六日一起來就寫作。〈常遠堂〉輪廓也大為分明了。他「總覺得似乎會成為好作品」。廿七日早上不斷地寫。廿八日寫到第十六張稿紙了。廿九日，白天一整天都沒能寫稿。晚上十點到十一點繼續寫。三十日，早飯之後立刻寫稿，寫到第二十張，又因為「構思紛亂」而「遲遲沒有進展」。晚上第二種防空演習。他在管制狀況下，繼續寫到十點就寢。卅一日早餐後寫了一會兒稿子。

八月一日，早上試著寫稿，只約得十字。晚上「卯足了勁」寫而睡不著。二日早上寫稿，但沒進展。三日晚上不停地寫稿，但因「素材沒有完全消化」而「陷於艱苦狀態」。四日「是糟糕的一天」。他「一整天不外出，卯足了勁」，卻「一個字也寫不出來」。五日，上午沒外出，在家寫稿，但沒進展。晚上進展到第廿六張。六日早上正寫稿時，因妹夫來而停頓。等他下午三點左右回去後繼續寫。九日，雨一整天下個不停。無法外出。他本來「應該能寫作才對的，但定不下心來」。

然後，呂赫若的寫作又因病而中斷。八月十日傍晚起，他突然發冷，發燒，臥床不起，一直要到同月十五日才能離床，去豐原和潭子的醫院檢查、拿藥。應該是為了解決小說創作上遇到的困難吧，十六日，臥病在床的他開始閱讀巴爾札克（一七九九—一八五〇）的小說《歐琴妮．葛蘭德》。十七日，他的「頭還是昏沉沉的，站著也難過，除了睡覺別無良策。藥絲毫無效。」同時也為自己「已經很久沒創作文學」而感到焦慮。十八日早上「精神略覺舒爽」，但仍躺在床上讀巴爾札克的《歐琴妮．葛蘭德》，「覺得自己已達到巴爾札克的手法的境界了」。十九日，應該是為了比較吧，他又轉而閱讀莫里哀（一六二二—一六七三）所寫，同樣主題的五幕散文劇《吝嗇鬼》（守財奴）。二十日，他繼續閱讀巴爾札克的《歐琴妮．葛蘭德》，並且因為很久沒寫作而感到「空虛」。廿二日，他又再感慨已經好久沒寫作了，於是在早上試著寫稿，卻「因頭痛而不成」。廿四日，他突然想看斯湯達爾（一七八三—一八四二）的作品，因為「喜歡他簡潔的文章」。廿五日，他再次北上。三十日返鄉。在客滿的火車上，儘管被難聞的氣息所惱，仍繼續看斯湯達爾的《紅與黑》，認為「斯湯達爾果然不錯」，「覺得那種風格的文章適合自己」，因而「想寫長篇小說」。

然而，呂赫若幾次自認為可以成為「好作品」的小說〈常遠堂〉，最終卻不見下文。應該說，〈常遠堂〉開筆於六月三十日，擱筆於八月六日。前後一共一個多月，已寫了廿六張稿紙，一萬字左右。就主題而言，如果以他輟筆之後刻意閱讀巴爾札克的《歐琴妮．葛蘭德》與莫里哀的《吝嗇鬼》（守財奴）來看，因為葛蘭德老頭是世界文學中著名的吝嗇鬼典型之一，所以可以想像，它想要表現的主題應該是

〈財子壽〉的延續吧。

6 送別磯江老師音樂會

身為聲樂家的呂赫若，從東京回到家鄉校栗林以後，還是不能忘情於音樂，而且與呂泉生忙著為東京音樂學校畢業的中師音樂老師磯江清（一八九一—？）籌辦送別音樂會。

五月十六日，呂赫若與登門探視的呂泉生同往台中，拜訪磯江老師，首次談及音樂會的事。十八日，他在家抄寫《蝴蝶夫人》樂譜。廿三日下午又和堂弟如鵬再訪磯江老師，談音樂會的事。廿八日傍晚，帶堂弟如鵬去潭子的國民學校，教他音樂，讓他試彈鋼琴。廿九日傍晚，他和如鵬走去潭子，順便去學校，想彈鋼琴，但沒彈成。三十日，在台中黃朝清宅文化茶話晚會，他應眾要求唱男高音。

六月廿八日下午，他去磯江老師家聊天。

七月二日下午，他搭巴士到潭子，去國民學校借鋼琴練習。五日晚上，出身霧峰林家分支，國民政府北伐時期前往廣州投考黃埔軍校，惜未如願，後來投奔武漢國民政府，汪精衛清共後返回台灣務農，喜歡音樂的潭子鄉民林西陸，邀約呂赫

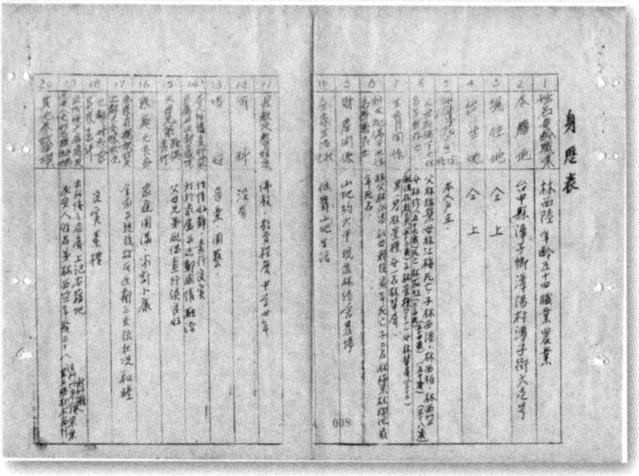
身歷表

一九五〇年代被處有期徒刑五年的林西陸在軍監的身歷表

若到潭陽村林家聆賞音樂。他依約拜訪，並在聽了台灣洋琴笛演奏之後，「感慨台灣人的風雅逐漸式微」。十八日午後，他在中央書局遇磯江老師，同去啤酒屋吃冰。廿八日下午，他去李紫庭家聊天，然後同騎腳踏車去拜訪磯江老師，不遇。為此，三十日下午，磯江老師和李紫庭突然來校栗林家裡拜訪，與他聊了一下午。

八月卅一日下午，他和李紫庭又一起拜訪磯江老師，不遇，乃就廣播的事留下口信。

九月二日上午，他在校栗林家裡抄樂譜，收磯江老師來信，說是廣播延期。為此，他於第二天下午再訪磯江老師，商量有關十一月的音樂會和電台廣播事宜。其後，音樂會可能因故延至十二月。因此，廿一日傍晚，他又再拜訪磯江老師，商量有關十二月的音樂會事宜。廿五日晚上，他與叔叔出席潭子傅榮欽家小型音樂會，應眾要求唱了歌。

十一月一日晚上，呂赫若在大肚山青年道場，台灣演劇協會主辦的「戲劇指導者講習會」，主持一小時的音樂鑑賞，以唱片演奏《卡門》的方式來講解歌劇。第二天晚上七點半起，他又負責主持音樂鑑賞的課程，讓那些都是中等學校以上畢業的學員先聽《卡門》的演奏，再講授發聲法，然後應學員要求唱了一場。五日午後，他又去拜訪磯江老師，商量音樂會的事。

然而，音樂會終究未能如期於十二月舉行。一直要到一九四三年年初才能落實。

一月三日，星期日早上，呂赫若偕同長子芳卿搭日快車從台北回台中，在李紫庭家吃過午飯後去磯江老師家，練習獨唱的鋼琴合音，四點告辭。第二天（四日）下午六點半起，送別磯江老師的音樂會終於在台中教化會館舉行。呂赫若最後出場，獨唱了義大利作曲家 Francesco Pado Tosti（一八四六—一九一六）的〈理想佳人〉和舒伯特的〈小夜曲〉兩首。當天晚上，「呂泉生也來了」。

第九章

謀職與北遷

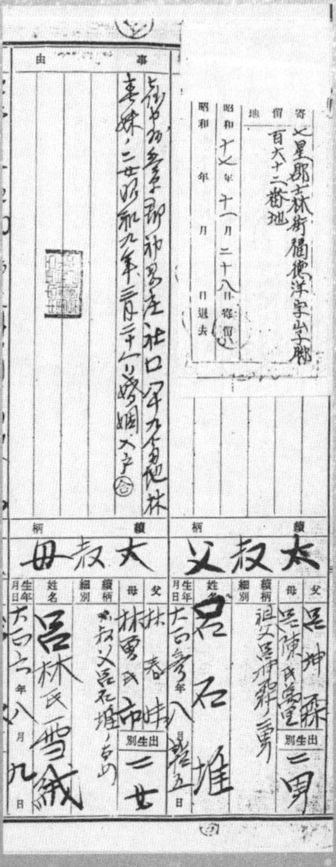

租居士林的戶籍記事（呂芳雄提供）

來台北幾次的感想是：這是一個如果沒有什麼工作做的話就很無趣的城市。

——呂赫若〔一九四二年十一月十日〕

儘管一般人認為呂赫若是家境相對較好的地主的兒子。但是從其東京返鄉以後日記所載的在地經濟活動與地佃關係來看，擁有土地稅六十圓四十五錢的田地將近兩甲的他，其實一直處於「沒錢真煩惱」的窘境。例如：

五月廿七日，奉叔叔呂坤瑞之命到台中向勸業銀行申請貸款，但沒成。

六月一日，下午到信用合作社貸款三百圓。之後到社口還岳母一百五十圓。十五日到潭子信用合作社貸款三百圓，交給嬸嬸。

七月一日，向二嫂借了二十圓。七日，感慨「沒錢真煩惱」。八日向二嫂借十圓。二十日，叔叔還兩百圓。去信用合作社存款五百圓。廿六日晚上，佃耕決定給高榮氏三兄弟。「田地將近兩甲」決定讓給姑媽呂教與姑丈楊慶的長子楊獅，「房子也讓他住，收了訂金百圓。結果像是代為看守房子似的」。這樣，他「自己也可以自由地出外」。廿七日晚上，將解除佃耕的押金十圓整交給佃農邱清亮。三十日早上，把佃耕解約的押金十圓交給佃農火炎。卅一日，去潭子信用合作社繳利息。

九月廿三日早上，去潭子信用合作社提款，去公所繳土地稅六十圓四十五錢整。之後去勸業銀行台中分行申請貸款一千五百圓整。廿五日，去潭子信用合作社貸款一百圓。納稅（學費）。

十月八日，在勸業銀行貸款一千五百圓。在彰化銀行存六百圓。到潭子信用合作社還五百圓，就此結清。九日，騎腳踏車去社口，將米一斗和錢一百一十圓交給錦屏。向岳母借的錢就此還清了。晚間，還郭阿祿一百圓整，加上利息兩圓，就此結清。

恰恰因為經常向岳母借錢的關係吧，他在七月廿六日的日記寫道：「為了岳母我必須工作」。

1 求職興南新聞社

一九四二年十一月十九日，一直苦於沒有適當的工作，從而沒有固定收入的呂赫若，終於正式到台灣映畫株式會社上班。但是，他的求職過程卻是曲折坎坷的。

最早，向來關照呂赫若的張星建想要介紹他進興南新聞社。《興南新聞》的前身是一九二三年四月在東京創刊發行的《台灣民報》（周刊）。一九二七年八月一日遷台。一九三〇年更名《台灣新民報》（董事長林獻堂）。一九三二年四月十五日正式發行日刊。一九三三年，陳逸松從日本回台灣後在大稻埕新民報社附近開設法律事務所，並經該報專務取締役（常董兼總經理）羅萬俥延請加入股東，與杜聰明、楊金虎等同為相談役（顧問）。一九三七年六月一日《台灣新民報》被迫廢止漢文版。一九四一年二月十一日，正式改名為《興南新聞》。《陳逸松回憶錄》解釋該報後來被迫改名的緣由說：「一九四〇年二月，台灣總督府藉口『非常時』，加強封鎖新聞，壓制輿論。新民報在面對關門的強大壓力下，被迫將反對日本『台灣米穀統制』的東京支局長吳三連撤職，專務取締役羅萬俥引咎辭職，改以林呈祿（董事兼編輯局長）繼任。林呈祿為應付變局，於會議上主張委曲求全，他說現在皇國一致，大家為對付大東亞的問題，只有改名為興南新聞了。」（頁二六〇、二六三）

九〇年代，呂赫若復出文壇以後，許多關於他的報導或研究論文都不加求證，人云亦云，抄說他曾經「擔任《興南新聞》記者」。但是，據其日記所載，這完全不是事實。

五月十五日，呂赫若告訴自己：「不早點兒就職的話，心情就無法安定下來。」廿五日晚上，他於是在中央書局和張星建談就職的問題。

一個月後，事情終於有了眉目。

六月廿八日下午，呂赫若去中央書局，和張星建、吳天賞、陳遜章談天。他們勸他進興南新聞社。他因為「沒有職業很煩惱，所以有想要去」。同時認為「星建兄是個不錯的人」。

七月一日傍晚，他去台中，順路到中央書局。但張星建不在，於是留下「關於履歷書」的字條。兩天後，也就是七月三日，早上十點，他又去台中，請張星建當面指點「履歷書的有關事項」。四日上午，他在家寫履歷書。午睡後再去台中，將履歷書委託張星建。七日，他聽張星建說「進興南新聞社工作的事」。日記上沒有具體說明成或不成。但證諸後來的記事，應該是大體定案了。所以，廿八日，他又前往台中，和張星建邊吃午飯邊商量「自己往後的計畫」。

然而，呂赫若要進興南新聞社就職的事卻遭到《台灣文學》主要成員王井泉的反對。

八月廿二日，呂赫若突然接到「王井泉來電報，說是已經坐上〔南下〕快車了。」下午兩點，他於是去台中中央旅館找王井泉。王井泉表示反對他「進興南新聞社的事」，並勸他「留在台北」。他對王氏等人替他設想的心意「不勝感激」。

看 請

將發行日刊的

本社之新陣容

編輯營業印刷各局

部署人員均已整備

一九四二年四月九日《台灣新民報》

也就是說，王井泉表達的，不僅僅是個人意見，也是《台灣文學》主要成員的共同意見吧。呂赫若考慮之後，八月卅一日去中央書局，當面和張星建「商量辭謝興南新聞社之事」。張星建不但「很爽快地就答應了」，而且再三鼓勵他要「努力從事文學」。他也因此「大為放心」，並感到殖民地台灣的文學「前途有望」。

張星建介紹呂赫若進興南新聞社就職的事，就這樣告一段落了。

2 台灣演劇協會或皇民奉公會文化部

張星建接著又向呂赫若轉達林呈祿希望他去皇民奉公會文化部任職的意思。

一九四一年四月十九日，殖民當局為了「昂揚戰爭意志、實踐決戰生活、強化勤勞態勢、完備民間防衛」等目標，成立台灣皇民奉公會，由台灣總督長谷川清兼任總裁、總務長官齋藤樹兼任中央本部長，下設總務、宣傳、訓練、文化、生活、經濟等部門，同時也在各州、廳、市、郡、街、庄等地方設有支部、支會、分會等，由各級行政首長兼任長官。十二月八日太平洋戰爭爆發後，殖民地台灣的「皇民化運動」從國民精神總動員時期進入皇民奉公運動時期。殖民當局為了徹底落實日本皇國思想，驅使台灣民眾為日本帝國盡忠，於是透過層層網絡逼迫台灣民眾參加各種奉公團體，將運動推向台灣社會的最基層。

一九四二年，興南新聞社專務取締役兼主筆林呈祿（一八八六—一九六八）被迫擔任皇民奉公會文化部長。支持《台灣文學》創刊的辯護士陳逸松在《回憶錄》辯稱，他也「硬著頭皮被台北州支部長任命為參預（即參議）」。而他認為，很多徵召擔任皇民奉公會幹部的「台灣紳商、醫生、學者、辯護士」，「固然也有甘於為日本驅使效力的，但大部分是出於無奈而勉強接受的。」（頁二三〇）

就是在這種時代背景下，呂赫若為謀求一份養家活口的工作而南北奔波。九月八日下午，他突然接到王井泉的電報說已到台中。他隨即去中央旅館面詢「台北的情形」。王井泉回說，台北方面的朋友希望他在演劇協會擔任理事。

一九四二年一月，殖民當局為了便於統一管理監督「已成一片混亂的島內劇團」，由皇民奉公會指導，在大直國民精神研修所設立「台灣演劇協會」，取代原來管理劇團的台灣新劇聯盟。該協會任用外行的日本警察或情報人員管理劇團，並負指導與取締等行政職責。經由審查，計有：國風、鐘聲、嘉義國民座、國鐘、南寶舞台、星光、廣愛等純粹的新劇團七團，由歌仔戲脫胎的台灣新劇或歌劇團卅四團，布袋戲七團及皮影戲一團，共四十九團，獲准為會員。該協會同時規定，非經認定領有會員證者，不得在台灣演出任何戲劇或音樂。協會會長由皇民奉公會中央本部事務總長山本真平擔任，副會長為中央本部宣傳部長大澤真吉及文化部長林貞六（呈祿）。常務理事是曾經負責基隆、台南、高雄等地警務，據說對台灣歌謠戲劇頗有研究的三宅正雄。負責戲劇的「主事」，除了由日本中央內閣情報局推薦的松居桃樓（一九一〇—一九九四）之外，還有竹內治、瀧澤千繪子，以及書記小林洋，台灣人吳成家（音樂）和由日本大學藝術系推薦的呂訴上（一九一五—一九七〇，戲劇）等。（《台灣電影戲劇史》頁三二四—三二五）

一九四一年七月七日皇民奉公會大雅分會

八月十六日，呂赫若收到台灣演劇協會寄來的劇本撰寫委託書（要求一百張左右稿紙）。這是呂赫若與該會發生關連的開始。顯然，該會也想藉此關注呂赫若回台之後的戲劇動向吧。面對政治與經濟的壓力，在東京時曾經以成為劇作家自許卻還沒有固定收入的工作的他，於是構思、撰寫這個囑託劇本。

九月十二日，他在做客台北王井泉家時，完成一幕七場的喜劇劇本《結婚圖》。兩天後（十四日）的下午，張文環陪他去台灣演劇協會，將七十四張稿紙的劇本交給該會主事竹內治。同時領了實在沒有時間改寫的歌舞劇腳本。

以此來看，台灣演劇協會在委託呂赫若撰寫劇本期間，就通過王井泉轉達希望他去該會擔任理事，不能說不是想以此收編他吧。而擔負著一家生計的呂赫若，顯然也沒有斷然拒絕的經濟條件。

九月十九日早上，他於是先去台北放送局找中山侑，然後請他叫出松居桃樓，探聽演劇協會的情況。第二天（二十日）晚上，他從台北回到校栗林。廿七日下午，他去台中，將《京華煙雲》還給張星建。張星建又向他轉達說，皇民奉公會文化部部長林貞六希望他去該部工作。

這樣，呂赫若的謀職選項又多了一個可能去處。問題是，他會作出怎樣的選擇。

從日記內容來看，張星建和林呈祿的關係主要是通過林獻堂最小的兒子（老三）、興南新聞社業務局長林雲龍（一九〇七－一九五九）而建立的。所以，張星建就安排他隔天（九月廿八日）早上十點，在台中與林雲龍面談。但是，不知何故，終究沒見著。

一九六一年出版的書扉

十月二日，呂赫若收到演劇協會寄來匯票七十圓整稿費。十日，為了謀職之事，他再次北上。十一日，星期日，應該是急著與林雲龍面談吧，他迫不及待地想邀張文環陪他去興南新聞社拜訪。但終究沒去成。隔天早上，他又找張文環陪同，去演劇協會會見文化部的根岸氏。結果根岸氏慫恿他進文化部。午餐後，張文環又再陪他去興南新聞社找林雲龍。但林雲龍還是不在。十四日下午，從北投「錬成會」回來的張星建又陪他前往興南新聞社。這次，終於見到了林雲龍，並晤談了關於進文化部的事。十五日早上，他與張星建同搭南下快車返鄉。二十日下午又再度北上。廿一日早上，他依約去興南新聞社，通過林雲龍介紹，面見皇民奉公會文化部長林貞六（呈祿），就有關進文化部的事交換意見。這樣，他基本上決定進文化部了。廿四日早上，他又去台北放送局找中山侑陪同會晤根岸氏，商談進文化部的月薪多寡問題。然後於廿六日早上搭九點三十分的快車離開台北，下午一點在台中站下車，隨即和張星建商量進文化部的事。廿九日下午，他再度北上。三十日又去興南新聞社，找林貞六具體面談。談完之後，他進文化部的事情就只剩待遇問題了。第二天早上於是又坐快車回鄉。

然而，在呂赫若正式去文化部就職上班之前，台灣演劇協會依然與他保持緊密聯繫。事情還會起變化。

十一月一日下午，呂赫若應松居桃樓之邀，去大肚山青年道場，擔任台灣演劇協會主辦的「戲劇指導者講習會」音樂鑑賞講師。當晚，就和松居同宿道場二樓。第二天，整個白天，他和包括張星建、田中保男、巫永福、莊垂勝等人在內的講習生，以及事務員陳遜章等人，都在聽松居的戲劇講話。晚上，他講完課，還開了座談會。三日中午，閉幕典禮之後，出租汽車專程送他到台中莊垂勝家，等候陳遜章、巫永福等人回來茶敘。五日，他收到林貞六來信，內容有關進文化部的事。第二天，隨即回信。八日，他又收到台灣演劇協會以「台灣戲劇應走的路」為題相問的明信片。十日下午，為了進皇民奉公會文化部就職之事，他再度北上。因為事情尚未確定以致情緒低落吧，他在當天的日記寫道：「來台北幾次的感想是：這是一個如果沒有什麼工作做的話就很無趣的城市。」

結果，不知是幸或不幸，呂赫若進文化部的事卻又無法落實了。林貞六要他去演劇協會。

十一月十二日早上，他去興南新聞社會晤林貞六。本來，應該是要確認還沒有確定的待遇問題的。不料，林貞六卻告訴呂赫若，說原先希望他去籌組的音樂協會已經成立了，他進文化部也無事可做。如果只是去當個事務員，不但對他委屈，也很可憐。所以叫他去演劇協會。但呂赫若對進演劇協會感到為難。

3 任職台灣映畫株式會社

最終，呂赫若捨棄到皇民奉公會文化部或演劇協會的考慮，決定先進台灣映畫株式會社。

十一月十二日，面見林貞六之後，中午，呂赫若到山水亭，與台灣映畫株式會社的老闆謝火爐和中山侑

一九四一年台灣映畫株式會社主辦的「音樂與電影之夜」（攝自《張文環全集》）

餐敘。他們得知呂赫若和林貞六晤談的結果之後，經過商議，決定讓他先進台灣映畫株式會社，負責加緊組成新劇團，月薪一百五十圓。他於是決定辭退文化部那邊的事，但暫時保留去演劇協會的事。

謝火爐（一九〇三—一九四五），台北大稻埕人，一九二二年三月私立台灣商工學校商科第三期畢業，與王井泉是同期同學，是陳逸松的知交，也是張文環一九三八年回台後任職台灣映畫株式會社的老闆，一九四一年成立的「株式會社台灣興行統制會社」董事，更是日據時期少數具有音樂修養的台籍實業家，因而也是同音會管弦樂團指揮。

呂赫若與謝火爐第一次見面應該是六月十九日下午，因為隨呂泉生到謝火爐家排練同音會的演唱。其後，十月廿二日，他又與中山侑和王井泉同去「台灣映畫會社」事務所，找謝火爐商談創辦「演劇會社」的具體方案。

關於「演劇會社」的事情，緣起於六月四日晚上，呂赫若在王井泉家與中山侑、張文環鼎談時首次「話及戲劇研究所」。

王井泉熱愛文學、音樂、美術、戲劇，尤其喜歡演劇，早在一九二四年就與張維賢等組織星光演劇研究會，粉墨登場。《陳逸松回憶錄》載稱，一九二六年元月，星光在宜蘭公演《火裡蓮花》，他飾演一個欺侮弱女子的公子哥兒。據說，由於他演得太逼真，還招惹觀眾衝上舞台，想要揍他。（頁二八三—二八四）

中山侑（一九〇九—一九五九）則是出生於台北的日本人，從青少年開始參與戲劇活動，曾經組織螳螂座、台灣劇團協會，對推動新劇不遺餘力，並以作家、編輯、戲劇家的多重身分，參與殖民地台灣的文學與社會文化活動。一九四一年一月，他以筆名「至馬陸平」在《台灣時報》第二四一號發表的〈時勢下台灣的娛樂界〉指出，以「皇民化戲劇」作為「新民眾娛樂」有重大意義，具體方法就是邀請內地「有水準的」或「二、三流」的劇團來台公演皇民化劇。這是既有「演出的成功」，又能提升台灣地方皇民劇的素質的「一石兩鳥」的好方法。（《雜誌篇·第二冊》頁四五五）但是，一九四二年二月一日，「志馬陸平」在《台灣文學》第二卷第一號的《演劇時評》，針對應聘從日本來台的黑鐵劇團與中央舞台劇團，以「志願從軍」為題材演出的《榕樹之家》與《志願軍》，卻大肆批評。儘管它們是台灣總督府情報部推薦的。他認為，「為了配合身處在特殊情勢下的本島大眾，演劇自然在劇本以及演出上，都必須有特殊的考量和努力。可是不熟悉台灣實情的內地劇團，為了應付在台的演出，而臨時拼湊與台灣有關的演劇題材，這樣的作法也實在太危險了」。（《雜誌篇·第三冊》頁二四八—二四九）

應該就是在這樣的反思下，中山侑想要與台籍文化人展開新劇運動的合作關係吧。於是，八月廿八日晚上，他和呂赫若、王井泉在山水亭具體「商議往後的戲劇計畫」。廿九日晚上，他們三人又在山水亭碰面，「就成立劇團的事做重要的討論」。卅一日，呂赫若在校栗林

一九二四年冬星光演劇研究會公演後王井泉（後左二）與張維賢（後左一）等團員

家裡籌思起草「興行會社」的組織大綱案後寄給王井泉。

這裡，呂赫若起草的「興行會社」的組織大綱，應該就是他和王井泉、中山侑等人談及的「戲劇研究所」與「成立劇團的事」的後續發展吧。但不知是否就是他後來離開台灣映畫株式會社後改去就職的「株式會社台灣興行統制會社」？

十月十一日晚上，呂赫若和中山侑一邊散步，一邊商量創辦「演劇會社」的事宜。也就是說，他和王井泉、中山侑等人「成立劇團的事」，從最初談及的「戲劇研究所」，經「興行會社」的組織大綱草案，而要落實為「演劇會社」了。所以，廿二日下午，他們三人又在山水亭商討創辦「演劇會社」的具體方案，然後去「台灣映畫會社」事務所找謝火爐，「使商談內容更具體」。廿四日下午，「演劇會社」股東們針對創辦事宜，在謝火爐家召開第一次懇談會。呂赫若以起草者身分說明創辦宗旨。他看得出大家「對創辦有熱烈意願」。第二天下午，他又和王井泉、中山侑，在王家「商討劇團、研究所的細則」，並「決定相關職員」。廿七日，他在校栗林家裡，為了「創辦劇團事宜不斷地寫劇團章程」。

十一月十一日下午，呂赫若又和中山侑、廖逑寅、王井泉在山水亭商量組成新劇團的事。也因此，十二日，他為林貞六叫他去演劇協會感到為難之時，王井泉、中山侑和謝火爐隨即與他議決：「先進台灣映畫株式會社任職，加緊實現組成新劇團之事」。這樣，他返鄉之後的工作終於確定了。隔天晚上，他與王井泉和陳逸松等人出席了在謝火爐家開的「同音會」演奏鑑賞。然後於十四日搭早車歸返台中，一方面向張星建說明自己就業的決定，同時處理全家搬到台北居住的事情。

十一月十六日下午，呂赫若又與幫他搬家的堂弟如鵬先上台北。十八日早上，他決定要去台灣映畫株式會社辦公所在的德記商店「第一次露個臉，卻因是德記商店的公休日而去不成」。第二天（十九日）早上十點左右，他終於到台灣映畫株式會社正式上班，也結束了返鄉以來的無業生活。

4 遷居士林

在謀職的同時，返台以後只要北上都借住王井泉家的呂赫若，也開始考慮要不要遷居台北的問題。為此，九月十六日午後，工作未定的他去士林長老教會拜訪陳泗治傳道師未遇，於是順道去芝山巖惠濟宮抽籤，求問將來以寫作維生及移住台北如何？結果，問觀音佛祖的籤詩是：「風恬浪靜可行船，恰是中秋月一輪。凡事不須多憂慮，福祿自有慶家門。」開漳聖王的籤詩則是：「綠柳蒼蒼正當時，任君此去作乾坤。花果結實無殘謝，福祿自有慶家門。」於是，他就一邊謀職，一邊開始在士林一帶尋租適合全家居住的房子。

九月二十日上午，呂赫若首先由王井泉夫婦陪同到士林，拜託陳泗治幫忙找房子。陳泗治（一九一一—一九九二）是士林人，一九三四年台北神學校畢業，後赴日本東京神學大學深造，並隨上野大學教授木崗英三郎學習作曲，一九三六年完成畢業作（也是第一部正式發表的作品）《上帝的羔羊》。呂赫若初見陳泗治也是六月十九日下午跟呂泉生去謝火爐家，覺得「是個不錯的人」，因此，當晚就接受邀請去大稻埕教會唱歌。

以此看來，六月十九日這天的會見，應該也是促成呂赫若任職台灣映畫株式會社與在士林租屋的主要因素吧。

一段時日之後，陳泗治幫呂赫若打聽到一棟尼庵所有的房子要出租，租金三十圓。十月十一日下午，呂赫若就找陳泗治一起去看房子。他看了覺得中意，並向屋主表示承租之意。但沒談妥。

十一月三日，在校栗林家裡，呂赫若又收到王井泉來信，說士林的房子有著落了，但有不明之處。為了搞清楚狀況，第二天一早，他就去潭子電信局，排了一個半小時隊，打電話給王井泉。但電話始終沒人接聽，只好作罷。十日下午，他又再上台北。第二天一早就去士林，麻煩陳泗治陪他去昭明寺找房東談。房東先說要租的房子不是樓下而是先前所說的二樓，接著又說租或不租還不確定。他雖感到生氣卻也只能耐心等待。隔天早上，他在山水亭無所事事地等候房東約定要打來的電話。但是，對方卻始終沒打來。呂赫若日記沒寫的是，後來他應該和房東聯繫上了。所以，第二天（十三日）下午，他就請王井泉和陳泗治當保證人，去士林與尼姑房東簽了租屋契約，並預交了四個月的房租一百二十圓。

這樣，租屋的事終於搞定了。

十一月十五日上午，呂赫若把自己的隨身用品裝入行李箱。下午，打包棉被袋和行李箱，然後騎腳踏車去社口，向岳母借一個柳條行李箱。晚上又和堂弟如鵬一起去叫了兩輪推車。第二天早上，僱請兩輪推車載棉被袋和竹製行李箱各一個，去豐原火車站託運。午後，他就和如鵬一起搭快車北上。到了台北，他們先把託運的行李轉運士林站，再到山水亭寄放手提行李，然後一起去三重埔堂妹夫張金河（一九一八—，二房呂坤泉三女婿）家過夜。隔天早上，呂赫若和如鵬又去士林，請陳泗治帶他們去買水桶、木材，然後去新居清掃。十八日早上，他自己去太平町買雜項用品。下午則和如鵬與王井泉、王仁德、呂泉生、王森林夫妻等人坐台車，去「小有意思的」木柵仙公廟遊玩。對未來還不確定的他，同時求得卜問遷居台北的籤文：「英雄一旦困當陽，保主奮威出戰場，履險如夷真虎將，單鎗匹馬保無傷。」

十一月十九日，呂赫若開始上班。晚上，他又請張金河和如鵬幫忙做外間的床鋪，一直到十點，終於完成一個。二十日，他忙得沒時間去士林的家，但以為「再過幾天就可弄好」，於是寫信告知家裡廿六號搬家。廿一日，星期六。中午下班後，他坐火車去士林，然後和如鵬用一把鋸子和幾根釘子製做內間床鋪的骨架。從兩點一直到晚上九點，累得「背脊一陣陣抽痛」，好不容易才完成。同時也請了電燈公司在外間裝配四十瓦的燈。廿二日，星期日。剛吃完早飯，他和如鵬坐火車，張金河則騎腳踏車，分頭去士林，完成所有床鋪設備。他於十二點回台北。做完廣播合音後，又再回士林，和如鵬去街上買了十幾圓錢的草蓆與很多生活必需品，帶回去，然後解開行李，打掃室內。雖然「非常疲勞」，入夜後，他們還是坐火車回台北，轉搭海線夜車返鄉。

他們在火車上時睡時醒。廿三日清晨四點多，在彰化站下車，轉乘五點多的北上山線列車，六點多在潭子站下車，再步行回家。為了做搬家的準備，他上午去豐原購物，傍晚又騎腳踏車去社口，向岳母借一個柳條行李箱。晚上開始打包行李。家裡弄得亂七八糟。他注意到叔叔顯得很落寞。雖覺不忍，卻也無可奈何。第二天，他在豐原大姊家吃過午飯後，又坐巴士去社口向岳母借棉被袋。廿五日上午繼續忙著整理行李，一直到下午弄好了，就請高姓佃農用兩輪車把一張桌子、衣櫥和碗櫥各一櫃、西式椅子和圓凳子各兩把、柳條行李箱三個，運去豐原貨運託運。廿六日早上，他又捆紮了三個棉被袋，叫人用兩輪推車拉去豐原。岳母也來幫忙，然後與呂坤瑞等眾親友，陪他們一家，坐巴士去豐原，再送他們搭火車北上。

下午四點零五分，車抵台北。呂赫若便帶領妻小轉搭淡水線火車到士林，在天就要暗下來時走到

呂赫若（右二）和王井泉（左一）、呂泉生（右三）等人坐台車去木柵仙公廟遊玩（呂芳雄提供）

新家。雖然各項生活用品還未齊全，林雪絨馬上給一家人做晚餐。但因還不習慣燒煤炭，弄到超過十一點，才讓大家吃上一頓不安定的晚餐。他們就這樣度過了搬來士林的第一個晚上。

第二天晚上下班後，呂赫若又忙著去士林街買各種生活必需品。廿八日早上，他再麻煩陳泗治陪同，去郡役所辦理繁瑣的寄居申報和各項配給手續，一直到十一點半終於辦好。

於是，一九四三年一月卅一日出刊的《台灣文學》春季號（第三卷第一號）第七十三頁「消息」欄刊載：呂赫若氏入社「台灣興行統別〔制〕會社」與遷居「士林街山仔腳一六二番地」。

5 與繼母脫籍

隨著呂赫若和一家妻小的戶籍遷入七星郡士林街福德洋字山仔腳百六十二番地，長期以來就讓他感到頭痛，在他從東京歸鄉以後麻煩更是沒完沒了的繼母廖氏霧霞，也終於與他脫籍，乃至改嫁了。

「我聽說，祖父彌留時，年方三十四歲的我父親的繼母，曾經含淚請示四十九歲的祖父，如何安排她的後半生。但是祖父一直閉目無語。她再三懇求。祖父依然無言。」呂芳雄說，「經過眾人婉言相勸，她才退立一旁。不久，祖父便在一片哀傷哭泣聲中去逝。得不到祖父回應的她因此耿耿於懷，也是導致日後改嫁的原因之

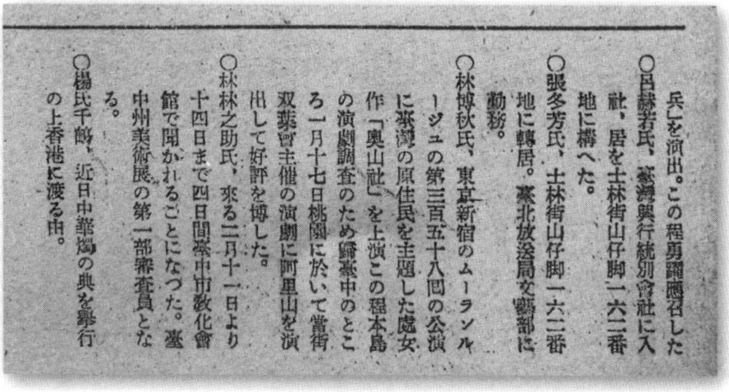

兵」を演出。この程勇躍應召した
○呂赫若氏、臺灣興行統別會社に入社、居を士林街山仔脚一六二番地に構へた。
○張多芳氏、士林街山仔脚一六二番地に轉居。臺北放送局文藝部に勤務。
○林博秋氏、東京新宿のムーランルージュの第三百五十八回の公演に臺灣の原住民を主題した處女作「奥山社」を上演この程本島の演劇調査のため歸臺中のところ一月十七日桃園に於いて當街双葉會主催の演劇に阿里山を演出して好評を博した。
○林林之助氏、來る二月十一日より十四日まで四日間臺中市教化會館で開かれることになつた。臺中州美術展の第一部審査員となる。
○楊氏千鶴、近日中華燭の典を擧行の上香港に渡る由。

一九四三年《台灣文學》春季號刊載呂赫若就職與遷居的「消息」

一。」

我們看到，呂赫若那名為「母親」的繼母，遲至他返鄉近十天後，才因為有「衝突」而零星出現在他的日記記事上。彼此之間關係的疏遠，由此可見。他寫道：五月二十日「母親肚子疼，整天躺著。」七月十九日「和母親發生感情上的衝突」。九月廿九日「為了（姪女）愛治而和繼母衝突」。

從此開始，呂赫若不再稱呼廖氏霧霞「母親」而改稱「繼母」。他在十一月續寫道：十五日，「繼母今早聽到說（全家）要（搬）去台北，吃了一驚，跑回她娘家去，拒絕去台北嗎？」廿四日，「今早一起床，繼母沉下臉來，主張要和我分開過活，說要回娘家去。我沒吭聲。就此去豐原，會晤廖金照氏，閒談繼母的事。晚上為商量繼母的事，邀請繼母的三位哥哥，和兩位伯伯以及叔叔等，開親屬會議。繼母堅持要分開住。我也沒辦法，只好同意。談到深夜。」廿五日，「繼母的行李拿回她娘家去。今天早上繼母來，說拿六百圓和戶口名簿給她。想就任其自然發展罷。」廿六日，「繼母今天起回她娘家住」。

然而，呂赫若的繼母並沒有因此就放過他。一九四三年六月三日，他在日記寫道：「拜訪（帶學童來台北旅行的）廖金照，拜託他有關母親的許多事。母親散布謠言令人生氣。」這裡，他又恢復人倫之常尊稱「繼母」為「母親」。但是，她很快又讓他喪失起碼的尊敬而再稱呼「繼母」。然後他們母子的關係就惡化為敵我關係了。七月一日，他感慨良深地寫道：「思考家庭，思考孩子們的事。將孩子培養成材才是正途。想到此，就氣憤繼母的反宣傳，心術不良。要戰鬥，為了孩子們的將來……」廿一日，他收到呂坤瑞「叔叔來信，說繼母偷偷再婚了。」他認為這「實在是很不像話的舉止」，同時也因此明白「迄今為止她對我的態度，宣傳我不孝的態度，總歸就是要製造她再婚的必要性。我如此認為並且堅持到今也總算沒有白費了。」他又質疑「曾經斷言她絕不會再婚的」姊姊和姊夫說：「你們看吧！」並且自勉「要相信自己！照自己所想的去做。」然後「憤慨地寫信給叔叔、金照。」卅一日，他收到如鵬的來信，證實關於繼母的再婚無誤，「只不過聽說是祕密的」。他因此不屑地懷疑她是「想那樣來欺騙我嗎！」

八月三日早上，呂赫若帶著全家坐快車返鄉，午後抵達豐原，再同去阿葉姊〔林寶煙〕家。不久，繼母也來了。他「詰問她再婚的事」。她顯然否認了。他於是去找廖金照詢問。廖金照回答他說「不，是真的啊！」然後把真相說出來。他再帶廖金照回去阿葉姊家，當面質問繼母。她還是不承認，「說不管怎麼樣那不是真的」。兩天後，也就是八月五日的早晨，繼母的二哥和廖金照一起來向他謝罪，「說再婚一事是真的，很對不起。」並「苦苦懇求給予〔她〕戶口」。他隨後就同繼母的三哥一起去保甲事務所，「無條件的」將她的戶口遷出去。

這樣，呂赫若和繼母之間的關係終於脫離了。

我們看到，後來，呂赫若也經常將父親娶二房的現實加以轉化，表現在小說創作的情節中，例如〈廟庭〉、〈財子壽〉、〈山川草木〉等等。只是，小說中的「繼母」形象，與他實際的「繼母」，往往有所出入。而他對封建社會下女人的再婚，終究還是抱著同情的態度。例如，他在〈廟庭〉續篇〈月夜〉開頭的議論：「我重新體認到結婚是女人一生最大的任務。如果是男人，因不幸的婚姻而過著不幸的生活雖是不爭的事實，卻不會像女性那樣，導致自己全部生涯都破滅。至少，一次婚姻失敗的男人，也有可能再度過著幸福的

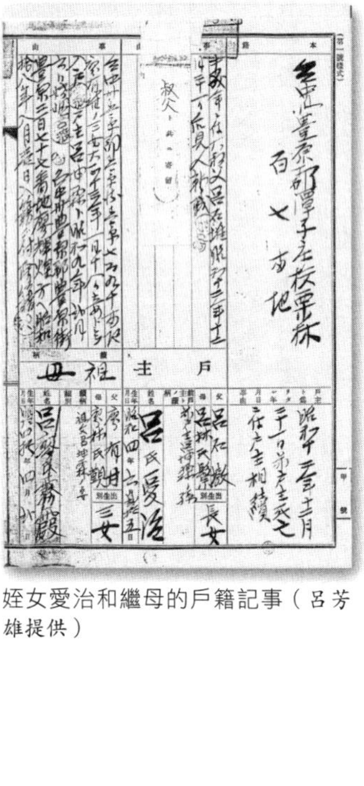

姪女愛治和繼母的戶籍記事（呂芳雄提供）

婚姻生活。可是，換成女性時，單是社會上與道德上的因素，似乎被認定只能有更不好的婚姻。一位非常有教養的小姐，只要一次解除婚約，就已經喪失能選擇理想中結婚對象的資格。一超過二十五歲，只能淪為人家繼室的命運。這些都是我們所看到的許多事實。因此，無怪乎台灣女性的雙親們冷淡處理女兒的心情。」—〔《小說全集》頁三九七〕

第十章

以劇作家立身的未遂志願

要以劇作家來立身。把主要精力貫注在這方面吧。這是自己的「文學與音樂的結合點」。

——呂赫若（一九四二年二月十九日）

呂赫若與張冬芳兩家人同遊草山（張冬芳攝影，呂芳雄提供）

早在東京時期，參與歌劇演出的呂赫若就已經自許：「以劇作家來立身」並「把主要精力貫注在這方面」。因此，他通過書信與張文環、王井泉等島內文友筆談「關於戲劇的事」，大量閱讀經典劇作與戲劇理論，觀賞各種戲劇演出與展覽，並寫劇本與劇評。甚至在返台的歸鄉路上，他還一路閱讀高沖陽造的《戲劇論》。回台以後，他更急切的是「很想為台灣的戲劇運動做些貢獻」。

1 無啥可觀的台灣的所謂「新劇」

日本戲劇界伴隨「明治維新」展開「脫亞入歐」的資本主義化進程，引進了西方通俗化的浪漫戲劇而形成「新派劇」。隨著日本殖民統治形成的政經構造改變，一九二〇年前後，殖民地台灣的新演劇活動也「在『文化戲』或『改良戲』的名稱之下，由一部分進步分子或左派思想家所組織」而催生了。但是，在皇民化政策實施後，殖民地台灣的中華傳統文化被破壞，替代以大和文化。禁用漢語和地方語言，普設日語講習所。在文學領域則控制作家與刊物的思想內涵，使作家被迫從事「皇民文學」。台灣傳統的歌仔戲、布袋戲遭禁演。「皇民化劇」，或「以大眾娛樂為主的新劇」、「以教化為主的青年劇」，則被當成工具而盛行一時。一九四一年元旦，黃得時在《台灣時報》第二五三號的〈作為娛樂的皇民化劇〉指出，所謂「皇民化劇」，「簡單地說就是從敬神崇祖開始，納稅、衛生、防火等宣傳，以至於普及日語、公共道德、認識時局、改善風俗、徹底防諜等內容，融入身為皇國國民應當具備的生活方式或思想傾向的現代劇。」（《雜誌篇・第三冊》頁六四—六五）

一九四二年，因應侵華戰爭進入長期相持的態勢，為了宣傳軍國主義，殖民當局便仿效日本國內「移動演劇聯盟」的方式，合併日本人十河隼雄的「南進座」與南保信的「高砂劇團」兩個台語話劇團，改組為「皇民奉公會指定演劇挺身隊」。一月十二日，演劇挺身隊在圓山台灣神社（現圓山大飯店）舉行結隊典禮，然後所有隊員送去「大直國民精神研修所」訓練十天，灌輸侵略思想，培養為「日本式」演員。而演劇挺身隊的運營就交由台灣演劇協會管理，它所主辦的講習與訓練課程，大多由日本專家擔任講座。二月一日起，演劇挺身隊作為殖民統治者的宣傳工具，開始下鄉巡演，宣導日本精神。自第二回巡迴演出後，由松居桃樓負責導演。在皇民化的指標下，演出劇本當然以日本人作品為多。以「國語」（日語）演出的新劇已然是主流。（《台灣電影戲劇史》頁三二五—三二六）

呂赫若返台（尤其是進入台灣映畫株式會社）以後的戲劇組織活動與廣播劇寫作和演出，就是在這樣的主客觀條件限制下展開的，過程非常曲折。

五月十九日午後，他到豐原大舞台看台灣的所謂「新劇」，並在當天的日記寫下觀感說：「令人錯愕。極端不自然的演出，好像兒童的學習成果發表會。那竟然是成人演的戲劇，令人困惑。最重要的是要有好的劇

藝能奉公的演劇挺身隊（台灣民眾文化工作室資料庫）

本，然後是舞台監督，還有演員的訓練。」

六月四日，他經由張文環與王井泉引薦，結識了任職台北放送局文藝部的中山侑，並在王井泉家與中山侑和張文環「鼎談文學，話及戲劇研究所」。

七月十三日晚上，他與王井泉、張文環和中山侑等人去新莊街看「演劇挺身隊」的戲劇排練，並指導其造型。二十日，《興南新聞》刊發他的戲劇評論〈農村與青年演劇——評皇奉台北州支部青年演劇腳本集〉。

自從日本發動全面侵略中國的戰爭之後，台灣殖民當局就特別注重利用青年戲劇充作宣傳政策的工具，因此以國民學校及鄉鎮公所為中心，由公學校老師領導，以「青年演劇挺身隊」的名義演出青年劇，列為各地青年團（十四至廿五歲）的重要康樂活動之一。（《台灣電影戲劇史》頁三二七）

另據中山侑一九四二年七月十一日《台灣文學》第二卷第三號〈演劇挺身隊〉所述，演劇挺身隊的第一次嘗試是在台北州新莊郡。從一九四一年十月對農村青年的團員展開大約一個半月的訓練之後，十一月廿九日於新莊街公會堂舉辦第一次試演會，演出節目包括中山侑《故鄉》、黃得時《通事吳鳳》等戲劇與歌謠。其後，日本帝國主義發動太平洋戰爭（大東亞戰爭）。最先提倡這項運動的前台北州總務部長井田憲次為了青年劇的「長期建設」，於是在新莊演劇挺身隊第二場演出之前成立台北州皇奉支部娛樂指導班，由井田擔任委員長，指任中山侑（演劇）與一條真一郎（音樂）為副委員長，致力於研究與磨練指導員，同時準備成立更廣泛的挺身隊。一九四二年一月，指導班募集七星郡下的青年志願者舉辦了一星期的演劇研習會之後，準備成立士林演劇挺身隊，並於三月底在士林公會堂舉辦第一次試演會。其後，台北州皇奉支部更積極推動新莊、士林、北投與州之下一郡一隊的青年演劇聯盟的組織工作。因此，由皇民奉公會台北州支部健全娛樂指導班編，以振興「農村青年演劇」為宗旨的《青年演劇腳本集》第一輯，於六月由台灣子供（兒童）世界社出版，收錄了名和榮一《蜜柑》與中山侑《軍國爺爺》等大多以農村為場景的七篇劇作。（《雜誌篇．第三冊》頁三六四—三六七）日本當代學者河原功《青年演劇腳本集》指出，該《腳本集》的「內容說教意味濃厚，如鼓勵農民為國增產、期待台灣青年獲得徵兵令、強調台灣青年志願從軍的榮譽與決心等」，以「貫徹日本精神、培養準日本兵」為主要目的。（《日治時期台灣現代文學辭典》頁三三一—三三二）

呂赫若的劇評就是在這種時空背景下的書寫。

八月廿六日晚上，由歌仔戲脫胎的明光新劇團幹部和張文環請他去「藝旦間」，商談「有關劇本委託、導演等的問題」。

九月三日，在校栗林家裡，他又寫了一篇戲劇隨感〈新劇與新派〉，投寄《興南新聞》學藝欄，並於七日刊出。十五日下午，他和王井泉、張文環到「孔雀」咖啡店，看女服務生的表演練習。十八日下午，他趕去天馬茶房，等候中山侑、張文環、楊佐三郎以及劇團的人。但沒人來。

十月一日下午，他在校栗林家裡讀法國《百科全書》編纂刊行者狄德羅（一七一三—一七八四）的《戲劇論》。因此「覺得書讀得不夠」。十二日，下午兩點，他去台北車站接張星建。晚上在張文環家談天。由歌仔戲脫胎的神風劇團團主也來邀大家去他家餐敘。廿二日晚上，他和蔡香吟一起去台北榮座，看中山侑導演、呂泉生音樂、蔡香吟獨唱的高砂劇團《海上豪族》舞台排練。廿五日早上，再去永樂

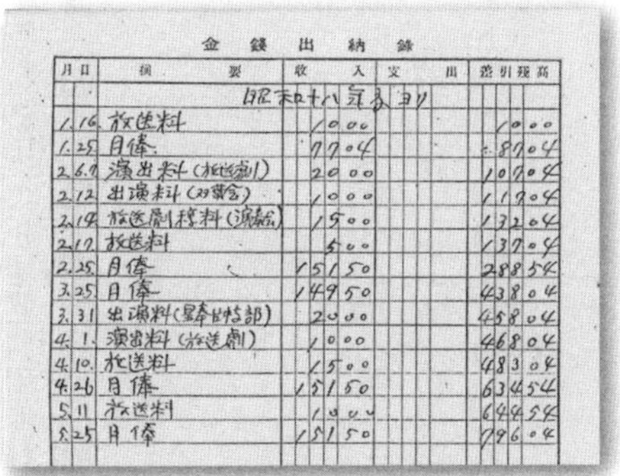
金錢出納錄

月日	摘要	收入	支出	差引殘高
	昭和十八年一月ヨリ			
1.16	放送料	1000		1000
1.25	月俸	7704		8704
2.6.7	演出料（放送劇）	2000		10704
2.12	出演料（双葉會）	1000		11704
2.14	放送劇稿料（演藝）	1500		13204
2.17	放送料	500		13704
2.25	月俸	15150		28854
3.25	月俸	14950		43804
3.31	出演料（[illegible]）	2000		45804
4.1	演出料（放送劇）	1000		46804
4.10	放送料	1500		48304
4.26	月俸	15150		63454
5.11	放送料	1000		64454
5.25	月俸	15150		79604

一九四三年所領廣播劇、稿費與月薪紀錄

座，看《海上豪族》第二次彩排。三十日下午去榮座，看《海上豪族》第三次彩排，和他們共用晚餐後再看公開試演會。覺得「沒什麼可觀的——在導演方面。不過，佩服本島人能夠把歷史劇表演到這種程度。」

2 在台灣映畫株式會社創辦劇團的挫敗

十一月十九日，呂赫若擔負著「加緊組成新劇團」的任務，進入台灣映畫株式會社上班的第一天，一直到下午三點，都忙著寫「演劇部」的組織大綱。二十日，早上九點半，他到公司上班，寫「研究所」要項等。下午四點起，與佐佐先生（身分不詳）一起斟酌劇團的預算案。五點，中山侑來公司，三人同編預算。因為預算的編製問題，他對「劇團到底能否成立，實在沒把握」。

後來，因為劇團經費預算的分擔問題，呂赫若很快就與謝火爐決裂了。

十一月廿七日，他「為了要完成董監事會議的討論要點而努力」了一個上午。下午，中山侑來公司，一起和謝火爐討論。最後決定在三十日召開董監事會議及其具體事項。第二天，他把劇團相關的資料都印好裝訂。廿九日，再將董監事會議的重要事項提交謝火爐社長。三十日，王井泉來公司商量劇團的籌組事宜，結果，董監事會議延期。當天晚上，他去皇民奉公會總部看了中山侑導演的青年劇。

呂赫若的日記並沒有載明「董監事會議延期」的具體原因。不過，從後來的記事內容來看，應該還是關於劇團經費分擔的問題吧。他也因此萌生離開台灣映畫株式會社的念頭。

我們看到，他在十二月一日的日記憤慨地寫道：「厭惡謝火爐的沒有品格，究竟這公司會變得如何？照這樣堅持下去的話，老王可就可憐了，索性辭職吧！」儘管如此，當天下午，他還是為了商借劇團的舞蹈練習場，而走到三重埔勘驗某工廠。但是，第二天早上上班時，謝火爐卻向他搭話，說只要王井泉不出資就停辦這次的劇團。他因為謝火爐不負責任的話而氣憤地離開公司，去山水亭，找王井泉商量應對之策，並決定從明天起不去上班。他於是又到台北放送局找中山侑，商議「關於劇團的前因後果、謝氏的背信」等問題，結果兩人取得一致意見：「在公司及劇團經營上，停止與謝火爐合作，劇團暫停。」四日，他「決定不去公司了」，同時在日記感慨寫道：「就這樣，第一個犧牲者乃是自己，為了將來起見，或許這也是不得已的。」六日（星期日），他去榮座戲劇大會，看中山侑導演的《國民皆兵》。也許是因為劇團組織的受挫而心情煩悶吧，中途即離場。九日，他先在山水亭和王井泉交換過意見，然後與謝火爐作最後談判。最終，「不得已」而「決裂」了。他在當天的日記無奈地寫道：謝火爐「是那麼的愚蠢，也懶得去追究他的責任了。」十二日，負責監視他的台北州特務警察丸山約他在山水亭，一邊吃午餐，一邊聽他報告「劇團中止的前因後果」。十五日，他向謝火爐領了一百圓津貼。

呂赫若與台灣映畫株式會社不到一個月（十一月十九日至十二月九日）的合作關係，從此以後就徹底結束了。

3 進入興行統制會社負責新劇業務

離開台灣映畫株式會社之後，呂赫若和王井泉、中山侑籌組劇團的事受挫了。帶著妻小，剛從校栗林搬到士林還不到半個月的他，立即又要面對失業而來的經濟壓力。為此，十二月十日，與謝火爐決裂的第二天，向來照顧他的王井泉就拿先前提過的進演劇協會任職之事與他交換意見。十二日，他向王井泉借了三十圓。十四日早上，他又去興南新聞社拜訪林呈祿，向他「說明劇團的詳細原委」。林呈祿也同意他的看法。他於是「將計畫書送出」。但是，他「一想到來台北卻沒職業，就實在無法平靜下來。漫步市街亦覺寂寞」。因為工作沒有著落，往後的這段日子，他也總是「失眠」而感到「非常困擾」。

這裡，呂赫若向林呈祿說明與呈送的「計畫書」，應該還是未能在台灣映畫株式會社組成的劇團吧。也就是說，他還是想繼續為籌組劇團而努力。

第二天（十二月十五日），應該是為了介紹新工作的緣故吧，中山侑與呂赫若約好晚上八點在山水亭面談。但不知為何失約。他也因此感到「心緒不寧，無精打采得很」。之後，日記沒有記載的是，中山侑應該向他傳達了要介紹他進台灣興行統制株式會社工作的訊息。所以，十八日早上，他寫了一份履歷書，下午就和王井泉去台北放送局，交給中山侑。到了廿二日，工作還是沒有著落。他因而「異樣地深深感覺生活無所依靠」。兩天後（廿四日），他終於經由中山侑陪同到「明治製菓」咖啡店，介紹給興行統制會社新劇部新劇股的豐島格股長，並就進公司的事交換意見。

歷史在呂赫若待業中翻過一九四二年，進入一九四三年。

一月九日，他收到興行統制會社「請再等一等」的通知，於是安慰自己說「為了做大事要吃苦耐勞，要更加刻苦。」卻又質疑自己「想法是否太天真了？」十三日，敏感的他總覺得，為了就職之事，他「和王井泉之間好像有誤會」。儘管如此，還是打從心裡感激王井泉幫他找工作的「真心真意」。十五日，興行統制會社還是沒有通知。他「一想到無業的現狀就覺得孤獨不安」。十八日，事情終於有著落了。午後，他和張文環及中山侑在山水亭談話之間，興行統制會社來電話，要他四點過去，面商進公司之事。他和新劇部的豐島及部長面談結果，「說是大概沒問題」。第二天早上，他又再去興行統制會社，面會常務董事、部長和總務等人，商討進公司的條件。

這樣，呂赫若到興行統制會社工作的事就確定了。

松居桃樓在一九四二年十月十九日《台灣文學》第二卷第四號發表的《台灣演劇之我見》指稱，台灣興行統制會社是台灣演劇協會「為了管理台灣全島劇場」而成立的，「所以想在台灣的劇場演出的職業劇團，就必須成為演劇協會的會員。」（《雜誌篇．第三冊》頁四二二—四二三）

也就是說，呂赫若是在台灣演劇協會所屬台灣興行統制會社，負責管理台灣職業劇團的劇場演出。一月二十日，早上九點前，呂赫若就到台灣興行統制會社新劇部新劇股上班，並從專務董事真子那裡領到任命書，月薪七十五圓，負責新劇業務。五點下班後，他又去山水亭，請王井泉、張文環做擔保人，然後回家寫履歷書。第二天，因為「屬於自己的辦公桌椅還沒送來，所以一整天在發呆」。這天，也是中山侑「入伍的日子」。雖然少了一個共同搞戲劇運動的夥伴，他依然要在公司「創作新劇」，同時繼續努力為籌組劇團創造條件，以期為台灣的戲劇運動做出貢獻。所以，當他聽到豐島格就要辭職，繼任者可能是台灣人吳得和的風聲之後，為了建立推展台灣劇運的根據地，下班後就趕緊登門拜訪並勸進吳得和。二月一日，豐島退職，吳得和果然進公司接任新劇股股長。這樣，他在台灣興行統制會社新劇部新劇股，就與吳得和初步建立了統一戰線。

另一方面，一月廿二日起，呂赫若「開始辦理實際業務」。主要負責劇本寫作。而他為興行統制會社所寫的第一個劇本是「很無聊」的《高砂義勇隊》。

太平洋戰爭爆發之後，日本的兵員明顯不足，於是從一九四二年四月一日起，在殖民地台灣正式實施陸軍與海軍特別志願兵制度，一共脅使一萬七千多名台灣青年參軍。同時刻意分離漢人和少數民族，而把少數民族另編為高砂義勇隊。可以想見，對呂赫若而言，奉命而寫的《高砂義勇隊》就不僅僅是「很無聊」而已，而是痛苦的違心勞作了。

一月廿三日，他早早就去上班，寫了《高砂義勇隊》第二幕。下班後，去江山樓，出席廣瀨部長的宴請。廿五日，他從公司領到本月份薪水七十七圓四錢整。廿七日，他「總算」在公司將《高砂義勇隊》寫好了，並於第二天脫稿。三十日，廣瀨部長就帶著他去總督府理蕃課和情報課報到，送審劇本。同一天，已經「熟悉」工作的他，也接下公司交派寫作的「新題材」。

呂赫若被指派寫作的「新題材」應該是題為「日本之子」的劇本。相對《高砂義勇隊》不到一個星期就寫好的效率，《日本之子》卻從二月九日開筆，一直拖了兩個多月才脫稿。

《呂赫若日記》寫道，二月二日，他去上班，但公司嘈雜，無法寫作，於是跑出去四處走。九日，廣瀨部長出差歸來。他只好整天待在公司，「比較認真地寫，但沒什麼進展。」十日，「去公司也無法按預期順利寫作」。十三日「一字也沒寫」，「晚間查閱戲劇論」。十八日上午「寫了四張稿子」。十九和二十日，連續兩天的早上，稿子都寫得比較順利。然後又停頓下來。廿三日，廣瀨部長向他催稿了。他因此而生氣。廿五日起燈火管制。他趕寫劇本第三幕。因為「順勢」，寫得很順利。廿六日又花一上午完成《日本之子》第三幕。其後，他停筆了一個多月這齣奉命而作的劇本。一直到三月三十日上午，才重提舊筆去寫。接著又停下來。四月十日才又提筆續寫。然後再中斷。四月十六日總算脫稿，交給廣瀨部長。

新竹州高砂族青年修練所訓練實態（徐宗懋提供）

再者，根據《日記》所附「金錢出納錄」所載，到了二月廿五日，呂赫若的月薪已從剛進去的七十五圓調高為一百五十一圓五錢整。但經濟依然拮据的他，甚至「為了錢的買賣」，「不得已」於三月廿六日接受小西園布袋戲的謝得氏委託，撰寫題為「源九郎義經」（又名《源義經》或《義經記》）的布袋戲劇本。他從四月十三日開始寫，歷經「不停地」「拚命」「趕寫」，五月十三日寫完第三篇，之後一度擱筆。五月廿五日起重新續筆，六月十六日完成交稿。可是，當買主問他「稿費如何」時，「正在鬧窮」的他卻「答說以後再付也可以」。事後，他也因此「驚訝自己是那麼懦弱」。

4 新劇合同會社籌設委員

在興行統制會社，呂赫若更想完成的工作還是籌組劇團，為台灣的劇運作出貢獻。

二月十五日下午，他出席興行統制會社在公會堂主辦的「新劇座談會」，覺得「劇場經營者的困難處境有很多值得同情的」。十六日上午整理座談會記錄。十八日，吳得和請他吃午飯。他認為「非徹底支援他不可」。下班後，去山水亭，碰見台灣演劇協會主事松居桃樓並與他談天。十九日下午，他和廣瀨部長徒步去萬華劇場，參觀新舞劇團。他認為「那種生活是不可能產生好戲劇的」。二十日下午，他又和廣瀨部長去雙連座與新舞台，看「光劇團」的演出與《樂劇大台北》。他的感想是：「提供好劇

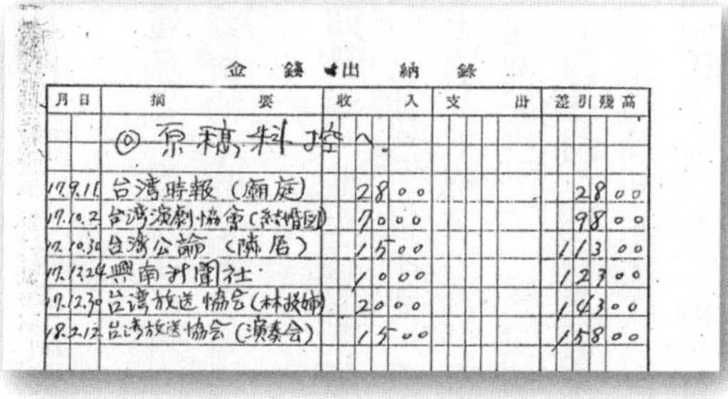
金錢出納錄

月日	摘要	收入	支出	差引殘高
	◎原稿料控へ			
17.9.11	台湾時報（廟庭）	28 00		28 00
17.10.2	台湾演劇協會（結婚図）	70 00		98 00
17.10.30	台湾公論（陳居）	15 00		113 00
17.12.24	興南新聞社	10 00		123 00
17.12.30	台湾放送協会（林投姉）	20 00		143 00
18.2.12	台湾放送協会（演奏会）	15 00		158 00

一九四二年九月至一九四三年二月所領稿費紀錄

本給現在的劇團猶如給小孩看大人書」。廿四日，他接受「台灣交聲會」的交涉，被公司任命為「新劇合同會社」籌設委員。

「台灣交聲會」的具體情況不詳。但是，可以確定的是，因為被公司任命為「新劇合同會社」籌設委員，除了寫劇本之外，他在公司的主要工作就是促成台灣新劇劇團的聯合。為此，他認定「非徹底支援」新劇股股長吳得和「不可」，並且不得不和先前認為「沒有品格」、「愚蠢」而感到「厭惡」的謝火爐再打交道。

三月一日上午，他就新劇部劇本問題詳細擬案，提交廣瀨部長。下班後，前往宮前町謝火爐家，出席新劇團聯合的第一次創立委員會。籌設委員六人做了種種討論後決定，該聯合暫稱「台灣演劇統制株式會社」。會議結束後，謝火爐又和他單獨交換意見。

由於材料有限，我們無從知道，呂赫若所說的「六人」，除了他和謝火爐之外，還有哪些人。至於暫稱「台灣演劇統制株式會社」的「新劇團聯合」，背後的組成因素究竟是經濟的？政治的？還是政治經濟的？也就更加無從知道了。

三月二日，他與王井泉在銀水餐廳共用午餐，並說明昨晚會議的經過。四日起，他服務的新劇部改名為劇本部，也換了一個比較安靜的地方辦公。他後來也覺得，新搬的地方很合他意，很不錯。五日早上，他起草了「台灣演劇會社」創立宗旨書草案。下午又草擬了該社的業務大綱。下班後，再去宮前町謝火爐家，出席台灣演劇會社「要保密」的第二次創立委員會。六日上午，他推敲修改了台灣演劇會社創立宗旨書。下午又擬定會社的「事務分擔」和「職務編制」草稿。同日，興行統制會社關於劇本問題的規定終於具體化了。七日上午，他繼續草擬台灣演劇會社的「事務分擔」。下午又向總務借書參考，草擬了整體章程。八日，他為制定台灣演劇會社社章而忙碌萬分。其後，接連兩天，他依然為擬寫台灣演劇會社章程而忙碌。十二日，「研究所〔台灣演劇會社？〕章程」大致完成了。十三日早上，他寫《旬報》邀稿的〈關於台灣新劇當前的課題〉。十五日上午改寫，題為「台灣新劇的反省」。十六日，下班後就到謝火爐家，開第三次創立委員會，討論修訂他草擬的公司規章。十九日下午，他獨自去演劇協會，就新劇團聯合的問題與松居桃樓交換意見。二十日下午，他和演劇協會的代表在公司試映室討論台灣演劇會社創立的事。結果是「狸和狐的相互幻化——無濟於事」。廿一日，星期日，他去山水亭和王井泉隨意聊天，當然也談到聯合公司的事。廿三日，台灣演劇會社和台灣演劇協會第二次會商，最後達成一致意見：「協會〔台灣演劇協會〕負責戲劇文化，公司〔台灣演劇會社〕負責職業劇團」。廿五日，在試映室，台灣演劇合同株式會社與相關業者舉行第一次談話會，全場一致贊成會社與演劇協會達成的意見。他出席了談話會，以及會社委員長謝火爐設於蓬萊閣的晚宴，也領了薪水。廿九日早上，他又和謝火爐碰頭，商量聯合公司的事。

四月四日下午，他去永樂座看國風職業劇團的公演，觀感是：「盲者不畏蛇與回鍋洋菜——無知者不知所懼，並且中看不中用。」五日下班後，他又被謝火爐叫去，與吳〔得和〕、黃〔得時〕、王井泉等人一起閒談台灣演劇合同株式會社的人事安排。結果，他只能當特約人員。廿二日，從早上起，台灣演劇合同株式會社就在試映室召開審查委員會。廿三日，台灣演劇合同株式會社的創立「碰上難關了」。所以，當天下午，謝火爐找他，加上台灣演劇協會專務理事三宅正雄，與會社常務董事商談。

此後，台灣演劇合同株式會社的創立顯然就暫時停擺了。

五月六日，興行統制會社申請的「職業劇團試演會」一事獲得批准。廿二日，組織台灣演劇合同株式會社的事再度被提起。他於是奉命「再次製作書類」。

七月六日，他又企畫「劇團底冊」。

後來，呂赫若的日記就不再有任何關於台灣演劇合同株式會社的相關記載了。據此，可以確知，他並沒有繼續參與組織台灣新劇團聯合公司的事。

5 從雙葉會到厚生演劇研究會

我們在《呂赫若日記》也看到，就在一九四三年四月廿三日演劇合同會社「碰上難關」之後，同月廿九日，他出席了在山水亭召開的厚生演劇研究會成立大會。

一般認為，厚生演劇研究會是日據末期台灣文化界抵抗日本殖民當局皇民化政策最重要的一個文化陣地。關於厚生的成立緣由，多年以後，呂泉生、張文環、陳逸松等幾個重要當事人分別在不同時空憶述了各自的看法。現在，我們就依據時序先來看看他們是怎麼說的。

首先，一九五五年八月，呂泉生在前述《我的音樂生活》寫道：「皇民奉公會演劇協會於一九四二年把原有的歌仔戲等台灣戲，以改良為藉口，致使這些戲無法繼續演出，於是這個時期的台灣戲劇就改向話劇方面發展。鐘聲劇團就是其中最具代表性的一團。我們在山水亭的聚會中，談出想要演戲給他們看的念頭來，王井泉先生深表贊同，由張文環先生和林摶秋先生負責劇本與演出，音樂由我負責，布景、布置則由楊三郎兄負責，演員方面找新莊、桃園、士林的有志青年參加演出。」

一九七七年，張文環在前述〈「台灣文學」雜誌的誕生〉則寫道：「興南新聞社組織了演劇挺身隊，邀請皇民奉公會本部的演劇指導者桃井桃郎氏寫腳本，募集隊員，租借第一劇場的三樓（本來是舞廳），開始練習《南國之花》。當我知道給指導者昂貴的薪水，在堂皇的練習場所，邊吃點心開始做豪華的練習的時候，我心裡總覺得有疙瘩。王井泉氏甚至發怒起來。因此，跟有演劇經驗的廣播電台的中山侑氏商量，是否《台灣文學》也組織一個演劇研究會。他也贊成。他們齊贊成的聲音鼓舞了我。林摶秋君把我在《台灣文學》所寫的小說〈閹雞〉予以改編，傳給大家閱讀。此篇腳本得到中山侑氏的好評，於是決定組織厚生演劇研究會演出。」這裡，如果不是中譯者葉石濤誤譯的話，張文環顯然是把「松井桃樓」誤植為「桃井桃郎」了。

多年之後，陳逸松晚年的口述，雖然沒有同樣的錯誤，但記錄者卻把松井桃樓誤注為「西川滿的岳父」。他寫道：「《興南新聞》處於惡劣的環境下，委曲求全，於一九四三年四月，組織『演劇挺身隊』，由『台灣演劇協會』從東京重金請來的松井桃樓（西川滿的岳父）當指導，採用日本作品《南國之花》為劇本，決定在『第一劇場』公演。《興南新聞》推出這個加強戰爭色彩的『皇民化』戲劇，很引起我們《台灣文學》同人的不滿，王井泉、張文環、林摶秋、中山侑等遂聯絡其他同好，組織演劇社，由我為之取名為『厚生演劇研究社』，準備與《興南新聞》的『演劇挺身隊』對抗。」（《陳逸松回憶錄》頁二八四）

關於「厚生演劇研究會／社」的成立，呂泉生、張文環與陳逸松的回憶都沒提到呂赫若。儘管如此，他們都提到其中的關鍵人——明治大學政治經濟科畢業，晚年讚譽呂赫若為「日本時代台灣人中小說寫得最好的風流才子」的戲劇導演林摶秋（一九二〇—一九九八）。（石婉舜〈懷念林摶秋〉／《文學台

林摶秋（左一）與雙葉會團員（攝自《林摶秋》）

灣》第廿七期頁一四八／一九九八年秋〕

據呂赫若一九四三年日記所載，他與林摶秋初次見面是在桃園觀看雙葉會的《阿里山》演出。其後，林摶秋就為了與他合作《阿里山》「下次的公演」而往來密切。

一月十七日中午，呂赫若在山水亭和中山侑餐敘，然後和張文環、王仁德等人坐火車去桃園，觀看雙葉會的戲劇《阿里山》。在劇場，他和導演林摶秋、原著者簡國賢〔一九一七－一九五四〕見了面。其後，松井桃樓也來，一同吃晚飯。七點起觀賞演出。呂赫若看了覺得「相當好」，讓他「感動讚賞」，尤其認為簡國賢的「那個劇本很好。自己也一定要嘗試描寫吳鳳。」

一月二十日，呂赫若開始到台灣興行統制會社就職。廿三日，東京帝大中國哲學系畢業的張冬芳〔一九一七－一九六八〕搬進他士林租屋的隔壁二樓。

二月一日下午，林摶秋到興行會社拜訪呂赫若。呂赫若介紹他給新劇部長廣瀨認識。下班後，他們一起去給士林演劇挺身隊請晚餐，然後到士林公會堂觀看挺身隊演出《芝山巖》。但「待了一會兒」，呂赫若就被林摶秋邀去台北，與呂泉生討論音樂。四日，林摶秋和簡國賢找呂赫若商量《阿里山》下次公演的事情。五日，林摶秋再到台灣興行統制會社，與呂赫若商量《阿里山》在台北公會堂公演的事宜。下班後，兩人同去山水亭用餐。呂赫若被林摶秋「硬是拉來拉去的」，叫他「也參加演出」。

林摶秋硬要拉呂赫若去參加的，就是雙葉會受邀十二日到台北市公會堂，在台灣總督府舉辦的「台灣文化獎之夜」的《阿里山》演出。

八日上午，呂赫若在公司「寫觀戲評及『雙葉會』評」時林摶秋又來訪，於是一起午餐。餐後，呂赫若回公司。張冬芳和李超然又來邀他出去喝茶。他再回到公司後，林摶秋又再來拉他去古亭町，拜訪在日劇擔任舞蹈指導和配樂的渡邊武雄。十日下班後，呂赫若去山水亭和呂泉生「預商音樂部分」。

顯然，呂赫若拜訪渡邊武雄，以及與呂泉生預商，都是為了參與《阿里山》開場演出的需要吧。

十二日，《興南新聞》刊出他的劇評〈阿里山——雙葉會的公演〉。除了讚許劇團的整體表現與編導之外，他也敏銳地指出，對於以吳鳳所謂「殺身成仁」作為主題的戲劇演出，必須「考慮歷史的、哲學的諸多問題以及時代考證等」。下午三點，他去台北公會堂，與雙葉會的團員一起彩排《阿里山》。晚上九點公演開始。他也化了妝，身穿鄒族服飾，在第一幕「祭神」開幕之前，演唱江文也以羅馬拼音模仿原住民語言風格的聲樂組曲《生番四歌曲》中的《搖籃曲》。

就在這樣的合作基礎上，林摶秋等人緊接著又與呂赫若就組織「戲劇研究會」事宜交換意見。這應該也是延續一九四二年六月四日晚上，他在王井泉家與中山侑和張文環鼎談文學時「話及戲劇研究所」的未竟之事吧。而這難道會與「厚生演劇研究會／社」的成立沒有關連嗎？

事情繼續發展著。

二月十四日午飯後，呂赫若去士林町，順便去陳泗治家。呂泉生已在那裡。談了一會兒，呂泉生就與他一起回來租所。不久，王井泉、王仁德、林摶秋等人也陸續從台北到來。他們「針對『戲劇研究會』事宜喋喋不休地交換意見」。十五日，《台灣文學》的日本人作者名和榮一請呂赫若與林摶秋在山水亭晚餐，並「閒談『戲劇研究會』的事」。十六日中午，他到山水亭，出席桃園雙葉會的慰勞宴會，和樂師們吃日式火鍋。下班後又去山水亭吃晚飯，其後和林摶秋、王仁德等去陳逸松家。廿一日（星期日），他在公司接到林摶秋的電話，說是把「原稿」帶來了。於是幫忙

劇評
阿里山（双葉會の公演）
呂赫若

一九四三年二月十二日《興南新聞》

看稿。但覺得「台詞蕪雜」。看完以後就「再叫小孩拿去還」給林摶秋。

呂赫若所說的「原稿」，會是張文環回憶所說「林摶秋君把我在《台灣文學》所寫的小說〈閹雞〉予以改編，傳給大家閱讀」，並且「得到中山侑氏的好評」的那篇腳本嗎？

兩天後（二月廿三日），過午，林摶秋又來公司找呂赫若，等他下班後，一起去天馬茶館吃晚飯，然後參觀林摶秋的日月新劇團。

接著，從二月廿四日到三月七日，呂赫若日記突然有兩個星期不見林摶秋出現。原因不明。

三月八日，近午時分，林摶秋又到台灣興行統制會社找呂赫若，一道吃午飯，到處走走。下班後，呂赫若又逕赴山水亭和林摶秋、呂泉生、王仁德等人閒聊。十四日（星期日）晚上八點，林摶秋又來呂赫若家裡，邀他去大稻埕（山水亭）。二十日下班後，他去山水亭，與林摶秋和台中的莊世英一同用餐。廿三日晚上八點，他又在山水亭見到林摶秋。

這三次，呂赫若日記都未載明林摶秋造訪的目的。如果只是「閒聊」，那也側面說明，那段期間，林摶秋與呂赫若過從甚密的關係。而且，就像呂泉生所說：「我們在山水亭的聚會中，談出想要演戲給他們（皇民奉公會演劇協會）看的念頭來。」

呂赫若（二排右三）與雙葉會團員演出《阿里山》後合影（台灣民眾文化工作室資料庫）

三月廿七日下午四點半，呂赫若出席了興南新聞社在「明治製菓」三樓召開的「藝能（娛樂）文化研究所」第一次籌備會。但「對那些無聊傢伙們的氣焰感到錯愕」。

興南新聞社「藝能（娛樂）文化研究所」，就是張文環和陳逸松所云，逼使《台灣文學》同人不滿的「皇民化」戲劇《南國之花》的主辦單位。因此，我們也可以理解，呂赫若在籌備會上「對那些無聊傢伙們的氣焰感到錯愕」的反應，應該也是促成張文環和陳逸松、王井泉、張文環、林摶秋、中山侑等同人準備組織演劇社，與《興南新聞》「演劇挺身隊」對抗的共同情感。而後來成立的「厚生演劇研究會／社」，應該也是一九四二年六月四日晚上呂赫若在王井泉家與中山侑和張文環鼎談時話及的「戲劇研究所」，以及一九四三年二月十四日午後呂泉生、王井泉、王仁德、林摶秋等人在他士林租屋「喋喋不休地交換意見」的「戲劇研究會」的延續吧。如果是這樣，那麼，包括上述呂泉生、張文環和陳逸松等人對「厚生演劇研究會／社」的憶述，就是歷經五〇年代白色恐怖而餘悸猶存的他們，刻意不提因為參加中共地下黨被通緝而行蹤成謎的呂赫若了。

既然如此，我們還是通過《呂赫若日記》回到歷史現場，看看他與「厚生演劇研究會／社」相關的人和事有過怎樣的互動吧。

三月廿八日（星期日），天寒風大。早上，他和陳逸松、王井泉、王仁德、張冬芳、蕭再興（畫家）等人在台北車站會合，搭快車到桃園，給林摶秋請吃飯。午餐後，林摶秋帶領他們和須賀醫師夫婦一行，同去參觀林家的辨天池、葡萄糖工廠、榨油工

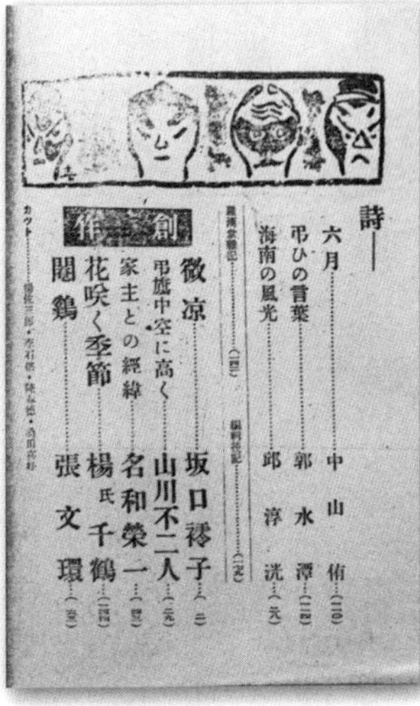

刊登《閹雞》的《台灣文學》目次

廠等。晚餐後，他又和林摶秋、須賀醫師、王仁德、蕭再興等人去酒館續攤。

四月二日，他因林摶秋來訪，連同隔壁的張冬芳，一起去山水亭吃晚飯，之後去張文環家，談得很起勁。四日下午，他和林摶秋、須賀醫師先到「明治製菓」茶敘，再去山水亭晚餐，之後再去永樂座看國風劇團公演，最後去張文環家聊天。七日下午三點，他從公司騎腳踏車去大稻埕張文環家，和王井泉等人閒談戲劇。十日近午時去廣播電台，林摶秋來訪，同用午餐後走去山水亭，和王井泉聊天。十四日，林摶秋又到呂赫若的公司找他。晚上，他與陳逸松、黃啟瑞、李超然、張文環、蕭再興、呂泉生等人，同在張冬芳的租屋酒敘。十五日晚上，蕭再興在王井泉家設宴。他與「昨天的成員」，再加上林摶秋、王仁德、吳天賞、陳遜章等人出席，邊吃日式火鍋，邊談論「台灣話的純化問題」。

與此同時，除了桃園雙葉會，呂赫若與厚生演劇研究會基本成員的士林和新莊演劇挺身隊員也時有往來。一月廿三日，他和士林演劇挺身隊的賴曾，以及張冬芳，商量組成第二廣播劇團的事。廿八日晚上八點，他和名和榮一、張冬芳等人去士林公會堂，看士林演劇挺身隊排練。二月一日下班後，他和林摶秋給士林演劇挺身隊請晚餐，並到士林公會堂觀看他們演出《芝山巖》。十八日下午四點，賴曾來公司找他商量「士林演劇研究（會）」事宜。三月廿六日晚上，他和張冬芳去士林公會堂，指導士林演劇挺身隊演出中山侑寫的戲《嶺上的一間茶店》。廿七日，興南新聞社「藝能（娛樂）文化研究所」第一次籌備會後「雨沛然而降」，剛好台北州皇民奉公會分部要去審查士林演劇挺身隊演出，他於是搭便車順路回家，換過衣服，再出席挺身隊的競演會。

四月十六日晚上八點，「厚生音樂會」利用公休日在山水亭舉辦第一次試聽會。他出席了，但覺得「雖屬盛況卻沒有值得一聽的」。

這是呂赫若日記第一次出現有關「厚生」的記事。也就是說，厚生演劇研究會在準備戲劇演出之前已經先有音樂活動了。可以想見，在日本學音樂的呂赫若與呂泉生應該在其中扮演了重要腳色。而在「厚生音樂會」之後，「厚生演劇研究會」的記事也開始在呂赫若的日記出現了。

四月十八日下午五點，他在山水亭和士林、新莊、桃園的「厚生演劇研究會」會員碰頭，晚上同去榮座，看「青年文化常會」的戲劇《楠氏一族》。但他「馬上辭出」。二十日晚上八點，「厚生演劇研究會」創立委員會在蓬萊町王井泉家召開。他與「新莊、士林、桃園的人士們」都出席了。廿一日早上，他在公司草擬「厚生演劇研究會」的章程草案。廿三日下午，呂泉生與新劇演員宋非我（一九一六－一九九二）到公司找他茶敘。下班後，他又去山水亭和林摶秋見面，散步，共用晚餐。廿五日中午，中山侑利用軍隊外出機會到公司找他茶敘。廿九日下午三點半，他出席了在山水亭舉行的「厚生演劇研究會」成立大會。

這樣看來，在張文環和陳逸松的憶述中，如果在部隊服役的中山侑都是創立「厚生演劇研究

一九四三年四月十六日呂赫若（二排右一）與呂泉生（前排右五）出席「厚生音樂會」第一次試聽會（台灣民眾文化工作室資料庫）

會」的重要核心，那麼，負責草擬該會章程的呂赫若，怎麼就不能是他們記憶裡的其中之一呢。

厚生演劇研究會集結殖民地台灣的文學、戲劇、音樂、美術等各界菁英，強調以「台灣」為主體的戲劇革新立場，主張「戲劇取材應以本地人民的生活情感以及時勢為對象」，反對戰時官方主導的戲劇改造方針。同時也由文藝演出部主任林摶秋帶領來自桃園、士林、新莊、三重埔一帶的演員，像「一步步前進的牛」那般，「從《地熱》四場開始」，一本接一本地閱讀「《闍雞（前篇）》二幕六場、《從山上看見街市的燈火》三景、《高砂館》四場、《巴達維亞城的暴風雨》三場、《雲雀姑娘》六場」等腳本。

五月六日，晚上七點半起，厚生演劇研究會在王井泉家展開第一次練習。呂赫若與張文環一起去了現場鼓勁。九日下午六點，賴曾邀他去士林街家裡餐敘。十日下午，他邀賴曾去山水亭，和王井泉聊了一個鐘頭。所談內容日記未載，不過，應該與成立「士林演劇研究會」之事有關吧。十二日下班後，他又去大稻埕，出席厚生演劇研究會的集會，但「出席率很差」。會後，他和王井泉聊「《台灣文學》的戲劇的整體一般」。十三日下午四點，他接到林摶秋的電話，於是前去山水亭，卻沒碰到他。十六日下班後，他去山水亭看厚生演劇團員的戲劇練習。廿四日晚上，他在山水亭和李石樵、吳天賞等人喝啤酒，碰到「久已不見」的林摶秋。廿九日下午六點，他和陳逸松、張文環等人去太平町的唱片行，四處覓購厚生演出要用的採茶歌、子弟曲的唱片，然後去看厚生演劇排練。

呂赫若的日記告訴我們，從厚生演劇研究會的發想、籌備、成立到劇團最初的排練，幾乎都是在王井泉經營的山水亭。陳逸松也強調：「王井泉夫婦對『厚生演劇』的支持，尤其令人感動。演出是由王井泉代表出面申請的，演出前的費用是由他舉債墊付的，數十位演員的晚餐也都是由山水亭供應的，那不只是一餐，而是連續幾個月下來的，對經濟本不寬裕的他們來說，是多麼沉重的負擔啊！不僅如此，

就是演員的服裝也是井泉嫂在百忙中踩著縫紉機趕製出來的。」（《陳逸松回憶錄》頁二八五）

六月四日晚餐後，呂赫若和李石樵一道去李超然（鋼琴家高慈美之夫）家，參加小型音樂會。張文環、呂泉生，辜振甫和偉甫兄弟也來參加。會後，他頂著豪雨跑步到車站，和厚生演劇的團員一起坐末班火車回家。八日中午下班後去山水亭和王井泉、林摶秋餐敘。十二日午休時間，他和賴曾又在新公園邊吃香蕉邊談天。可以想像，所談內容應該還是與成立士林演劇研究會之事有關吧。

十六日，他下班就回家，因而晚上不能去大稻埕看「厚生演劇」排練，並為此感到遺憾。廿二和廿四日晚上，他都去大稻埕觀看了厚生劇團排練。廿七日（星期日），厚生演劇研究會的會員們在辜振甫家做《閹雞》的總排練。下午兩點下班後，他就與張文環同往辜家，幫忙演員化妝。廿九日下班後，他和張冬芳走去山水亭，和宋非我、林摶秋喝啤酒。

《陳逸松回憶錄（日據時代篇）》（頁二八五）和張文環〈「台灣文學」雜誌的誕生〉（頁六二）都提到，厚生演劇後來就「租借大稻埕一家熟人的製茶場」排練。製茶場裡頭什麼設備都沒有，當然也談不上「電扇和點心」了。而且，這些「從桃園、中壢、士林等地的演劇挺身隊員中選出」的演員都有職業，下班後從各地趕來台北，在通風不良的製茶場汗流浹背地排練。雖然常常有演員暈倒，但阻止不了他們的熱情。為此，那些來看排練的「新聞記者和大學教授」都深受感動，「日本人的大學教授」甚

新劇演員宋非我（台灣民眾文化工作室資料庫）

至義務幫演員「矯正了日本話的台詞」。一位「在紅十字醫院做見習醫生的年輕醫生（曾先生）」也帶來葡萄糖注射液，免費給演員注射。相對地，藝能（娛樂）文化研究所與厚生劇團的排練條件完全不可同日而語。不但排練的第一劇場「設備佳，通風好」，演員排練時「還備有電扇和點心」。但是，興南新聞社採訪記者吳天賞卻「每天專門報導厚生演劇研究會的練習狀況，而不寫自己報社的演劇狀況」，因而「被主筆叫去痛罵了一頓」，並詰問「為什麼？」吳氏回答說「因為厚生比自己報社劇團更出色的緣故啊！」主筆又責備他說「既然知道這件事為何不去幫助自己劇團進步？」並且禁止他之後再寫關於厚生的報導。

就在兩個劇團分別排練期間的七月四日下午，厚生演劇的演員們僱了帆船來招呂赫若漫遊淡水河。他於是帶著長子和長女坐上船，從江頭繞去台北。十二日晚上，他去第一劇場看了藝能（娛樂）文化研究所的排練，覺得「沒什麼看頭」，並在日記強調「我不承認自我意識」。十三日，他與簡國賢一起去看電影《夜晚的探戈》。十九日，林摶秋在《興南新聞》發表〈一步步前進的牛——「厚生演劇」導演手記〉，為即將舉行的公演展開宣傳。廿二日，王井泉和林摶秋到公司找呂赫若，請他出演《巴達維亞城的暴風雨》。他「因為是主角戲，所以不便接受。但沒辦法而答應了」。廿三日中午，他又和林摶秋同去城內並回公司。三十日晚上，他「合念《巴達維亞城的暴風雨》的台詞，舌頭打結，念得不順」，因而「感覺到歲月的流逝」。

巴達維亞城，也就是印尼的雅加達。《巴達維亞城的暴風雨》應該是講述母親為日本人的鄭成功收復台灣（一六六一—一六六二）的故事吧。而為了厚生的公演而忙著導戲的林摶秋和王井泉之所以力請呂赫若主演《巴達維亞城的暴風雨》，也就說明這齣戲原先也是他們考慮的厚生公演的劇目之一吧。

七月廿五日下午三點半，呂赫若去公會堂，看興南新聞社藝能文化研究所公演劇目《赤道》的彩排。

覺得是「機械人演戲，無妙處。」

《赤道》原是八木隆一郎國民演劇徵選劇本，改編為電影時片名改稱「南海の花束」，主要講述在南洋的機場工作人員為開拓南方新航線，在失敗中奮戰不懈，犧牲奉獻，最終完成任務的故事。它就是張文環與陳逸松回憶所說的「《南國之花》」，也是為日本軍國主義南進服務的政策作品。該戲的導演為松居桃樓與竹內治，音樂吳成家，編舞鮫島ゆり子，舞台設計佐佐成雄，燈光是松竹公司照明主任澤木喬。七月廿六日，松居桃樓在《興南新聞》發表《赤道》公演前的〈演出的話〉指稱，「就像之前東京知識人湧到築地小劇場看戲一樣，台灣的政治人也希望能看到高水準的演劇」。而他所謂「高水準的演劇」，亦即真正的新劇，是相對日本內地來台灣演出的三流四流劇團而言。這就是《赤道》演出的主要目的。但他同時強調「現今的戰爭不單是武力戰，文化戰也包含在其中……演劇可作為武器，我們的舞台可作為文化戰的最前線。」然而，一九六五年十月，張文環在《台灣文藝》第二卷第九號發表的〈難忘當年事〉指出，恰恰因為這樣，再加上《赤道》的製作群以日本「內地」

藝能文化研究所公演《赤道》（攝自《林摶秋》）

《南海の花束》（攝自《林摶秋》）

專家居多，讓張文環等人有被「近廟欺神」的感覺，才會刺激厚生演劇研究會推出《閹雞》等劇，互別苗頭。

八月一日，呂赫若去士林教會參觀呂泉生的聲樂練習，之後一起回家吃午飯。再帶妻子和孩子們去山水亭吃晚餐，看厚生演劇排練。九日，厚生演劇研究會負責人王井泉在《興南新聞》發表〈一粒麥子不死——從民烽到「厚生」的回憶〉，宣示該會展開「第二期新劇運動」的歷史使命，指出「直接將內地日本的新劇照本宣科地移植是無法解決問題的」，「必須敏銳地攝取觀眾中流動的生活感情以及時勢」，同時主張「唯有將現實理想化，理想現實化之後，才會出現感人的戲劇」。十四日晚上，呂赫若請來訪的賴曾、郭啟賢等幾位厚生演劇的人喝酒。十五日過午，呂泉生來訪，遂與張冬芳三人共聊。十六日晚上，厚生音樂研究會在永樂國民學校演奏。他本來要獨唱，因為沒聲音而作罷。

八月十七日以後，呂赫若的日記經常中斷沒記，尤其是廿七日至九月十八日期間一片空白。恰恰就在這段期間，九月三日起，厚生演劇研究會在台北市永樂座一連五天公演林摶秋編導的《閹雞》、《高砂館》、《地熱》和《從山上俯瞰都市的燈火》等四齣戲。

我們雖然無從通過日記知道呂赫若參與演出活動的具體情況，以及對演出的感想與看法了。但還是可以通過同時代人的晚年回憶去想像當年的演出盛況。

「《南國之花》和《閹雞》同一天公開演出。永樂座有史以來初次爆滿。」張文環〈「台灣文學」雜誌的誕生〉回憶說，「作為原作者站在生平第一遭的舞台上致詞時，如排山倒海似的觀眾黑壓壓一片，好似要把我壓倒似的，我險些流下眼淚，訥訥說不出話。」

「《南國之花》是在最現代化的第一劇場登場。《閹雞》等是在三流設備的永樂座演出。」《陳逸松回憶錄（日據時代篇）》寫道。「剛一開演，勝負立見，第一劇場的冷清與永樂座的爆滿，形成強烈的對比。在那禁止台語的時代，《閹雞》雖然使用日語演出，但當呂泉生的〈六月田水〉和〈丟丟銅仔〉在台上唱出的時候，台下的觀眾也興奮地跟著唱起來了，一次又一次地唱個不停。結果第二天這兩支民謠就以『太富有民族色彩』而被警察署禁唱了。」（頁二八五—二八六）

「已經有好多年沒人敢唱，且嫌它粗陋的〈丟丟銅仔〉、〈六月田水〉、〈一隻鳥仔哮啾啾〉，這些歌曲後來能在永樂座使觀眾感動得叫出聲來，是很令人想不及的。」呂泉生《我的音樂生活》指出，「《閹雞》這齣戲使我找到音樂的新方向，開始從自己的生活、自己的家鄉、自己的文物去探討。」

一九四三年八月九日《興南新聞》

《陳逸松回憶錄》又載，「其實《閹雞》一劇是描寫台灣農村的中農家庭的日常生活，毫無什麼稀奇可言，但他描繪出台灣人古老的音樂世界，傳統服裝古怪青藍的色彩，落後而保持些好處的習慣。這些都是日本人掩目不肯正視的幻象，同時也是台灣知識分子心底並不讚美、卻要給日本人看看聽聽，使其反省殖民地政策之愚的東西。於是藉舞台設計、音樂、服飾來強調鄉土的色彩，反映台灣人的民族意識，發洩對『皇民化』和『南進』政策的不滿，終而激發觀眾內心的強烈共鳴，使演出獲致空前的成功。」（頁二八六—二八七）

「任何一種強悍的帝國主義者都無法搖動我們民族生活的根，」多年以後，當時的皇國青年葉石濤，在收錄於一九七九年遠景版《台灣鄉土作家論集》的〈論張文環的「在地上爬的人」〉一文，也對此評價說：「縱令他們征服了我們，控制了我們的土地，奴役了我們，仍然無法消滅我們，無法改變我們民族固有的生活方式、多采多姿的風俗習慣以及我們愛好和平的性靈。以我們悠久的歷史而言，像日本人這樣膚淺的統治哲學也許能有效地改變我們物質生活環境於一時，但無法毀滅我們的民族性格。」（頁一一三—一一四）

6 音樂放送與不值一提的「國民皆唱運動」

在台北，男高音呂赫若還是經常有機會在各種不同場所演唱。首先，一九四二年六月十九日晚上，他應初識的陳泗治之邀，到大稻埕教會唱歌。廿二日午後，他和《朝日新聞》記者，也是《文藝台灣》同人藤野雄士（一九〇八—？）在城內茶敘，遇見從事音樂的日本人鳥居芳枝女士，從而得知在東京學音樂的舊識蔡香吟已經返鄉。廿三日中午，他便在山水亭與蔡香吟、鳥居芳枝餐敘，深感「獻身藝術需要勇氣」。晚上，依陳泗治之約，前往明石町組合教會參加合唱。

與此同時，呂赫若又通過任職台北放送局文藝部的中山侑而從事音樂放送。

根據一九四二年十月十日《興南新聞》刊載的交通局總長訪談，殖民地台灣的放送（廣播）始於一九二五年六月十七日至廿六日，台灣總督府交通局遞信部在日本始政三十週年紀念展覽會會場進行的實驗

厚生演劇研究會說明書封面（攝自《張文環全集》）

性放送。一九二八年十一月遞信部設立台北放送局（呼號ＪＦＡＫ），正式開始實驗放送。一九二九年九月又開始播送部分日本內地的節目。為了達到戰爭宣傳目的，一九三一年二月台灣總督府設立台灣放送協會，七月採用台灣籍女性播音員，並開始使用本地語言廣播。但收聽廣播需要購買收音機，並定期繳納收聽費（月額一圓），一般人難以負擔。一九三四年，為了強力推動放送事業，殖民當局在台北放送局附近的新公園（今二二八和平紀念公園）設置高約兩公尺的放送亭，公開放送。一九三七年七月日本帝國主義全面侵略中國，殖民地台灣進入戰時體制。一九四一年十二月太平洋戰爭後，台灣又成為日本帝國侵略東南亞的南進基地。台北放送局於是成為日本帝國對華南及南洋的主要宣傳電台。到了呂赫若返台的一九四二年，台灣的放送受眾已經超過九萬人。但由於主要以日語播放，聽眾大多以在台日本人為主。為了達成本島民眾「皇民鍊成」、「國語普及」、「了解國策」的三大目的，殖民當局於十月十日正式開播以台灣人為主要對象的台北放送局第二放送（一九四四年五月一日停播）。

呂赫若（第二排左五）與厚生演劇研究會成員第一回公演後合影（呂芳雄提供）

呂赫若也以台北放送局為主要舞台，開始從事音樂放送，以及前所未有的廣播劇創作。

六月廿六日，台灣放送協會名和榮一來電，拜託他七月十日播音。第二天，他立即到台北放送局，與名和榮一商量播放曲目。七月七日早上，在家鄉的他又收到名和榮一的限時專送。他立刻回信，並於八日下午北上。九日下午，他和王井泉去放送局，遇皇民奉公會評選島民歌謠而參加試播，但「因沒做好總譜的變調，所以不行」。十日中午，他去放送局試播，晚上八點，再和遠藤保子一起播放「軍國歌謠」，三十分鐘，領取謝禮四十圓。

七月十一日早上，他帶張文環去宮前町楊氏工作坊，聽蔡香吟聲樂練習。十四日下午，他又帶王井泉去聽蔡香吟歌唱。晚上和張文環、蔡香吟、鳥居芳枝、中山侑、張星建、楊千鶴、楊逵、王井泉等人在山水亭聚餐。九點半，蔡香吟在陳逸松家三樓獨唱。卅一日晚上，八點起，他從收音機收聽「同音會」的播音，覺得呂泉生的編曲並不好。

八月廿二日，在家鄉的他又收到中山侑委託做廣播的限時專送。為此，他於廿五日（生日當天）午後北上，七點去放送局，領取樂譜。廿六日下午，他再和王井泉一起去放送局領樂譜，然後獨訪蔡香吟，拿樂譜給她。廿七日晚上，他和王井泉坐人力車趕到放送局，與蔡香吟一起做廣播總排練。廿八日晚上八點起，他和蔡香吟在三十分鐘的音樂劇《白鹿》共同擔任獨唱，領到報酬二十圓。廿九日下午，他和王井泉、張文環一起去放送局，請名和榮一彈鋼琴。

九月十二日，張文環建議呂赫若和蔡香吟開設「聲樂研究所」。為此，十六日，他與蔡香吟和鳥居在山水亭共進午餐，然後同去士林教會拜訪陳泗治。但不遇。十七日晚上，他應邀去鳥居家，指導名叫青山的某青年唱聲樂。

十月十四日晚上，在陳逸松家的茶會，他和蔡香吟獨唱。到會者除了王井泉、張星建、郭水潭、楊佐三郎夫婦、李超然夫婦等舊識之外，還包括大東信託會社的陳欣和陳逢源、《興南新聞》政治部次長吳金鍊、陳紹馨……等台灣菁英，場面相當盛大。《陳逸松回憶錄（日據時代篇）》（頁二七四）指稱：「一九四二年（呂赫若）回台，由張文環介紹我們認識，我特別在我的法律事務所的三樓為他舉辦茶會，請他演唱，介紹給文化界的朋友。」應該就是指今夜之事吧。

十月廿一日下午，他去放送局領樂譜。廿二日晚上，在台北放送局第二放送，指導下奎府町第三區青年團員，排練岩崎千藏作曲的《秋祭》播音歌唱。廿五日晚上作第二次指導。廿九日晚上再作第三次播音歌唱的指導，領到播音費三十圓。

十一月十三日晚上，他出席了在謝火爐家舉開的同音會演奏鑑賞。十九日開始到台灣映畫株式會社上班。午後去宮前町謝火爐社長家，在陳泗治伴奏下唱已許久沒唱的歌劇。五點到七點又和同音會成員商量舉辦音樂會事宜。廿二日下午，在永樂町某人家，他由高野先生鋼琴伴奏，預錄第二天廣播的合音。

十二月四日晚上，他應名和榮一要求，去公會堂「大音樂會」的合唱露臉。五日下午去鳥居家，與蔡香吟同聽《卡門》和《茶花女》唱片。晚上出席《民俗台灣》在「明治製菓」三樓主辦的「台灣音樂欣賞之夜」。十二日，他又去拜訪蔡香吟，商量（同音會）音樂會的事。

時序進入一九四三年。

一月三日，磯江老師送別音樂會。第二天晚上，他回到台北。儘管決心「靜下心來從事文學」，「寫出精心傑作」，但仍斷斷續續，被動應邀或主動，從事音樂放送與歌唱等音樂相關活動。

一月九日下午，他去廣播電台面見渡邊武雄，並約張文環、名和榮一、呂泉生、蔡香吟等人一起聚餐，給渡邊武雄接風。十三日下午，王仁途（塗）與呂泉生來訪，並邀他到台北放送局商討廿六日廣播之事。十四日晚上，呂泉生為整理樂譜來訪並留宿。十五日，早上十點多，呂泉生起床後，同去士林拜訪陳泗治。但不遇。十六日晚上，在第二放送，他和濱田千鶴子女士播放三十分鐘獨唱，「自覺狀況非常良好」。十八日晚上，他去放送局初排《海路東征》男高音獨唱。二十日，他到台灣興行統制會社新劇部新劇股上班。廿二日，購買 Jules-Leon-Jean Combarieu 的《音樂的法則與進化》（園部三郎譯，創原社一九四二年出版）。午後蔡香吟來訪，告知將於廿四日前往東京。廿五日，下班後去放送局，演練明天的廣播獨唱。廿六日，下班後立刻去放送局練唱，九點起，由呂泉生編曲並指揮管絃樂伴奏，廣播獨唱六首，領到廣播報酬和一盒鋼琴形的香菸禮盒。

二月二日，下班後，他去山水亭聽《海路東征》唱片。十六日晚上，去第一師範附設國民學校，第二次排練《海路東征》。十七日晚上，去放送局，試播《海路東征》，九點起，再與廣播合唱團一起，正式播放三十分鐘。

三月二十日，他應吳天賞之邀寫〈台灣音樂放送的意義〉。廿二日，《興南新聞》刊出，署名「土角山」。二〇一一年台灣文學館出版《台灣現當代作家研究資料彙編（10）——呂赫若》（許俊雅編選）的朱家慧〈藝術追求或社會責任？——從〈順德醫院〉及其樂評看呂赫若的藝術觀〉和垂水千惠（邱若山譯）〈二次大戰期間的日台文化狀況與呂赫若——以其音樂活動為中心〉兩篇論文指稱，呂赫若認為，第二放送播放的台灣音樂大多以懷舊曲調為主，但「傳統的台灣音樂欠缺現代人的知性思維」，因而提出改革的必要性。他指出「光是只有感情是無法產生音樂的。音樂裡摻雜了混沌的感情生活，但是在知性的特殊運作下產生秩序與美。」他舉例說，「貝多芬的交響樂是一般愛好流行歌曲的人所不能懂的，因為它必須反覆聆聽才知它的好。江文也所作的一連串的『台灣舞曲』在台灣是少有的旋律，常有人說聽了之後不知是哪裡的音樂，但正因如此，更顯示出它的價值。」因此，他質疑「台灣音樂改革及提升的問題，是否只是用現代的樂器來演奏現代化的旋律就可以解決了呢？」他同時強調「台灣的音樂改革必須賦予台灣音樂現代的意義，必須可以帶動現代人知性的成長。」具體而言，「必須由第二放送不斷地播放原本的台灣音樂，藉此訴求現代知識分子的知性的不足，以此為原點，生產更優異的台灣音樂。」廿九日，《興南新聞》再刊他以「土角山」署名的〈再說音樂放送〉，藉此「對於第二放送源源不絕播放的台灣音樂，表達現代人理性上的不滿」。他指稱「『台灣音樂放送』若只是為了讓本島人的大眾醉喜於懷古的氣氛中而已的話，那也就算了。但如果說多少具有今日的文化性格的話，那就要播放最高水準的樂團的音樂啊！」他同時強調：「當我們聆聽台灣音樂時，不應該只是懷舊式的歡喜。台灣音樂必須帶給我們文化型態上的新衝擊，從而形成現代人的精神食糧。」（頁二三九、二四〇、二六四）

三月卅一日，下午四點，他和堂弟如鵬去台中曙公學校，合鋼琴伴奏。然後與巫永福、呂泉生、陳遜章等人在「吞兵衛」晚餐。餐後，他在皇民奉公會台中支部主辦的娛樂競演會上獨唱，領到演出費二十圓。

四月六日晚上，他在電台指導櫻劇團廣播十分鐘的歌唱。十日晚上再去指導櫻劇團的歌唱。

五月十一日，晚飯後，他去王井泉家，練了一小時歌，然後去台北放送局，經介紹認識了三浦富子老師。他建議她組織一個音樂的會。九點起，他和永井德子一起做獨唱廣播。他唱義大利民謠〈我的太陽〉。因為喉嚨痛，自覺沒唱好。廿九日，下午三點起，他出席日本蓄音器商會「可倫美亞」在公會堂招待的《台灣的音樂》唱片試聽會。因為「都是令人懷念的曲子」，讓他深感「重新認識台灣舊有的音樂是很有意義的」。

六月二十日，近中午時，他去士林教堂，依陳泗治的要求唱歌。下午五點去新北投蓬萊閣別館，參加王昶雄的結婚喜宴，並「為祝福他的新人生而高歌一場」。廿四日晚上，在台北放送局，他和國風劇團陳麗瑁女士一起廣播歌謠，所唱「都是關於海的」部分。

然而，隨著時局的嚴峻與殖民當局的文化統制，唱歌也不再是可以隨心而為的藝術活動了。一九四一年七月皇民奉公會設置了包括音樂、演劇、電影和其他娛樂等四個分科娛樂委員會，並於一九四三年開始推動「國民皆唱運動」（國民全體歌唱運動），形成所謂的「新台灣音樂運動」。（垂水千惠《二次大戰期間的日台文化狀況與呂赫若》）一九四三年一月廿五日，名和榮一在《興南新聞》發表的〈皆唱運動の一考察〉強調，所謂「國民皆唱運動」，在日本「是以大政翼贊會情報局的後援在全國展開……選取健全明朗的歌曲作為國民的軍歌，並派遣音樂挺身隊的人才到全國各地擔任歌唱指導，並透過歌唱昂揚士氣，在（奉公）勞動中伴隨著歡喜，一掃不健全的敵對性音樂。」

七月四日，呂赫若寫了音樂時評〈關於音樂的文化性〉，並於十二日的《興南新聞》署名刊出。他質疑「新台灣音樂運動」說：「在今天，新台灣音樂運動必須是音樂文化運動……但是卻動輒在『健全娛樂』的名義下，以台灣樂器演奏內地流行的歌謠，如果想以這種方式實行台灣音樂文化的創造，其結果是危險的……音樂之所以可以冠上文化二字，必須跟我們的生活緊密地結合在一起，而且必須直接間接反映出我們所謂的『理想的生活』，正因為如此，音樂可以成為國民的、地域性的代表，也可以是藝術的代表。」（朱家慧《從〈順德醫院〉及其樂評看呂赫若的藝術觀》頁二四一）

七月廿三日晚上，呂赫若在台北放送局廣播獨唱「『詩的朗讀』當中的……」。廿九日下午兩點至七點，台灣皇民奉公會在總部召開有關「國民皆唱運動」預備會，議題是組成「皆唱奉公隊」事宜。呂赫若不但不得不出席，而且被指派「加入中央指導班」。他因此在當天日記自嘲地寫道：「穿文官服飾的音樂家荒唐可笑。不值一提。」卅一日，下午兩點開始，他在台北放送局做「國民皆唱運動」第一次音樂會的練習。同時被介紹認識了一位名叫二木德惠的女士。

八月五日晚上，他在台北公會堂皇民奉公會主辦的第一次「國民皆唱大會」登台表演。顯然，彼時彼地，歌手呂赫若仍然要被迫「穿文官服飾」參加這樣「荒唐可笑」的「國民皆唱運動」。

八月十八日以後，呂赫若的日記經常沒記。十一月「台灣音樂奉公會」成立，在島內各地推動「國民皆唱運動」。因為它「不值一提」，所以一直到十一月底，他的日記偶有記事，也未見有關音樂活動的記載了。

7 在士林協志會的歌唱

十二月廿四日，呂赫若日記再次提到歌唱活動的記事。當天晚上，他和士林的文化名人楊雲萍（一九〇六—二〇〇〇）出席了士林協志會在士林教會主辦的聖誕晚會，並在「很多年輕的學生」面前獨唱。

如果以人口比例來算，當時士林地區就讀中等學校以上（包括中等學校、醫專和大學）的人口比例可以說是全台灣第一。一九四一年，就讀台北帝大醫學部第四屆的士林秀異子弟何斌（一九一八—一九八八）團結同班同學、第六屆的郭琇琮（一九一八—一九五〇），以及更多以士林人為主的青年學生，組織了一個推動「地方文化啟蒙活動」的青年團體——士林協志會。八月廿三日至廿五日，借用士林公學校校舍，舉辦包括鄉土展（請楊雲萍當顧問指導）在內的「士林文化展」。通過介紹台灣的鄉土文化，也就是漢民族文化，抗拒日本殖民當局的皇民化。大稻埕教會合唱團及大正町教會合唱團應邀在展覽期間的娛樂晚會唱歌，促成該會愛唱歌的青年男女在會後組織了一個男女混聲合唱團，請陳泗治指導，在士林車站附近的基督教長老教會練唱各種世界名曲，然後到台北放送局或公會堂舉辦演唱會。

一九八七年三四月間，經由林書揚先生介紹，我認識了當時就讀台北帝大豫科，住在教會的小房間，與郭琇琮唱高音部的蘇友鵬醫師（一九二六—二〇一七）。從此以後也對他做了多次的口述與影像的採訪紀錄。在正式的訪談與非正式的閒聊中，他也經常與我談起在協志會與呂赫若往來的舊事。一九九六年十二月一日的「呂赫若文學研討會」，在郭琇琮醫師遺孀林至潔女士主持的座談會上，他又比較系統地憶述了一直沒有機會公開述說的他與呂赫若相處的陳年往事，甚至在現場高歌了五首記憶比較深刻的呂赫若經常喜歡唱的歌曲。他同時對當時在台北活躍的兩位聲樂家呂泉生和呂赫若作出個人的評價說：「兩位都很不錯。不過，我還是比較喜歡呂赫若先生。因為他的高音，他的 volume、他的音量雖然沒有呂泉生那麼宏亮，不過他的音色很美，尤其是高音轉音，這個 pianissimo 唱得非常好。」（《作品研究》頁三二五）

談起在協志會唱歌的那些日子時，蘇友鵬醫師仍然充滿懷念地說：「現在想來仍然是充滿著溫暖啊。」

我想，對呂赫若來說，感受應該也是一樣的吧。只是，從一九四三年十二月廿四日以後，一直到目前可見的日記結束的一九四四年十二月廿七日止，時局的緊迫，終究讓他無心也不能放懷高歌了。

何斌（前右二）與郭琇琮（前左二）等士林協志會青年（台灣民眾文化工作室資料庫）

台灣放送協會下轄五個大功率的廣播電台，用以強化島內言論管理，並以電波制壓華南及南洋諸國領空，配合日本軍部，進行大東亞戰爭宣傳。與此同時，它也為廣播劇的發展提供了受眾空間。因為這樣，在戰時體制下的殖民地台灣，經由放送局，呂赫若也獲得某種文學創作的可能空間。除了從事音樂放送之外，他同時也創作了幾齣廣播劇，在台北放送局放送。

第一齣是台灣放送協會委託的《林投姐》。眾所周知，《林投姐》是台灣流傳甚廣的民間故事，與《周成過台灣》、《呂祖廟燒金》、《瘋女十八年》共稱「清代台灣四大奇案」，又與《呂祖廟燒金》、《陳守娘顯靈》合稱「府城三大奇案」。故事的起源，一說來自大陸的「望夫傳說」系列，另一說是清道光、咸豐年間台南鹽水到嘉義布袋一帶的民間故事。在不同版本，林投姐的身分和故事結局也有所差別。但情節都是說，一個女孩被騙財騙色而上吊林投樹，冤魂不散。我們沒能看到呂赫若的劇本，因而也就不知道，他如何賦予這齣家喻戶曉的民間故事新的時代意義了。

一九四二年十二月二十日晚上，呂赫若開始寫《林投姐》。廿三日，寫到午夜十二點半終於脫稿（十九張稿紙）。自覺「雖是初次嘗試的作品，但比較上算寫得很順利。」三十日晚上八點半，該劇在台北放送局由播音員放送，大約三十分鐘。

時序隨即進入一九四三年。

一月廿三日，午飯後，呂赫若和士林的賴曾、張冬芳商量在第二放送組廣播劇團的事。其後，他也答應士林演劇挺身隊，導演名和榮一編寫（卓周紐譯）的廣播劇《韃靼漂流記》。二月二日，《韃靼漂流記》開始排練。當天晚上，他請士林演劇挺身隊的夥伴到家裡念台詞。但「因為翻譯很糟，費了一

中學時代的蘇友鵬（台灣民眾文化工作室資料庫）

番辛苦」。第二天，他又開始寫廣播劇《演奏會》，一整天寫了十二張稿紙。當天晚上，他又和張冬芳去士林街公所，指導演員排練《韃靼漂流記》，但深感「不懂文學的演員畢竟不行」。四日早上，他在台灣興行統制會社上班時脫稿《演奏會》，一共十三張，立刻拿去放送局給名和榮一。五日晚上，《韃靼漂流記》在台北放送局彩排。因為演員「普遍是外行人，所以不好弄。」於是他又指導他們對台詞，一直弄到十點半才收工。六日，下午六點，《韃靼漂流記》在放送局配樂排練，九點起正式播出三十分鐘。結果，第一夜的演出「成績很好」。七日是星期日，午後，他就去放送局指導演員排練，在山水亭共用晚餐後，從九點起進行第二夜播出。成績依然很好。他也領到廣播劇導演費二十圓。

二月十二日晚上，台北放送局第二放送播放《演奏會》。

三月三十日，下午，他「大溜班」去張文環家，和士林演劇挺身隊的人談戲劇。晚上，在士林街公所排練廣播劇（劇目不詳），之後和男性挺身隊員在秋月食堂痛飲到深夜。大家都說想演「滑稽戲」。

四月一日晚上，他用士林演劇挺身隊的成員作廣播劇廣播。

六月八日，他又完成了廣播音樂劇《麒麟兒》前後篇。

七月四日晚上，他去台北放送局廣播。

從此以後，呂赫若的日記就未見與廣播劇相關的記載了。

總的來說，這段期間，認為戲劇「最重要的是要有好的劇本」的呂赫若，一共寫了《結婚圖》、《高砂義勇隊》、《日本之子》、《源九郎義經》、《林投姐》、《演奏會》、《麒麟兒》等新劇、布袋戲或廣播劇劇本，也寫了〈農村與青年演劇——評皇奉台北州支部青年演劇劇本集〉、〈新劇與新派〉等戲劇評論。然而，因為戰時體制下殖民地台灣的戲劇環境實在太差，演員的文學素養又不夠等等原因，他「以劇作家立身」來結合他的「文學與音樂」的志願，終究未能實現。在戲劇理想窒礙難行的現實下，他就只剩下文學這塊私有地可以耕作了。他的主戰場還是在《台灣文學》的小說創作。

第十一章
台灣文學的旗手

呂赫若是先進作家當中最冷靜的社會寫實主義者。他不直接表達他的思想。他藉一個舊式農村地主家庭瓦解的過程，明白呈示台灣的殖民地社會一定會崩潰，台灣人民一定會得到解放，回歸祖國。所以社會主義的思想從楊逵到呂赫若已經集大成了，再加上他的小說技巧好、藝術性高，實在可以算是新文學運動中的後起之秀。

——葉石濤〈從鄉土文學到三民主義文學——談台灣文學的歷史〉（一九七八年）

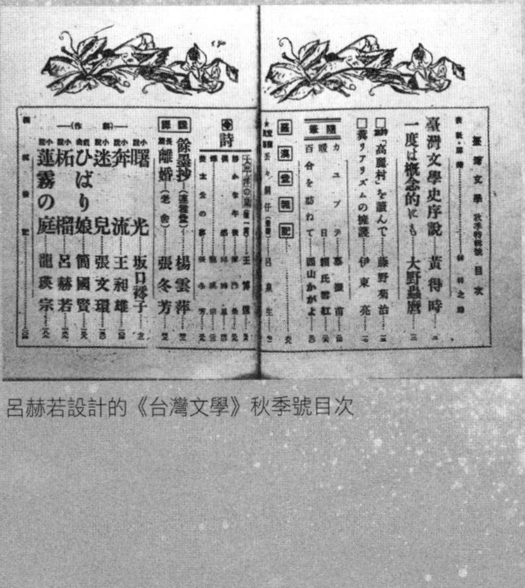
臺灣文學 秋季特輯號 目次
臺灣文學史序說……黃得時
一度は概念的にも……大野
「高麗村」を讀んで……藤野菊治
糞リアリズムの擁護……伊東亮
詩
餘墨抄……楊雲萍
離婚（老舍）……張冬芳
創作
曙光……坂口䙥子
奔流……王昶雄
迷兒……張文環
ひばり娘……簡國賢
柘榴……呂赫若
蓮霧の庭……龍瑛宗

呂赫若設計的《台灣文學》秋季號目次

一九四二年五月十日，呂赫若帶著妻小在基隆港上岸後立即轉往火車站，打電報給在台北的《台灣文學》的文友，然後寄了大件行李箱，搭火車前往台北，住進大稻埕的蓬萊旅館。當天晚上，《台灣文學》主編張文環，負責刊物事務的王井泉，以及在東京時相往來的美術界友人陳夏雨與李石樵等立即到旅館找他，然後一起散步到王井泉家，聊到十一點半才回去休息。但是，因為天氣熱，他一個晚上睡不著。第二天早上八點起床後，他又去張文環家聊天，再回旅館，十點退房後再到張家，同赴王井泉自營的山水亭料理店，接受王井泉作東的接風宴請。十一點開席。除了上述諸人，《台灣文學》的同人楊佐三郎和負擔雜誌創刊財政開支的陳逸松律師也來了。他為自己「受到台北朋友們的歡迎」而感動，同時認為「這也因是藝術家才能如此」吧。

綽號「古井」的王井泉是《台灣文學》創刊鼎柱之一，比呂赫若大九歲，私立台灣商工學校商科第三期畢業，一九三一年應台灣最早的西式純喫茶店「維特」老闆之聘擔任經理，並將其改為台灣人開設的第一家高級酒店，一九三五年約滿離職，經過三年多的奔走籌畫，一九三九年三月終於在太平町（今延平北路二段）開了一家台灣菜館山水亭。

「當時日本菜、西洋菜正在盛行，古井主張在島都應該有道地的台灣菜的菜館，所以山水亭的設計與造型，都是配合台灣地方色彩的風味。而就菜類來說，大餐小酌皆有可取，而且取價低廉，服務親切，一時生意鼎盛，名聞全省，也成為日本人心目中最有聲譽的台灣料理店。」《陳逸松回憶錄（日據時代篇）》寫道。「王井泉比我大兩歲，勇於任事，誠於待人，敢於罵人，樂於助人，頗有遊俠之風。他講話別有風格，直截了當，在那台灣人畏首畏尾的時代裡，大膽而又切於實際，不像有些人講話四顧八慮，只求予人好感而言不由衷。他凡事總是站在台灣人的立場來想，追求台灣人的社會地位，期能與日本人相近、平等，甚至能有超越日本人的一天。」（頁二一七—二一九）

因為這樣，台北大稻埕的山水亭於是成為日據末期殖民地台灣文化人的「梁山泊」。也因此，王井泉在山水亭擺設的這場宴請，既是給歸台的呂赫若接風，也是歡迎他正式入盟《台灣文學》的非正式儀式吧。

1 參與《台灣文學》第五號編務

五月廿七日，歸鄉以後苦於無法靜心創作而感到鬱悶的呂赫若收到張文環勉勵他寫作的來信。

六月三日，因為給叔叔呂坤瑞送行，他有機會到台北再次會見了《台灣文學》的文友。當天晚上，「熱情令人佩服」的王井泉特地請張文環到家裡和他一起餐敘。四日下午，他們兩人又陪他一起到台北放送局，拜訪「最先倡議大家來辦雜誌」的文藝部長中山侑，並一起到城內散步，然後在王家夜談「文學，話及戲劇研究所，談個沒完」。睡前，他還在王井泉的吉他伴奏下唱歌。

六月十七日，他在基隆港送別重新出發去南洋的叔叔，隨即搭火車前往台北，與《台灣文學》的朋友見面。中午先與張文環餐敘，再去山水亭訪友。晚上又在張文環家，與黃得時見了面。第二天是端午節。雖然作客王井泉家，早上起來後，他依然「想要寫作」，但終因和來訪的呂泉生等人議論一番而沒寫成。於是就到處遊玩。下午三點四十分，他們和中山侑及張文環，以及台北帝大的金關丈夫、中村哲和中井等教授，一行十二名，由士林下基隆河，坐小艇去社子看賽龍舟。但是，賽龍舟卻因有關當局沒批准而沒看成。於是由當地人請客，吃了非常豐盛的晚餐。天氣炎熱。餐後，他們還是走到士林搭車。一路上，他都和倡議並主編《民俗台灣》的金關丈夫教授談話。

《呂赫若日記》提到的上述這些日本人教授，都是《台灣文學》的支持者。金關丈夫（一八九七—一九八三）是醫學博士、人類考古學家。憲法學教授中村哲（一九一二—二〇〇四）經常為《台灣文學》寫卷頭評論。從現有的材料來看，這也應該是呂赫若第一次和金關丈夫教授親密的談話吧。至於請客的社子「當地人」，應該就是新劇演員宋非我吧。

六月二十日，呂赫若給《台灣時報》寫的小說〈廟庭〉脫稿。第二天，失業中的他隨即熱心投入《台灣文學》第五號（二卷三期）的無償編務，並和張文環一起到三和印刷所拜訪老闆周井田。廿二日早上，他又去張文環家，校對鹽分地帶作家吳新榮銜哀悼念流產逝世的妻子的散文〈亡妻記〉。廿三日繼續在張文環家校對，並幫忙寫郵寄訂戶信封的地址。廿四日早上，寫完信封的地址後，他又去三和印刷所與周井田聊天。廿五日早上再去張文環家，校對張文環的小說〈閹雞〉，一直校到中午。因為「有九十五張，很費勁」。下午又和張文環「到城內搬遷同人雜誌的所在」。

《台灣文學》的社址最初是在陳逸松的律師事務所。《陳逸松回憶錄（日據時代篇）》載稱，就在發行第五號的時候，他承諾的一千五百元已經用完。他就告訴張文環與王井泉，請他們另外設法繼續發行。這時王井泉因為替同學作保而受到債務拖累，經濟狀況並不太好，但仍很勇敢地承擔起經濟上的一切責任。因此以後，《台灣文學》的發行所啟文社的招牌就移到山水亭掛起來。不久，《台灣文學》就換作「台灣文學社」來發行了。（頁二七八—二七九）

呂赫若所說「到城內搬遷同人雜誌的所在」，應該就是因此而來。

六月廿六日早上，呂赫若先去張文環家二校〈閹雞〉，再與張文環去三和印刷所。晚上寫「編輯後記」。其中，他特別寫下了〈亡妻記〉讀後感：「吳新榮君之亡妻記，幾次賺了同人們的眼淚。我邊哭邊校對。於此謹祈禱故夫人之冥福，表示哀悼之意。而找不出適當的話可安慰吳君。只希望他振作勿頹而已。」七月十一日，吳新榮讀過該期雜誌之後，在日記寫下了感想：「今日張文環君寄來《台灣文學》，編輯後記有中山侑、呂赫若兩君過分誇獎，令我慚愧。趕緊獻上雪芬靈前，祈故人之靈安詳。」（《吳新榮全集6》頁一二九）

從這樣那樣的文字看來，就像吳新榮過去所說，呂赫若「純然是一個激情的好男子」。他並沒有一般「文人相輕」的狹隘心胸，對同時代的文藝同人總是抱著共創一番文藝大事業的期許與共勉。即使對某些個別文友有所批評，卻也是針對「文學態度」的原則而論，對事不對人。目的，當然也是前進的。

六月廿七日，七點起床後，他立刻去張文環家整理稿子，校對張文環的作品，並「提出出版延期申請」。張文環「因感冒發燒，躺在床上呻吟」。他一直忙碌到中午，然後於下午歸鄉。

七月八日下午，他再次北上，並與張文環和陳夏雨在山水亭餐敘。九日，他聽說《台灣文學》今天發行了。雖然沒有自己的作品，但作為編輯之一，還是熱烈期待著。但是，第二天，空等了一個早上，《台灣文學》卻沒運來。

七月十一日，《台灣文學》第二卷第三號終於出刊了。首篇「座談會」欄目，是該刊邀請的評論家中村哲、最近來台的評論家竹村猛與在內地劇壇劇頗負盛名的松居桃樓的「文學鼎談」。其中，「台灣的作家評論」一節，在他們評價過龍瑛宗、濱田隼雄、張文環與西川滿之後，《台灣文學》同人問道：「其他還有誰？」中村哲回答說他「沒讀過最近的人寫的作品」，所以無法評論。《台灣文學》同人於是再問：「呂赫若呢？」與呂赫若同年的竹村猛立即回應說「還不成氣候」。（《雜誌篇．第三冊》頁

三三九〕

張文環晚年在前述〈「台灣文學」雜誌的誕生〉回憶說，《台灣文學》的活動，中村哲不但是「從頭到尾」「精神上最有力的支援」者之一，而且還「寫了雜誌的卷頭評論，不停地鼓勵了同人。」既然如此，他回憶所說的情況顯然就與中村哲當時的回應有所不符了。這樣的反差，是不是能說明事過境遷的時空變化，使得戰後「將近三十年」始終在反共戒嚴體制下「背負著陰影」而「滑稽地存活著」的張文環，產生了不自覺的移情作用呢？

《台灣文學》第二卷第三號〈羅漢堂雜談〉

另外，呂赫若在該期「羅漢堂雜談」專欄，以先祖姜子牙的尊號「太公望」為筆名，分擔撰寫了部分記事，強調地方的同人雜誌的重要性云：「在現在的時局下，地方文化問題備受矚目，東京書店的雜誌架上擺滿了地方的同人雜誌，恰如地方文化的全景圖般。地方雜誌體現了地方文化，因此地方雜誌背負著重大的使命。過去面對中央文壇時，地方雜誌總覺得自己來自鄉下非常自卑，但這種時代一去不復返了。現如今，地方雜誌體現了地方文化的精髓，是日本文化的晴雨表。如果說中央文壇主要是金錢志向，地方文化則是超然物外的，這是舊體制的想法。當下，日本文化建設要求地方人民成為地方文化的戰士，並且為最優秀的日本文化發展作出貢獻。這也是文學新體制的一面。有句俗話說，沒有保存的

價值，但是扔進垃圾桶又太可惜。我們手捧雜誌的時候，應該想想這句話。」（林娟芳中譯）

七月十四日晚上，在山水亭，呂赫若、張文環、王井泉、中山侑和張星建、楊千鶴（一九二一—二〇一一）、楊逵等當期作者聚餐，然後舉開《台灣文學》評論會。廿八日晚上，在台中中央書局，呂赫若又和巫永福商談做《台灣文學》合評之事。八月二日下午，他們於是邀請張星建、田中保男、楊逵、陳遜章等台中地區的文友，在大地茶坊開《台灣文學》第四、五期合評座談會。呂赫若親自負責記錄。回家後，他又整理稿子到半夜一點。第二天，再「費一上午將『文藝合評』的原稿寫好」，下午就步行到豐原，寄送興南新聞社。十日，《興南新聞》刊出他整理的這篇座談會的報導。

這樣，呂赫若參與的《台灣文學》第五號編務與推廣活動也告一段落。

2 台灣文藝家協會大會

楊逵與張星建之所以北上出席七月十四日晚上的「《台灣文學》評論會」，應該是為了參加第二天舉行的台灣文藝家協會大會。

一九四二年十月十九日《台灣文學》冬季號（第二卷第四號）黃得時〈輓近台灣文學運動史〉載稱，台灣文藝家協會的前身是一九三九年九月九日由西川滿等人倡立的台灣詩人協會。同年十二月該會改組為台灣文藝家協會，一九四〇年一月正式成立，並創刊機關誌《文藝台灣》。協會會員幾乎都是《文藝台灣》同人。一九四一年二月十一日，台灣文藝家協會改組為配合「國策」的殖民地台灣的文學統制機構，公推矢野峰人（一八九三—一九八八）博士擔任會長。會員分為贊助會員與普通會員。贊助會員包括台北帝大校長安藤正次、金關丈夫教授、總督府圖書館館長山中樵，以及日本傳統文藝雜誌的主編多人。普通會員則網羅了許多台灣詩人協會的歌人和俳人，以及黃得時、楊雲萍、王育霖、中山侑等人，後來張文環、周金波、濱田隼雄等人又陸續加入。太平洋戰爭〔大東亞戰爭〕爆發後，殖民當局「基於國體精神，邁進文藝報國之途」，又在一九四二年七月再次改組台灣文藝家協會，把向來不是會員的《台灣文學》同人和地方作家都收編進來統管，總計七十名會員。其中，短歌部二十人，小說部十五人，劇作部九人，俳句部九人，詩部七人，隨筆部五人，川柳〔由十七個假名組成詼諧諷刺的短詩〕部三人，評論部二人。同時規定每月十五日舉開定期總會和各部會，研討以文藝為中心的議題。〔《雜誌篇．第三冊》頁四〇一〕

呂赫若日記最早提到台灣文藝家協會是在一九四二年六月廿一日。他寫道，當天晚上，他去張文環家拜訪，聊到「文藝家協會改組一事」，兩人都「有諸多不滿之處，所以立刻飛書」《台灣文學》「中南部同人」。廿二日下午又與張文環一同起草給矢野〔峰人〕博士的信。但這兩封信的具體內容都不詳。七月五日，在校栗林，他收到「文藝家協會來函」。但日記依然未載明具體內容。不知是矢野的回信，抑或即將召開的台灣文藝家協會大會的邀請函。但是，同月十一日，台南佳里的吳新榮也在日記寫道：「台

呂赫若、張文環、中山侑、王井泉、黃得時（前排左起）與林摶秋、呂泉生、簡國賢、陳逸松（後排左起）等《台灣文學》同人。

灣文藝家協會於十五日開總會，打算提前北上。」（《吳新榮全集 6》頁一二九）由此可見，他們收到的都是開會通知吧。

七月十五日，下午四點起，台灣文藝家協會大會在台北「明治製菓會社」三樓召開。呂赫若與吳新榮都出席了。與會者共三十餘人。除了楊逵、張星建與他們兩人之外，主要還有矢野峰人會長，隨筆部理事陳逢源，小說部理事：張文環、西川滿、濱田隼雄、黃得時，以及龍瑛宗、中山侑、名和榮一等。大會重新改組協會，以「精選主義」網羅活躍於第一線的全島作家為會員。與郭水潭同為佳里代表與會的吳新榮被推舉為台南州地方理事。散會後，呂赫若又與中山侑、張文環散步到中山侑家續聊。（《吳新榮全集 6》頁一三〇—一三一）

第二天（七月十六日）早上，呂赫若在張文環家和吳新榮會談。中午在陳逸松家聚餐，與會者數名。下午四點，他和王井泉、張文環、吳新榮、中山侑、藤野雄士、陳逸松、陳紹馨、陳夏雨、楊逵、楊佐三郎等一夥，搭乘巴士去草山陳逸松的白雲莊，「到處嬉鬧」。晚上，「楊逵大醉，身體蜷曲成一團。」風聲不斷。他也「夜不能寐」。第二天早上十點，一行人同乘巴士下山。呂赫若去蔡香吟家借了十圓。下午，他先去山水亭和有「台灣第一女記者」之稱的楊千鶴面談。再與上述諸人出席給《台灣文學》畫封面或扉頁的桑田喜好氏的餞行會。然後打電話約蔡香吟到張文環家商量開茶會的事。晚上又與《民俗台灣》同人金關丈夫博士、照相師松山汶一、畫伯立石鐵臣（一九〇五—一九八〇）、主編池田敏雄（一九一六—一九八一）、陳紹馨，以及吳新榮和楊逵等人，在山水亭參加《民俗台灣》的宴會。十八日早上，他和吳新榮同搭快車返鄉。

九月十五日，呂赫若又出席了在「明治製菓」三樓召開的台灣文藝家協會月會。在會場，《台灣公論》的小石原氏向他邀稿。他「決定要寫」。

顯然，呂赫若也不得不成為台灣文藝家協會的會員了吧。

3 現實與虛構糾纏的〈風水〉

呂赫若返台以後在《台灣文學》發表的第一篇短篇小說是〈風水〉。據其一九四二年日記所載，八月廿二日，王井泉在台中中央旅館與他談到「《台灣文學》的加強」的問題。廿七日下午，他又和王井泉拜訪陳逸松。陳逸松把《台灣文學》的經濟責任交給王井泉之後，並沒有因此撒手不管。他們聊到呂赫若的創作，以及「關於《台灣文學》的成長」等問題。陳逸松勸他：「要努力，要吃苦，要培養實力。」同時還要「學放心」。他都深有「同感」。然後，九月七日，鄉居校栗林的他突然接到王井泉來信，要他「即刻」給下一期的《台灣文學》寫四十頁的稿子。他「雖感為難」，還是抱著「努力也是一種學習」的態度，認真對待。十日下午，他再次北上，晚上和王井泉等人商量《台灣文學》的事。然後同樣客居王井泉家。十二日，午前，劇本《結婚圖》脫稿。晚上，他就開筆短篇小說〈風水〉創作，並寫了「三張」。

從時間上看，〈風水〉應該是呂赫若擱置〈常遠堂〉之後，經過沉潛反思與讀書學習之後，奉王井泉之命，為《台灣文學》而重新起筆的小說創作吧。

九月十三日，星期日。上午，他和王井泉結伴去北投溫泉，投宿沂水園，舒舒服服地洗溫泉，睡午覺，然後續寫〈風水〉，一直寫到晚上十一點半。「悠然自適。然而誘惑太多，稿子沒能寫多少，五張。」十四日上午，他「決定不出門」，在王井泉家「奮勵」寫作〈風水〉，一共寫了十二張。十五日，早上和晚上十點半以後，繼續寫〈風水〉。十六日早上寫稿到近午。十七日，一上午奮勵不停地寫稿。

午飯後洗澡。雖然「身體發癢難受」，還是繼續寫稿到六點。十八日，一上午在王家努力寫〈風水〉，好不容易寫到第三十張。但「總覺得內容上有情節展開薄弱之感，無可奈何。」十九日早上開始下雨。他在雨聲中不停地寫稿到十點。二十日上午八點三十分〈風水〉終於脫稿。一共三十八張。這時，王井泉剛好從外頭回來，於是立刻拿過去看。

從情節來看，〈風水〉的靈感應該來自呂赫若正在面對的家族糾葛吧。根據日記所載，為了處理祖先的風水，小說開筆前的九月一日早上，他搭巴士去潭子公所，「辦挖掘墳墓之事」。小說脫稿後的十月四日早上，「為遷移墓地而挖掘曾祖父〔呂春來〕的墳墓」。五日，為曾祖父等先人「洗骨」。

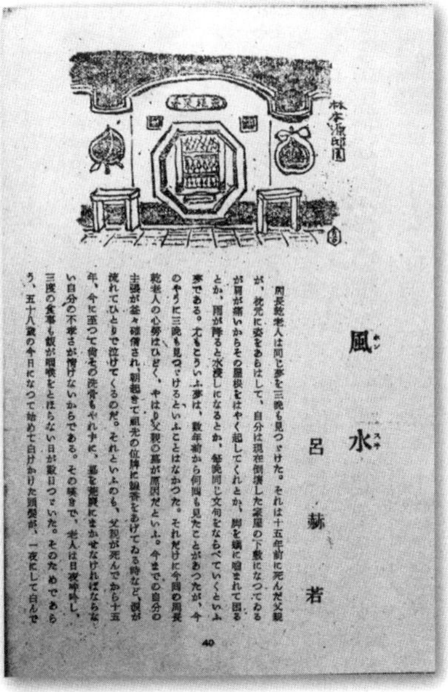

風水

呂赫若

周長乾老人は同じ夢を三晩も見つゞけた。それは十五年前に死んだ父親が、祖先に姿をあらはして、自分は現在倒壊した家屋の下敷になつてゐるが肩が痛いからその屋根をはやく起してくれとか、脚を蟻に噛まれて困るとか、雨が降ると水浸しになるとか、毎晩同じ文句をならべていくといふ夢である。尤もこういふ夢は、数年前から何回も見たことがあつたが、今のやうに三晩も見つゞけるといふことはなかつた。それだけに今回の周長乾老人の心労はひどく、やはり父親の墓が原因だといふ。今までの自分の主張が益々確信され、朝起きて祖先の位牌に線香をあげてゐる時など、涙が流れてひとりで泣けてくるのだ。それといふのも、父親が死んでから十五年、今に至つて尚その洗骨もやれずに、墓を荒頽にまかせなければならない自分の不孝さが情けないからである。その嘆きで、老人は日夜呻吟し、三度の食事も飯が咽喉をとほらない日が数日つゞいた。そのためであらう、五十八歳の今日になつて始めて白けかけた頭髪が、一夜にして白んで

40

《台灣文學》第二卷第四號

「洗骨」又稱二次葬（多次葬）、撿骨葬、甕葬、黃金葬等。清人陳盛韶（一七七五—一八六一）《問俗錄》記：「……葬至數年，家有災寢，復開棺撿枯骨而澆之，拾諸瓦罎。其罎高尺許，名曰金缸。遺諸山麓向陽處，半露於外，俾受日月光華，如是者有年，乃遷葬。」吳瀛濤（一九一六—一九七一）的《台灣民俗》也寫道：「本省尚有洗骨改葬之俗，凡土葬後經五年至七年，其屍已化，乃擇吉開墳，洗拾遺骨，曝乾後裝入高約二尺直徑約一尺之圓形陶甕『黃金甕』，再由勘輿家卜地，擇吉安葬，拾骨之禮，多在清明前後十日間行之。」呂赫若的〈風水〉也寫道：洗骨「是一種習慣，把埋葬了的遺體挖出

來，把遺骨清洗乾淨，再改裝到金斗甌（甕）裡，這次就是永久埋葬了，否則遺骨會消失的。」（《小說全集》頁三五〇）

在現實生活中，呂赫若的家族間卻「為了曾祖父等先人的洗骨」而「意見對立」。他與叔叔呂坤瑞，以及堂姪呂芳洲「意見一致」。他認為，「問題的根本在於對祖先的感情問題」。應該就是這種家族間的糾葛，促使服膺現實主義創作方法的他，通過幾乎同步創作的虛構小說，客觀反映了台灣民間對待洗骨、遷葬與「風水」迷信之間的兩種態度。小說〈風水〉的主題就體現了分房別派的後人對此而產生的對立與衝突。

一種典型是長房周長乾，出於孝敬先人、慎終追遠的善良傳統。小說寫道：「周長乾老人連續三個晚上做同樣的夢。十五年前去世的父親出現在枕邊。說是自己被壓在現在已經頹圮的房屋底下，肩膀疼痛，（要他）趕快把屋頂扶起。腳被螞蟻咬，深感痛苦啦。一下雨就會浸水啦。諸如此類，每晚重複同樣的句子。像這樣的夢，幾年前也曾經夢過幾次。不過，不像現在一連三個晚上都夢到。正因為如此，這次周長乾老人特別惦念，他說原因還是出在父親的墳墓。事到如今，越發確信自己的主張。早上起床給祖先的牌位上香時，不由得獨自垂淚不已。因為父親已去世十五年了，至今尚未幫他洗骨，任憑墳墓荒廢，對自己的不孝引以為恥。」

另一種典型則是貪婪的二房周長坤，基於「風水」能否庇蔭子孫的世俗迷信，而決定是否要給予先人「洗骨」、改葬。他因為相信地理師所說，父親的風水雖然「對大房不好」，卻能庇蔭二房子孫的「榮華富貴」，因而始終反對給去世了十五年的父親「洗骨」。然而，他在母親尚未往生之前就「很積極地尋找對自己有利的風水地」。可是，當他那在日本讀醫科的長孫與獲有醫學博士並在城市開業的老二的妻子相繼「暴卒」之後，他又相信三位地理師的共同說法——「作祟二房的是母親的風水」，因而不顧「要經過八年以上才洗骨」的一般慣例，偷偷地給入土才過五年的母親「洗骨」。甚至，在工人掘土，打開「漆還是鮮紅色」的棺木蓋之後，一股「難以言喻」的惡臭撲鼻，他還是堅持要「把肉刮掉」繼續進行……最後，聞訊趕到墓地的周長乾老人阻止了這場鬧劇。同時藉由他追憶昔日跟隨父親為祖父洗骨的肅穆場景，從而感嘆今日「敬祖尊宗的想法」淪喪與「道德、禮教的頹廢過於容易」，然後「步履沉重地讓孫子們牽著下山」。（《小說全集》頁三四五－三六三）

十月十八日，重陽節。下午，呂赫若帶著長女、長子，與叔叔等一行十數人，上山掃墓。他們先替曾祖父等先人的新墳做完盆祭，然後下來祭掃他的祖父母、父母親和哥哥的墳墓。也許是因為剛剛寫完〈風水〉吧，遠行他鄉而有好幾年沒來掃墓的他「感慨無限」，並「痛感在春秋兩季有祭拜祖墳的必要」。同樣的感慨，他（筆名「太公望」）在為《台灣文學》第二卷第四號「羅漢堂雜談」專欄所寫的記事，又作了比較完整的表述。他寫道：「每當走在田間，我深有感觸的是，我們父輩的讀書人，無論從事什麼職業，都多少瞭解一些古代文學，讀過一兩冊古典文學，且熱愛書法繪畫。就算是普通百姓，也總能聽到他們談起《紅樓夢》和《三國演義》，茅屋裡也常常掛著一幅書畫。但是，現在的讀書人呢，以醫生為例，五十來歲的醫生和年輕的醫生真是天壤之別。所以若說現在年輕人缺少情操也不算過分吧。為了清掃墓地必須轉移祖先的墳墓，二十來個男性家人就建新墳一事聚在一起討論。頗有意思的是，年齡不同的人意見相左。老人們覺得應該修得像（比較講究的）公墓一樣，但是年輕人認為只要用石頭就足夠了。然而，最想得到祖先財產的卻是這些年輕人。」（林娟芳中譯）

十月二十日下午，呂赫若又坐快車北上。他急切地想看到應該在十九日發行，刊有自己的短篇小說〈風水〉的《台灣文學》冬季號（第二卷第四號）。但是一直到晚上，雜誌才裝訂好。

本期的頭篇文章是「評論」欄黃得時的〈輓近台灣文學運動史〉，其中提到「在《台灣文學》夏季號上發表力作〈財子壽〉的呂赫若也是在《台灣文藝》、《台灣新文學》時代就活動的作家之一。在《文學評論》上所寫的〈牛車〉，跟楊逵的〈新聞配達夫〉（《文學評論》當選）一起被胡風譯為中文，收錄於名曰「山靈」的單行本裡。前年為了學習音樂到東京去，最近返台專心從事文學與戲劇。〈財子壽〉處理本島的家族生活，開頭光明正大，令人想到大作的前奏曲。呂赫若的作品，往往有墮入通俗小說的傾向，某人稱他為『台灣的石川達三』。」（《雜誌篇．第三冊》頁三九九）

石川達三（一九〇五—一九八五），一九三五年發表長篇小說《蒼氓》獲第一屆芥川獎。一九三八年作為《中央公論》特派記者到中國大陸採訪，寫有長篇報告文學《活著的士兵》，反映、揭露侵華日軍的厭戰情緒和屠殺中國人民的暴行，因此被判徒刑四個月。我們不知道黃得時所說的「某人」究竟是誰，更不知道他為何說呂赫若是「台灣的石川達三」。但是，基本上，黃得時對「呂赫若的作品」的評價是肯定的，而且有所期待。至於他所批評的「呂赫若的作品，往往有墮入通俗小說的傾向」，指的應該是他在大眾讀物《台灣藝術》所發表的題為「台灣的女性」的長篇小說吧。

另外，中山侑在同期「評論」欄以筆名「鹿子木龍」發表「文藝時評」〈作品與文章——論如何提升散文品質〉，針對呂赫若與張文環作品的日語問題提出批評說：「張文環、呂赫若似乎都是下筆萬言倚馬可待的多產作家。這一類型的作家，外地特多……這個類型的文章乍見之下，會給讀者一個『筆力雄健』的錯覺，以為此人多麼嚴肅面對生命。結果造成了反效果。然而，究其實際，只不過因為其文字晦澀不通而已。此類型作家，之所以多出於外地，原因不外乎是他們尚且無法隨心所欲地掌握日語。我心中其實十分躊躇，不知道應該不應該把話說的那麼明白，因為這樣的批判不免過苛。但因為這些作家，只要能夠克服這個問題，則無一不是值得期待成為大器者，所以我也就直言不諱了，非內地人的外地作家，最初同時也是最大的文學性體驗，就是如何學好日文，而且還得毫不稍懈地努力。不過，好好學習日文還是有所不足，必須以日文學習為媒介，同時完全體悟日本精神不可。翻看呂赫若的〈財子壽〉、〈廟庭〉，以及張文環的〈頓悟〉、〈閹雞〉，就知道這兩位欠缺的是什麼了。」（《雜誌篇·第三冊》頁四一二）

如前所述，中山侑與張文環和呂赫若關係之密切毋庸懷疑，作為最早提議創辦《台灣文學》的他，更是張文環晚年追憶中對《台灣文學》的活動「從頭到尾精神上最有力的支援」者之一。那麼，他的上述批評，即便是作為《台灣文學》核心成員對兩個最有代表性的創作者同人的善意批評與期待，卻也反映了一個無法否認的現實的悲哀——作為使用非母語創作的被殖民的作家，在殖民者眼裡，由於他們對語言的掌握「無法隨心所欲」，以至於他們創作的作為「語言的藝術」的小說，「文字晦澀不通」。因此，他們只有通過「毫不稍懈地努力」「學好日文」，進而「完全體悟日本精神」，才有可能「成為大器者」。也就是說，在殖民當局極力推動皇民化運動的殖民地台灣，被殖民的作家的日本同人也認為，他們要寫出好的作品，首先還得在靈魂上體現為一個真正的「皇民」吧。

可惜的是，我們並未在呂赫若的日記看到他對此批評的感想與反應。我們看到，就在《台灣文學》冬季號出刊以後的十二月十七日，他在日記上記載，說在十四日的《台灣新聞》看到一篇關於〈風水〉的評論。

4〈鄰居〉、翻譯和未完成的〈谷間〉

〈風水〉脫稿的當天晚上，呂赫若回到校栗林家裡。從第二天起，儘管要應付派出所警察來搜查稻穀、副村長催促繳稅、特高警察思想檢查、申請貸款、小孩生病等等亂七八糟的煩人俗事，他還是立即著手寫作答應《台灣公論》小石原氏邀稿的下一篇短篇小說〈鄰居〉。

如前所述，〈鄰居〉構思於在東京的一九四二年一月十九日，二月三日起筆，但因「停滯不前」而擱置。他在日記詳細記錄了這次重新起筆的寫作進度。

九月廿一日早上，「著手寫短篇小說〈鄰居〉，開頭的兩三張不易下筆。」廿二日，「原稿沒什麼進展。說是難寫不如說是因為家裡亂七八糟，令人心煩。」下午「拿出稿子想寫，但沒進展」。然後，停筆了三天。廿六日早上續寫。但還是「靜不下心來，沒有進展」。晚上從台中回來之後，「沉心專注地寫稿」。同時督促自己「不定下心不行」。但第二天，他又被謀職等俗事所擾而停筆。廿八日晚上，雖然「防空演習持續著」，又為生病的次子芳雄的哭聲感到心疼，他還是繼續寫到十一點。廿九日，白天一有空就繼續寫。晚上又再寫到十一點。但「感覺好像枯竭了似的」。三十日，他因為「截稿時間已過卻還無法脫稿」而覺得「狼狽」。於是一上午都在趕寫。下午三點去潭子信用合作社和公所，回來後又「拚命不斷地寫」。「晚上也寫個不停」。決心「非在今天脫稿不行」。但實在「很睏」，「到十二點寫下第三十四張，還剩一兩張」就「睡著了」。第二天（十月一日），他一早就起來趕稿，寫到「早上八點十分」終於「脫稿」，一共「三十六張」。「連自己都覺得今天寫了可真多」。趕緊去豐原，掛號寄給《台灣公論》。

〈鄰居〉是在所謂「日台親善」的殖民政策下被迫產生的時局性作品。小說的場景在台灣人龍蛇雜處的市郊陋巷。主要人物是一個身材魁梧，樣貌凶惡，言行舉止魯莽，但心地善良的日本人丈夫。一個身材平板如男性，皮膚蒼老，不能生育，但性情溫和的三十多歲的日本女人。還有一個剛滿一歲的台灣人鄰居的嬰兒。情節則通過租屋在此的台籍公學校單身男老師的視角，敘述後來搬來的那對日本人夫妻強行收養本地人嬰兒的故事。起初，嬰兒應該只是他們抱回家來玩，後來卻表現出超乎常情的激烈的愛，並想要據為己有。但是，一直到故事結束時，這對日本人夫妻因丈夫調職而帶著嬰孩遷居，台灣人父母卻還沒有把小孩正式送給他們領養。〔《小說全集》頁三二五—三四四〕

《文藝台灣》同人，也是文藝台灣社台南支社負責人，後來成為台灣文學奉公會幹事的河野慶彥〔一九〇六—一九八四〕，在一九四四年六月十日《台灣時報》第二九三號發表的〈呂赫若論——關於作品集「清秋」〉指稱，在〈鄰居〉「當中，作者強烈的希望『愛』是讓所有的人更親密的最強的韌帶。藏在作者心中的一盞燈，開始亮了起來。」〔《雜誌篇．第四冊》頁四七三〕但是，這顯然是殖民者一廂情願的看法吧。在被殖民者呂赫若那裡，誠如脫稿當時的十月一日日記所載，他真正的「意圖」是要「寫出內地人、台灣人所應有的態度」。也就是說，不管你們日本人夫妻對台灣人嬰孩在主觀上有多麼強烈的愛，但是，客觀上，台灣人父母並沒有答應送出小孩。我們可以故意忽略呂赫若意圖通過虛構的小說來暗喻台灣人與日本殖民者的關係嗎？換成今天的主流話語，它的微言大義就是：不管日本殖民當局主觀認定多麼「愛台灣」，作為台灣主人的台灣人民並沒有認同它的殖民統治。

在〈鄰居〉脫稿的同時，呂赫若決定「往後打算專注於作品寫下去」。然而，他並沒有立即續寫新作而改作翻譯。

十月二日起，他和堂弟如鵬著手翻譯自己創作的劇本《結婚圖》，五日早上去豐原郵寄〔台灣演劇協會〕。《結婚圖》是交給台灣演劇協會的劇本。所以應該是以日文寫作。那麼，他們是從日語翻譯為中文嗎？應該不是。據黃得時〈作為娛樂的皇民化劇〉所云，事實應該是考慮到台灣皇民化劇演員的日語能力而翻譯為閩南語。這樣，才能通過戲劇的演出，達到宣傳目的吧。〔《雜誌篇．第三冊》頁六六六—六六七〕

呂赫若在翻譯劇作《結婚圖》的第二天〔十月三日〕，讀了德國小說家 Hans Carossa〔一八七八—

一九五六）的小說《童年》，並在日記表露「總想寫些什麼，非寫不可」的急切心情。但是，五日晚上起，他還是連續幾天和如鵬翻譯劇本，並於八日晚上十一點結束這次的工作紀錄。雖然日記未載明翻譯的內容與作何用途，但也許就是「作為一個台灣人」的他，在東京期間自許「儘管費上十年工夫」也一定要「譯出來，廣為流傳」的《紅樓夢》吧。因為十二月廿八日，清水書店的王仁德到他家過夜時，又與他約定翻譯《紅樓夢》。

儘管如此，第二次翻譯期間及之後，呂赫若心心念念的還是小說創作，並且在日記上不時流露著這種急切的心情。

十月四日，早上，他讀了愛爾蘭小說家詹姆士·喬哀斯（一八八二—一九四一）的短篇小說集《都柏林人》，「很受〈泥土〉（（Clay））那篇所感動」。下午又讀日本「新感覺派」代表作家橫光利一（一八九八—一九四七）的《秋逝》與小說家芹澤光治良（一八九六—？）的〈歷史故事〉，「贊同兩氏的文學態度」。六日，「構思短篇小說，但思緒紛亂」。七日，感慨翻譯「不是個好差事。創作家不該做這個。」八日，他「想寫些什麼」，並且督促自己「總之要寫」，但又告訴自己「不要焦躁，不要著急，要持續性地……」。十三日早上，在台北謀職與尋租房子的他，去印刷廠看了正在印刷中的《台灣文學》冬季號，同時「疾書」該刊「羅漢堂雜記」專欄的隨筆。十四日早上，小石原氏親送刊登〈鄰居〉的十月號《台灣公論》到山水亭給他。十五日傍晚，他回到校栗林家裡，讀了瑞士

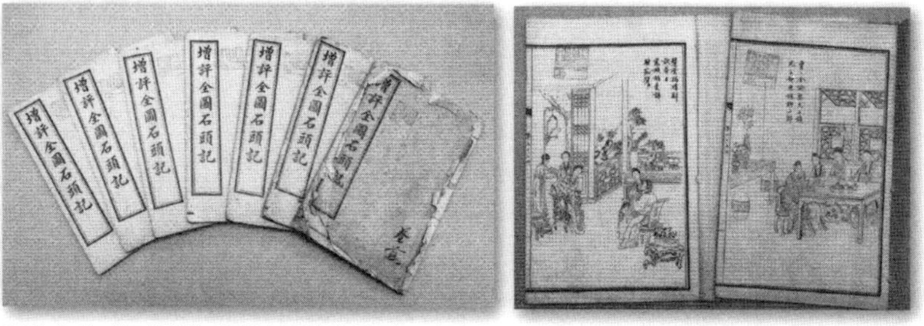

呂赫若的《紅樓夢》藏書封面與內頁（呂芳雄提供）

作家 Gotlfried Keller（一八一九－一八九〇）的中篇小說集《賽拉特維拉的人們》，覺得「在短篇小說手法上有可學之處」。十六日，他又讀了德國作家 Wilhelm A. Schmidtbonn（一八七六－一九五二）的《山之彼方》，但「不怎麼感動」。同時自我批評說：「雖然在想不立刻著手短篇小說不行，而不果行，只是構思而已。」十七日，風大，晚上相當冷。入秋了。因而自覺「非在文學上好好發揮不可」。二十日，他又為了處理進文化部就職等事而北上。廿六日，他在歸鄉的火車上閱讀法國作家 Marcel Arland（一八九九－一九八六）的《出生之地》，「佩服其自然描寫和抒情風味」。廿八日晚上，繼〈鄰居〉之後，他終於又在校栗林老家開始寫短篇小說〈谷間〉，雖然「想寫成優美的小說」，但只寫了「一張」。

十一月四日，他為次子芳雄清除臀部的腫瘡，帶發燒的妻子去醫院檢查，騎腳踏車載米去社口岳母家等瑣事，忙了一天。儘管如此，入夜之後，還是抓緊時間，繼續寫作〈谷間〉。五日「早上寫作了一陣子」。七日「早上想寫稿而鼓起了一陣子幹勁」，又因訪客打擾而停筆。午後，「田間稻子的收割已全部結束了」。他的〈谷間〉卻未見後續的發展。

5〈月夜〉與第一次「大東亞文學者大會」

就在呂赫若創作〈谷間〉期間，一九四二年十一月三日，第一次「大東亞文學者大會」在東京開幕，並於十日在大阪閉幕。在此之前，同年五月，日本內閣情報局指導成立文學統制組織「日本文學報國會」（簡稱文報會）。為因應局勢發展，宣傳、普及並協助「國策」實施，七月起，以「第一次大會」為名籌備召開「大東亞文學者大會」。九月一日，該會機關誌《日本學藝新聞》正式對外宣稱：即將召開深具「國際性質」、「世界文學史」意義的「大東亞文學者大會」，並公布了台灣方面的「候補者」名單：

龍瑛宗、張文環、西川滿三人。（尾崎秀樹《舊殖民地文學的研究》頁一五一—五五）三日，《台灣日日新報》也在島內首發「大東亞文學者大會」的新聞，列出各國代表姓名，並透露隸屬日本代表的台灣代表將以大會「接待役」的角色出席。十月十五日，該報明確指出，殖民地台灣的代表是龍瑛宗、張文環、西川滿、濱田隼雄四人。

十月二十日下午，呂赫若坐快車北上，五點抵達台北，隨即趕到張文環家。他看到張文環「正在為去東京而忙亂」。廿一日早上，他又去看望張文環。這時，吳天賞已來了。晚上，他們三人又一起去陳逸松家閒談，並替張文環「餞別，祝他旅途平安」。第二天早上，張文環與《文藝台灣》陣營的西川滿、濱田隼雄、龍瑛宗前往東京參會。但呂赫若「沒能去送行」。

就在張文環等四名代表出發前，《台灣藝術》雜誌社特別邀請他們辦了一場「台灣代表作家——文藝座談會」。主持座談會的記者開場指出：「在大東亞戰爭下的台灣地位，越來越受重視。在槍桿後面，必須以文章報國的文藝家的使命，也越來越加重了。」然後就「台灣文學的現狀與希望」、「在台灣有發展性的作家」、「衷心景仰的作家及其理由」、「台灣的文化運動和文藝家」等四項議題，請他們各抒己見。其中，在談論「在台灣有發展性的作家」時，剛剛出版長篇小說《南方移民村》而確立文壇地位的皇民奉公會文化部囑託濱田隼雄（一九〇九—一九七三）與張文環、龍瑛宗之間有段評價呂赫若的相關對話。

大東亞文學者大會宣言

大東亞精神の樹立竝にその强化徹底を期して我等玆に根本を論じ、緊急の課題を議し、不動の信念を確立し得たるは眞に欣快に堪へざる所なり。惟ふに大東亞戰爭の勃發はわれ等東洋の全文學者に根源よりの奮起を促し東洋再建の牢固たる決意を齎したり。是實に日本の乾坤一擲ともいふべき大勇猛心の然らしめし所なり。われ等光輝ある東洋の傳統に心を開き祖先が靈魂の叫びを繼ぎ、久しきにわたる忍從と昏迷の境地より誓つて再生せんことを期す。東洋新生のための礎石は置かれたり、われ等が心魂固く一致せり。今や大無畏の精神をもつて邁進することを一切の敵國に告げむ。凡そ文學と思想の問題は堅烈なる信念と永きにわたる刻苦とによつて處理さるべきものなり。われ等永久に本大會の感銘を心にとゞめ温かき親愛の下に東洋の大生命を世界に顯揚すべく鋭意實行を期す。而してこれが成否はひとへに大東亞戰の勝利にかかれり、全東洋の運命もまたこの大戰の完遂にかかれり。われ等アジヤの全文學者、日本を先陣とし、生死を一にして偉大なる日の東洋に來らんがため力を盡さむ
右宣言す。

昭和十七年十一月五日

大東亞文學者大會

《台灣文學》第三卷第一號刊載的文獻

濱田：張先生，台灣文學要辦文學獎，你想該給怎麼樣的人？

張：應頒給從今年十月到明年十月之間，發表作品最好的人，但是還不知道要給誰。有發展性的作家，像呂赫若、賴氏雪紅等都值得期待……。

濱田：呂君的作品呢？

張：在《台灣文學》所發表的〈財子壽〉是好作品。

濱田：他是怎麼樣的人？

張：地方公學校的教師。他是邊彈鋼琴邊研究文學，之後辭去教師到東京去，而服務於東寶日本劇場演劇部，以音樂謀生活而研鑽文學。

龍：在《文學評論》發表的〈牛車〉很不錯，經歷、成就、出發都不錯。但是他最近努力的軌跡還沒有被認可，確實遺憾。（《張文環全集．卷七》頁一三二—一四三）

十一月一日，《台灣藝術》第三卷第十一號刊出了這場座談會的紀錄。我們相信，呂赫若勢必讀到了上述的座談內容。我們也相信，他對張文環和龍瑛宗兩位文友的推薦應該會感到欣慰。但我們更相信，思想敏銳的他，面對即將被納入服務於日本軍國主義南進政策的所謂「大東亞文學」的命運，肯定也要為台灣文學的未來發展感到憂心吧。

十一月七日，就在第一次「大東亞文學者大會」期間，呂赫若又在〈谷間〉輟筆的當天晚上，構思起筆「新的短篇小說〈月夜〉——〈廟庭〉的續篇」，並且寫了六張。

如前所述，〈月夜〉是呂赫若在東京寫完〈財子壽〉的第二天（一九四二年一月十一日）立即著手的短篇小說創作，寫到二月十五日暫時擱筆，三月十六日又「付之一炬」。將近八個月後，鄉居校栗林的他顯然自覺能夠把握「台灣色彩」了，於是又讓它死灰復燃。

十一月八日早上，他接著寫昨晚起筆的〈月夜〉，晚上又「創作到深夜」。九日早上續寫，但感到「最可惱」的是「無法定心寫作」。晚上，他還是設法靜下來創作。十日早上想繼續寫，但「要哄小孩」而「無法創作」。下午又搭火車上台北。其後，他就忙於謀職與尋租房子等事情而南北奔波。終於十九日正式到台灣映畫株式會社上班。一家大小也於廿六日搬到士林租屋同住。

與此同時，張文環也於十一月廿三日返抵台北。但「回鄉以來，沒有一天過著安靜的日子」。（《張文環全集．卷六》頁一三五）

十一月廿八日下午，呂赫若去張家，找已經一個多月沒見的張文環「閒聊」。可以想見，他們的話題一定離不開「大東亞文學者大會」吧。晚上，他們又一起在王井泉家開《台灣文學》編輯會議。除了他們三人，與會者還有張冬芳、名和榮一、黃得時與王仁德等人。這是張文環歸台以後《台灣文學》首次召開的編輯會議，因此，在會議上，張文環肯定會向其他同人詳細報告與會經過，同時也討論將來如何應對新局吧。第二天早上，呂赫若又去張文環家。大概是碰到記者要採訪張文環談「大東亞文學者大會」的事吧，因而「和記者們糾纏不休」。三十日下午，為了有關大東亞文學者大會的報告，負責選派作業的台灣文藝家協會召開臨時大會。呂赫若和張文環都出席了。

呂赫若日記沒有載明臨時大會的具體內容。但是，我們可以理解，這場臨時大會是該會會長矢野峰人呼應「大東亞文學者大會」，而積極推動的統制文壇和改造作家精神的宣告。矢野在十二月廿五日刊行的《文藝台灣》第五卷第三號發表〈台灣文學的黎明〉指稱，參與大會既有助於改造文壇上過去某些不良現象，而且也為今後台灣的文學發展指引了一條「學習大東亞文學精神」的明路。他強調，據其所知，「參加了先前大會的台灣代表，見識到來自各地代表們圓熟的人格、高邁的見識、真摯熱烈的態度等，促使他們深刻地反省與嚴肅地自我批判。這正是讓台灣文藝家能好好仿效的貴重體驗……恰似台灣從此能捨棄『外地』這一說詞而不再被視為特殊的存在一般，台灣文學從此也該從過去偏促的自我中解放，邁向發揮足以成為日本文學一翼的精神之路。」（《雜誌篇．第三冊》頁五〇三—五〇五）

於是，台灣文藝家協會於十二月在島內各地主辦「大東亞文學者大會」代表的歸來報告或座談會。行程如下：二日，台北。十二日，高雄。十三日，台南。十四日，嘉義。十五日，台中。十六日，彰化。十七日，新竹。

十二月一日，《台灣日日新報》刊載了「大東亞文藝講演會」即將在公會堂召開的消息。「對此感到無聊」的呂赫若只能在日記上勉勵自己：「只要幹活，只要做事，只要寫稿！」二日下午，他「到張文環家閒談」。晚上，張文環去台北公會堂參加台灣文藝家協會主辦（皇民奉公會協辦）的「大東亞文藝講演會」。但他「偷懶沒去」。根據《台灣文學》第三卷第一號所載，講演會參插了文藝家協會會員的朗讀演出，依序是矢野峰人致辭、濱田隼雄報告「大東亞文學者大會的成果」、「大東亞文學者大會宣言」朗讀、俳句朗讀、短歌朗詠、張文環講「台灣文學的新發足」、詩朗讀、龍瑛宗表達「大會參列的感激」、西川滿報告「文學も亦戰爭べわる」。但現場參與的會員太少，一般聽眾更是「少之又少」。（《雜誌篇．第四冊》頁三二）

十二月三日，呂赫若「決定從今天起不去上班」。早上，他去天

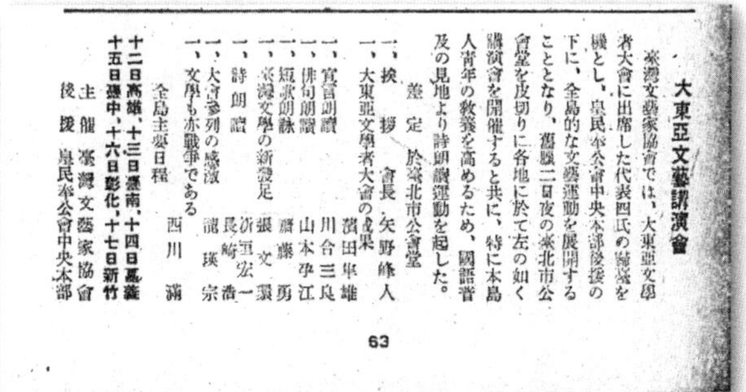

大東亞文藝講演會

臺灣文藝家協會では、大東亞文學者大會に出席した代表四氏の歸臺を機とし、皇民奉公會中央本部後援の下に、全島的な文藝運動を展開することとなり、舊臘二日夜の臺北市公會堂を皮切りに各地に於て左の如く講演會を開催すると共に、特に本島人青年の教養を高めるため、國語普及の見地より詩朗讀運動を起した。

豫定　於臺北市公會堂

一、挨拶　會長　矢野峰人
一、大東亞文學者大會の成果　濱田隼雄
一、宣言朗讀　川合三良
一、俳句朗讀　山本孕江
一、短歌朗詠　齋藤勇
一、臺灣文學の新發足　張文環
一、詩朗讀　新垣宏一　長崎浩
一、大會參列の感激　龍瑛宗
一、文學も亦戰爭である　西川滿

全島主要日程
十二日高雄、十三日臺南、十四日嘉義
十五日臺中、十六日彰化、十七日新竹

主催　臺灣文藝家協會
後援　皇民奉公會中央本部

63

《台灣文學》第三卷第一號所刊「大東亞文藝講演會」的行程

馬茶房，拿《台灣文學》下期封面擬用的油畫，結果「選了三幅」，帶去張文環家。晚上想繼續寫〈月夜〉，但始終「定不下心」。七日早上，他又想寫稿，但還是「靜不下心」而「沒寫成」。下午又搭火車回校栗林，處理家務事。八日下午，他去台中，在車站巧遇由嘉義北返途經台中的張文環，於是一起去吳天賞家，「久坐談天」。晚上與張文環搭同班火車回到台北。九日晚上，他又想重新創作停頓了一個月之久的〈月夜〉。但還是因為「雜念多」而「沒進展」。十日晚上繼續創作〈月夜〉。十一日早上，屋外籠罩著一片像是夢境的霧。他一邊眺望濛濛細雨中煙雨朦朧的觀音山、七星山、淡水河，一邊不停地寫作〈月夜〉。雖然決心「非在本日內脫稿不可的，但到了下午也還沒能完成」。然後他就去王井泉家，出席《台灣文學》主辦的中村哲教授新婚祝賀宴會。與會者包括台北帝大教授金關丈夫與瀧田貞治（一九〇一—一九四六）、竹村猛、研究法國文學的評論家中島健藏（一九〇三—一九七九）等十六、七人，非常熱鬧。他卻因為近來的創作挫折與緊迫形勢，而「對從事文學感到疲倦得很」。然而，他並不輕言放棄。第二天（十二日）晨起後又繼續創作。九點十分，短篇小說〈月夜〉終於脫稿。一共寫了三十三張。他立刻走去圓山，坐巴士去台北，到張文環家交稿。但正奉命奔逐於台灣文藝家協會舉辦的「大東亞文藝」巡迴演講和座談的張文環不在家，於是請張文環夫人轉交。

短篇小說〈月夜〉交稿以後，失業中的呂赫若又投入協助《台灣文學》的編輯工作，同時繼續構

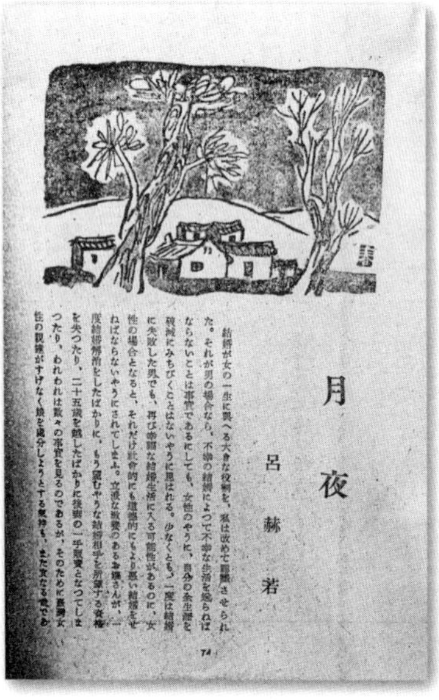

月夜

呂赫若

結婚が女の一生に與へる大きな役割を、私は改めて痛感させられた。それが男の場合なら、不幸の結婚によつて不幸な生活を送らねばならないことは事實であるにしても、女性のやうに、自分の全生涯を破滅にみちびくことはないやうに思はれる。少なくとも、一度は結婚に失敗した男でも、再び幸福な結婚生活に入る可能性があるのに、女性の場合となると、それだけ社會的にも道德的にもより惡い結婚をせねばならないやうにされてしまふ。立派な教養のあるお孃さんが、一度結婚解消をしたばかりに、もう望むやうな結婚相手を所望する資格を失つたり、二十五歳を越したばかりに後妻の一手販賣となつてしまつたり、われわれは數々の事實を見るのであるが、そのために直接女性の襟懐がすげなく線を處分しようとする氣持も、また

74

思新的創作。

十二月十三日，上午空襲警報。他老實待在家裡讀書。夜間，雖然燈火管制。他還是幫忙看《台灣文學》的投稿稿件。第二天晚上，他又構思〈富貴春〉，「想寫有約八十張」，同時要求自己「必須貫徹初衷」，「非寫出個精心傑作不可」。但是，這篇應該也是小說創作的〈富貴春〉，後來就沒再見到下文了。十六日，「許久沒有的溫暖的一天」。「應該全神貫注於文學的」他「卻靜不下心來」，因而自責說「到底怎麼啦？」十八日，上午拜訪「從文藝演講回來」的張文環。下午再次在張文環家商量《台灣文學》的編輯事宜。十九日早上寫《台灣文學》投稿作品的短評。

根據《台灣文學》第三卷第一號署名「編輯部」的〈一般投稿選後感〉所述，截至「十二月為止，投稿文章多達三十餘篇，可是到最後，只有其中八篇在編輯同人之間傳閱，然後開會評選。因為速記和其他因素，在這裡只綜合同人的共同意見刊登出來。」結果，八篇之中又只選用了兩篇。儘管如此，割愛的六篇也都詳細評論了作品的優缺點，以及對作者的具體建議。（《雜誌篇．第四冊》頁四九—五二）我們不知道這篇評稿之文是呂赫若一人執筆，抑或其他人共同分擔。但由此可見《台灣文學》開放的編輯原則與培養新人的認真態度。

除此之外，呂赫若（筆名「太公望」）在為該期「羅漢堂雜談」專欄所寫的記事，也有感而發地針對寫作技巧的問題表述了自己的看法：「文化，尤其是藝術的領域，『技術』是先決條件。在新的一年到來之際，我痛感台灣『技術』的貧乏。由於『技術』低下，招致各種議論，也有自稱藝術家的人招搖過市。過去半年裡的討論，根本無視由『技術』低下帶來的混沌狀態，這種討論根本毫無益處，像小孩吹牛皮罷了。／在文化界中，常識論往往是無用的。常識論往往是沒有『技術』的人的說辭罷了。／藝術的發展進步如果沒有型態上的『技術』那是毫無希望的。無論是文學，音樂或者繪畫美術，演劇亦如此。我們如何期待毫無音樂藝術的人在音樂上能夠進步呢？舉個常見的例子來說明，所謂職業新劇團為何無法長進？演劇為什麼一直處於低迷的狀態呢？都因為缺乏『技術』罷了。／當然，藝人還有技術人員道理上與此不同。但是，批判精神是立足於『技術』之上的。不懂『技術』的批判精神似乎是台灣獨有的。／東京和台灣的區別根本在於『技術』的有無問題。台灣所謂的藝術家在東京不受待見，可以說根本的原因在於『技術』的缺乏。／努力獲得『技術』吧！這是目前台灣文化面臨的課題。以台灣音樂改革的問題為例，如果出現一個有『技術』的藝術家，不僅比一百次的常識論有益多了，其貢獻也是無可估量的。／磨練『技術』吧！在藝術領域中體現並踐行國策精神必須依靠『技術』才有可能得以實現。」（林娟芳中譯）

十二月十九日下午，呂赫若又到山水亭，出席「文藝家同好」迎接日本陸軍報導班兩名成員的文藝座談會。日本在發動太平洋戰爭後，動員日本作家到東南亞、南洋等占領地從事戰時思想宣傳、文化報導、編輯出版等活動，稱為「作家的南方派遣」。這場座談會的來賓是從菲律賓回日本途中順道來台的，一個是一九三六年以描寫無產階級革命運動被鎮壓的長篇小說《麥子不死》而產生很大影響的石坂洋次郎（一九〇〇—一九八六），另一個則是「國策文學」代表作家之一的上田廣（一九〇五—一九六六）。這裡，呂赫若所說的「文藝家同好」，很有可能就是台灣文藝家協會或該會的核心幹部吧。座談會結束後，由《台灣文學》作東，宴請兩位客人。席間，呂赫若和張文環「談論《台灣文學》的將來」，也和上田廣進行了「交談」。但他認為「重要的是寫作品，此外無他」。第二天早上，他雖然「奮勵想寫稿子，卻寫不下去」。晚上又轉而開筆未曾嘗試的廣播劇本《林投姐》。廿一日下午，他到山水亭找王井泉，同去張文環家，商量《台灣文學》的事。廿二日還是沒法寫稿，再讀在東京時已讀過的室生犀星的作品。廿四日，午後去張文環家閒談。入睡前又在日記督促自己「要扎扎實實地用功讀書，寫作。」廿五日又再提醒自己「要忘掉一切（煩人俗事）專心用功」，但又「要對一切（問題）抱持關心」。廿六日下午逛書店，買了明清「十大才子書」的「第二才子書」《好逑傳》（又名《俠義風月傳》）與法國作家紀德（一八六九－一九五一）的《偽幣製造者》。晚上讀完《好逑傳》。廿七日早上讀《偽幣製造者》，因而「徬徨於通俗作品和純文學的歧路上」。晚上續讀室生犀星的作品。這一天，他「雖想快些著手寫作，可是題材整理不出頭緒，只是終日在家焦急而已。」廿八日下午與張文環、王仁德等人漫步市內。廿九日，早上在家無所事事。因為「想有所為卻又不能為而感到焦躁」。自惕「不快點著手創作小說不行」。下午去張文環家，就「《文藝台灣》之間的問題」交換意見。六點起，《台灣文學》同人在王井泉家開編輯會議，討論關於明年度的發展。

從一九四三年一月卅一日出刊的《台灣文學》春季號（第三卷第一號）目錄來看，當晚的編輯會議，決定刊登呂赫若的短篇小說〈月夜〉，也不得不製作了「大東亞文學者大會特輯」。

6《台灣文學》的壓力與〈合家平安〉

十二月廿九日，《台灣文學》編輯會議結束之後，呂赫若在日記上勉勵自己：「要一個接一個地寫，畢竟作品會起作用。」於是，在艱難的時局下，他於一九四二年的最後一天（卅一日）開筆短篇小說〈合家平安〉。

一九四三年。從年初開始，日軍在太平洋戰場節節失利，敗勢日顯。處於日本絕對國防圈內的殖民地台灣即將進入所謂「決戰時期」。殖民當局進一步加強控制文學界的種種措施。

在此之前，大東亞文學者大會結束後，日本文報會隨即在日本帝國的勢力範圍積極展開各種「文學報國運動」。台灣殖民當局對文學界所施加的「文學報國」的壓力也隨之愈來愈重。濱田隼雄和西川滿徹底奉行「大東亞文學者大會的精神」，在殖民地台灣更為積極地配合文學奉公運動。張文環十分清楚，《台灣文學》不能再以台灣地方性、特殊性為名迴避參與動員體制的協力，只好敷衍官方的宣導活動，積極串連南北台籍作家。但是，隨著時局惡化，《台灣文學》也將邁入內外糾葛不斷的第三個年頭。而我們在呂赫若日記已經看到，返台以後的張文環經常和他討論《台灣文學》的將來。

就在一九四三年，呂赫若也以〈月夜〉開路，持續在《台灣文學》發表了幾篇重要的短篇小說，從而通過作品確立在台灣文學界的地位。此前，以〈牛車〉成名的他，因為轉軌聲樂，沒有持續不斷創作，尚未確立在文學界的地位。例如，一九四二年十二月五日，楊雲萍在《台灣時報》發表〈台灣文藝界這一年〉，就點名表示對呂赫若等人在新的一年的「活躍」有所「期待」。（《雜誌篇·第三冊》頁四八七）應該是一九四三年年初，中村哲與龍瑛宗在《台灣藝術》舉辦的「關於台灣的文化」座談會中談到「本島人作家的動向」時，中村哲首先提到：「去年做了相當多工作的楊逵、呂赫若等同人，對於他們在本年度，將會做什麼樣的工作，令人很感興趣呢。」龍瑛宗接腔說：「楊逵先生雖然也不無粗製濫造之嫌，但總是值得期待的作家。呂赫若先生也非常努力，大概要寫出讓我們大吃一驚的作品吧。」中村又說：「那樣的人，最重要的是不要偏頗。」（《雜誌篇·第四冊》頁八五）

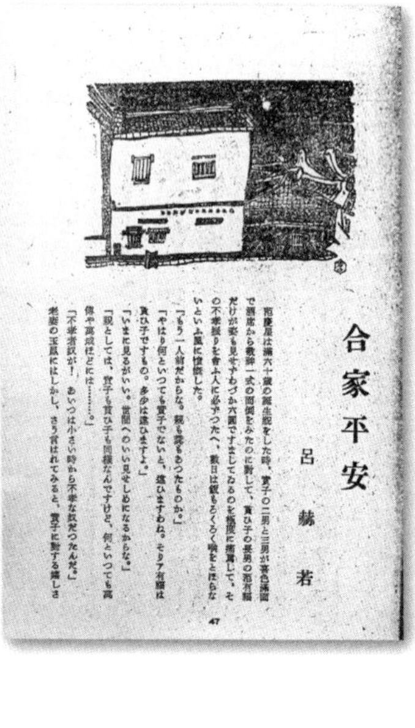
合家平安

呂赫若

47

中村哲與龍瑛宗這場座談的紀錄後來刊於二月一日發刊的《台灣藝術》第四卷第二期。雖然日記沒有紀錄，但呂赫若肯定讀到這段對話了吧。那麼，接下來，我們就來具體看看，「值得期待」的呂赫若的一九四三年，究竟如何面對《台灣文學》不斷產生的內外糾葛，以及如何寫出讓人「大吃一驚的作品」吧。

一月六日下午，他去張文環家喝酒，談文學，結論是「必須寫出精心傑作」。十二日晚間，在張文環家，他和廣播電台的伙伴們討論《台灣文學》的事到深夜。十四日上午順路去張文環家，剛好清水書店的王仁德也在座，三人一起「談得很起勁」。張文環請吃中飯後又一起去山水亭，加上王井泉（也就是《台灣文學》的核心四人），「進城閒逛了一下午」。十五日下午，他去台北（山水亭），聽說王井泉等人去台南了，於是去張文環家「閒蕩」。十六日下午校訂《台灣文學》。十八日忙著校訂《台灣文學》，午飯由張文環請。十九日，下午五點起，《台灣文學》同人先在王井泉家舉開編輯會議，送別廿一日入伍的中山侑並拍紀念照。七點起，又在山水亭主辦中山氏餞別會，場面「非常盛大」，三十餘人與會。散會後，呂赫若與好友們移師富士咖啡店，重張宴會。又再去藝旦房開三次宴，到深更，才與中山氏握手道別。二十日起，他就職台灣興行統制會社。廿一日晚上，王井泉在山水亭請他和陳逸松、張文環、王仁德、呂泉生等人吃尾牙。廿二日下班後，他去張文環家，與《台灣文學》同人一起吃晚飯。廿九日下班後去山水亭，和張文環、王仁德、林摶秋與畫家陳春德、鄭安等人商討以「音樂與演講」的形式舉辦「《台灣文學》三週年紀念晚會」事宜。卅一日《台灣文學》春季號（第三卷第一號）發行。雖然是星期天，但他得上班。下班後，立刻去張文環家，拿了五本雜誌。他看到「今天的文環似乎落寞」，於是「一起去散步，去喝茶」。而他自己也感到「寂寞」。

雖然呂赫若的日記沒有明白記載。但是，我們從《台灣文學》當期「大東亞文學者大會特輯」（頁六二—七三）的內容，大概就能明白，作為主將的張文環與新作發表的作者，為什麼會在理當高興的雜誌刊行日顯得「落寞」吧。

「大東亞文學者大會特輯」包括大會文獻：大東亞文學者大會宣言、大東亞文學者大會議員表。大東亞文學者大會（台灣代表發言）速記抄：龍瑛宗〈向皇軍感謝〉、西川滿〈普及日本語〉、濱田隼雄〈下屆大會在台灣〉、張文環〈對從軍作家的感謝〉。活動預告：台灣文藝家協會主辦（皇民奉公會中央本部協辦）「大東亞文藝講演會」，以及四名代表的參會感想等等。所以，問題應該就在這幾篇有關「大東亞文學者大會」的表態文章吧。

首先，濱田隼雄〈大東亞文學者大會的成果〉指出，「大東亞文學者大會」是「皇威」斷然發起的大東亞戰爭「氣勢如虹」的戰績之一，大東亞戰爭對文學的要求只是回歸「正道」而已。所謂「文學正道」，就是要具體呈現能夠刺激「大東亞精神」與生產、「驅使人們迎向明日之奮戰」、「獻身於戰爭」的作品。而所謂「大東亞精神」，就是「與知性主義、理性主義和唯物主義等敵對文化的土壤相對」的「亞洲特有的全人格的直觀主義（「純粹無雜質的詩精神」）」。他最後強調，「一向閉關自守，在全日本文學之一環的批判範圍外苟安一隅的台灣文學」，只要「正確地理解本次大會的真正意義時，目標就再明確不過了」。「如果台灣的文學現在不反省現況，走上正道，台灣文學之名就會從大東亞文學之中被除名吧。」西川滿《自「文學者大會」歸來》則指出，他們「從大會歸來後，初試啼聲就是有關國民詩的朗讀運動」。然後強調「如果本島人藉著這種朗讀，能學會受到言靈賜福的日本國的漂亮又正統的國語，在台灣真正的國語普及上，不——在日本精神的涵養上，將會發揮多麼大的作用！我們之所以顧不得舟車勞頓未消，又踏上全島演講的行腳之旅，也是出自這種欲罷不能的心情。」性格內向木訥的龍瑛宗的〈道義文化的優勢〉開宗明義指出，大東亞「戰爭是為了確立東洋自古以來的道義文化的不得已的手段，最終目的在於徹底弘揚道義文化。這是東亞各民族十億人共同的職責、共同的自覺和共同的命運，而且主導者無疑是東亞唯一的先覺國家——吾國日本，東亞各民族要完全信任日本，不應該錯失良機。」至於他所謂的「道義文化」，「在日本是『八紘一宇』的精神，在支那是『四海皆兄弟』的精神」。他認為文學工作者肩負的課題就是「無論如何都要創造宣揚東洋之美的，富有藝術性的作品。」最後，他也透露「一點個人的心聲」說：「我心中覺得十分羞愧，因為我在人前暴露自己的才疏學淺，我覺得自己不配做台灣代表，真是慚愧之至。而我最強烈的願望，就只是希望能表現出更好的人品和學養俱佳的才幹，為台灣，為台灣文化弘揚光輝的南方文化的真正價值，所以在此坦誠相告。」張文環的〈自內地歸來〉則是一篇奉命難違之下的敷衍之作，因此標題就只呈現客觀狀態而不作違心的主觀表態，然後刻意以冗長瑣碎的文字，描寫住宿「第一大飯店」六樓時的緊張、恐懼與不時出現的大樓因地震而崩塌的幻覺。小說家筆下所住的「第一大飯店」的睡床，就彷彿是在「竹竿窩」的「高高的竹竿」。如果就書寫的語法來看，這也是他對自己不得不代表參加的第一次「大東亞文學者大會」的暗喻吧。而他那「生活在半空中」的「忐忑不安」，也只有在「似睡非睡」的時候，聽到「從床底下轟隆轟隆地傳上來」的「鐵軌的聲音」，才能得到安撫。當然，文章最後，他還是不能不有所表態的。於是，我們看到，他非常有智慧地藉由對「名為文學者大會，實為政治外交集會」所感到的失望，作為有所期待的收尾。他說：「談到『大東亞文學者大會』的成果，我覺得對我這個鄉下人來說，無異是一場磨鍊會。這是首屆大會，所以不能期望它有更大的效果。不過，但願下一次可以讓來自地方和國外的代表，有機會透過個人平時喜愛的作者和書籍，舉辦一場『知己會』。最後，我非常希望這場大會不是政治和外交的集會，而能夠成為大東亞的一場大家族會議。」（《雜誌篇．第四冊》頁五九－七一）

這段期間，呂赫若仍然自覺地以「作品第一」的態度面對嚴峻的時局。然而，他的寫作狀態卻十分雜亂而又繁忙，既要寫劇本賣錢，又同時進行著短篇小說〈合家平安〉與中篇小說〈雙喜〉的創作。一句話，面臨風格轉換的思索與學習，呂赫若正不斷苦苦質疑自己創作的表現手法和題材內容。與此同時，張文環也經常和他討論《台灣文學》與《文藝台灣》之間的矛盾。他還要與張文環等同人共同處理《台灣文學》碰到的發展問題，並面對日本文學報國會來台成立支部的壓力。

二月三日下班後，張文環請他與張冬芳到家裡吃年糕。四日是中國傳統的大年除夕，王井泉在山水亭請他和張文環、張星建等人吃年夜飯。七日，「台灣文學獎」發表，張文環得獎。

所謂「台灣文學獎」，是皇民奉公會中央本部文化部呼應「大東亞文學者大會」決議而設立的「台灣文化賞」。宗旨是：「表揚在提升台灣文化上有功的文化人或機關，刺激展開活躍的實踐活動，期待台灣文化劃時代的躍進，提高文化藝能部門奉公的成果」。審查委員長是皇民奉公會中央本部文化部長林貞六（林呈祿）。給獎獎項分文學、詩歌、音樂、演劇等部門。文學部門的審查委員是矢野峰人、工藤好美與島田謹二。得獎者除了張文環的小說〈夜猿〉之外，另有西川滿〈赤崁記〉與濱田隼雄的〈南方移民村〉。三人都是第一回「大東亞文學者大會」的

《台灣文學》第三卷第一號刊載的參會者感言

殖民地台灣代表。

眾所周知，這個文化賞依循「皇民奉公路線」而設，為特殊政治情勢服務，文學意義不大。因此，我們看到呂赫若的日記只是客觀記事而已，沒有任何情感好惡的表露。而張文環顯然也沒有因此感到任何喜悅之情。

二月九日，呂赫若聽說去南部旅行的張文環和王井泉已經回到台北，下班後就去找張文環，一起去山水亭餐敘。但未見他們對剛剛公布與十一日頒獎的「台灣文化賞」有任何討論。十日，他買了很多「與中國有關」的書，「認為可以藉由那些書來看台灣生活」，並且又再自勉「要寫出好作品」。十一日中午，他去山水亭，與名和榮一和王井泉等商討《台灣文學》事宜。但具體內容未載。十三日，因為想「要寫長篇作品」而「痛感有讀巴爾札克的必要」，於是「買巴爾札克全集」。十五日傍晚出席在明治製菓三樓召開的「文藝家協會」月會。十八日，一整個上午寫了四張稿子，然後出去逛書店找書。因此自我批評「這是不應該的」。十九日，早上稿子寫得比較順利。下班後去張文環家商量《台灣文學》的事。自認為他和張文環是「維護《台灣文學》者」。此則記事顯然透露了《台灣文學》存在著內部的問題與分歧，而呂赫若認為他與張文環是一致的。然而，具體情況不得而知。他在當天的日記又再次自我批評，說「近來自己也覺得好像欠缺一股認真勁兒，應該更猛烈地用功才行。」二十日，上午「寫稿順利」。下班後，他去買張赫宙的長篇小說《人的羈絆》與《美麗的壓抑》，覺得「自己也非寫長篇小說不可」。但「沒幹什麼」就「睡著」了。廿一日，星期日，天氣又開始變冷了。他感到「神經有點兒衰弱」，懷疑「是因為又開始寫〈合家平安〉之故」。即便如此，早上上班後還是繼續寫了七張稿紙，晚上七點回到家後繼續寫到十一點就寢。廿二日，他「總覺得寂寞，感到無聊」。下班後又去山水亭找朋友聊天，但沒有一個人來，只好回家。繼續寫〈合家平安〉到十一點半。廿三日下班後和張文環碰面。

張文環告訴他，帝大的工藤好美教授說他的作品「在意識形態方面薄弱」。晚上十一點回到家，「雖很想睡」，但還是堅持寫作到十一點半。廿四日中午去山水亭開《台灣文學》編輯會議。下班後直接回家，一直不停地寫到十點半就寢。廿五日晚上起燈火管制，他下班後就回家，利用臥室的小桌子寫到十一點半。廿六日晚上九點到十點去公司值鄰站崗，然後在寢室寫〈合家平安〉，一共有四十三張了。

二月廿七日，呂赫若又改而起筆中篇小說〈雙喜〉。同時，因為不滿「台灣的文人搞太多陰謀活動」，惕勉自己必須抱持「作品第一主義」，「要照自己所想的一篇接一篇地寫下去」。然而，晚上十點，正在寫稿時，又應王井泉臨時之邀，騎腳踏車到王家，與小說家戶川貞雄、丹羽文雄和庄司總一，以及《台灣文學》同人，一起聊到十二點半。他和吳天賞就借宿王家。

戶川貞雄（一八九四－一九七四）是日本文學報國會事務部長，主要為了籌畫成立該會台灣支部而來台。丹羽文雄（一九〇四－？）於一九三七年從軍赴華，翌年發表報告文學《未歸的中隊》，一九四二年為海軍報導班成員，發表短篇小說〈海戰〉。庄司總一的《陳夫人》第一部於一九四一年四至五月在東京「文學座」公演時，旅日的呂赫若觀賞之後徹夜讀完原作，並於五月二十日至廿五日在《興南新聞》發表〈「陳夫人」的公演〉。一九四二年七月《陳夫人》第二部「親子」出版後，呂赫若於十一月五日收到庄司寄來的贈書。他們三人都是為了日本文學報國會與總督府舉辦的文藝報國運動巡迴演講會而從日本來到台北。

二月廿八日，早上八點半回家之後，呂赫若就開始寫稿。十點多，張文環和吳天賞來訪，聊到十二點，一起去北投沂水園，找王井泉餐敘，泡湯，午睡，下午四點半再一起回山水亭吃晚飯，然後去台北市公會堂，聽七點開始的戶川、丹羽、庄司三人演講。他「對於那過分缺乏作家個性以及公式論感到憤怒」，覺得「像這種為物所動的文學家態度實在令人厭惡」。但是，他認為丹羽文雄所講的索羅門海戰「顯示出他獨特的幽默和感覺的細膩，很有趣」。他因此又再告誡自己，在那樣的時代，「文學家不該涉足政治方面，要用力於生產作品。」十點半，他坐市營巴士到圓山，再走回家。一路上感到「心情寂寞」。

三月一日下午，他與名和榮一、張冬芳在「太平洋」喝茶，碰見植田氏和藤野雄士。植田談到：「台灣的文學家太缺乏明確說出自己意見的勇氣」。三日，「稍微寫了一些稿子」。九日，下班後，他去「明治製菓」三樓出席台灣文藝家協會臨時大會。大會主要討論「關於設立大日本文學報國會台灣分部的事」。他覺得「無聊」，中途退席。臨睡前，又在日記上督促自己「必須寫作品」。於是，第二天晚餐後，雖然「對孩子們的吵鬧很無奈」，還是讓自己定下心來努力寫稿，一直寫到晚上十二點二十分，終於脫稿。總計六十張，兩萬四千字。就在這時，心情「實在很快樂」的他「聽到外面雨聲劇烈」。

從一九四二年十二月卅一日開筆，歷時兩個多月的短篇小說〈合家平安〉，敘述的是日據下富家子弟出身的范慶星老人，因為沉迷於吸食鴉片而傾家蕩產，以至於兩個親生兒子遠走台東，連養子也不敢與其同住，最終無法「合家平安」的故事。小說的最後，通過養子的舅舅對范慶星的批判點出主題：「怎麼樣？還不明白嗎？去！如果明天沒有勇氣住院接受戒掉鴉片的治療，那就無藥可救了。已經到了今天這般山窮水盡的地步，還不能清醒，倒不如死掉算了。」（《小說全集》頁四一七—四四八）

根據台灣日日新報社一九二六年出版的台灣總督府專賣局《台灣阿片志》（頁一四三）所載，日本占據以前，台灣的鴉片煙膏販賣營業者有六千二百廿一人。一八九六年一月，總督府公布「台灣鴉片令」，為了對付台灣的武裝游擊抗日，限定從前的營業者中可靠的「本島人」為鴉片營業「中盤商人」。一八九八年三月，兒玉源太郎總督及後藤新平民政局長上任。鴉片密探阿川光裕與辜顯榮建議——如果將販毒利益與「御用紳士」組織性地長久結合為「利益共同體」，就格外容易進行「土匪招降」（騙殺）

策略。總督府於是密令各地方長官不必「限於從前的營業者」為中盤商，要重點選擇「身分確實的人」指定為中盤商。一九二九年年一月，台灣總督府實施「修正台灣鴉片令」，將申請鴉片煙膏的販賣人分為「取次人」〔中盤商〕和「請賣人」〔零售商〕兩種。其他有關鴉片營業的商人，還有「鴉片煙吸食器具製造販賣人」、「鴉片煙吸食器具請賣人」、「鴉片煙吸食所開設人」，都必須向地方官廳申請取得「特許鑒札」，繳納特許費，才能營業。同時規定，所有鴉片營業人不可提供日本人鴉片煙、吸食器、吸食場所，否則即按「台灣住民軍事犯處分令」第一條之八處以死刑。另據一九三一年台灣新民報社出版台灣民眾黨祕書長謝春木〔一九〇二—一九六九〕的《台灣人的要求》統計：台灣總督府施行鴉片專賣特許制，「驅使的御用紳士的人數總共高達三萬七千八百四十四人」。因此，民眾黨向國際聯盟控訴日本殖民當局准許台灣人吸食鴉片。就在國際聯盟派員來台調查的同時，殖民當局不得不開設「臨時戒菸所」。

就是在這樣的歷史脈絡下，一九三七年五月，在《台灣新文學》第二卷第四號發表的短篇小說〈逃跑的男人〉，呂赫若已經處理過同樣因吸食鴉片而家道中落的題材。此時，他依然繼承台灣民眾黨反菸運動的精神，在不違背殖民當局現行政策下，非常有智慧地創作社會批判的小說〈合家平安〉。因此，他在脫稿的當時，也「自信此作是自己前所未有的、具前進性的作品」。但是，四月十二日，《台灣文學》夏季號〔第三卷第二號〕發打，他在校訂時，「讀著讀著」卻「不覺深深討厭起來，覺得應該要更具有感情的一面。覺得自己的文章欠缺柔軟性。」一十六日下午，他在公司寫完《台灣文學》夏季號「編輯後記」，下班後送交印刷廠。廿二日午休時，他聽說雜誌出刊了，隨即從公司騎腳踏車趕去雜誌社。結果卻是誤傳。一直要到廿八日才正式出刊。他於是利用午休時間去拿了雜誌，然後走路去放送局和奉公會分送。廿九日起該刊同時在各書店發售並「大受歡迎」。

其後，關於〈合家平安〉的各種評論以不同方式呈現。首先，五月二日，《台灣文學》同人從台北橋乘舟泛淡水河到社子時，京都帝大法科畢業的黃啟瑞律師（一九〇九－一九七六）當面向呂赫若說了自己的讀後感。七月一日，背景不詳，顯然是「藝術至上論」者的日本人寶泉坊隆一，在《台灣藝術》第四卷第七號發表〈文藝時評——以「台灣文學」夏季號為中心〉指出，讀完「呂赫若以飽受憂患的中年心境，娓娓寫下〈合家平安〉這一個父親有鴉片煙癮的家庭」的全文之後，「卻沒有太大的感動」。他認為，這是因為呂赫若雖然是「描繪鴉片的毒害，但結果卻只把吸毒者可悲的自取滅亡，寫得刻板無趣，不曾深入父親陷溺的深層心理，於是就顯得筆力不足了。對於這個家庭，作者給我們太多的抽象資訊，卻無法明確告訴我們，鴉片誘人墮落的真實魔力何在。」他強調，讀者「想看的，是如同傾聽內心清澈的祈禱的波特萊爾的文學作品那種被逼入絕境的，人類真實的悲劇；而不是呂赫若筆下的，形式上的頹廢描寫。」他聲稱，「既以鴉片為題材，作者就必須有面對那種罪惡深淵的心理準備才對」，但「直到今日，台灣仍然未曾出現把鴉片煙癮者描寫得入木三分的作品，實在令人遺憾，無論是哪一位本島人作家都無妨，我只希望有人能勇敢挑戰這個題材。」最後，他期待說，「呂赫若在技法層次上，早就是一位成熟的作家了。如果往後能徹底揚棄他過去的寫實主義手法，或許反而能另闢蹊徑，柳暗花明，亦未可知。」（《雜誌篇．第四冊》頁二一二－二一三）

八月十三日中午，呂赫若「去《新建設》編輯室找池田敏雄閒談」，並請池田給他看《台灣公論》

八月號（第八卷第八號）。他看到日本小說家高見順（一九〇七―一九六五）在「文藝時評」欄發表的〈小說總評――昭和十八年上半年的台灣文學〉「非常稱讚」他的作品。高見順這篇評論文章是應《台灣公論》分社社長之邀而寫。他特別指出，呂赫若的「〈合家平安〉寫得真好，娓娓道來的述說真不含糊。這種故事體有時候會令讀者感到不耐煩，或是刻劃人物往往流於膚淺，但這篇小說完全沒有這樣的毛病。」他強調，同樣是「故事體」的〈月夜〉「也一樣高明」。雖然他對呂赫若「一無所知」，但他認為，呂赫若「已經把這種文體完全運用自如，不會出紕漏了。不僅如此，光憑這兩篇作品」，他「就能夠肯定此人已經卓然成家了」。他又說，就他「這回所讀到的小說範圍而言，台灣的作家（包括本島人與內地人作家）多少都有一點溫室之花的柔弱感。」但〈合家平安〉「已經是成熟的作品」，不需要他說「溫室花朵」這種話來安慰了。與此同時，他也謙虛表示，他「也深深自省過」，也許是因為「自己的小說風格就是故事體」，所以他才對呂赫若的小說「一見鍾情，心有戚戚焉吧」。但是，他又不以為然地強調，「就算同樣的故事體小說」，他「就不欣賞周金波的作品」。當然，在「文學報國」的政策壓力下，他也不得不因應時局，「稍微離題」，補充說：「在〈合家平安〉中，范慶星這種人物類型，一般而言，容易寫成小說。以人物造型來說，是容易刻劃的類型，呂赫若似乎也擅長描繪這一類型人物。不過，我希望有才華的他精益求精，同時也希望他嘗試刻劃他所不擅長的人物類型。當然了，我也希望他更能勇於接受猛烈而有活力的時代精神的洗禮。」（《雜誌篇．第四冊》頁二六一、二六二）

第二天（八月十四日），呂赫若又接到台北帝大瀧田貞治教授的電話說：「在《台灣公論》讀到高見順對你的作品讚不絕口，好高興。恭喜你！」他「感動得熱淚欲滴」，回答說：「謝謝」。

一九四四年六月十日，河野慶彥發表於《台灣時報》第二九三號的〈呂赫若論――關於作品集「清秋」〉則認為，〈合家平安〉「全篇渾然天成，鹹淡恰到好處，距離〈財子壽〉的發表經過一年的歲月，作者的文體讓人感到已醞釀出其獨有的味道。只是在文章最後流於說理過甚，令人感到餘韻不足，是有點可惜之處。」他同時也秉持良知說，將這篇小說和殖民當局於一九四五年起才要實施的「鴉片禁令聯想在一起，令人感慨良深。」（《雜誌篇．第四冊》頁四七四）

三篇日本人的評論，評價各有不同。但總的共識是，呂赫若已經是寫作技法成熟，文體風格獨特，卓然成家的小說創作者了。但也如同他自覺「自己的文章欠缺柔軟性」，「應該要更具有感情的一面」那般。人們指出，他應該更深入描寫人物「被逼入絕境的」具體狀態與心理，才能避免「流於說理過甚」而讓讀者「感到餘韻不足」的敗筆，同時也要「嘗試刻劃他所不擅長的人物類型」，寫出「人類真實的悲劇」。這樣的期待，其實也反映了日據下台灣新文學的呂赫若時代已經正式登場了吧。

7「糞寫實主義論戰」與棄筆〈雙喜〉

呂赫若在〈合家平安〉脫稿的同時就督促自己要「馬上著手下一個作品」。據其日記來看，他所創作的「下一個作品」應該是二月廿七日起筆後卻沒有持續寫下去的中篇小說〈雙喜〉。然而，就在創作〈雙喜〉期間，台灣文學界延續著「大東亞文學者大會」之後的思想鬥爭，發生了一場所謂「糞寫實主義論戰」。

三月十一日，他因為昨晚熬夜完成〈合家平安〉，早上起來「頭痛難過」。霧很濃。「感到孤寂」。閱讀小說家、劇作家兼評論家長與善郎（一八八八—一九六一）的《乾隆御製賦》。十三日，讀美國傳教士 Carl Crow（一八八三—一九四五）的《支那人氣質》（一九四〇年東京教材社日譯），覺得「觀察入微，令人佩服。」十四日，讀德國作家 Griese Frederich（一八九〇—一九七五）的《冬日》，覺得「有意思，有農民的味道。」十五日，天色陰雲，驟然變冷了。他「靜不下心」。下班後和池田敏雄碰頭，一起去張文環家閒談，在座的還有吳天賞、楊逵、張冬芳。他的感想是：「文學就是作品。想寫隨性的作品。餘事任它去吧」。要緊的是「實力」。因此「讀書一事」要認真。十六日晚上，他去王井泉家，出席《台灣文學》同人歡迎戶川貞雄、丹羽文雄、庄司總一等人的談話會。戶川、丹羽退席後，他又和庄司談到十一點半。十七日，讀德國歷史傳記作家Emile Ludwig〔一八八一—一九四八〕的《天才與性格》〔東京山雅房日譯〕。十八日讀川端康成的《小說的結構》。廿二日，託張冬芳寄來了《靜靜的頓河》。構思小說的體裁。廿三日，讀巴爾札克的《村子的司祭》，認為「要向巴爾札克學的不是他的文章而是全盤掌握題材的方法、掌握人物的方法。」廿四日，他「向『台灣文藝家協會』辦理『日本文學報國會會員』推薦手續」。廿五日自我批判：「小說方面的工作沒能按自己的意思進展，總覺得太忙碌了」。「晚上未能定心用功」。廿六日，他「想寫些農村詩」。但「小孩子在家吵鬧，根本無法創作」。

四月一日，學校開學日，台灣總督府實施「義務教育」制度，強制學齡兒童接受殖民教育。為了配合政策宣傳，殖民地台灣各大報刊都大量刊登了慶祝文章。任職《興南新聞》文藝版的吳天賞也奉命向呂赫若等有代表性的作家邀稿交差。因為「吳天賞催得很急」，二日上班後，他雖然「睏得想睡」，還是努力寫題為「一年級新生」的小說，一直寫到下午終於脫稿，總共「十張」稿紙，約四千字。四日，〈一年級新生〉與張文環的〈公學校的回憶〉同在《興南新聞》題為「慶賀義務教育實施」的專題刊出。

日據時代，殖民當局教育政策的演變，大致可以概括為三個時期。第一期，從一八九五年六月到一九一九年三月，主要只是辦理國語〔日語〕學校、國語傳習所，推行日語，建立日本帝國主義文化侵略的橋梁。第二期，從一九一九年四月到一九三一年九月，在台灣抗日武裝被血洗，土地掠奪和苛捐雜稅加重，以及第一次世界大戰後的侵略準備等背景下，採取懷柔的教育改良主義，確立對「本島人」教育的學制及方針，廣設中等及專門學校，培養中、下級工商業幹部，以助長其對殖民地台灣的經濟榨取與永久占領。第三期則是從一九三一年九月至一九四五年八月為止，也就是從「九・一八」事變以後至日本戰敗投降為止。此一時期，「皇國南方鎖鑰」的台灣變成帝國南侵的基地與南進人才培養所。相應於這樣的政策需要，它提出「島民皇民化」口號，積極推廣麻醉教育的「皇民化運動」，首先廢止漢文，強迫推行「國語普及運動」，並實施「義務教育」，以期達到台灣人民「皇民化」的目的。

張文環與呂赫若不可能不理解殖民當局實施「義務教育」的真正目的。因此，張文環以紀實散文客觀回憶了自己當年上小學的情景與山村的變化而維持了自己的民族尊嚴。呂赫若則更進一步以虛構的小說筆法，通過一位台灣人一年級新生學習「國語」的具體過程，嘲諷了「皇民化」教育的「國語普及運動」。（《小說全集》頁四四九—四五五）

四月八日，台灣皇民奉公會機關誌《台灣時報》刊登濱田隼雄的〈非文學的感想〉，從決戰之下的台灣文學應該走向「貫徹大東亞戰爭的真意」立論，指責台灣文學既存的兩大流派：一是「太多文化至上主義的，也就是藝術至上主義的外國式（而且只是模仿）的浪漫主義」（意指以西川滿為代表的《文藝台灣》）。另一是「無法完全脫離揭醜之嗜好深淵的自然主義的末流」（以張文環、呂赫若為代表的《台灣文學》）。他在闡述所謂「自然主義的末流」時，進一步指責「本島人作家」描寫本島人的作品的大部分都只是現實的否定面，也就是對決戰態勢下「身為皇民」的現實，採取「既不積極也不肯定的態度」。（《雜誌篇・第四冊》頁一二八—一三三）

可以說，濱田隼雄這篇不點名批判的文章正式拉開了「糞寫實主義論戰」的序幕。

四月九日，呂赫若提醒自己「最近沒有創作」。十一日晚上，他又「繼續已許久沒動手了的創作」。同時督促自己「要發憤努力」。認為「這次的作品」會「是一個大轉變」。從日記的記事脈絡來看，這篇作品應該就是他二月廿七日起筆後卻沒持續寫下去的中篇小說〈雙喜〉。但是，十三日起，他又「為了錢的買賣」而開始寫布袋戲劇本。他因此感到不安並提醒自己「已好幾天沒碰文學了」。十六日，他總算完成了公司交派的劇本《日本之子》。十七日又再感嘆：「想寫的小說雖多，卻怎麼也沒時間，實在無奈……」十八日下午出席在公會堂召開的台灣文藝家協會臨時大會，結果，該會「為了擴大組織而解散」，重新組成「台灣文學奉公會」。十九日，他「修改中篇小說〈雙喜〉的構想」，「由敘述改成以逐次描寫為主」，並「重新改寫」。同時鼓舞自己「意氣不能消沉」。廿三日，他對早晨的「自然之美感到心悸」，覺得「早起真好」，也告誡自己「過分忘卻了自然的生活是不行的」。然而，「晚上雖著手創作，但思緒紛亂。」廿四日，天氣「炎熱，無法靜下心用功」。一整個上午，他在家讀三井光彌《身為父親的歌德》（一九四一年東京第一書房出版）。因為歌德的「離家寫作」，他深感自己也不能在家裡寫作。下午，他和張冬芳一起探訪臥病的楊雲萍，「互相談說台灣作家多搞陰謀活動，作家要以作品為第一，要寫出好作品。」廿五日，星期日，早上上班時寫〈雙喜〉，「終於進入第一章了」。買貝克（Lily Adams Beck）《東洋哲學夜話》（一九四二年東京第一書房日譯），「自覺用功不夠」，「對東洋的哲學、道德非更加全盤學習不可。因此，不能不對日常生活做正確的生活體認，以活用在好的作品上。」晚上續寫〈雙喜〉。廿六日，傍晚讀日本文學報國會事務局審查部長河上徹太郎（一九〇二—一九八〇）的《文學的人性論》，晚上寫〈雙喜〉。廿九日下午，他先出席「在『皇民奉公會』總部舉行的『台灣文學奉公會』成立大會典禮，聽軍報導部長藤岡的演講」，然後趕去「在山水亭開的『厚生演劇研究會』成立大會典禮」。三十日，他痛感「在大稻埕閒蕩乃是傻事，要排出很多時間來用功。作品第一主義，要讓作品發揮力量」。於是下班後就趕回家。「晚上創作〈雙喜〉」。

然而，就在此時，西川滿卻對「大受歡迎」的《台灣文學》陣營展開直接攻擊。他在五月一日發刊的《文藝台灣》第六卷第一號發表〈文藝時評〉，讚美明治時代日本小說家泉鏡花（一八七三－一九三九）的作品「文章瑰麗、辭彙豐富、結構完美，活用了日本文學的傳統」，進而抨擊台灣文學的主流為「糞寫實主義」，將矛頭直射《台灣文學》同人，並且利用戰時局勢給《台灣文學》陣營戴上政治不正確的帽子。他指控說，「迄今為止，一直都被視為台灣文學主流的糞便寫實主義，完全是明治以後傳進日本的歐美的文學手法，至少我們這些熱愛櫻花的日本人，根本完全無法從中得到共鳴。那只不過是一些廉價的人道主義的碎屑，極盡粗俗，毫無批判精神的描寫，其中根本沒有絲毫的日本傳統。」他「覺得這尤其是本島人作家的通病」。他強調說「真正的現實主義根本不是那麼一回事。當那些作家正慎重其事地描寫著壞心後母或家族糾葛等惡俗時，本島的年輕世代正以宗教（勤行）報國隊和志願兵的形式，展現出活潑的行動力。完全無視於現實的所謂現實主義作家，不是很諷刺嗎？」他接著推崇泉鏡花作品的「藝」和「雕琢」，同時嘲諷台灣作家的文章「無藝」，簡直「比叢林還混亂」。然後進一步要大家「師法像泉鏡花這樣的大作家身上值得學習的優點，在大東亞戰爭之下，樹立真正的皇國文學，而不是搭便車式的文學。」最後，他表明要作家回歸日本傳統，抵抗歐美文學的入侵，說「只要繼續寫那些模仿歐美的糞便寫實主義作品，就算那作品甚至被翻譯成歐美文字好了，也不足以誇耀，只會被瞧不起而已。我們身為日本的文學者，難道不應該致力於發展歐美人寫不出來的具有傳統精神的作品嗎？希望我們也能從文學世界抵抗歐美的入侵」。（《雜誌篇．第四冊》頁一六二－一六三）

六月一日，《台灣公論》第八卷第六號「垣之外」〈文藝〉一文指稱，西川滿之所以寫這篇「實在低俗不堪」的「文藝時評」，主要是因為「《台灣文學》夏季號的編輯後記」關於張文環有無「身兼《文藝台灣》的編輯」說明，「揭露了文藝界內部不和的內幕」。（《雜誌篇．第四冊》頁一九四）

「垣之外」所說引發台灣文藝界「茶壺裡的風暴」的具體情況，也許可以通過陳逸松晚年回憶從側面略知一二吧。

「《台灣文學》成為《文藝台灣》的勁敵，而西川滿也成為《台灣文學》的煞星。打從西川滿阻止《台灣文學》出版不成，將張文環視為敵性部隊卻又緊纏著他不放。」《陳逸松回憶錄（日據時代篇）》夾敘夾議道。「一九四二年十一月，日本文學報國會在東京召開第一次『大東亞文學者決戰會議』，會議結束返台途中，西川滿提議合併雜誌，張文環顧左右而言他，但在同年十二月五卷三號的《文藝台灣》，張文環發表了〈土浦海軍航空隊〉，又為其懸賞小說做評審，寫〈小說選後〉登載於其五卷四號上。一個《台灣文學》的主編，為對立的《文藝台灣》寫文章，做評審，自然引起猜疑。因而《台灣文學》（三卷二期，一九四三年四月出刊）的編後記會出現『張文環除《台灣文學》以外，不屬於任何刊物的同人，同時也不是別個刊物的主編』的澄清，也難怪心直口快的王井泉，在看到報載西川滿在家宴請張文環，談雜誌統制或合作出版事時，要當面破口大罵張文環『馬鹿野郎』了。事實上，張文環始終沒有放棄自己是台灣人的立場。」（頁二七九—二八〇）

顯然，西川滿是為了收編《台灣文學》，而通過不點名的方式，對包括新起的旗手呂赫若在內的《台灣文學》作家，作為攻擊的主要對象，拋出了「血滴子」。呂赫若先是抱著隨他去的心態淡然面對，繼續埋頭創作，然後就隨著形勢的惡化而忍不住憤怒了。

五月一日下午，王仁德到公司找他，跟他說西川滿在《文藝台灣》上寫〈文藝時評〉，「說壞話」。

編輯後記

126

《台灣文學》夏季號〈編輯後記〉

他的反應是「隨他去窮嚷吧」。然後一起去「明治製菓」喝茶，剛好龍瑛宗經過，也叫過來一起聊。下班後，他再去張文環家，「談論《台灣文學》大受歡迎之事」。一起晚餐後，他又去王仁德家下象棋。第二天（星期日）午後，他在家，打赤膊看法國作家福樓拜（一八二一－一八八〇）的《包法利夫人》。但「不滿意自然主義文學手法」。晚上不停地寫〈雙喜〉，到了「深夜」，雖然想睡，但「忍著寫下去」。

前蘇聯鮑．蘇奇科夫（一九一七－一九七四）《現實主義的歷史命運——創作方法探討》（一九八八年外國文學出版社）指出，所謂「自然主義」，它的哲學基礎是「實證主義」，是由法國作家左拉（一八四〇－一九〇二）引進文學而「與現實主義對立」的創作方法。十九世紀下半葉風靡於歐洲藝術。它追求「毫釐不爽地反映所謂的生活真實」，把「描寫的真實性」作為美學的基石。但它沒有「對生活進行分析研究」的能力。一般認為，《包法利夫人》是十九世紀法國「批判現實主義」的代表作之一。它是「作為廣泛的心理描寫的作品來構思的，而不像批判現實主義古典時期（例如巴爾札克、斯湯達爾、狄更斯等等）的小說那樣，是風俗的畫卷和社會的分析研究。」但是也沒有背離「現實主義藝術」所開創的「分析研究生活的準則」和「典型的方法」。（頁二三九－二四〇、二二四）

儘管呂赫若並沒有準確把握「自然主義」與「現實主義」的性質差異，但他對巴爾札克、斯湯達爾與福樓拜等大師作品的不同態度，也反映了他的創作方法的傾向性。

五月三日，呂赫若表露了「近幾天的心情：想退居鄉間種田，或者是再隻身跑去東京。想以這種昂揚的心情來從事文學。想寫扎實的長篇小說。踏踏實實地去寫。」但是，現實由不得他。他除了要去公司上無聊的班，要操心孩子的健康，下了班還要拚命寫為了賺錢的布袋戲劇本。四日，他再次表露說「最近精神上很不愉快」，並自勉「唯有朝自己的信念邁進」一途。「只要有實力成果，就沒什麼好怕的。絕對不向他人妥協。」但他又「想把事情單純化」。因為這樣，一下班就回家。但晚上想寫稿，還是未能靜下來落筆。他因此告訴自己「應該要以極度的苦痛從事文學」。六日下午，張文環到公司，邀他一起去台北帝大，拜訪工藤好美教授。因為已是下班時間，所以立刻告辭。但「文弱中帶著堅強的老師」叫他們「改天一定要來」。可以理解，身為「風暴」中心的創作者，他們是想向工藤教授求教如何面對當前的文學情勢吧。七日，他記錄了文藝界關於「糞寫實主義」論的反響：「對西川滿的〈文藝時評〉的拙劣，俄然批評四起。西川氏總歸無法以文學實力服人，才會想用那種惡劣手段陷人入其奸計也。文學陰謀活動家也。」他又寫道：「不知道什麼時候金關博士說過『妨礙台灣文學成長的乃是文學家』，是至言。」他認為濱田隼雄「也是卑鄙傢伙」。同時更加自勉「文學總歸是作品，要寫出好作品！」因為「最近不太能寫稿，很痛苦。感覺生活單調。坐立不安。」所以，八日下班後就去張文環家，加上吳天賞，一起小酌餐敘，覺得「好舒服」。同時深感面對殖民者的進攻，《台灣文學》同人「非堅固團結不行」。

通過這段紀錄，我們可以看到，西川滿的文章發表之後，立刻引來《台灣文學》同人在口頭上群起批評。呂赫若雖然對西川滿與濱田隼雄非常不滿，但作為創作者，還是決定以「寫出好作品」來反擊。

五月十日，作為台灣人喉舌的《興南新聞》文藝版刊載了「世外民」反駁西川滿的〈糞寫實主義與偽浪漫主義〉。據葉石濤《日據時期台灣文壇瑣憶》，「世外民」是本名邱炳男的邱永漢（一九二四－二〇一二）的筆名。他說本島人作家的現實主義，是從對自己的生活反省以及對將來懷抱希望這一點出發而描寫台灣人家族的葛藤。這些現象都是處於過渡期的當今台灣社會的最根本問題。所以它絕對不是可以任意冠之以「狗屎（糞）」之名的。（曾健民中譯）同一天，《興南新聞》文藝版同時刊登了鹽分地帶詩人林精鏐（林芳年）的〈文學隨感——小小說「合家平安」中心〉，客觀冷靜地評比張文環與呂赫若小說的優缺點。他認為，呂赫若的小說讀來辛苦，但著眼點卻很好。而「呂氏小說的好，還是得自於流動於底層之『悲哀』與『甘美』之影響。」因此，他「不以為然」地宣稱，「某位評者」〔西川滿〕指責呂赫若小說的描寫法「臭不可聞」、「意識形態的掌握極薄弱」的說法，是一種「酷評」。〔柳書琴〈再剝「柘榴」〉／《作品研究》頁一三六—一三七〕

這兩篇文章，應該都是該版主編黃得時與西川滿針鋒相對的鬥爭吧。

事態繼續在發展中。

第二天，也就是五月十一日，呂赫若下班後和隸屬《文藝台灣》陣營的龍瑛宗去「明治製菓」喝茶。日記沒有載明究竟是誰約誰，但話題肯定離不開濱田隼雄和西川滿對「本島人作家」的指責吧。而他所記下的談話感想是：龍瑛宗「膽子小，從事得起激烈的文學嗎？」十三日，台灣文學奉公會委託他寫街頭小說。十四日，「因為沒寫小說之故」，他經常在想，這種上下班的生活「何等平凡呀」。所以又督促自己「要大量地寫！要刻苦地寫！」十六日，他因為「近來身體倦怠並感到無聊」而「受不了」，於是又再督促自己「要寫作品！要創作！」

前述「垣之外」惜稱，世外民〈糞寫實主義與偽浪漫主義〉「只會掉書袋，一點也不見凌厲」，以至於「接著，反駁《興南新聞》的文章又出現了。」他所指的反駁世外民的文章，就是幫西川滿打理編輯雜務的葉石濤發表於五月十七日《興南新聞》的〈給世外民的公開書〉。葉石濤加入「政治正確」的一方，點名批判張文環與呂赫若的作品沒有像西川滿作品中的「皇民意識」。同時譏斥說「呂赫若的〈合家平安〉、〈廟庭〉，也的確像鄉下上演的新劇。只要想到這些作品居然會在情面上被稱譽為優秀作品，就覺得可笑。」〔曾健民中譯〕

呂赫若終於被葉石濤的文章激怒了。他在當日及其後幾天的日記寫下不滅的歷史紀錄。

五月十七日，他寫道：「今早的《興南新聞》學〔文〕藝版上有個叫葉石濤的，斷言本島人作家無皇民意識，舉張氏和我為例立說。立論、頭腦庸俗，不值一提。氣他做人身攻擊。中午在容町的杉田書店和金關博士、楊雲萍碰面，一同在『太平洋』喝茶。談及葉石濤的事，有人說出他是西川滿的走狗，一座愕然。金關博士說：『西川是下流傢伙』。」他的感想是「自己只要孜孜不倦地創作就好，寫出好作品來就好，其他則待諸天命。」顯然，他還是抱持「作品第一」的想法，不願意和這些下流的文學陰謀活動家及其走狗作無謂的論爭。但是，十八日早上，他一上班就接到剛剛回到台北的張文環打來的電話，「對昨天文化欄〔文藝版〕的報導大發雷霆」。他因此敬佩張文環「關懷同志之情了不起」。同時自我反省：「對這問題的確也覺得自己軟弱」。然後張文環又約他去山水亭，同時把黃得時叫來「教訓了一頓」。下班後，他又和李超然一起去大稻埕，在張文環家「談論黃得時的表裡不一」。晚上下雨。他覺得「淒涼」，於是又勉強自己繼續創作停筆了半個月之久的〈雙喜〉。

黃得時是《興南新聞》文藝版主編，也是《台灣文學》核心成員，更是台籍文學大將。也因此，張文環會對他刊登葉石濤那樣的文章感到不滿吧。可以想像，面對張文環的質疑，黃得時恐怕是以所謂客觀平衡的編輯立場來自我辯護吧。於是就讓張文環等人認為他「表裡不一」了。

五月十九日，呂赫若一早就去上班，「但靜不下心」，於是又去張文環家坐聊。下午再去張文環家，與李石樵和陳澄波〔一八九五—一九四七〕兩位畫家「碰面談天」。下班後第三次去張文環家，與李石樵、陳澄波和吳天賞酒敘。雨沛然而降。他們「就《興南新聞》文化欄的問題談個沒完沒了」。他也因此深深體會「關懷同志，尊重前輩是很重要的」。二十日，不知是看了哪篇批評文章或是聽了誰的批評，他自我辯護道：「真氣憤台灣的小說鑑賞水準之低。我沒有寫只羅列事實的小說，作品裡有我自己的感覺、看法。讀不出那些的人可真多喲！」他的「結論是：要滿懷信心地去工作。」廿一日，他還是「靜不下心來」，所以去書店買了水品春樹的《戲劇筆記》〔一九四三年出版〕與井岡咀芳的《滿支習俗考》

〔一九四二年出版〕。下班後，他又與王井泉、李石樵一起去張文環家聊天。但又因此自責「浪費掉的時間太多了」，並自問「有朝一日能安定下來從事文學嗎？」廿二日，防空演習。他「一上班就去書店，買老舍的《駱駝祥子》，試讀之下，覺得相當有趣。驚歎其規模宏大。覺得：短篇小說要取範於日本，長篇小說則要取範西洋、中國。」晚上警報解除。他又找張文環去山水亭聊天。廿三日晚上七點防空演習解除後，他「想創作，但因想睡而不成」。於是繼續看老舍的《駱駝祥子》。廿四日下班後，他去大稻埕找陳逸松。陳逸松向他要求說，希望他的創作「是在文學上更具民族愛的作品」。他也「非常贊同」。廿五日，他開始思考在創作上要做「一大轉變」。因此「買了十多圓的小說集」。其中，他認為德國作家 Ernst Wiechert〔一八八七—一九五〇〕《單純的生活》〔一九四三年日譯版〕「是好書」。廿六日早上，他獨自一人去草山聚樂園寫〈雙喜〉。但洗過溫泉就睡了午覺。結果只寫了一張稿紙。他驚覺自己「連寫小說都變得無聊起來了。首先對題材就覺得沉悶」，同時自問「到底怎麼啦？」廿七日，日本「海軍紀念日」。台灣文學奉公會在台北市區的亭子腳展出街頭小說、街頭詩與繪畫等。他去看了，覺得「水準很低」。而且「被內地人的水準低下愣住了」。但是，他覺得自己寫的〈約定〉在當中屬於「出色的」。他又買了美國學者 Lewis Charles Arlington〔一八五九—一九四二〕《支那的戲劇》〔一九四三年日譯版〕。下班後直接回家寫〈雙喜〉，寫到第二十三張，決定改題為「山峽記」。同時「思考文學運動的型態，應該憑藉單行本吧。」

8 擁護「糞寫實主義」的〈柘榴〉

根據日記所載，五月廿七日之後，中篇小說〈雙喜〉〔二月廿七日開筆〕終於因為想要有所轉變而棄筆了。新作開筆之前，呂赫若依然認真地思索與學習創作的種種問題。他先要解決面臨歧路的寫作的方向、題材和手法，才能進行下一個創作吧。

五月廿八日，下班後，張文環請他和吳天賞到家裡餐敘。「三人盡情交談。思索藝術的苦惱」。他仍然「為創作上的手法和題材而苦惱」。但他認為「雖然自己有志藝術而那樣地在苦惱，不過那也無所謂」。只是，十點回家後，他還是「沒能寫小說而只是在苦惱」。三十日，星期日，他去上班，雖然「想寫小說」，但受困於「要有建設性的」題材而傷透腦筋。到了晚上，他在山水亭和工藤好美教授及學生們餐敘。工藤教授肯定他的作品「結構、文筆很好」，同時也希望他「將來朝追求美的事物或是有建設性的方向去發展」。工藤的期許，讓身陷「文學陰謀活動家」及其「走狗」指責與創作困境的他，隱約見到了被烏雲遮蔽了的一絲亮光，而認真地思索著。但第二天晚上十一點回家後，想寫作的他還是為「手法而苦惱」。

六月一日，一覺醒來，他似乎把問題想通了。他先自問：「是要寫對民族更有貢獻的作品的時代嗎？」然後自我辯護說「自己只是想描寫典型的性格而一直寫到現在，因此也描寫了黑暗面」。「好吧！」他想，既然如此，那就接受工藤教授的建議之一，「描寫美的事物吧！」二日，大概是為了延續創作「更具民族愛的作品」的話題吧，近午時分，他和張文環、李石樵、蕭再興一起去拜訪陳逸松。下班後，他又去山水亭和瀧田教授「閒話種種」。然後去張文環家，與林金樹、李石樵、周井田等「藝術同好」酒敘。因為聊得很愉快，又再出去酒館續攤。這樣，因為最根本的寫作方向的問題已經解決了，讓他感到「苦惱的題材」問題也就迎刃而解。三日，他「總算想到好題材了，題為『兄弟』，兄弟愛是主題。」當天晚上，他就開始寫〈兄弟〉，而且「成績很好」。

這篇以「兄弟」為題起筆的小說，後來一再改寫更名，最後定題為「柘榴」脫稿，也完成了呂赫若用具體作品擁護「糞寫實主義」的抱負。

六月四日，他雖然沒動筆寫作，但不忘警醒自己：「創作方面這次可要……」五日，依然沒創作，但去買了與新作主題有關，主要從事先秦儒學研究，往往將儒學與國家意識形態結合起來論述的高田真治（一八九三—一九七五）博士的《支那思想研究》（一九三九年刊行）。六日，星期日，他在家休假。早上斷斷續續「寫了一陣子稿」，也試讀了日本小說家、和歌作家、佛教研究者岡本佳乃子（一八八九—一九三九）的作品，覺得「果然好」。下午三點之後繼續創作，但「沒進展」。晚上燈火管制。他「不停地創作，到十一點，寫了五六張，改題為『血』」。自信「將會成為好作品」。七日，買《詩經》、《楚辭》與市村瓚次郎（一八六四—一九四七）《支那史研究》（一九四三年出版）三本書。他認為「研究中國非為學問」，而是「義務，是要知道自我」。同時「想寫回歸東洋，立足於東洋的自覺的作品」。晚上暴風雨。繼續創作。「因為『血』一題在當前局勢下太駭人，所以改為『流』」，而且「對時局性的處理感到為難」。八日，午餐後，他去張文環家聊天。在種種壓力下，作為《台灣文學》領頭人的張文環向他透露「說是小說終於就快要不能寫了」。言外之意，也是期待呂赫若在創作上要接著扛起《台灣文學》的旗幟吧。晚上九點多回到家。下雨了。他還是沒能寫稿。

六月十二日，晚上七點起，台灣文藝家協會在「明治製菓」三樓開「評論隨筆部」第一次會議，評論作品。他覺得「工藤好美老師、鹽見薰老師（台北高等學校東洋史教授）的批評很恰當」。十點散會後，他又和楊雲萍去一九三九年出版《新支那素描》的陳逢源（一八九三—一九八二）老師家聊天，然後一起坐十一點的火車回士林。回到家已十二點。通過工藤好美與鹽見薰的批評，以及與楊雲萍和陳逢源的交談之後，他也「想妥了創作主題」。第二天早上，他趕緊與張文環討論昨晚開會的情況。他認為自己「並不是不會寫以人的個性美為對象的小說，而是一直更想以社會為對象，描寫人的命運的變遷」。晚上又開始「寫稿」。十四日，他在日記寫下自己的創作心得：「想縮短自己與作品之間的距離。至少現在的作品不是自己。自己應該是心情更豐富的，甚至毋寧是感傷的才是。寫優美的小說吧。」也就是說，在工藤建議的「美的事物或是有建設性的方向」之間，他更加堅定選擇要追求「美的事物」。但是，客觀的現實制約卻要求「加入時代性什麼的」，不能讓他的主觀願望隨心所欲地去寫。他因而依然對從「兄弟」改題為「血」而「流」的小說「構成感到頭痛」。十五日，他又在日記表露自己的心情與堅持說：「我討厭盛入糊里糊塗的時代性。我堅持真實地、藝術性地。我要寫生命久長的作品。」晚上，他繼續努力創作，但還是因為不能完全不考慮政策的要求，不得不「塞進了太多時局性」的「情節」，也因此「感到不自然」而「苦惱」。十六日，他一下班就直接回家，在「姣好的月亮」映照下「趕稿」，並且覺得沒有雜務，「能寫稿很好」。十七日（舊曆十五日）是「日本始政台灣紀念日」，也就是「台灣恥政紀念日」。原本是「假日」，因為時局緊張而不放假。他下班後立刻回家，準備寫稿。但王仁德和王井泉來訪，於是找張冬芳一起小酌。八點散局後，他又立刻寫稿，一直寫到十一點就寢。因為「有進展」，感到「很愉快」，而且自期「到本月底要完成」。十八日，他與進行中的〈流〉繼續戰鬥。所以，下了班馬上回家，吃過晚飯後，由七點睡到九點，之後起來寫稿。睡飽了，「頭腦清醒」。工作效率也好。屋外「明月皎潔」。他「不時到陽台賞月」，並且體會到寫作時「要更活用自然，將心靈的悸動表現在文章上」。這樣，到凌晨一點收工時，也將〈流〉第三節的「情節更改了」。

六月十九日，呂赫若沒寫日記。其後兩天，他又為雜務所絆而停筆。廿二日晚上，八點回到家，又「立刻繼續寫稿」。接著，他又因為「沒有時間」而再停筆四天。廿七日，星期日，晚上回到家後，隨即抓緊時間，「趕寫短篇小說〈流〉」，同時認為它「好像能成為好作品」。廿九日，下班後，他和張冬芳去山水亭，與宋非我、林摶秋小酌。七點回家，又繼續「寫稿子到十二點」。三十日，他為了寫稿而請假在家。但「定不下心」。努力了一個早上，「只寫了兩三張」。下午，他決意去新北投公共澡堂寫，但很吵，於是順路去逛附近的書店。在書店，他聽說張文環在遊樂園，於是去找他聊天。然後，兩人又到外雙溪拜訪楊雲萍，大談「文學研究」的問題，最後在士林分手，各自回家。晚上，他又繼續「寫稿到深夜」。

七月一日，他繼續趕寫昨天應該交稿的短篇小說〈流〉。但處於「想法很多而下筆不前的狀態」。他自覺從過去的創作到〈流〉，都是「想寫的東西很多，卻因雜誌截稿期限而簡化掉了」。他因此再次體悟，「依賴雜誌的文學運動是非常態性的。應該藉由出版來完成慢工細活寫的作品。」二日上午十一點半，短篇小說〈流〉終於在公司脫稿。五十六張。他「自認是得意之作」，並立刻送去印刷廠。十五日下午五點，他又去印刷廠，將〈流〉的校樣拿回來校正，並「改題為『柘榴』」。十六日下午，他去印刷廠，交出校好的校樣。晚間設計《台灣文學》秋季特輯號目次。十七日中午，為了自己設計的《台灣文學》目次部分的印刷，他又去印刷廠。廿九日，兩百零四頁厚的《台灣文學》秋季特輯號（第三卷第三號）終於出版了。

除了〈柘榴〉之外，他（筆名「太公望」）在該期又再為「羅漢堂雜談」專欄寫了幾則感想。這次，他所談的問題環繞著為何寫作與依賴雜誌發表作品所產生的問題：「在台灣，文學者不遜的態度總是成為眾矢之的。人們常說：『什麼文學者，只不過推銷自己的作品罷了』。因此，『比起賣作品，其目的在於博取個人名譽罷了』。這種說法也不是什麼贊詞。確實，作家的自我宣傳確實不少。我們雖然自稱文化人，但是總是做一些跟文化人身分非常不相稱的事。／事實上，我們必須反省的是，與西洋相比，東洋的文學遺產的作者的名字大都被遺忘了。例如，清朝的《紅樓夢》，很多人都弄不清楚其作者是否是曹雪芹。換言之，文學作品壓倒了作者。但是，對作者自身來說並不是想出名。東洋的文學前輩們絲毫沒有考慮為自己贏得聲譽，他們只考慮寫出優秀的作品。現在，提倡『東洋的自覺』這個說法，我希望台灣的文學者能夠回歸先輩們的這種精神。／現在，作家必須通過雜誌才能發表作品，從某種程度來說把作家當作演員了。這好似一個必須爭取人氣的買賣。台灣的文學者被人說成做人氣買賣也是沒辦法的事。沈復的《浮生六記》中的五記和六記現已散逸失傳。難道沈復是出於想要把自己作品當人氣商品銷售的心情寫的嗎？雖然不是，但是他的作品成為傑作流傳至今。台灣的文學者們，你們作何感受？」

〔林娟芳中譯〕

所以，他讀了印成鉛字的「自己的作品」短篇小說《柘榴》，覺得「雖然是大幅修改構想之後才寫的，還是因為趕時間而有意猶未盡之感。」

〈柘榴〉的情節是說沉默寡言的貧農金生，父親在么弟木火兩歲時過世，八年後母親也逝世了。二十歲的金生就負起照顧十歲的木火與十六歲的二弟大頭之責。但金生廿五歲時被招贅，整日為岳家佃耕的稻蔗勞動，勤奮不輸水牛，卻無法再盡心盡力照顧弟弟。於是大頭成為地主黃福春的雇農，並將為人贅婿。金生為了回報黃福春的恩義而讓木火成為他族親的螟蛉子。但木火因養父在外另養女人而長年與瞎眼祖母過著極為貧困的生活。七年後的年初，廿一歲，體格魁偉的木火出現精神異狀。也許是針對「糞寫實主義」的指責吧，小說就開場於充滿糞味的農家豬舍旁的茅房。從大頭告訴金生「木火失蹤了」的暗夜找尋展開。然後，木火被軟禁柴房四個月，終因病情惡

柘榴

呂赫若

一

169

化，不幸逝世。木火過世前，金生夢見雙親的亡靈責備，說木火是因為被送人做養子才會得了瘋病。可是，死後的木火卻始終不曾入夢。基於孝心與兄弟愛，金生於是按照「鬼有所歸，乃不為厲」的民間習俗，在妻家同意下，迎回未婚無子的木火靈牌，並將次子過繼。整篇小說通過夾敘夾憶，不時穿插心理描寫與表現人物心靈悸動的農村景觀，逐步帶出三兄弟的家庭背景與不幸際遇。（《小說全集》頁四五七—四八七）

如前所述，面對「糞寫實主義」的攻擊，呂赫若在創作〈柘榴〉之前，也在尋求一個可以與之對抗的新的立足點與方向。他「非常贊同」陳逸松「寫更具民族愛的作品」的建議，從而開始思考要在創作上做「一大轉變」。然而，面對工藤教授「追求美的事物或是有建設性的方向」的建議，他又質疑「是要寫對民族更有貢獻的作品的時代嗎？」這裡，我們可以理解，他對陳逸松與工藤分別指涉的「民族」，顯然清楚其間的不同。最終，他通過「寫回歸東洋，立足於東洋的自覺的作品」，機智地解決了時局要求與自我認同的矛盾。

那麼，呂赫若所謂的「回歸東洋，立足於東洋」與「研究中國」又要如何來理解呢。趙京華〈在東西兩洋間重述「中國」：近代日本的東洋學／中國學〉（二〇一七年四月《文化縱橫》）指出，日本通過明治維新建構現代主權國家的進程，在不到二十年間即以兵制改革（一八七九年）和國民教育體制的確立（一八八一年）為代表，取得了制度建設上的重要成果，並為此後富國強兵、文明開化的國策，乃至海外擴張的國家戰略，打下堅實基礎。而其學科體制建設，也開始將以中華文明為中心的「華夷秩序」觀之下形成的傳統「漢學」改為近代性的中國研究，在「東西兩洋」之間重新定義「亞洲」，並重述亞洲中的「中國」想像。一八九五年，日本蒙古史研究先驅那珂通世在高等師範學校首創「東洋史」學科，並將其與本邦史（日本史）和西洋史並列，由此開創了日本教學體制把「支那史」定位於東西兩洋之間的先河。一九〇六年京都帝國大學創立文科大學（文學部），開設了分別屬於哲學、史學、文學學科的「支那哲學」、「東洋史學」、「支那文學」三個講座，由此體現了大學創立當初重視「東洋學」發展的方針，並確立起「京都支那學」的基本格局。值得注意的是，儘管內藤湖南（一八六六—一九三四）強調「所謂東洋史即支那文化的發展史」（《支那上古史》緒言），但在學科建制上堅持採用「東洋史」的名稱卻明顯有著重新定位「中國」的意圖。一九一〇年，東京帝國大學也將「支那史學科」改為「東洋史學科」，最終確立了作為學科的東洋史學的制度。也就是說，隨著中日甲午戰爭和日俄戰爭促使日本人的亞洲意識覺醒，故有從對抗西方到聯合東亞再到後來征服亞洲的國家戰略，從而推動了與西洋學分庭抗禮的東洋學誕生，但其核心依然是中國學。

長期以來，呂赫若一直認真學習東洋的亦即中國方面的歷史文化、戲曲、習俗等。在東京時他就購讀了《還魂記》、《桃花扇》、《浮生六記》等中國古典戲曲集。返台後也閱讀了林語堂的《北京好日》與《今古奇觀》等，甚至翻譯在東京時就已著手的《紅樓夢》。就在創作〈柘榴〉之前，他更大量購讀了從事東洋文化研究的白樺派同人長與善郎《乾隆御製賦》、美國傳教士卡爾·克勞《支那人氣質》、貝克《東洋哲學夜話》、井岡咀芳《滿支習俗考》、老舍《駱駝祥子》、阿靈敦《支那的戲劇》、高田真治《支那思想研究》、《詩經》、《楚辭》與市村瓚次郎《支那史研究》等那個時代出版的有關「東洋（中國）」的著作，並且自許「研究中國非為學問」，而是「義務，是要知道自我」。於是，我們看到，在呂赫若通過「研究中國」而形成的「東洋史觀」指導下，〈柘榴〉與之前的作品表現了不同的轉變。

首先，它所體現的是「兄弟愛」的「美的事物」，而不再只是描寫「黑暗面」而已。再者，它的地主也不再是以往作品壓迫佃農、貪婪荒淫的形象，反而是樂善好施，為農民排難解疑的傳統儒紳。它對農民的愚昧迷信，也不再批判與嘲諷，反而以同情感傷的筆觸描寫農村的生活習俗和自然景緻，並且通過一再出現的中國傳統文化的元素，例如，以傳統五行為名的人物；引用論語章句：「商聞之矣，死生有命，富貴在天」；〈目蓮救母〉與〈飛虎山〉的胡琴曲目；以及「合爐」與「過房」等民間傳統儀式的現場描寫，迂迴地抵抗了皇民化運動所要求的「有建設性的方向」的「時代性」。甚至，以「木火還是想回到自己的家」暗喻殖民地台灣民眾的身分認同。也因此，一般認為，〈柘榴〉之所以從寫「兄弟愛」的「兄弟」為題開筆，但在嚴峻形勢下一再改題，最後定題為與內文沒有直接關連的〈柘榴〉，是因為火紅的、飽滿多子的柘榴恰是中國傳統多子多孫的象徵，從而使得虛構小說中的情節、人物、儀式都體現了不言自明的，與象徵東洋的大和民族傳統精神的櫻花對抗的「民族愛」，從而實踐了以作品擁護「糞寫實主義」的鬥爭。

〈柘榴〉發表之後反響熱烈。

八月七日，呂赫若在日記寫道：「聽了對《台灣文學》的評價，自己的作品〈柘榴〉評價不錯。要努力下去。」十六日又記：「今早的《興南新聞》文化欄有吳新榮的文藝時評，其中論及我說：『默默專心致志，帶來了好結果。』說的沒錯。」

吳新榮的時評題為「文化戰線大收穫——讀《台灣文學》秋季號」。他認為，〈柘榴〉「描寫幾乎時時近乎迷信的本島人舊慣，但是一點也不會不自然，反而覺得理所當然的樣子」。這是呂赫若的進步。與此同時，他也不得不對政策略作交代而批評說：「這位作者迄今仍描寫墳墓啦、病死啦或鴉片啦，幾乎都是人間生活之消極面，從今起希望他亦向更積極的面，也就是建設的方面前進。」（柳書琴〈再剝「柘榴」〉／《作品研究》頁一五六）

九月二十日，《興南新聞》刊載韓哲〈作家的誠實性〉，提及呂赫若作品的誠實「具有危險性」。

一九四四年二月一日，《台灣公論》第九卷第一號窪川鶴次郎〈台灣文學之半年（一）——昭和十八年下半期小說總評〉指出，「就算能夠隨心所欲地運用日語，但是要將那日語區分成『普通的日語』和『寫成小說的日語』則不是一件容易的事。就算是在內地的文壇，優秀的小說文章不但越來越少，連新進作家之間也漸漸流失小說文章。」可是，殖民地台灣作家呂赫若的〈柘榴〉卻「以非常出色的日語寫成，就文章來說也是十分優秀的作品。」窪川說他在「圍繞著本島農民的『家』的傳統思想與感情，簡勁地描繪出那深遠的意境」的〈柘榴〉中，「親眼看到本島農民真正姿態的一面」。而「這些我們無法輕易接觸的靈魂」，通過作品「發出了可怕的光輝」。他讚許呂赫若的寫作方法說，「長男金生那為弟弟著想的手足之情，為人子女對早逝的父母的靈魂的感應，以及在『家』這一個觀念中流動的血緣關係，透過這些因素而發揮作用的獨特想像，栩栩如生地表現出來」。而這些，「只有透過傳統才能理解它們」。他同時認為，「構成作品中心的小弟的發狂及死亡，以及在那痛苦的光景中出入的金生拚命的身影，在在都直逼讀者而來。」他也指出〈柘榴〉的一些缺點說，「因為作者太過於投入到作品之中」，使得「作品太過緊湊了，因此也產生些許無趣之處。」例如，「對於金生自身入贅之後進入的家庭內部，作者則幾乎沒有著眼，這讓金生在作品中的位置有些許不分明的地方。」同時也因為作品的情節發展「太渾然天成了」，反而使他對「這部作品中所呈現的根深蒂固的傳統世界，和本島農民生活的發展」之間「有什麼關連」，感到「一頭霧水」。儘管如此，他還是認為〈柘榴〉是一九四三年下半年發表的所有小說之中，讓他「感動最深的作品」。同年六月十日《台灣時報》第二九三號河野慶彥〈呂赫若論——關於作品集「清秋」〉也指出，〈柘榴〉描寫的勤勉、誠實、純樸、無知而又「最不走運的」貧農金生，「前途是一片完全灰暗的淒慘，但在悲慘之中他並不絕望。這正是本島人農民所擁有的傳統的強韌精神，也是純樸的精神。」他強調，作者呂赫若「在這充滿灰暗顏色的世界中點亮了一盞燈，不管被逼到怎樣悲哀的絕境，主角金生也不失去他純樸的靈魂，決不陷入絕望。並且，痛哭當中仍感到已故雙親的靈魂近在身邊，而感念神明。對他而言，唯一的救贖是家，也是雙親以及發狂而死的弟弟的魂魄。他因為心靈的貧乏而得救。這個事實正是朝向他灰暗的宿命射出的一線曙光。」（《雜誌篇．第四冊》頁四五八、四七三）

客觀地說，呂赫若在承繼台灣新文學運動香火的《台灣文學》，通過陸續發表〈財子壽〉、〈風水〉、〈月夜〉、〈合家平安〉、〈柘榴〉等幾篇有代表性的短篇小說，已經成為該陣營的重要作家，乃至於取代「文學停滯」了的張文環，成為日據末期台灣新文學的扛旗手。

第十二章 決戰時期的苦鬥

文學終究是苦難的道路，是和夢想戰鬥的道路。

——呂赫若（一九四三年七月廿四日）

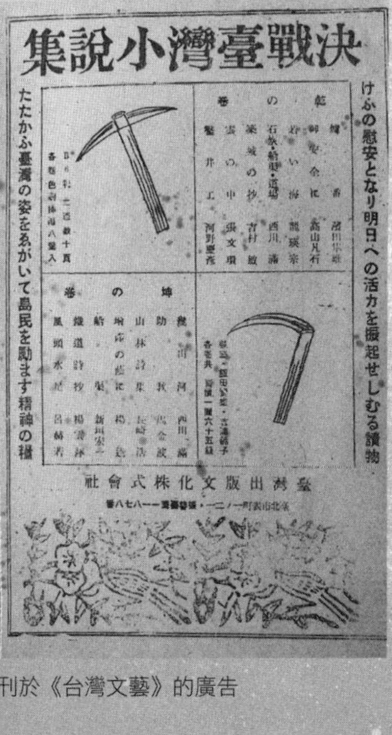

刊於《台灣文藝》的廣告

一九四三年七月卅一日刊行的《台灣文學》秋季特輯號同時刊登了楊逵以伊東亮為筆名發表的〈擁護糞現實主義〉，通過清楚說理，作品舉例，直斥西川滿的謬論。他開宗明義指稱，「沒有糞便，稻米就無法結實，青菜也長不出來了，這正是現實主義。是完完全全的『糞寫實主義』。即使浪漫主義者（實際上並不是什麼浪漫主義者，充其量只是現實的逃避主義者）背臉搗鼻不見不聞，但現實還是作為現實而存在的。」他強調說，「真正的浪漫主義是從現實出發，對現實懷抱希望的。如果現實是臭的就除去其惡臭，是黑暗的，即使只有一丁點光，也非盡力使其放出光明不可……對於社會，不要只迷惑於它的肯定面而看不到否定面；也決不要看到否定面而對於它的肯定面卻目光模糊。易言之，我們一定要凝視現實，看透在肯定面中隱藏的否定要素，一心一意去加以克服。同時也一定要培養鬱積在否定面中的肯定要素，以自己的力量將否定面轉換成肯定面。這才是健全的，而不是荒唐無稽的浪漫主義。」他認為，只有「立足於現實主義上，浪漫主義才會開花。如果是非排斥現實主義就無法存在的浪漫主義，那只不過是一種荒唐無稽的空想。」據此，他針對西川滿所謂「本島人作家依舊描寫虐待繼子或家族糾葛方面的台灣習俗」，以及濱田隼雄「本島人作家只熱衷於描寫否定面」的責難，反駁說，「如果這些責難是針對全篇都描寫醜陋的現實的作品而發的話，筆者也大有同感。然而，如果這些指責故意忽視了大多數本島人作家在描寫所謂『否定面』的同時，也仍然表現了前進的意志這個事實的話，那就不得不說是可悲的偏見了。」最後，他說，「我們孜孜矻矻地去體會日本精神，因此相信也能理解『八紘一宇』的精神……但我們並不認為，包括我們在內的全體台灣本島人，已經從生活中完完全全體會了這種精神。因此之故，像虐待繼子、家族糾葛，或其他種種西川所掩目不見的現實，在現實中依然存在。對我們而言，面對那些否定面，我們無法像西川一樣裝出一副事不關己的樣子。在否定面中只要存在著肯定的要素，即便微不足道，我們也要把它振興起來。因為我們感到有非加以培養不可的責任……相信這也是奉公精

神，相信奉公運動的目的也在此。」（《人間思想與創作叢刊．一九九九年秋》頁一三六—一四二）

殖民地台灣的文學界有關浪漫派與寫實派展開的這場論爭。至此告一段落。然而，勝利者一無所獲。《台灣文學》終究還是在挺過「糞寫實主義」論爭之後面臨廢刊的危機。

1 《台灣文學》的暗礁

就在「糞寫實主義」論爭期間，一九四三年六月，在太平洋戰爭完全轉為防守戰的日本臨時召開第八十二屆議會，通過「一億國民決意打倒英美決議案」，進入積極準備決戰的階段。

八月十六日，張文環在《興南新聞》刊發〈荊棘之道繼續著〉宣稱，創刊時發行五百本，贈讀三百本，上市兩百本，但退回一百五十本的《台灣文學》，到了一九四三年夏季號出刊之後，已經成長為出版二、三千本，只退回兩成。（《張文環全集．卷六》頁一六三）儘管如此，隨著局勢演變，台灣文學界要面對殖民當局的壓力更加強大了。《台灣文學》秋季特輯號出刊之後，面臨決戰情勢下的發展問題，也引發了牽扯到呂赫若的同人內部的紛爭。

台灣光復後，張文環擔任台中縣參議會議員，代理能高區署署長，一度受二二八事件的衝擊而隱居山林。他和前進的呂赫若已是兩種不同的生活態度了。我們似乎也很難從他留下的文學遺稿中，找到有關呂赫若生命史的蛛絲馬跡。我所能看到的關於呂赫若的敘述，還是他於一九七七年撰寫的那篇〈「台灣文學」雜誌的誕生〉，「頗覺得遺憾」地憶述了光復後從王井泉那裡聽到的一則有關《台灣文學》雜誌的人事是非。據他轉述，《台灣文學》秋季特輯號出刊之後，清水書店老闆王仁德四處批評他的編輯作風說：「張文環蠻不講理，打算讓《台灣文學》垮掉。〔所〕以獨斷發行那麼厚的雜誌，甚至印刷費用也不放在念頭。連同人也不放在眼裡。」他指出，王仁德同時唆使同人在陳逸松住所開了個祕密會議，糾彈張文環「蠻橫的獨斷」，提議「必須叫人來替換張文環」，並且「指定」呂赫若來做張文環的後任。「但呂赫若以沒有自信為辭拒絕」。

可惜的是，我們看不到張文環以這個事件為契機，談談他個人對呂赫若的看法，從而留給後人研究他們兩人關係的參考史料。還好，我們在出土的呂赫若日記（其中有些日子沒記）看到了事情經過的脈絡，以及他當時的看法與態度。

首先，王仁德是《台灣文學》「營業部長」。他的名字第一次在呂赫若日記出現是一九四二年九月十九日。當天下午，呂赫若在張文環家和他閒聊。然後一起出席《台灣文學》新贊助人福島清港（張清港）在天母溫泉別墅舉行的酒宴，洗人蔘澡。出席酒宴的還有「非常鼓勵台灣文學」的「三井的臼井氏」。

張文環〈「台灣文學」雜誌的誕生〉回憶說，「三井的臼井氏」是三井物產課長臼井要。三井物產當時被朝鮮總督府委託專賣高麗蔘，再轉給台北捷榮合資會社銷售。福島清港就是捷榮合資會社老板。當天的飯局是臼井要透過朋友跟張文環聯絡而安排。出席的《台灣文學》同人約有十人。幾乎每一道菜都用到高麗蔘。連洗澡水也是用高麗蔘葉子燒開的。吃飯時，臼井要向福島清港建議說：「高

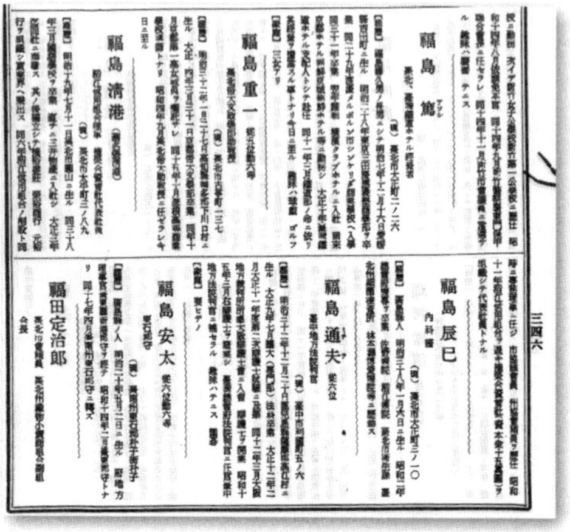
三四六
福島 篤
福島重一
福島清港
福島辰巳
福島通夫
福島安太
福田定治郎

一九四三年興南新聞社《台灣人士鑑》的福島清港。

麗蔘一年份的廣告預算三千圓全送給《台灣文學》好了，沒有必要給其他的報刊雜誌。」福島清港隨即回答說：「是，我懂。」《台灣文學》的同人聽了都不覺面面相對微笑了。這樣，「直到總督府統制命令下達之前」，《台灣文學》在「經濟上是不倒翁」。也因為這樣，《台灣文學》每一期的封底都出現了整頁高麗蔘的廣告。

然而，《台灣文學》依然存在著編輯與業務上的種種問題。尤其是張文環從「大東亞文學者會議」回來之後，曾經討論過「將《台灣文學》改為有限公司的事」。

一九四三年三月四日，呂赫若下班後到王井泉家，與張文環、陳逸松、王仁德、吳天賞、蕭再興吃日式火鍋，「閒談將《台灣文學》改為有限公司的事」。六日，下班前，王仁德到公司找呂赫若，一起餐敘。應該也談了有關《台灣文學》改為有限公司的事。七日午餐後，應該還是為了將《台灣文學》改為有限公司的事，呂赫若去找張文環，但未遇，於是在山水亭和王井泉、王仁德面談。十一日早上十一點，他去山水亭，與王井泉「商量將《台灣文學》改組為公司的事」。廿一日下班後，他又去山水亭，和王井泉、王仁德談「《台灣文學》的事」。廿三日晚上，在王井泉家，他和「彰化的蘇新」、張文環、王仁德等人「一起協議《台灣文學》改為有限公司事宜」。

一般認為，呂赫若日記所指的「彰化的蘇新」就是著名的台共黨人蘇新（一九〇七—一九八一）。據蘇新晚年所寫《自傳》，一九三一年九月中旬，他在彰化和美庄被捕，判處十二年徒刑，一直要到「一九四三年九月廿三日」期滿出獄。（《蘇新自傳與文集》頁五七／一九九三年時報）蘇新繫獄期間，恰是呂赫若從台中師範學生逐步成長為台灣新銳作家的階段。他當然不可能與蘇新相識。問題是，「一九四三年九月廿三日」出獄的蘇新，不可能出現在一九四三年三月廿三日的王井泉家。然而，蘇新出獄後曾在彰化李君晰的台灣鑛泉公司當文書主任，所以呂赫若所說的「彰化的蘇新」很有可能就是老台共蘇新。只是按照蘇新所云，那也應該是十月以後的事了。再者，文學圈外人的蘇新為何會出現在決定《台灣文學》改組事宜的會議，反而與蘇新同鄉的《台灣文學》同人吳新榮卻不在場呢？難道說，此蘇新非彼蘇新？抑或是蘇新的自傳與呂赫若的日記，兩者必有其一是筆誤。事情的真相究竟如何？難道它是無可考的一樁歷史公案？

問題顯然也不是無解。

我們看到，同為佳里人，留學日本時和蘇新「相識於東京成為兄弟之交」的吳新榮的日記，第一次出現蘇新的名字是一九四二年十二月十一日：「昨日台灣文藝家協會通知：十三日將有參加大東亞文學者會議的作家來台南開講演會。我即通知國分直一、蘇新、郭水潭、黃平堅諸君參加並準備開座談會。」也就是說，如果吳新榮的日記沒有誤寫，那麼，蘇新在一九四二年十二月十一日之前就應該已經出獄了，而不是他自己晚年所憶的「一九四三年九月廿三日」。因此，呂赫若的日記所載也就是事實了。既然如此，那麼，我們要怎麼理解與文學無關的蘇新為何會突然出現在決定《台灣文學》改組事宜的會議呢。這裡，吳新榮一九四三年的幾則日記還是替我們從側面回答了這個問題。他寫道，三月六日，「彰化李君晰一行人來訪，有台北張文環君，台中巫永福君、蘇新君、蕭來福君等人……歡談一夜。」第二天（三月七日），「李君晰君與張文環君此次來訪目的，是想利用油脂工廠的經營轉換為《台灣文學》的營業。前者由李君北上商量，後者今日先去參觀工廠。於是今朝，帶他們來看工廠，李君強調養兔事業有望，日後再擬具體方案。」（《吳新榮全集6》頁一三七、一三九）

蘇新說，李君晰是彰化的大地主兼資本家，經營的台灣鑛泉公司有兩三個汽水製造廠。出獄後的蘇新在那裡工作。半年後，佳里的吳新榮等友人開設了一個佳里油脂公司（李君晰也是股東），並為了照顧他的生活而要他回去當「專務理事」。為了解決肉類缺乏的困難，油脂公司後來也把養兔作為事業

之一。（《蘇新自傳與文集》頁五八—五九）

前述兩則吳新榮日記的記事背景就是這樣。因此，才會有呂赫若三月廿三日日記所載，蘇新（代表佳里油脂公司）出席《台灣文學》改組會議的事情。也因此，我們在吳新榮的日記看到，會議之後的四月二日，「蘇君來訪，有關《台灣文學》佳里會談結果，商量於台北、台中、彰化各地同志，皆贊成組織有限公司」。（《吳新榮全集 6》頁一四二）

四月九日下午，王仁德又找呂赫若去「明治製菓」，談論《台灣文學》的事。十五日，呂赫若在日記寫道：「最近感覺到大家合不來。常常不見面。」正因為這樣，五月十四日，當他看到李石樵的名片印有「台陽會展會員」的頭銜時，立即被他「愛他的同志，愛他的團體的至誠感動」，同時希望自己或「大家」在今後的名片也印上「台灣文學編輯同人」。

然而，《台灣文學》在遭到「糞現實主義」的攻擊之後，處境更加艱難。

六月廿四日下午六點，呂赫若到王井泉家，出席《台灣文學》同人舉辦的臼井要與藤野雄士出征健行會。七月六日下班後，他去陳逸松家，與王井泉、王仁德一起「商討《台灣文學》明年以後的方針及清水書局出版事業的事」。他認為，這些問題「是因文環的散漫所造成的」。

「文環編輯秋季特輯號的時候，召開幾次編輯會議，人數都沒到齊，遂自作主張，擴大篇幅，提高售價，發稿付印，引起負責經銷的王仁德的不滿，認為他太過專橫獨斷。」《陳逸松回憶錄（日據時代篇）》從另一個側面談

立石鐵臣設計的台陽展海報

到了他所理解的事情原委。「王等遂到我的事務所開會，主張撤換文環。我聽了他的陳述，覺得是溝通不夠所致，所以最後我還是堅持由文環繼續負責編輯，才把問題化解。」〔頁二七八〕

就內容來看，前述張文環所謂《台灣文學》同人在陳逸松住所召開的祕密會議，應該就是此日之事。他的回憶文章〈「台灣文學」雜誌的誕生〉也對他之所以「專橫獨斷」解釋說：「儘管《台灣文學》的發行頗順利，但我所憂慮的事情出現了；那便是同人都放心的結果，惰性成形。因此，要收集每期的稿件就困難了。此外，召開每期的編輯會議也很不容易……有一次偶然稿件收集順利，催了兩三次要召開編輯會議，可是不容易到齊，我覺得精疲力竭，不顧一切地發刊特輯號。頁數加倍，定價也加倍。我記得那就是秋季特輯號。我底獨斷假若垮了，就以這期為最後。可是意料之外卻成功了，而且幾乎售光。」

事態繼續發展。問題並沒有真正解決。讓我們回到呂赫若日記所記錄的歷史現場吧。

七月九日早上十一點，呂赫若去張文環家校正《台灣文學》的校樣，並為排版的事和張文環「意見衝突」。十三日早上，他又去張文環家，「就《台灣文學》的將來交換意見」。他體認到張文環「總歸不是長於事務的人」，從而感到「真傷腦筋」。他認為「王仁德也散漫」。不過，他評估「《台灣文學》應當能充分地維持下去」。儘管如此，他覺得這樣「真沒意思」，因為「看不慣大家胡來的態度」。十四日下午，王仁德來找他，加上張冬芳，三人去明治製菓，「互相談論出版的事」。結論是「《台灣文學》視經營狀況如何〔只要好好經營〕應該也會轉虧為盈」。十五日早上，他去上班，「但定不下心來」，於是騎腳踏車去張文環家。他因為張文環的「文學停滯了，所以勸他為了打破那種狀態回鄉下去。」但是，張文環卻「悄然無語」。這讓呂赫若開始對張文環感到失望了，覺得他「雖是好男兒，性格上卻……」十九日，他預估「《台灣文學》的明年度會是個暗礁」。因此覺得「讓王仁德背負比現在還要重的經濟負擔是很過意不去的」。他「希望文環也能務實一些」，而且「也考慮過自己出面來做做看，可是看了團體的結合後就沒那股勁了。」

據此來看，面對《台灣文學》內部有關業務發展的糾紛，向來把張文環推崇為「最值得信賴的人」的呂赫若之所以沒有輕率介入，並不是張文環所說「以沒有自信為辭而拒絕」，而是因為《台灣文學》同人的不團結。至於他所提到的「讓王仁德背負比現在還要重的經濟負擔」與「希望文環也能務實一些」之事，也許是有關《台灣文學》的發行和銷售權的處理方案吧。對此，張文環在〈「台灣文學」雜誌的誕生〉憶述說：「清水街上的清水書店趁著搬來台北的機會提議要代理《台灣文學》的發行和銷售權。把賣貨款的三%減去之後剩餘歸啟文社收入。稿件和編輯事宜由《台灣文學》的同人負責，其餘一切事情由清水書店的王仁德氏負責。這樣一來，我的擔子就減輕許多。我把同一條件提給日光堂書店的蔣渭川氏，但遭他拒絕。因此，《台灣文學》的銷售權就從日光堂書店移到清水書店。我底過失就是沒把這顛末寫在編輯後記。因此蔣渭川氏發怒，給全島的書店送去寫了我壞話的明信片。明信片裡寫著：『《台灣文學》因自己（蔣渭川）的銷售宣傳成功，銷售頗佳，因而張文環以為清水書店的條件好就做出忘恩負義的行為而倒戈。』由於這件事件，一樣是出身於宜蘭而和蔣氏是好朋友的陳逸松氏就跟我吵架，宣告同我絕交。」

一九三九年的呂赫若與張文環（呂芳雄提供）

《呂赫若日記》續載，七月二十日晚上，王井泉邀請呂赫若、陳逸松、張文環、李石樵、吳天賞與王昶雄等人到山水亭餐敘。餐後，大家又一起沿著淡水河畔散步去陳逸松家聊天。可以想像，當晚的餐敘應該是王井泉為了調解陳逸松與張文環的糾葛而特意安排的吧。但是，葛藤顯然並沒有因此解脫。據張文環〈「台灣文學」雜誌的誕生〉所述，「從此直到光復來臨」，他和陳逸松「再也沒有相聚過」。

七月廿二日，呂赫若「下班後去大龍峒的王仁德、蕭再興家下象棋，一起吃晚飯。」廿五日，日本文學報國會台灣支部召開理事會，推舉參加第二次「大東亞文學者大會」的台灣代表。第二天（廿六日）下午，張文環要呂赫若到他家，向他「講昨天的文學報國會理事會的情形」，並轉達理事會要他代表台灣參加第二次「大東亞文學者大會」的提議。呂赫若並沒有接受。理由未載。他只在日記上表露說「東京那地方我實在不想去」。然後，剛剛領了薪水的他又順路去山水亭，請呂泉生和王仁德「大吃一頓」。廿九日，爭議不斷的《台灣文學》秋季號終於出刊。

八月六日，下班後，呂赫若又去大稻埕張文環家。在座的應該還有王仁德。三人所談的內容應該就是如何克服《台灣文學》明年度將會碰到的「暗礁」問題吧。但會商顯然不歡而散。他因此感慨地寫道：「文環也實在令人傷腦筋。已成僵局了嗎？」

其後，呂赫若的日記經常中斷沒記。偶有記事，我們也幾乎不再看到他與張文環如同過去那樣密切往來，乃至於不再出現張文環的名字了。

2 走向決戰的台灣文學會議

八月六日，呂赫若的日記寫道：「最近的報紙全是義大利墨索里尼下台，檢舉法西斯的消息。結果，當然法西斯主義從世界舞台退出了。」十一日又記：「報紙報導德蘇之戰德軍大敗。從奧勒爾撤退——

哈里科夫之役。還有義大利法西斯黨解散的政變。買回一張歐洲地圖貼在牆上。」

由此可知，呂赫若密切注意著遠在歐洲的戰爭局勢。那麼，他對制約殖民地台灣前途的大東亞戰爭的形勢當然也是高度關注。

八月廿五日，第二次大東亞文學者大會提前（原定十月十日）在東京舉行。大會宗旨宣稱：「大東亞戰爭的戰況現已進入白熱化，為了取得勝利，目前當務之急是需要共榮圈做好決戰準備並進一步強化之。」因此，它可以稱為「決戰會議」。大會的主要議題是：「昂揚決戰精神，擊滅英美文化，確立共榮圈的文化之理念及其實踐方法」等等。殖民地台灣的四名代表是兩名在台日本人長崎浩與齋藤勇，兩名台灣人則是楊雲萍與周金波。周金波還做了「皇民文學的樹立」的發言。（尾崎秀樹《舊殖民地文學的研究》頁三三三、三三五）

九月十三日，張文環在壓力之下不得不以《台灣文學》主編的身分，在《興南新聞》發表一篇回應時局的文章：〈從編輯者的立場看文學昂揚的基礎工作〉，表示自己沒有特定立場，只是以「像似無方針的方針」為「編輯方針」，讓《台灣文學》作為「大家的研究雜誌」，「建設台灣文學界的基礎工程」。（《張文環全集・卷六》頁一七〇—一七二）

九月二十日，呂赫若看到「各地城鄉挖了很多防空壕」的報導，不禁懷疑「局勢終於吃緊了嗎？」廿三日下午六點，殖民當局「公告昭和二十年度施行台灣徵兵制度」。他在日記上不帶感情地寫道：「這是歷史性的」。廿四日，他又冷靜地寫道：「秋季皇靈祭。台北市有慶祝徵兵制的遊行。總動員了。」廿五日傍晚，他聽到「廣播新聞報導說德軍從斯摩林斯克市、多涅布魯市撤退」，因而「感到局勢的緊迫」。然後，他的日記又出現了很長一段時期的空白。

十月十九日，殖民當局頒布「台灣決戰體勢強化方案」。

十一月十二日，由台灣文學奉公會主辦，總督府情報課、皇民奉公會中央本部及日本文報會台灣支部協辦的「台灣決戰文學會議」，在台北市公會堂召開。呂赫若在當天的日記寫道：「下午一點起舉行『台灣文學決戰會議』。在圓山集合，參拜台灣神社。三點起在公會堂開磋商會議。從中南部來了許多人。」

呂赫若所說從中南部來的許多人就包括了鹽分地帶的吳新榮。他在十一日早晨抵達台北，直接到清水書店。王仁德隨即帶他去張文環的新居。他「聽說清水書店已組織公司，《台灣文學》加入經營」，於是「安心地把〈亡妻記〉原稿交給清水書店出版」。第二天，他在會場遇到了「黃得時、田中保男、楊逵、楊雲萍、龍瑛宗、呂赫若諸君。」（《吳新榮全集6》頁一四七─一四八）

十一月十三日到十七日，可能是因為妻子林雪絨「一直在發燒」之故，呂赫若沒寫日記。因此，我們無法通過他的日記去理解會議的具體內容及其看法。根據《文藝台灣》記者村田義清、神川清發表於一九四四年元旦該刊終刊號的〈台灣決戰文學會議〉紀錄所載，出席此次會議的一共五十八名作家，其中「本島人作家」，除了吳新榮所提上述呂赫若等人之外，還有郭水潭、周金波、張文環、張星建、陳火泉等，一共十一人。會議於上午十點進行開幕儀式，之後由台灣文學奉公會會長山本真平講述「和武力戰作有機性結合的思想戰的重要性，期望身為思想決戰戰士的文學人發憤圖強」。總督府情報課長致祝詞強調：「為了要大打勝戰，必須要集合日本人的精神活動和一切行動，邁向立足於必勝信念的決戰文學之路」。皇民奉公會宣傳部長則「希望文學人現在要回應國家的要求，一點一點慢慢地磨練自己……以創造出構想偉大的文學」。接著由矢野峰人代讀日本文學報國會會長德富蘇峰的祝詞。然後宣讀大會誓詞：「聽聞在南海大舉顯赫戰果，台灣全島之文學人同聚一堂。這一天，這個瞬間，仇敵英美的反擊仍尚激烈，吾等皇民應當顯示一大勇猛決心，斷然撲滅英美文化。廣大無邊的神靈在上給我們庇蔭，正是我等莫大的光榮，沒有比這更加重大的職責了。吾等在此與戰友締結血盟，致上信愛之誠心，毅然決然地給英美致命的一擊，把文學的一切都獻給大東亞戰爭的全勝，表露以文學殉國的至誠。宣誓實踐之，以此完成大會。」

宣誓之後是「各結社文學獎的頒獎」。開幕式就結束了。

大會立刻進入議程。議題為「本島文學決戰態勢的確立以及文學人的戰爭協助之理念與實踐方法」。首先，「張文環在講述了文學人的人格陶冶和人格的直觀能力之培養的必要性後，大喊『文學人大團結』。」最後在龍瑛宗「依靠文學來展現八紘一宇精神」的提案後休會用餐。下午，分兩個階段繼續開會。會議在「關於文藝雜誌的統合」爭論時達到「最高潮」。在會議之前，為了統制與節約用紙，台灣總督府已經給殖民地台灣的報刊雜誌下達主動提出「申請廢刊」的禁令。因此，在會議上，一直策動《台灣文學》與《文藝台灣》合併的西川滿三次建言說，文藝台灣社全體同人為了「文藝雜誌進入戰鬥配置」願意帶頭獻出《文藝台灣》。「西川一派的陰謀」隨即引起《台灣文學》的黃得時和楊逵與《文藝台灣》的陣營激烈論辯。張文環甚至被逼得毅然起身沉痛辯解，說「台灣沒有非皇民文學。假設真的有寫非皇民文學的傢伙存在的話，當然應該處決。」大會議長山本真平於是裁決，全權委託他另外設置委員會審議這個重要問題的具體方案。最後，總督府保安課長以來賓身分警告說，「文學人不應該做出對決戰沒有貢獻的事情，文學作品也應當只要發表一些在戰時下不可或缺的作品就好了。」（《雜誌篇．第四冊》頁四一四—四二二）

大會緊接著朗讀所謂「大會決議」云：「值此珍珠港海戰以來，戰果又建南海，嚴酷決戰之勢已於東亞全域呈顯端倪之秋，台灣全島文學者會集一堂，共商決戰文學體制之樹立，也恰逢本島徵兵制度之實施，五十年統治始終如一，內台一致之台灣文學正應全力以赴獻身時局之榮光之日，此何幸哉。如今議論之期已逝，唯存實踐一途。吾等將以不屈之鬥志，不動搖之姿態，團結與共，向確立宣揚皇道精神之方向邁進。磨利戰無不勝之筆尖，赴國之所急的決心正澎湃於吾等之胸膺。誓死消滅以凶殘無理的行徑使東亞之天地汙濁的英美之敵，重建道義之東洋乃是吾等之悲願。為大東亞戰爭之勝利，吾等願以筆為劍，奮起為士卒。吾等血盟同志將立足於皇道精神之髓，奉行文學經國之大志，摧毀一切障礙，為台灣文學之建設鞠躬盡瘁。」然後「三呼聖壽萬歲」，整個「台灣決戰文學會議」就結束了。（尾崎秀樹《舊殖民地文學的研究》頁二一五—二一六）

通過這場「決戰會議」，具有浪漫唯美色彩而站在殖民當局立場的《文藝台灣》，雖然在思想對壘中抵不過代表台灣人的陣營，卻技巧地把《台灣文學》謀殺了。在「決戰文學體制」之下，《台灣文學》被迫面臨「為了戰爭」而不得不「奉獻決戰」的命運。會後，《台灣文學》同人雖然都到張文環家，「商議今後方針」。（《吳新榮全集6》頁一四八）但終究難逃被迫廢刊的厄運了。

3《台灣文學》的廢刊

十一月二十日，林雪絨確診傷寒。廿一日早上，呂赫若僱了人力車送妻子去台北帝大附屬醫院澤田內科住院。午後兩點，他再趕去台北公會堂，出席三點舉行的「台灣文學賞」頒獎典禮（文學獎金傳達式）。

《台灣文學》第四卷第一期（一九四三年十二月廿五日）張文環〈關於台灣文學賞〉載道，「台灣文學賞」是支持《台灣文學》的臼井要、賴世澤兩人促成捷榮商會老板福島清港（張清港）贊助，而於一九四二年十月在該刊第二卷第四號通過編輯室〈關於「台灣文學賞」的設定〉公告要旨曰：「從創刊之初，我們便深刻期許，《台灣文學》不單是台灣作家發表作品的機關，而且必須成為致力於本島文學運動的推進力量。此次新設立『台灣文學賞』，頒發給通過文學提升台灣文化的作家，希望能對台灣文學運動產生更進一步的貢獻。」徵獎辦法規定：由該刊另外組織評選委員會，從居住於台灣，且於一九四二年十月至一九四三年九月間，在《台灣文學》發表評論、詩、小說、戲曲的作家中評選，並於一九四三年十二月發刊的《台灣文學》公布。結果，經由評選委員會慎重評審，決定由刊載於一九四二年四月第二卷第二號的〈財子壽〉獲獎。（《張文環全集‧卷六》頁一二五）

也就是說，在預定一九四三年十二月發刊的《台灣文學》尚未出刊，「台灣文學賞」就提前頒獎了。當天，出席頒獎典禮的殖民官員有台灣總督府保安課代表、南署高等主任與台北州特高丸山等，列席來賓包括金關丈夫、瀧田貞治等人，以及從島內各地前來的台灣文學同好者多人。場面「非常盛大」。開場儀禮之後，首先由張文環致詞。接著由黃得時介紹獲獎人呂赫若的經歷和作品而完成審查報告。再由張文環頒發給呂赫若文學獎金五百圓。呂赫若代表獲獎者致詞時謙虛地說：「我把自己想成是隻小鳥，任寂寞之心所命，處處試著營巢，卻逐不出滿意的巢而又飛走。然而這巢卻獲了獎。獲獎雖高興，但覺得獲這個獎的時機未到。」（林娟芳譯）之後是瀧田等台北帝

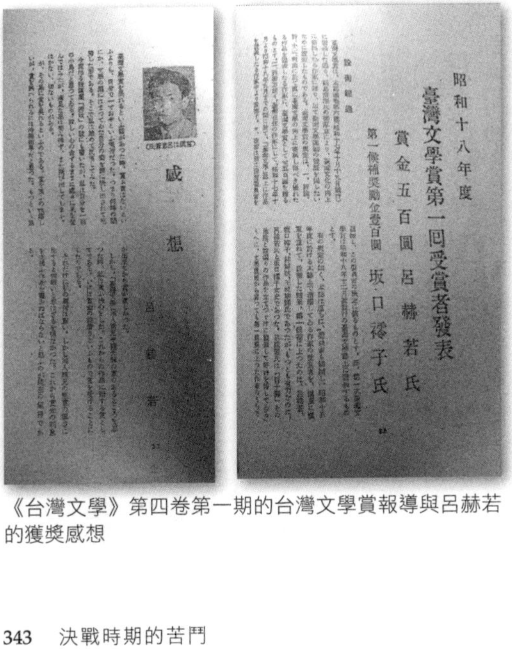

《台灣文學》第四卷第一期的台灣文學賞報導與呂赫若的獲獎感想

大兩位教授的祝詞。典禮在四時結束後又舉辦了座談會。然後在王井泉家聚餐。

然而，「台灣文學賞」頒獎典禮之後不久，殖民當局就命令《台灣文學》停刊了。

十二月十三日，呂赫若的日記寫道：「今天《台灣文學》被有關當局命令停刊，感慨萬分。趕緊著手編輯終刊號。我也被吩咐要寫作品。」而他決定給《台灣文學》終刊號所寫的作品是前一天（十二日，星期日）早上起筆寫了四張稿紙的短篇小說〈玉蘭花〉。第二天（十四日），他於是清晨五點起床，煮飯，創作，七點半去醫院看妻子。十五日，還是清晨五點起床，做早飯，創作。然後，十六日上午八點脫稿，計四十張，立刻送去三和印刷所發打。傍晚印出稿樣，晚間校正。

十二月十七日至廿一日，呂赫若沒寫日記。廿二日，林雪絨痊癒出院。廿五日，刊有〈玉蘭花〉的《台灣文學》終刊號（第四卷第一期）出版發售。他專程去刻了一方印章「赫」。

一九四四年一月七日，吳新榮的日記寫道：「昨夜嚴寒，讀了《台灣文學》的〈玉蘭花〉（呂赫若）與〈盂蘭盆〉（坂口䙥子）。兩人皆獲今年的『台灣文學賞』，巧合此兩篇皆寫幼年至青年時代的自傳小說，兩人的筆力皆甚高手，令人佩服。」（《吳新榮全集 6》頁一五一）

然而，發行了十一期，其中有一期被查禁，承繼台灣新文學運動香火的《台灣文學》，歷時兩年七個月之後，終究還是被迫退出了歷史舞台。

「在皇民化運動時代，我們知識分子堅持原則，不肯被日本同化，不想做日本皇民，我們創辦《台灣文學》作為對抗皇民化的堡壘，讓台灣作家充分發揮了他們的良知，保持了台灣人做人的尊嚴。」《陳逸松回憶錄（日據時代篇）》對該刊作了歷史總結。「不僅如此，正如張文環所說的『我們還有一種驕傲，因為在困難當中，我們的每一作品現在還都可以再版，它堅強的奮鬥，對我國家民族是問心無愧的。』想到這裡，不管我們歷經過多少艱辛，付出過多少代價，都覺得是值得的了。」（頁二八一）

呂赫若在《台灣文學》陸續發表了〈財子壽〉、〈風水〉、〈月夜〉、〈合家平安〉、〈柘榴〉、〈玉蘭花〉等幾篇有代表性的短篇小說。據此，《陳逸松回憶錄（日據時代篇）》強調，在眾多在《台灣文學》發表作品的作家之中，他因為呂赫若「對台灣政治、文化的發展，懷抱著高度的熱情」而「最推崇呂赫若」。〔頁二七四〕巫永福在接受我的採訪時也肯定地說，他認為，通過呂赫若的小說，可以寫一部台灣思想史。

4 以出版開闢新戰場的《清秋》

《台灣文學》廢刊之前，十一月廿七日，大木書房編輯出版「台灣文化撰書」系列Ⅰ《台灣小說集》單行本，出版宗旨是「展現背負著本島文化這個重責大任的年輕南島文化戰士們熱烈的鬥志，通過他們的作品來介紹台灣的現實」。該書收錄了呂赫若〈風水〉、王昶雄〈奔流〉、龍瑛宗〈不為人知的幸福〉、楊逵〈泥人形〉、張文環的〈媳婦〉和〈迷兒〉等五位台灣代表作家的六篇日文小說。其中，龍瑛宗〈不為人知的幸福〉原載《文藝台灣》，楊逵〈泥人形〉原載《台灣時報》，其餘四篇都原載《台灣文學》。〔《日治時期台灣現代文學辭典》頁三三九〕

《呂赫若日記》記載，八月九日，下班後，他去山水亭，遇到大木書房的李清輝，於是一起餐敘。李清輝說因為要出版《華麗島文學》，邀他寫短篇小說。他請對方讓他「再考慮考慮」。可是，《日記》卻未見與此事有關的後續記載。李清輝所說的《華麗島文學》顯然也未見出版。也許，這本《台灣小說集》就是由此轉化而來的產品吧。

一九四二年八月，東京大阪屋號書店出版西川滿編選的《台灣文學集》，收錄了島田謹二〈《台灣的文學的過去、現在與未來》〕，矢野峰人、長崎浩與楊雲萍〔詩作〕，周金波〔〈志願兵〉〕、龍瑛宗〔〈白色的山脈〉〕、濱田隼雄與新垣宏一〔小說〕，黃鳳姿與池田敏雄〔民俗〕等以《文藝台灣》陣營為主的日台作家作品。相較而言，在決戰期官方文學統制及日籍作者文學觀批鬥的夾擊下，《台灣小說集》體現了台灣文學界努力建立統一戰線，延續《台灣文學》與《文藝台灣》迂迴戰鬥的姿態。〔《日治時期台灣現代文學辭典》頁三四〇〕

顯然，當《台灣文學》與《文藝台灣》都被「奉公」之後，被殖民者與殖民者文學人的思想鬥爭場域有很大一部分已經轉移到出版的新戰場了。於是我們看到，當《台灣文學》的主將張文環在殖民當局的壓力下顯得心力交瘁以致創作停滯時，新起的旗手呂赫若則抱持「作品第一」的態度潛心創作，並通過與王仁德合作出版單行本的方式，開闢了決戰文學會議後的另一個戰場。於是我們也看到，當時序跨入一九四四年之時，他給自己規定了年度計畫，一是「出版回想風味的長篇小說《竹圍抄》，三百頁〔十萬二千字〕」。二是「完成長篇小說《建成堂記》〔暫定名〕的構想」。與此同時，他還特別抄錄了莎士比亞的一句話來自勉：「飽食與和平養出怯懦，艱難

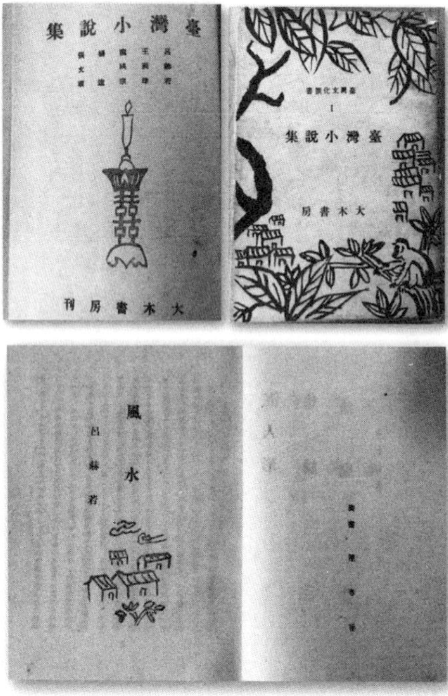

《台灣小說集》

常生果敢有為。」

儘管這兩個計畫後來都因種種限制沒能落實，但也十足體現了呂赫若在完全沒有反抗可能的現實環境下試圖以作品繼續鬥爭的決心。

一九四四年三月十七日，清水書店「台灣文學叢書」出版了呂赫若的小說集《清秋》。這本可能是日據時期台灣作家第一本個人小說集的《清秋》，收錄了呂赫若一九四二年夏天以來的作品七篇，按照發表時間依序是：〈財子壽〉、〈廟庭〉、〈鄰居〉、〈月夜〉、〈合家平安〉、〈柘榴〉與尚未發表的〈清秋〉。

根據前述呂赫若一九四三年七月六日以來的幾則日記，我們可以作出這樣的判讀：他雖然不願「自己出面」接手《台灣文學》，但認為「依靠雜誌的文學運動是非常態性的，應該藉由出版來完成慢工細活的作品」，於是與清水書店的王仁德試圖改變運動策略，通過出版，以克服《台灣文學》明年度將會碰到的「暗礁」，延續台灣新文學的香火。於是我們看到，清水書店陸續出版了黃得時《水滸傳》、金關丈夫等四人合著的《台灣文化論叢》第一輯、鹽見薰《歷史與反省》、楊雲萍《山河》、井上紅梅《今古奇觀》，呂泉生作曲的《看護助手的歌》與《少年兵的歌》……等書。另外也策畫出版了以小說集為主的「台灣文學叢書」系列，第一號是坂口䙥子的《鄭一家》，第二號是呂赫若的《清秋》，第三號則是王昶雄的《鏡》（未見出版）。前述吳新榮也已將散文集《亡妻記》授權，但未見出版。

呂赫若的〈清秋〉就是比〈玉蘭花〉較早脫稿卻未在《台灣文學》

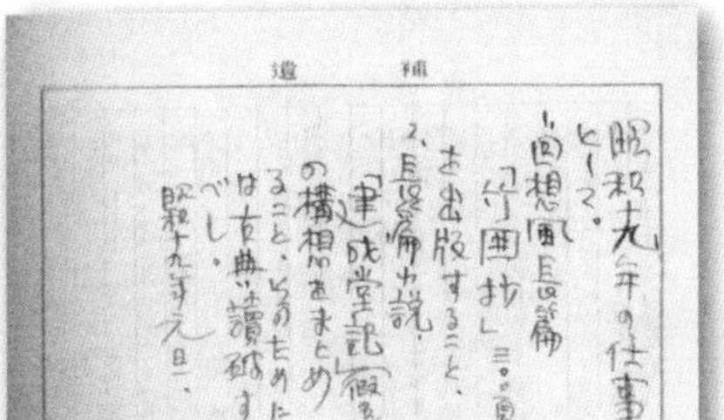

呂赫若日記的一九四四年年度計畫

發表而逕行出版之作。

〈清秋〉的發想應該是在創作〈柘榴〉期間的六月十八日。呂赫若在當天的日記寫道：「想到了短篇小說〈路〉的主題，想描寫一個醫生徘徊在開業還是做研究之間，想明示本島知識階級的方向。」然後他又忙著處理《台灣文學》的編務，思考寫作轉型等問題，遲遲沒有開筆。

七月三日晚上，他和張文環、龍瑛宗一起去古亭町拜訪「良師」工藤好美。工藤勸他「必須認識政治與政策、時代與時局之間的差別」，並建議他「研究歷史哲學」。七日晚上，他從張文環家冒雨回到家後，雖然「想寫些什麼，想要寫出好作品。腦中全是小說。」但沒有動筆。二十日，他在日記上自勉：「文學家必須更加吃苦」。廿四日買了杜斯妥也夫斯基的傳記，「試讀之後很吃驚。感慨無限」。他沒想到「竟然有生活那麼困苦的人？有被現實那樣折磨而還是堅持到底的人？」他認為「比起杜斯妥也夫斯基，我們的困苦簡直是騙小孩。然而，古往今來身為文學家的人在心情上都是相同的。自己也是。」他知道他「自己的心情確實也是屬於文學家的」。而「文學終究是苦難的道路，是和夢想戰鬥的道路。」

八月六日晚上，他和王仁德與張文環談「僵」之後便一起回士林租屋，繼續和張冬芳一起聊天。王仁德夜宿他家。因為《台灣文學》的糾葛難解吧，停筆了好長一段時間的他雖然「想要寫作」，但因「想睡」而作罷。七日晚上，急切地「想寫出好作品」的他重新構思〈路〉，易名為「清秋」，並「開始寫」。八日早上，他在公司繼續寫〈清秋〉。下午三點回家，睡了一陣子，又「不停地寫」。但是，

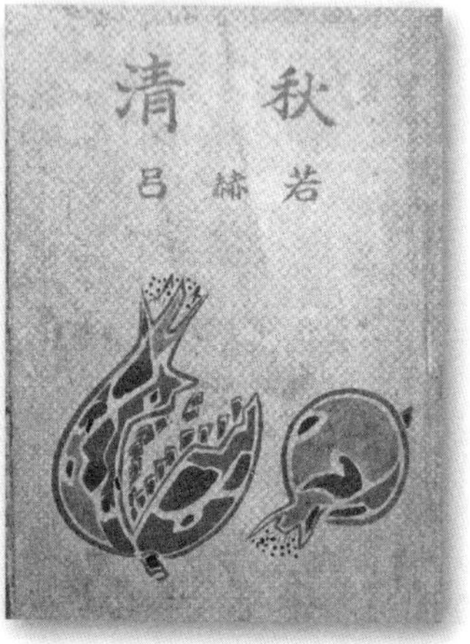

小說集《清秋》封面

「孩子們很吵，無法如意地寫」。因而又很想在哪兒能擁有個可以安靜寫作的房間。十日晚上，他在張冬芳家幫王仁德「抄出版公司〔清水書店〕的文件，特別是履歷書。搞到深夜」。因為「疲倦，終於沒寫稿子」。覺得「可惜」。十二日感冒惡化。但他仍在公司繼續寫〈清秋〉。晚上也堅持「寫稿子到深夜」，並決心「要寫出好的作品」。十三日，下班後，他和《台灣文學》同人集體去楊佐三郎家吃酒席。因為這樣，「沒能寫稿子」。廿五日晚上「八點起在清水書店開編輯會議」。晚餐時與來訪的坂口䙥子「一起談話」。顯然，這是有關《清秋》出版的編輯會議吧。廿六日傍晚，應該是為了《清秋》作序之事吧，他到台北帝大宿舍拜訪瀧田貞治教授，「關於文學方面受到他種種的鼓勵」。

此後，時局逐漸緊迫。呂赫若的日記開始出現大量空白。一直到十月廿三日才又突然出現簡略的紀錄：「短篇小說〈清秋〉脫稿。晚上十點二十分，張數是一百一十五」。也就是說，從起筆到脫稿，前後寫了近三個月，大約四萬六千字。然後，一直到一九四四年三月，在大量空白的日記中才又在十三日出現一行：「今天〔向主管機關〕繳納《清秋》的新書樣本」送審。

《清秋》卷首由台北帝大瀧田貞治教授作序，卷末有呂赫若的自跋。應該是考慮到審檢能否通過吧，他刻意以感性的文學語言，婉轉而低調地表白一個殖民地文學創作者，面對決戰時局的要求與害怕喪失自我之間的糾結心理云：「開始寫小說至今已有十年了。這期間，我總是模糊地想，到底何處才是我的心靈休憩之所呢？這種想法。與其說是感傷，不如說是眷戀與漂泊的心吧。我常常一面在現實與空想的世界邊緣徬徨，一面又想找到自我。因此，我想像自己是一隻小鳥——一隻為了在枝頭或岩石上築巢休憩而盤旋的小鳥。明明看見在這枝頭或那岩石上築好了巢，但又忍不住在任務完成後，傷心地產生抗拒和希求。於是又在性格、行動、心理、事件與情景之間飛了出去。然後一面懷抱易受傷害的心靈，一面又想反抗消極的現實。這麼一想，卻又轉眼注視美麗的花朵。如此一來，始終無法覓得安住的巢。」

〔朱家慧《龍瑛宗與呂赫若研究》頁六五—六六〕

從《清秋》的情節來看，它的時代背景應該是在太平洋戰爭爆發之後的殖民地台灣。我們看到，一九四二年，殖民當局於一月十五日成立台灣奉公醫師團，二月一日公布「台灣醫療關係者徵用令」，四月，台灣陸軍志願兵第一梯次入伍。一九四三年，一月，台灣各地召開宣傳「志願兵」趣旨的動員會。五月，日本決定「大東亞政略指導大綱」，將印尼與馬來亞併入日本，並在殖民地台灣實施海軍特別志願兵制度。六月，第二批陸軍志願兵一千多人入伍。九月廿三日公布自第二年起實施徵兵制，凡年滿二十歲的台灣青年男子都要去當日本兵；同日，台南州北門郡醫師會常會強制全體醫師志願充當「南方派遣醫」。十月十九日，也就是小說脫稿前四天，殖民當局訂立「台灣決戰體勢強化方案」。

在這樣嚴峻的形勢之下，呂赫若周邊也有許多至親好友主動或被動離開殖民地台灣到南洋發展。例如：叔叔呂坤瑞攜家帶眷到南洋經商。名古屋藥專畢業的妻舅林永南從大阪鹽野義製藥廠轉調海南島海口。潭子成春醫院的傅春魁醫師也到爪哇行醫。就在開筆寫〈清秋〉的當天，他「聽說〔堂弟〕如鵬被徵召為通譯的命令今天下來了」。也許是這樣的時局刺激吧，同時也是因為接受了工藤的建議，他不再迴避對時局性題材的處理，於是「重新構思」到南洋發展的小說主題，「想描寫現今的新氣息，以指引本島知識分子的動向」。因此就根據現實生活上周遭親友的具體動向，通過現實主義「描寫典型環境的典型人物」的創作方法，寫了一篇「偽裝」響應殖民當局「南進政策」的主題故事。

〈清秋〉的主人公謝耀勳留學日本，醫專畢業後，在東京的醫院工作了三年，因為前清秀才的祖父與任職庄公所的父親召喚而歸鄉，準備在小鎮開業。故事就在他歸來三個月之後展開。儘管他想早日開業以盡孝道，但因開業許可遲遲未能核下，準備改建為醫院的出租店鋪又尚未搬遷，乃至於鎮上小兒科醫師出於競爭關係的排擠，以致進度停滯。就在他感到為難，不知何去何從的時候，藥專畢業後即以優異成績進入大阪某製藥公司的弟弟耀東來信告知，近期將志願調往公司在馬來成立的辦事處。最後，在從軍庄民餞行會上，租戶黃明金向他表態，說已經決定放棄沒有前途的飲食店，前往南方，尋找新生之路。而原先以為阻礙他開業的小兒科醫師也在會後向他透露，說已被祕密徵召當「野戰工作者」，期待他無論如何都要盡快開業，為本庄民眾從事醫療服務。這樣，耀動必須回到「原來的狀態」，也就是開業行醫，服務鄉民，完成自己在遽變時代盡職盡孝之責。（《小說全集》頁五〇九—五六八）

〈清秋〉的主題是「到南方去」的時代主旋律。但呂赫若特有的「循序漸進的敘述」文體，體現在主人公耀動那裡的基調，卻是不合時宜的徘徊遲疑、矛盾掙扎與無語的結局。這應該還是他在東京時就已認定的「朝著國策的方向去闡釋」與「描寫生活」的寫作策略。也因為這樣，在出版條件日益嚴苛的時局下，它能通過保安課的戰時審閱而順利出版吧。

也許是接受了前述日本小說家高見順希望他「嘗試刻劃他所不擅長的人物類型」並「勇於接受猛烈而有活力的時代精神的洗禮」的建議吧，我們看到，〈清秋〉也嘗試刻劃不同類型的人物。同時在人物形象的塑造上，延續〈柘榴〉「立足東洋」回歸中國的精神，出現了與過去作品絕然不同的地主形象——秀才祖父與嚮往田園採菊生活的地主之孫耀動。因此我們看到，在「皇民化」的高壓政策下，呂赫若「朝著國策的方向去闡釋」與「描寫」的主人公耀動的生活，是充滿中國味的——晨起給庭院的菊花澆水。閱讀祖父私藏的詩仙李白傳記。祖父談到文章（中國文學）「不只有助於教化世道人心，也是瞭解政治的最根本」時引用的《詩經》序文與魏文帝曹丕「文章乃經國之大業不朽之盛事」的文學觀。「隨著年齡的增長」而萌生嘗試過去很討厭的「作詩寫書法」的念頭。重陽掃墓。昔日色彩鮮明如今卻「腐朽成冷清、模糊的單色」的關帝廟建築等等。這樣那樣的描寫，在在都體現了寫作「手法高明」的呂赫若，如何有技巧地用文學體現的「台灣（中國）味」來抵抗殖民當局的「皇民化」政策。

值得一提的是，被後人譽為「風流才子」的呂赫若，也在小說藉由耀動與秀才祖父的對話詮釋了何謂「風流」：「耀動有幾分瞭解以植菊為樂的祖父之心境。聯想到文人與自然的交往，羨慕『文秀才』的祖父雖已年老，卻越發與自然親近的風流。」而理解「南方現在是能令年輕人熱血沸騰的地方」的祖父的回應是：「總覺得你們現在的年輕人小裡小氣，不解風流。一定要稍微培養一些浩然之氣。」也就是說，呂赫若認為，要有「浩然之氣」，才能理解體會什麼是「風流」吧。而在現實生活上，他在同年三月十八日的日記就曾寫道：「已經感覺到夏天的氣息了，大自然的味道真好。想到了『風流』一語。」這也體現了他的創作方法：小說所寫的，往往都在現實生活認真體會思索過。

小說雖然不能對號入座，但現實主義的作品總是來自生活而反映現實的。因此，我們可以據此判定，小說〈清秋〉的主人公耀動的原型就是創作期間與呂赫若時相往來的同鄉好友傅雄飛醫師，而其弟耀東的原型則是他的妻舅林永男了。傅雄飛是潭子成春醫院傅春魁醫師的長子。東京醫學專門學校畢業後在東京醫院服務數年。《呂赫若日記》載道，一九四二年四月十四日，在東京的他曾經與友人林培遠一同到新井町，拜訪傅雄飛和同鄉林雲鵬。歸鄉以後的六月十六日傍晚，他又與要去南洋經商的叔呂坤瑞去傅春魁醫師家吃晚飯。一九四三年一月三日晚上，呂坤瑞請他吃飯，傅春魁醫師也來了。根據《台中縣文學發展史田野調查報告書》（一九九三年台中縣立文化中心）鍾美芳的傅雄飛與林雲鵬〈訪談記錄〉，彼時，傅雄飛也已歸鄉，在夫人故里神崗開設診所，後來，為了逃避「台灣醫療關係者徵用令」徵召，甘冒「非國民」之罪停業，於同年七月二十日入台北帝大藥理教室，跟隨杜聰明博士做醫學研究。在台北，他與返台後在遞信部任職的林雲鵬賃屋士林，經常與呂赫若和張冬芳往來。（頁一六五、二一三）也因此，我們在呂赫若創作〈清秋〉期間的日記看到如下記事：七月十六日，「早上剛到公司，張冬芳就帶著傅雄飛來訪。一起去『明治製菓』談天。到中午時去『森永』，一起吃午餐。

約好再會後分手。下班後立刻帶傅雄飛回家。晚餐在張冬芳家吃，三人喝酒。」廿三日，「下班時，傅春鐙（一九二四—，傅春魁么弟）、傅雄飛來訪，乃一同去淡水河畔散步，走到大稻埕，在山水亭請他們吃晚飯。」八月十二日，「感冒惡化……晚飯後去禎祥醫院。李禎祥不在，請傅雄飛代診，領了藥回家。」同月十六日，「早上……和如鵬去大稻埕找傅春鐙」。

傅雄飛的祖父傅鶴亭（錫棋，一八七二—一九四六）是前清秀才，長期擔任潭子庄長，而且是呂赫若結婚時的主婚人。因此，他也可以說是「耀動祖父」的原型了。但他並非葉石濤〈清秋——偽裝的皇民化謳歌〉中所謂「三腳仔色彩濃厚的人物」。他是詩人兼遺民襟懷濃厚的櫟社社長，例如，他在〈六十初度感賦（四首之二）〉寫道：「天教滄海忽揚塵，不壞猶存歷劫身，紈扇三秋遭棄置，硯田廿載付因循；無才勉就催科吏，有恨難消忍垢人，他日豫謀題墓字，可能姓氏冠遺民。」從小與傅鶴亭一起生活的長孫傅雄飛在前述〈訪談紀錄〉說道，祖父是開明的漢學者，性格溫和，正直清廉，地方聲望甚佳。他也因為從小聆聽祖父講述中國忠孝節義的故事而民族意識濃厚，在皇民化運動時期堅持不改姓。因為這樣，傅雄飛就成了呂赫若「描寫一個醫生徘徊在開業還是做研究之間」，以「明示本島知識階級的方向」的〈清秋〉主人公的原型了。

《清秋》出版之後，台灣總督府《台灣時報》文藝欄於六月十日第二九三號刊登日本人河野慶彥的書評〈呂赫若論——關於作品集「清秋」〉。河野認為，《清秋》收錄的前六篇作品的主人公，「每一個幾乎都是不具有純熟知性」，而且「墨守成規」的人物。相較之下，〈清秋〉「上場的人物則是台灣的知識分子」，而且「具有主動性，擁有近代人的煩惱」；並且「絕不出任何差錯」地「提出了『本島知識階層在與國家的結合中凝視自己』的新的理想態度」。他指出，〈清秋〉「散放著某種香味的地方民眾生態，家族制度所具有的美感和親情，知識分子在其中覺得心痛的煩惱，年輕世代活力十足的生活，這一切都以不同的風味展現在讀者面前。」他還要讀者特別注意〈清秋〉出現的「鄉下青年的新形象」，也就是「與身為知識分子的主角耀動作為對比的，教養較低的青年黃明金」。他意有所指地強調，「明金的母親與耀動的父母，耀動與明金，其中的相異之處，正是台灣的新舊事物之對比。我對於此處散發出的某種光輝，感覺到明日台灣文學生生不息的生命力。」據此，他先是肯定呂赫若「的作品，好像切哪裡都會淌血，也好像會被其中的台灣味噎著。再沒有任何像他一般正面挑戰台灣現實的作家了。」然後話鋒一轉批評說，由於呂赫若先前的作品一直描述「無知而守舊的民眾的姿態，因而往往給人一種陰暗的印象。」緊接著他又政治正確地主觀認定，如同呂赫若「本身也覺察到的，台灣的現實正一點一點地改變。不管在農村、在都市，不只是知識分子，不，應該說教養程度越低的人們越是單純地呈一直線改變著。青壯年、少年們之中，正孕育出新的斷層〔按：新皇民〕」。而「在這波激烈的浪濤中」，呂赫若「正確實地磨練著自己向前走的步伐吧。他的投身的姿態已經呈現在〈清秋〉之中」。就總體而言，他也認為收錄在《清秋》的七篇小說都有亮麗的表現，不但維持一定的功力水準，而且「一步一步確實地進步著」。他高度肯定說，「透過以上七部作品所感受到的是，作者對社會的痛切批判，而批判的根基則是作者的人道精神。再透過這些所感受到的，則是作者的愛。正因作者心中有愛，所以時而發怒時而痛哭。作者的眼光總是注視著貧困的與不幸的人們，但是他並非在貧困的人們身上看到了微小的幸福，頂多只是在挖掘那不幸而已。這時，作者的眼光甚至成為貪婪的現實主義者的眼光。即使如此，那並不只是冷酷的攝影師般的眼光，在那作品的陰暗處仍能感受到人道主義者的心痛。作者揭露隱藏在本島人生活夾縫中的汙穢、不道德與不幸，同時也暗中為他們痛哭流涕。但謹慎的作者卻決不會讓讀者見到那眼淚，無論如何都只能在幕後流淚。」因此，他期待呂赫若能「鍛鍊出更銳利的眼光」，從而在題材上，「將台灣的新血肉呈現在我等的面前」。他也期望已經「擁有自己的語言特色」的呂赫若不間斷地「與語言格鬥」（按：學習日語），從而「不負重望」，「為了國家」，而「為困難的文學之路開創生機」，也為「台灣的文化」，「進一步集其大成」。（《雜誌篇・第四冊》頁四七二—四七五）

總之，這些日本文人在肯定呂赫若作品審美的藝術性之外，重點還是指向「皇民化」的國策。

5 在《台灣文藝》的創作與發言

呂赫若日記載道，一九四四年二月十一日，他於「中午時帶林雲鵬去皇民奉公會，拜訪池田敏雄，談就職《新建設》的事」。《新建設》是皇民奉公會中央本部出版的月刊。同年四月一日，他在《新建設》第十九號發表〈前線報告——家有妻守著前線戰士更勇〉。

五月一日，台灣文學奉公會發行的《台灣文藝》雜誌創刊。《陳逸松回憶錄（日據時代篇）》（頁二八一）指稱，雖然它的編輯方針是開放投稿，再由幾位編輯委員篩選而決定採用與否。但是，整個編輯群，除張文環一人原屬《台灣文學》外，其餘全由《文藝台灣》的人包辦。形式上，它是《文藝台灣》與《台灣文學》的綜合體，事實上卻是《文藝台灣》統合了《台灣文學》。從此，作家們「以筆代劍」，淪為「聖戰」報導的工具了。

在這樣的客觀形勢下，呂赫若在寫作上要怎麼應對，又會怎麼應對呢？

我們看到，呂赫若在《台灣文藝》創刊號發表了短篇小說〈山川草木〉。據其日記所載，〈山川草木〉起稿於《清秋》出版的三月十七日，同月卅一日脫稿，一共六十張稿紙，兩萬四千字。四月一日中午前往台北高等商業學校（台北經濟專門學校），面交《台灣文藝》編輯委員竹村猛（一九一四—？）教授，並「閒談種種」。在一九四二年十月十九日刊行的《台灣文學》第二卷第四號，竹村猛曾經應邀發表過評論張文環與龍瑛宗作品的〈作家及其素質〉。那麼，作為文學評論者的編輯委員與創作者之間的「閒談」會談些什麼呢？我們可以想像，至少關於這本雜誌的種種，應該是脫離不了的話題吧。

在《台灣文藝》創刊號，竹村猛也發表了一篇應該是陳述他個人編輯立場的短評〈新文藝雜誌〉，最後指出因為兩刊併一刊可能會產生的三個影響：第一，從台灣文學界全體來看，作品的發表園地減少了。但是，他認為，在決戰生活中，想要貫徹「重新創造」的文學使命的作家，自然會覺得「有責任對作家這種名譽抱持謙卑與自重」，並且反省自己「應該在哪一點與文學銜接」，這樣一來，相較新的雜誌變窄小的舞台，以前的舞台就反而顯得「大而無當」了。第二，作者對新雜誌傾向的疑慮問題。對此，他認為，只要寫作者找到「現實的構造與文學」、「文學與自己」，以及「自己與現實的構造」等問題應該「在何處銜接」的答案，「前方就展開一條大道了」。第三，讀者的性格必須從「同人式忠實讀者」轉變成「正確的文學、新文學的協助者」，並「重新思考自己和自己所喜愛的作家之間的銜接之處」。他強調，如果這三個問題解決了，《台灣文藝》就「不再只是盲目的擁護文學」，而能夠讓決戰期的雜誌、作家與讀者的「使命達到完全的一致」。（《雜誌篇．第四冊》頁四六八—四六九）

呂赫若在創作〈山川草木〉的近半個月期間完全沒有寫日記。我們也就無從知道他的構思與創作過程，只能就小說文本來解讀他的寫作狀態了。

〈山川草木〉的女主人公簡寶連，出身殖民地富家，留學日本學音樂，以成為「台灣的崔承喜」自期，但因父

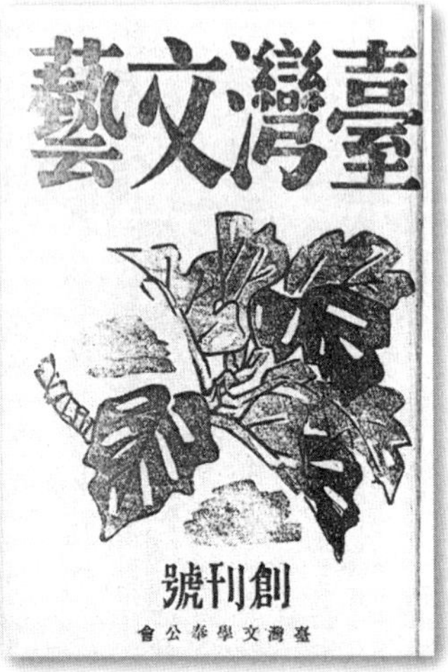

親腦溢血驟逝而歸鄉，最終成為「生產戰士」。小說以呂赫若特有的「說話體」娓娓敘述。從「我」歸鄉一個月後某日，妻子告知偶遇在東京常相往來的寶連開場，然後通過揭示一個接一個懸念，夾雜過去交往的憶述而展開情節：她為什麼突然回來？她怎麼處理父親遺產以及與繼母的關係？她還回東京的音樂學校學習嗎？她為什麼不和「我」打聲招呼就到鄉下去了？是什麼讓她改變了追求藝術成就的心意？她在勞動現場的實際生活如何？以及她對音樂（藝術）與生活的關係的新認識等等。（《小說全集》頁五六九－五九八）

小說主題當然是符合「增產報國」、「文學奉公」的政策書寫。但是，我們看到，年輕時就已經具備「勞動創造價值」世界觀的呂赫若，再次以「朝著國策的方向去闡釋」與「描寫」生活的寫作方法，技巧地迴避了時局性的政治教條，並以「與村民在關帝廟辦了一個保育園」的結局，來抵抗無法抵抗的皇民化政策。可以說，即便脫離了小說創作與發表的歷史語境，〈山川草木〉還是一篇可以成立的具有文學藝術性的小說。

值得一提的是，這篇小說的人物原型，除了敘述者呂赫若自己之外，女主人公顯然就是在東京時經常往來，後來也在台北多次合作音樂活動的蔡香吟了。再者，他也通過小說刻意提出「台灣的崔承喜」，作為對「還未從時代錯誤的夢中覺醒」的台灣的女性的一種期待吧。

崔承喜（一九一一－一九六九）出生於漢城的沒落士族家庭。哥哥是一九二〇年代朝鮮無產階級同盟文學組織「卡普」的作家。一九二六年，剛剛畢業於高等女子學校，年滿十四週歲的她便被日本現代舞蹈家石井漠帶到日本，學習並研究現代舞、芭蕾舞以及其他各類舞蹈。一九二九年回到朝鮮，在漢城開辦舞蹈研究所，並立志復興朝鮮民族舞蹈。一九三〇年二月在京城公會堂歸國首演，既有在朝鮮傳統舞蹈基礎上的創作，也有反映世界弱小民族的悲哀以及朝鮮民眾反日精神的舞碼。但是，歷經三年多蒐集並研究朝鮮各地存留的古代舞蹈素材，她最終認識到「自從李朝以後，朝鮮一直沒有出現過真正的舞蹈藝術家，有的只是供給統治階級享樂的舞蹈」，於是從此展開自己的舞蹈創作。一九三三年九月在東京的日本首演轟動了日本藝術界。但也「遭受日方輿論界的惡意『默殺』和日本國粹派的阻撓」。一九三五年應台灣文藝聯盟邀請專程到台灣公演。文聯委員長張深切晚年在《里程碑》回憶道，儘管報紙〔包括台灣人經營的《台灣新民報》〕一致採取「默殺主義」，崔承喜的公演還是受到熱烈的歡迎。她在接受張深切專訪時針對台北和台中兩地觀眾反應的差別感嘆說：「我們殖民地的人民為適應被支配的生活，不得不把固有的性格也改變了。」〔《張深切全集．卷二》頁六二五－六二八〕據說，她在殖民地台灣的公演對台灣現代舞的開創具有很強的刺激作用。台灣的舞蹈先行者如林明德、蔡瑞月、李彩娥等人都曾先後赴日本向她學習。

呂赫若雖然不是學舞蹈的文藝青年，但是作為《台灣文藝》的新進作家，並已調任台中州南投營盤公學校訓導的他，想必也是台中現場的觀眾之一吧。一九三七年起，崔承喜先後在美國等十五個國家的首都及大城市舉行數百場次巡迴演出，起到了復興東方舞蹈的作用，並成為世界知名的舞蹈家。一九三九年年底回到漢城。因為日本殖民當局禁止她穿朝鮮民族服裝演出民族舞蹈，乃於一九四〇年前往北平學習中國舞蹈。一九四二年初在東京帝國劇場公演了廿四天以中國古典舞蹈為基礎創作的作品。因此，一月卅一日，呂赫若有機會在東寶劇場的「第二次東寶舞蹈大會」上「首次親眼見到崔承喜女士」。

除了呂赫若的〈山川草木〉，《台灣文藝》創刊號刊載的創作還有濱田隼雄與西川滿的「長篇〔小說〕」，松居桃樓的戲曲，神川清的短篇〔小說〕，以及楊雲萍和長崎浩的詩，龍瑛宗和周金波等人的隨筆。這樣的內容，顯然遠遠未能承擔「打破英美思想的宣傳謀略，浸透、鼓舞劍魂歌心的激昂鬥魂與赤膽忠誠，進而向天下宣揚『言靈庇佑的皇國』之道統，而擔負起『戰爭文學』的大任」。於是我們看到，六月一日《台灣公論》第九卷第六號，應該是《台灣文藝》編輯委員的朝田長太發表題為「台灣文藝」的短論，批評它有淪為「同人雜誌的合成體」的危險，同時指稱脫險的「最正確的途徑」，必須「以文學奉公會活潑而正確的活動作為背景」，「以熱情緊密的戰爭文學之線聯繫各個文奉會員」，並「將這些線條當作軸心，以皇民奉公會賦予文學者的當前課題為準則，刺激作家的執筆活動」，從而使「其主題、內容、形式都要有正確的路徑和立足點」，「讓充滿積極創意的」文學奉公會的「活動持續下去」。這樣，「這個活動的形式與成果」就能成為《台灣文藝》「雜誌的內容」。他據此呼籲作家們「當一位從軍作家」，「自願加入高砂義勇隊、勞務奉公隊、海陸軍志願兵和女子挺身隊等組織」，在這些讓人感動的隊伍中，記錄「充滿在家庭、工廠、農村以及全台灣的每個角落」的感人事蹟與「戰鬥的台灣之姿」，並「以小說、戲劇、詩歌等形式」寄給《台灣文藝》編輯委員會，把那份感動傳給他們，鼓舞他們，從而讓雜誌「充溢著豐富的內容」。最後，他表示他熱烈期待著「文奉幹部的痛切反省，以及（《台灣文藝》）第二號中令人驚喜的內容」。（《雜誌篇．第四冊》頁四七〇—四七一）

於是，《台灣文藝》編輯委員會（台灣文學奉公會）有鑒於「決戰文學會議」誓以「文學報國」協助達成「聖戰」的決心，在戰事已達「需要盡早完成攻防完備態勢的階段」，必須重下決心即刻極力實踐，因而「特地緊急」向楊逵、張文環、吳新榮、高山凡石（陳火泉）、呂赫若等廿三名島內有代表性的日台作家「邀稿」，請他們對皇民奉公會發動的「全島民總蹶起運動」分別表態個人的「覺悟和對策」，並於六月十四日發行的《台灣文藝》第一卷第二號「台灣文學者總蹶起」專輯刊載。就在這種文學統制的高壓形勢下，我們看到，張文環作了〈決意臨戰〉，楊逵寫了〈「首陽」解消記〉，高山凡石的〈台灣開眼〉，吳新榮〈從軍文人的決意〉，以及呂赫若題為〈即使只是一個協和音〉的「表態」。

為了理解呂赫若內心的真實狀態，我們應該仔細閱讀全文。他寫道：「我們如今正面臨著將我們居住的島嶼，也就是要塞台灣，朝向世紀高度發展推進的時刻，也是我們將從大後方迎向戰場的時刻。／即使我們只是一介文人，還是可以藉著一支筆啟發，寫下戰時國民最柔軟而率直的心情。記錄戰時國民的熱愛生活與實現新的道義於筆下。然而，文學者本身的蹶起，並不單純只是走出象牙塔，還必須能在全島面臨決死的大航海時刻，不但不迷失自己文學的獨立性，更重要的是能明確把握今天文學所必須具備的機能性與實體才行。如果不能如此深刻地省察，文學對於決戰時刻，對文學者本身的蹶起，恐怕會失去其意義。／大東亞戰爭乃是建設新秩序的序曲。我們並非為戰而戰，而是為了建設不久一定會到來的新的大東亞而戰。這是我們的必經之路。在這為建設而戰的時刻，文學者不能捨棄文學者身分，必須透過文筆為大東亞建設而奮戰，也就是說在思想戰與文化戰的意義上，文學也是能夠參與戰爭的。／然而，戰爭與文學，動輒〔被〕與實用結合一起來考量。如果從實用來考量的話，文學的力量實在是連一管機關槍都不如，不管再怎樣高明的傑作，也殺不死一隻螞蟻。那只是似是而非的文學觀。文學的力量，無法從以實用觀點切入的膚淺而表面的妥協裡發現，必須與人的精神的內在深處結合，才能發現其真正力

皇民奉公會在《台灣文藝》刊載的總蹶起運動宣傳

《台灣文藝》第一卷第二號〈即使只是一個協和音〉

量。／如今文學者也已蹶起。因此文學者更是必須以文學對社會有所貢獻不可。／當全體國民一視同仁，不再安寧度日，挺身而出的時候，如果我們文學者也能互相鼓勵，在這決死的大事業中勇敢挺身，成為如交響樂中一個微弱的協和音的話，那就再幸福不過了。」（《雜誌篇‧第四冊》頁四七八）

由於文字隔閡，通過翻譯，我們無法準確把握呂赫若原文所隱藏的微言大義。但從上引譯文（筆者為了語意清楚而略修）來看，我們還是可以通過它的語脈，試著參透呂赫若想要表達的隱諱意思。也就是說，在戰爭中，文學的實用性遠遠比不上一管槍。因此，即便在這全民投入決死戰的時期，文學者還是必須堅守崗位，以能夠與人的精神內在深處結合的作品，描寫熱愛生活與為了實現新的道義的民眾，及其最柔軟而率直的心情，才是對社會最好的貢獻。一句話，他還是以「朝著國策的方向去闡釋」與「描寫」生活的寫作方法，技巧地迴避時局性的政治教條吧。

6 被派遣的增產文學〈風頭水尾〉

就在《台灣文藝》第一卷第二號「台灣文學者總蹶起」專號出刊的第二天，也就是一九四四年六月十五日，台灣總督府情報課訂定，並委託台灣文學奉公會協助執行「派遣作家」計畫，想要藉由描寫在台灣各地「第一線基地」為了「增強戰力」而勇鬥的民眾的姿態，以達到「啟發島民」的目的。台灣文學奉公會與台灣總督府情報課商談過後，從會員中指派十三名日台作家前往指定的場所，停留一週，完全與現場工作者一起生活，體會他們的辛苦與氣息，進而將體驗當作小說素材寫成作品。同年八月十三日《台灣文藝》第一卷第四號編輯部〈關於派遣作家〉載道，十三名作家中的台灣作家被派往的場所如下：張文環／太平山。龍瑛宗／高雄海兵團。高山凡石（陳火泉）／金瓜石銅山。楊雲萍／台灣纖

維工廠。楊逵／石底炭坑。周金波／斗六國民道場。呂赫若／台中州下謝慶農場。︵《雜誌篇．第四冊》頁四九三︶

《呂赫若日記》記載，在此之前，一九四三年七月三十日下午三點，皇民奉公會為了編輯「勤勞產戰記」而在總部召開座談會。他「受邀」與其他「新聞工作者、作家與產業界的人士」出席。會議也做出「要訪問工廠做現地報導」的決議。然後在十一月十三日下午「台灣決戰文學會議」第二階段的議程中，他在發言時也「解說增產文學」。但《文藝台灣》記者村田義清、神川清的前述紀錄並未載明具體內容。︵《雜誌篇．第四冊》頁四一八︶

〈關於派遣作家〉載稱，一九四四年七月十三日，情報課又在十三名作家為期一週的現場生活體驗結束之後，召開「派遣作家座談會」，並連續數日安排《台灣新報》刊載相關報導。與此同時，濱田隼雄有關日本鋁工廠的〈爐番〉首先發表於台灣總督府《台灣時報》七月號，西川滿有關鐵道部各機關的〈幾山河〉刊於《旬刊台新》第二號。另據該刊同期「派遣作家的感想」專輯所載，裡頭收錄了其他十二名作家的「感想」，獨獨缺漏了呂赫若。︵《雜誌篇．第四冊》頁四九五︶在沒有「編案」說明，呂赫若當日日記也空白沒記的情況下，我們只能猜測：他設法託辭缺席了那場座談會。

從六月三十日到七月卅一日，呂赫若完全沒記日記。八月一日，他開始到《旬刊台新》編輯部上班。廿三日，妻小全家搬回潭子老家。這個月，他的日記只記了這兩則備忘的記事。同月廿五日，他根據台中州下謝慶農場實地調研後所寫的小說〈風頭水尾〉於《台灣時報》第二九五號發表。但是，他的日記卻隻字未提。

當所有派遣作家的作品在報刊發表之後，台灣總督府情報課把它們彙集成冊，編為《決戰台灣小說集》兩卷，由台灣出版文化株式會社刊行。十二月三十日先刊行「乾卷」。一九四五年一月十六日再刊行收錄了呂赫若〈風頭水尾〉與西川滿〈幾山河〉、周金波〈助教〉、長崎浩〈山林詩集〉、楊逵〈增產的背後〉、新垣宏一〈船渠〉、楊雲萍〈鐵道詩抄〉的「坤卷」。

呂赫若的〈風頭水尾〉雖然呼應了當局鼓吹「為聖戰勞動」、表揚「增產戰士」的宣傳口號，但還是以「朝著國策的方向去闡釋」與「描寫」生活的寫作方法，塑造了與惡劣自然條件搏鬥堅忍不拔的「增產戰士」——集體農場領導洪天福，從而迴避了衝撞或迎合體制所帶來的現實風險或精神荒廢。（《小說全集》頁五九九—六一六）

同年（一九四五年）三月十三日，《台灣時報》第三〇二號刊載了日本人浦崎良的「文藝時評」〈自己的喪失〉一文，其中主要對《決戰台灣小說集》兩卷作了評論。他認為，雖然情報課要求這些作家的作品「不要淪為採訪報導，而要始終堅持文學作品的型態，對本島文學的動向有所啟發」。但是，這些作品的兩大類型都只是奉命「針對問題提出解答而已」，只是「依賴創作技巧支撐起來」，而非「作家自我燃燒之後的昇華結晶」，從而「完全失去作家本身的特色」。然而，第三類型的作家卻「能從現場的具體資料開始走出自己的道路，或是找到補強自己今後道路的方法。也就是說，他完整地具備了一位作家該有的眼光與肉體」，因而「非常害怕喪失自我」。浦崎良強調，至少他個人欣賞「能夠保有這種恐懼的作家」。當然，他同時也指出，這種作家「有時候會因為這樣而失去作品應有的簡明性」。另外，「特殊的現場說明」會讓讀者「因為對作家眼中所捕捉到的人物產生興趣」，而使得作品「變得薄弱」，以致「在面對『如實描寫現場狀況』這個問題時，並沒有給予答案。」儘管如此，他最後唯一點名〈風頭水尾〉總結說，「因為這樣的作品『始終堅持文學作品的型態』，所以能夠成為自己下一部作品的重要要素。」而他敢說他「對〈風頭水尾〉之作抱持若干好感的原因也就在此。」（《雜誌篇‧第四冊》頁五二八—五三〇）

7 興行統制會社的玉蘭與離職

一九四四年八月一日，呂赫若轉到台灣新報社上班。據其日記所載，因為對台灣新劇團的失望，從一九四三年三月起，他開始對興行統制會社的工作倦勤。

也許就是因為決戰時期在思想與創作上身不由己的苦悶吧。在興行統制會社期間的一九四三年一月二十日至一九四四年七月卅一日，呂赫若也傳出了一段婚外情。但是，我們在他同一時期的日記卻看不到任何蛛絲馬跡。也許，這段期間經常出現的日記空白就可能與此有關吧。但這也是筆者無法核實的主觀猜測而已。為了釐清事情的究竟，我在未能看到日記之前的一九九〇年十一月二日，通過採訪王昶雄先生而探聽到傳說中的蘇玉蘭女士的電話號碼，隨即試著與她聯繫。但撥了幾次電話，對方總是回說打錯了。一直要到一九九二年十一月三十日，在呂芳雄先生的聯繫與親自陪同下，我終於完成了這個採訪工作。

當天晚上，呂芳雄先帶我到台北萬華，找同父異母的妹妹朱玉蘭女士，然後我們三人再一起前往板橋一家私立療養院，面見了癌症末期的蘇玉蘭女士。在他們兄妹的見證下，我於是採訪了坐臥病床上的蘇玉蘭女士。我的訪談從她和呂赫若是怎麼認識的展開。她說：「我和『呂的』認識要從日本時代講起。我是大正十四年（一九二五年）出生的。『呂的』屬虎，差我十一歲。昭和十二年（一九三七年）日本跟中國戰爭。後來又跟美國開戰。昭和十七年（一九四二年），我自第三高女畢業後被老師派去台灣總督府郵政管理局，跟日本人一起辦公。不到一年，一些男的都調去當兵了。郵政管理局比較沒有少年家仔，女的就很重要，工作也多了。所以我就轉到薪水較好的興行統制會社上班，一個月五十圓。那時，『呂的』在樓下辦公，經常在寫稿的樣子。晚上也常去音樂會演唱。有一次，我大姊的同窗邀我一起去公會堂，聽他和一名女歌手共同演唱。但他們唱的都是外國歌，我全聽不懂。結束後，我大姐的同窗就給我介紹認識了。因為樓下辦公廳就我一個女的，這個『呂的』常常從那裡經過。有時候，他會拿書給我看，也問我對小說、音樂有沒有興趣。我也愛好文學，在學校時一篇作文還得過日本天皇所送的獎品；當時要寫信給在大陸的兵士，連班長都要拜託我寫。有一次，他就拿了一封信給我，邀我星期日一起出去玩。我們就這樣走在一起了。他都會來接我一起上下班。他雖然看起來有三十幾歲了，但沒告訴我說他有妻有子。」

蘇玉蘭女士的現場談話當然不是如此流暢的。因為病弱，因為激動，談話經常是會中斷的。我雖不忍，還是讓她自然追憶過往那段歲月的點點滴滴。不勉強，更不追問。而我感觸最深的卻是她那近乎總結的話語：「那時候，我就像天頂的一片雲。空思夢想。但是，人的生活是現實的。」

是的，「生活是現實的」。呂赫若雖然有了自由戀愛的「幸福感」，但戲劇理想始終不能實現。在幾經掙扎隱忍之後，他還是決定離職興行統制會社。據其一九四三年日記所載，具體過程如下：

三月三十日，他感到公司的同事對他的「朋友們頻頻來訪」，「很不以為然」。他覺得「公司的動向和自己無緣」，下午就「大溜班」了。

四月廿六日，對台灣傳統戲劇素有研究，有豐富的劇場與廣播經驗的台灣總督府情報課囑託竹內治跟他說演劇協會即將發行戲劇雜誌，並遊說他去當編輯。但他拒絕了。

五月五日，他和張冬芳去大稻埕永樂座看櫻花劇團演出，覺得只是「歌仔戲的演技」。再去新舞台看日月劇團演出，覺得「其當紅女演員林美枝子」只是「低能白痴的美人」。第二天，「職業劇團試演會」的申請獲准。廿五日早上，去新舞台，看國風劇團練習，覺得「首先舞台監督（導演）就不好」，「對帶有習氣的演技」更是「無法領教」。廿八日，他因為把「時間都耗在整理試演會節目表上」，「深感公司所為很無謂」，覺得上這種班，做這種工作，「也難受」，因而「想不幹了」。廿九日，在榮座觀看國風劇團的舞台練習，感想是：「演員雖熱心，但導演不行。而模仿內地戲更是不應該。」卅一日晚上，第一次「職業劇團〔新劇〕試演會」在榮座開演，觀眾約六百人。他勉強自己「振作起精神來」準備演出，但「不贊成決定劇目的方式，也不贊成上演的戲目」。結果，「本想把它弄成約一個半鐘頭的台灣現代戲劇的」演出，卻「為手法而苦惱」，變成「本島人模仿內地戲的亞流」，不但不「值得高興」，而且「毫無精彩」可言。他認為「關鍵在於坐領乾薪」的工作成員多，因此只能要求自己「另行寫出傑作吧」。

也就是說，因為工作的無意義，五月廿八日，呂赫若第一次萌生離職不幹的念頭。但情況不但沒有好轉，反而更加惡化，他於是又再次想要辭職。

六月五日，他和新劇部部長的理念不合終於爆發衝突了。部長批評他「對工作認識不足」。他據理反駁。雖然「部長讓步了」，但他覺得「再沒有比今天不愉快的了」，因此又再「想過要辭職」。為此，「氣憤得很」的他，「快要中午時去張文環家和他講這件事」。張文環勸他「要忍耐」。十二日，他無聊地抱怨「工作只是看劇本」。十五日，他寫道：「討厭公司」。十七日下午，帶張冬芳去第一劇場看《音樂大進軍》，覺得「無趣」。廿二日下班後，他「為了工作之需」，邀塚田文書課長去山水亭餐敘。

但是，到了七月，他還是因為與部長的理念不合而待不下去了，只因為寄望不久後會有人事變動，又繼續隱忍。

七月三日，他「為了選劇本的事動了肝火」，覺得自己「在興行統制會社幹不下去了」。於是就「跑出去，到《新建設》事務所找池田敏雄聊天。」五日，他「實在沒法和公司的人共事」，覺得「那些傢伙們的心思很不像話。自己應該獻身於文學。他事最好不予理會。有意辭職。」下午又去新舞台，看嘉義國民座試演會事先檢查的公演，覺得「很不值得一提，關鍵在於演員腦筋的問題」。八日，公司為了戒備颱風「指派」他「擔任特別值夜」。十四日，他又勸慰自己說：「興行統制會社是個品味差的地方。尸位素餐。幹部再不久就會被撤換掉吧！就等到那時候吧！沒必要認真工作。」廿六日又抱怨「公司的工作很無聊」。

八月十日，他又再抱怨「公司實在很無聊。心情不佳，想辭職回鄉。」其後，呂赫若在日記上關於興行統制會社的記事，只有：八月十六日「早上向公司電話報備要晚到」。九月廿四日「秋季皇靈祭。雖是假日也去公司，值日班」。十月四日「早上向公司請假去台北帝大附屬醫院皮膚科檢查」。一直要到十一月廿一日，妻子林雪絨因為傷寒住院台北帝大附屬醫院，之後才又有零星的關於「請假」或「上班」的記載。十一月廿五日，他又強調「待在公司也是定不下心來」，不過又勉強自己說「這是個重大考驗吧！」

十二月十日起，他「改調到企劃部上班，專責編輯社訊」。十五日「領工作獎金，三百圓。」廿九日「下午公司大掃除」而「早退」。

然後，時序進入一九四四年。他的日記不但經常沒記，而且幾乎沒有任何有關興行統制會社的具體記事了。從一月到四月，我們能夠看到的也只有以下六則：一月一日「早上上班，公司裡有新年團拜。十二點離開公司。」二月十一日「上班。辦公到下午五點。」十三日「上班」。十七日「早上上班」。三月卅一日「為了寫稿，請假。」四月七日「早上在公司拚命地寫〈順德醫院〉」。在此之後，我們就完全看不到有關他在興行統制會社的任何記事了。

因為這樣，呂赫若離職興行統制會社的具體日期，也就不得而知了。

8 任職《旬刊台新》編輯部

一九四四年八月一日，呂赫若開始到台北市榮町四之卅二號的台灣新報社上班。

在此之前，同年三月，台灣總督府實施報紙統制，把全島的六家報紙，包括台北的《台灣日日新報》、《興南新聞》，台中的《台灣新聞》，台南的《台灣日報》，高雄的《高雄新報》，以及花蓮的《東台灣新報》，統合為《台灣新報》，並於四月一日由台灣新報社發行。社長由藤山愛一郎出任。副社長兩位，一位是《大阪每日新聞》的伊藤金次郎（兼任主筆），另一位是原《興南新聞》專務羅萬俥。董事依原報社規模分配名額，《興南新聞》由原董事林呈祿（貞六）擔任。在殖民當局掌控下，該報充當了日本軍部傳聲筒的角色，為了掌握殖民地輿情，所有重要職位均由大阪每日新聞社派任。而原屬《台灣日日新報》的龍瑛宗、吳濁流、王白淵與《興南新聞》的黃得時也因此成為同事。但是，在「內台如一」政策下，殖民地台灣人與日本人的職位與薪資卻都有所差別。《旬刊台新》則是《台灣新報》附屬，七月二十日創刊的旬刊雜誌。副社長兼主筆伊藤金次郎在《創刊的話》宣稱，《旬刊台新》創刊的目的是要以《台灣新報》為母體，通過戰時記事的報導與論述台灣作為「南進基地」的重要性等主題的文藝作品，「使國民的戰意更加昂揚，使必勝的信念得以推進與確保」。該刊的主要執筆者有在台日本人作者：矢野峰人、中村哲、瀧田貞治、金關丈夫（林熊生）、坂口䙥子、西川滿、新垣宏一、長崎浩等。殖民地作者：龍瑛宗、楊雲萍與周金波。以及日本內地作家：菊池寬、火野葦平、佐藤春夫、壺井榮、庄司總一、里村欣三等人。（《日治時期台灣現代文學辭典》頁四五〇、四三六）

據說呂赫若是經由台北帝大教授工藤好美介紹而進入《旬刊台新》工作的。伊藤金次郎〈台灣不可欺記〉「補遺」的〈兩個人之命運（作家呂赫若與李萬居）〉則自述道，當年他是通過作品認識青年作家呂赫若的，後來他服務的報社需要「文藝部記者」，他就接受呂赫若的「請求」，聘請他。他記得，呂赫若到職時，他曾經以「有些不忍的心」對呂赫若說：「你不能以作家的心態到報社來上班。報社〔並〕不像外界所想像的那樣〔是〕情操很高的地方，有時候連血腥市井故事都非寫不可。我不希望看到你純真的文藝感覺和筆調因此而被糟蹋。可是，將作家當作作家僱用，現在的報社是沒有這個餘裕的。到報社來上班，你必須有這個覺悟。不過，每天下班後，我希望你不要過放縱生活，而是專心於你的文藝創作。」伊藤說，呂赫若「欣然接受」了他的「忠告」而「開始到報社上班，並且在塵苛和喧雜中工作都非常認真。依據他後來的述懷，不面對活生生的社會，有生命的作品是無法創造出來的。所以他決心從報社跑腿的工作開始做起。」伊藤因此而讚嘆地寫道，「以已出版〔發表〕過若干本〔篇〕作品而在台灣文藝界嶄露頭角，甚至在東京文壇也多少上話題的他而言，這是非常謙虛的自我磨練。」因為他「是如此有為的青年」，尤其是他的作品使用的「流麗的日文和所表現的感情、知覺，已經和日本人沒有什麼兩樣的了。」而「他的行文之妙和文字技巧之高超」，更「遠非報社裡的一票純日本人記者所及。」〔日本文教基金會譯，二〇〇〇年四月文英堂，頁二四八〕

初到台灣新報社，呂赫若以社員資格任用，月薪九十圓。在《旬刊台新》編輯部工作，同事有龍瑛宗與王白淵。王白淵〔一九〇二—一九六五〕是彰化二水人。台北國語學校師範部畢業。曾任教公學校。一九二三年經台灣總督府推薦入學東京美術學校師範科〔今東京藝術大學〕。一九二六年畢業後任教岩手縣盛岡女子師範學校，另兼《台灣民報》特約撰稿。一九三一年出版日文詩集《荊棘的道路》。一九三二年與東京台灣留學生發起組織「台灣人文化社團」，因反帝活動而第一次入獄。一九三三年再參與成立「台灣藝術研究會」，發行雜誌《福爾摩沙》。其後赴上海，先後任職華聯通訊社與上海美術專科學校教職，參與地下的抗日活動。一九三七年八一三事變爆發後被日軍逮捕解台，判處八年徒刑。

一九四三年六月獲釋後，經張文環介紹面見總督府保安課長後藤末雄而就任《台灣日日新報》記者。一九四四年四月以後轉為《台灣新報》編輯。王白淵的年紀比呂赫若大了整整十二歲，又是具有馬克思主義世界觀與實際抗日經歷的左翼前輩。呂赫若與其共事，應該也是繼《台灣文學》時期的張文環之後，展開他人生另一階段的關鍵人物吧。

可惜的是，呂赫若那段期間的日記經常空白，偶有記事，也未見相關的紀錄。因此具體情況就不得而知了。儘管如此，吳濁流晚年的回憶錄《無花果》還是留下一段與呂赫若有關的間接紀錄。他說，因為「戰局的逼迫……文士和智識人都無事可做，終日清閒。可是也沒有批判時局的自由，所以……自然而然談起來總要歸到文學上面。」其中，「工藤教授還在每月十五號定期邀文士和知識分子到他的住宅開文學座談會」。他記得，「經常與會的」文士有張文環、龍瑛宗、呂赫若和詩人王白淵，張、王兩記者，何醫生，還有中村教授、畫家立石鐵臣和他。「所談大多為文學，有時也不免談談時局。」（頁七〇）

如前所述，旅居東京之前，呂赫若已經與因為〈植有木瓜樹的小鎮〉成名的龍瑛宗有所交往了。當他歸台之時，後起的龍瑛宗與張文環，以及日本人西川滿、濱田隼雄，已經是台灣文壇的代表性作家，並代表出席第一回大東亞文學者大會。「糞寫實主義」論爭期間，呂赫若也曾與隸屬《文藝台灣》陣營的龍瑛宗有過面談。然後，我們在呂赫若一九四三年日記看到，除了公開的會議之外，在他進入《旬刊台新》之前，兩人也還有過三次互動。第一次是七月二日，呂赫若下班後去張文環家和《台灣文學》的作者紺谷淑藻郎見面，龍瑛宗也來。然後他與龍氏又去「南」喝茶聊天。當天，他在日記上如此評價對龍瑛宗的看法：「他是個性格上薄弱的、愛做樣子的人。他在《文藝台灣》大受欺負而處於求援狀態。」第二天，也就是七月三日，《台灣文學》同人在山水亭與紺谷氏一起吃晚餐。餐後，他和張文環、龍瑛宗三人去古亭町拜訪工藤好美。第三次是同月十七日晚上，台灣文藝家協會評論隨筆部在黃得時家開例會，他和張文環冒著豪雨出席。其他出席者還有工藤好美、鹽見薰、杜聰明博士的千金與龍瑛宗。在此之後，一直到呂赫若入職《旬刊台新》之前，雖然龍瑛宗已於八月退出《文藝台灣》陣營，他的名字卻不曾在呂赫若的日記出現。

我們似乎也不曾在龍瑛宗當年或後來公開發表的作品看過他提到呂赫若。一直要到一九八八年八月卅一日的《聯合報》副刊，我們才看到晚年的龍瑛宗在題為「下酒的月光」的回憶散文裡，提到當年他和呂赫若「吵嘴」的一段往事。而這個「吵嘴」的小事件恰恰發生於他們在《旬刊台新》同事期間。龍瑛宗先調侃呂赫若，說他「時常向王白淵開玩笑說道：『王大哥，我羨慕你。你的豔福不淺呀！今天討個日本老婆，明天娶個四川姑娘。』」然後寫道：「有一次，為了什麼原因，杜南遠（即龍瑛宗）怎麼想也想不出來。他與呂赫若之間，發生了吵嘴，也許起因於芝麻小事吧！／原來，杜南遠是個呆若木雞的人，不善於言辭。不過，那次的吵嘴，白淵（王白淵）參加了南遠的陣容。杜南遠是激情家，他講一句，呂赫若竟講三句，其輸贏自然明顯，也許白淵是年長者而同情弱者一方。也許，白淵基於正義，而恨玩弄詭辯之人，他總是參了杜南遠的陣容。／王白淵不慌不忙地與呂赫若理論起來了。」

算起來，龍瑛宗憶寫的事情也已過去有四十四年之久了。可是，我們還是可以從字裡行間感受得到，就像呂泉生一樣，龍瑛宗對失蹤多年的呂赫若，似乎還隱存一種莫名的「情結」。站在歷史研究的角度來看，如果龍瑛宗先生能夠把他內心對呂赫若的主觀看法老老實實地寫下來的話，一定可以幫助作為後學的我們從另一個側面來認識真實的呂赫若。然而，由於他已經記不起來他們「吵嘴」的內容，我們也就無從探索存在於這兩個小說家之間的「矛盾」何在了。而且，可惜的是，我們所能看到的龍瑛宗有關呂赫若的回憶，就只有這僅僅一次不知為何的「吵嘴」而已。這樣看來，龍瑛宗與呂赫若的「吵嘴」，就應該不是僅僅為了生活上的「芝麻小事」吧。我以為，就像當年對「要從事音樂或者著手文學」的不同看法一般，兩個小說家的「吵嘴」還是在爭論如何看待文學的問題吧。葉石濤〈論龍瑛宗的客家情結〉（一九九一年六月廿九日《民眾日報》副刊）指稱，作為日據時代的台灣作家，客籍出身的龍瑛宗，除了感到來自日本殖民者的壓迫之外，同時也被「來自福佬系作家有形無形的歧視」壓迫著。我不知道這樣的觀察是否正確？畢竟，呂赫若也同龍瑛宗一樣是「客家人」啊。差別只是，呂赫若是已經「福佬化」的客家人而已。

一九八八年八月卅一日《聯合報》副刊

9〈順德醫院〉與未亮的〈星星〉

一九四四年，任職《旬刊台新》之前的四月七日，呂赫若又寫完小說〈順德醫院〉。任職之後的十月八日（星期日）晚上，為了紀念早夭的三女緋紗子（〈櫻紗〉），他又「開始寫以『星星』為題的小說」。

緋紗子出生於一九三九年一月四日。呂赫若的一九四二年日記詳細記錄了他對這個一直病弱又活潑可愛的小女孩的關愛之情。這些記事，想必就是他據以創作小說的素材吧。我們看到，在東京時，儘管忙於演出與寫作，他仍時時關注著她的發育情況，而在「緋紗子的第二（三？）次生日」寫道，她「長得更胖了，發育良好，漸能說話解語，自己會拿筷子吃飯，食量不輸兄姊。」他也因為她感冒未癒、頻頻咳嗽而操煩。他心疼她「半夜突發夢魘，睡不著覺，光是哭」而「顯得很憔悴」。雖然他也會因為被吵得受不了而「氣得打她」，但隨即後悔自己「真不應該」。他親自幫她剪頭髮。當然，他也注意到，她不但「常常唱歌」，而且聽讀一年級的姊姊愛琴唱過就能記著。他因此感到欣慰，並且覺得她變得「更加活潑可愛了」。他帶著妻小從東京歸返校栗林之後，仍然時時關注著緋紗子的健康狀況與成長過程。他因為她眼睛痛、拉肚子、腳上長瘡、感冒、從椅子上跌下來、額頭長腫包等等病痛與意外而著急。他時而擔心她「個子小」、「沒什麼發育」，時而覺得她看起來「很有肉」、「發育良好」而感到欣慰。她有時「一醒來就哭個不停」。他雖然「不知為什麼」，但只要她哭，就帶她去店裡或舊厝蹓躂。十一月廿六日，他帶著妻小搬到台北士林租屋。忙碌之餘，仍然憂心「緋紗子頭上的傷嚴重」。也許是體弱吧，她仍然經常「哭個不停」。他因此笑她是「愛哭鬼」。轉年之後的一九四三年，緋紗子的健康與發育情況還是經常讓做爸爸的他擔心。他對體弱多病的稚女的關愛之情，時不時就流露在日記的簡潔紀錄當中。他寫道：「緋紗子端正小巧而健康」「緋紗子很健康」「緋紗子很可愛」「緋紗子為什麼一點也長不大呢」「緋紗子沒什麼精神，到底怎麼了」「緋紗子吃壞了胃腸，無氣無力」「緋紗子下痢」「緋紗子的胃病好了」「緋紗子發燒，是個身體虛弱的孩子」「緋紗子的發燒很嚴重」「緋紗子的發燒還沒好，不過沒有臥床」「緋紗子轉好」「緋紗子頭上全是瘡」「緋紗子最近很健康」等等等等。當然，他還是會親自替她剪頭髮，也曾帶她去圓山動物園玩。

一九四三年之後，一直想要辭掉興行統制會社工作的呂赫若，既要煩心於無聊的公司業務，又要尋找新工作，同時也忙著處理《清秋》的出版與〈山川草木〉的創作。儘管如此，〈山川草木〉交稿之後的第二天（四月二日），他還是抽空在星期日帶緋紗子和長子芳卿坐火車去淡水，散心訪友。同時也在感到「寂寞」和「哀愁」的心緒中閱讀覺得「不錯」的契訶夫（一八六〇－一九〇四）的作品。契訶夫的小說題材多樣，文筆精練，能從凡人瑣事中發掘具有重大社會意義的主題，通過人物言行刻劃心理。契訶夫的《札記》中說：「我們都是人民。我們所做的一切最好的工作都是人民的事業。」也就是說，他的創作是人民的事業。呂赫若的閱讀感想是，契訶夫「從事文學的態度不也和自己一樣嗎？」而他也「始終覺得自己從事文學的態度沒有錯」。也就是說「唯有更廣泛地去掌握人」。於是四月七日「早上在公司拚命地寫」〈順德醫院〉，到了「下午一點」，「終於脫稿」，「二十五張」，大約一萬字。「其後立刻將原稿交給來訪的《台灣藝術》的郭啟賢」。

郭啟賢（一九二二—）在一九八八年接受我的採訪時說，他是中壢客家人，祖父開漢藥店，父親改開米行。成淵中學畢業後，他曾去早稻田大學文學講座當旁聽生，一九四〇年，不到二十歲就進入台灣人獨資創辦的《台灣藝術》，協助總編輯江肖梅（一八九八—一九六六）處理編務，所以他在《台灣藝術》第二期就已經與供稿短篇小說〈藍衣少女〉的呂赫若來往了。他說決戰文學會議時他也在現場的記者席，目睹了西川滿的囂張與台灣作家的凝重，《台灣文學》被迫廢刊之後，內容取材相對大眾化的《台灣藝術》得以繼續發行。也就在這種不安籠罩的時局中，他又再次跟呂赫若邀稿。

如前所述，呂赫若在旅居東京的一九四二年一月十二日曾經構思、起筆最早的劇作《順德醫院》，「卻遲遲無法進展」。二月十七日晚上又「想完成三幕劇《順德醫院》」。一直要到三月廿二日「早晨六點起床」後才「寫下《順德醫院》的一幕的構想」。但也從此沒有下文。可以想見，這篇以小說形式表現的〈順德醫院〉，應該是因為大眾文化刊物性質的《台灣藝術》的邀稿而完成的舊思新作吧。也因此他可以在一天或三天之內（四月四日至六日的日記連續三天空白）迅速寫完。

〈順德醫院〉刊載於一九四三年五月一日發行的《台灣藝術》第四十九號「短篇小說」欄。前引朱家慧《從〈順德醫院〉及其樂評看呂赫若的藝術觀》指稱，在結構上，〈順德醫院〉仿如原劇作的三幕劇分成三個段落。以全知觀點敘事的語言也仿如舞台口語，並通過絕大部分的人物對話來推動情節。內容是一個天真無邪的快樂少女經由相親嫁給一個熱愛文學的醫生。他篤信醫學不是金錢的奴隸，醫生不是商人，並與妻子議決，秉持「以醫德為本，懸壺濟世」的精神，給診所取名「順德醫院」，熱心為地方民眾的健康醫療服務。但就在醫院贏得民眾的信任與支持時，醫生卻一病不起，臨終交代妻子必須繼續醫院的診療事業。妻子於是不顧公婆與家人反對，忍痛留下七個月大的幼子，獨自到東京，就讀女子醫學專門學校，並在苦讀五年之後畢業，返鄉開業，延續丈夫治病救人的遺志。在小說中，通過男主人公，呂赫若表達了「救身體」的醫學與「救精神」的文學的共同追求，說「我覺得醫生必須像文人一樣。當作家寫小說、詩人作詩的時候，便遠離一切的功利性，只純粹探究人性，這種精神是醫生應該學習的。如此一來，世間庸俗的醫生才會變得更優秀了。我覺得，我們應該擷取文學的精神來對待病人。」（頁二三〇—二三六）

然而，呂赫若在小說中對殖民地台灣醫生的期許，在現實生活的醫病關係中卻是難以落實的願望吧。我們接下來就會看到，因為緋紗子的病危，他在日記上氣得大罵：「台灣醫生的腐敗可惡極了」。

一九四三年十一月廿一日，林雪絨因為感染傷寒去台北帝大附屬醫院入院。兩天後（廿三日），她母親趕來台北探病，並帶緋紗子回社口。十二月廿二日，她痊癒出院。跨年（一九四四年）

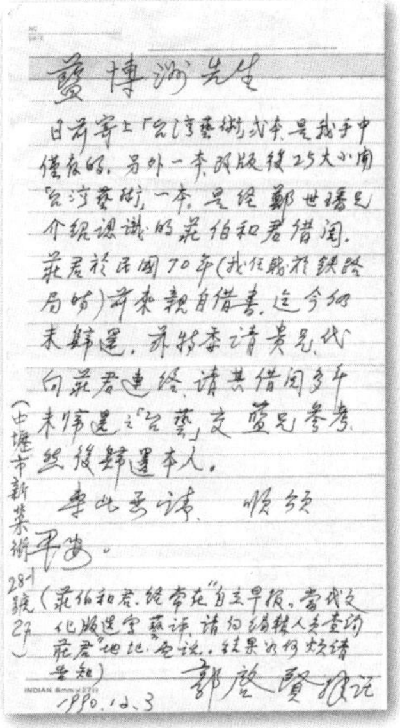
藍博洲先生
日前寄上「台灣藝術」弍本，是我手中僅存的。另外一本改版後25大小的「台灣藝術」一本，是經鄭世璠兄介紹認識的莊伯和君借閱。莊君於民國70年（我任職於鐵路局時）前來親自借書，迄今仍未歸還。亦特奉請貴兄代向莊君連絡，請其借閱多年未歸還之「台藝」交藍兄參考，然後歸還本人。
專此要請　順頌
平安。
（莊伯和君，經常在"自立早報"當代文化版選寫藝評，請向編輯人查詢莊君地址，電話。結果如何煩請告知）
郭啟賢 敬託
1990.12.3
（中壢市新榮街281號2F）

一九九〇年郭啟賢給筆者的書信

的一月四日，她帶著次子芳雄回社口靜養，一直到同月廿四日，也就是舊曆除夕那天，才又帶緋紗子和芳雄回到士林團圓。

五月廿七日，五歲的緋紗子在博濟會醫院診斷為腦炎，立刻住進台北帝大醫院小兒科。呂赫若因此在空白了近兩個月的日記記載並感傷地寫道：「真可憐！無法抑制住自己的眼淚。」第二天起，也許是因為緋紗子的住院治療帶來的生活忙亂與憂心吧，他又有半個月沒寫日記。一直到六月十二日，因為病情好轉，他才又放寬心地寫道：「緋紗子今天狀況非常良好，如同已痊癒似的。叫她她會應，能伶俐地說話，意識極為清楚。」然而，隔天起到十六日，應該是因為病情突然惡化吧，他又沒寫日記。十七日以後，他才又記下準備料理緋紗子後事的情況：十七日，讓「錦屏帶芳雄回社口」。十八日，「因恐緋紗子萬一有個三長兩短」，所以帶長女愛琴、長子芳卿與次女田鶴子去醫院，讓他們兄妹見面。但孩子們還小，不知生死，「一進醫院，只叫了一下緋紗子的名字後就跑去玩了」。他因為孩子們「滿不在乎」的態度而「有點生氣」。十九到廿三日，病情沒有起色的緋紗子又讓呂赫若的日記一片空白。廿四日，他寫道：「緋紗子病情惡化，今天起又進入昏睡狀態，叫喚她也不應，雖張開嘴巴，卻一直昏沉沉地睡。已經是失去了意識了，所剩的只是呼吸，也無法吃。雪絨認為已經不行了而哭泣。但是我仍不放棄一線希望，相信一定能治好的。晚上睡在醫院看護緋紗子。」廿五日又續寫道：「緋紗子繼續昏睡，身體一動也不動，有的只剩呼吸。一整天什麼也沒吃。因情況危險，叫醫師來，卻因是星期天，沒半個人肯來。非常生氣。台灣醫生的腐敗可惡極了。只有凝視著緋紗子睡覺的樣子替他擔心而已。嗚呼！可憐的緋紗！茫然發呆的爸爸和媽媽卻束手無策。」廿六至廿七日，日記又是兩天空白。具體的狀況，可以想像。終於，六月廿八日（舊曆五月八日），他悲痛地寫道：「緋紗子死了。上午十點五十分，於台北帝大醫院。嗚呼！我可愛的緋紗子呀！爸爸盡了全力來醫治妳，而妳今早卻忽然而逝！爸爸的心好像被挖掉了一塊。爸爸、媽媽的殷切祈望妳也不聽。這畢竟不是爸爸的力量所能及的。」

第二天〔六月廿九日〕，天氣「晴朗得令人憎惡的日子」。早上九點，他自己一個人騎腳踏車去帝大醫院停屍間，見緋紗子最後一面。打開棺蓋，他看到緋紗子「與生前無異，好像在睡覺」。他請了和尚念過經，然後將棺材運回士林家裡，讓愛琴、芳卿、田鶴子跟著，再送去士林街林子口公共墓地埋葬。中午過後，聽到緋紗子的死訊而飛奔前來的呂坤瑞叔叔來到家裡，然後又坐五點十分的火車回潭子。而林雪絨整天「一直哭」。他在日記上痛苦地寫道：「啊！悲傷的一天」。

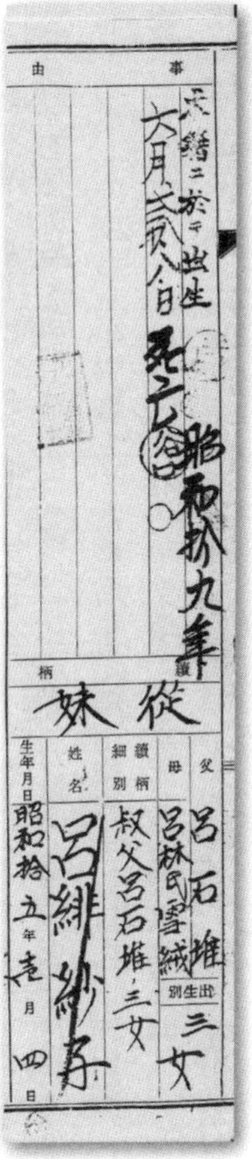
緋紗子的戶籍記事
（呂芳雄提供）

然後，一直到八月一日就職《旬刊台新》，呂赫若的日記又是整整一個月零一天的空白。其後又是經常空白沒記，偶爾，斷斷續續地記著重要的備忘記事。例如，八月廿三日決定全家搬回校栗林老家，九月十四日，三男芳傑出生。到了十月八日，星期日的晚上，一直「忘不了緋紗子的死」的他，終於在士林租屋「開始寫以『星星』為題的小說」。在此之前，他就一直在想，至少要將自己對緋紗子的死的「悲哀心情」寫成小說，「留下來」紀念。「現在則是在實現其事」。然而，他「雖開始寫了」，卻「想起緋紗子的死就哭，哭得一籌莫展。」他因而在日記感嘆地寫道：「啊！緋紗子呀！妳讓爸媽悲傷的力量可真大。」

因為悲傷，也因為時局的惡化吧，呂赫若的〈星星〉暫時沒有再繼續寫下去。緋紗子的死帶給他的悲痛也沒有因此紓解。一直走不出喪女之痛的他經常會觸景傷情而想起她可愛的身影。我們看到，十二月二日（星期六）晚上，他從台北回到校栗林老家休假，看到兩個多月大，「健康、體格小」的芳傑時，就「感覺有點像緋紗子」。到了十六日晚上，他也疏散回到校栗林老家時，「看到妻、子平安無事的臉，非常高興。心裡有溫暖的感覺。只是一想到緋紗子的死就悲傷得不得了。」妻子雪絨於是「帶著悲悽的表情」跟他說：「兩三天前第一次夢見了緋紗呢。」第二天，也就是十二月十七日，目前可見的呂赫若日記至此全部結束。我們也就看不到他對緋紗子思念之情的記載了。而他後來還是把〈星星〉寫完了。但是，未及發表，手稿就被埋掉了。

「父親失蹤之後的白色恐怖年代，我們寄居社口娘家。」呂芳雄無奈地說，「外祖母唯恐受到牽連迫害。有一天，她一聲令下，大哥和我就在屋前荔枝園挖坑，把父親留下來的手稿及書籍全部埋掉。」

很遺憾地，小說〈星星〉就這樣隨著時光消逝而化泥無痕。我們也無法通過〈星星〉去閱讀呂赫若對緋紗子之死的「悲哀心情」了。

10 空襲下的〈百姓〉

《台灣文藝》第五號〈文奉會報〉載道，一九四四年八月二十日，台灣文學奉公會召開理事會，面對重大時局，為調整決戰態勢，加強實踐，強化文學奉公會企劃陣營的力量，決定增補缺員的理事長，常務理事從一名增加到五名。結果，理事長為矢野峰人，常務理事是濱田隼雄、竹村猛、西川滿、呂赫若、長崎浩。也就是說，在殖民當局眼裡，呂赫若已經取代張文環，不幸成為台灣文學者的代表人了。同月廿二日，殖民地台灣當局公布台灣進入戰場狀態。時局愈來愈緊迫了。九月廿三日，改組後的台灣文學奉公會召開第一次理事會及《台灣文藝》編輯委員會，明確《台灣文藝》的編輯方針為昂揚生產戰士的鬥志，必須努力實踐文學奉公會「集結全台灣文學者的總力，翼贊本島皇民文化宣傳」的宗旨。今後刊物將重點刊登描寫產業戰士的作品。與此同時，皇民奉公會中央本部也委託小說部會員，描寫奮鬥在增產一線的產業戰士，並計畫刊行《產業戰士讀物》。

十月十日上午起，台灣本島發布警戒警報。十一日，日本大本營聲稱，昨日上午到下午，美國機動部隊以艦載機轟炸奄美大島、沖繩島、宮古島等一共四次。十二日，天氣晴朗，美國的俯衝轟炸機群頭一次空襲台灣。呂赫若的日記詳載了親歷的情景：「清晨四點左右發布空襲警報。到上午八點多突然發表說敵機入襲。接近九點時，美國的俯衝轟炸機群終於在台北上空出現，以松山機場為目標開始轟炸，是俯衝轟炸。接下來大約有十次——迄下午三點半，一波又一波地頻頻飛來轟炸。交通機關停頓。沒上班，一整天在陽台觀戰。覺得現代化戰爭是組織戰、科學戰。晚上警戒警報。頭一次的空襲。」十月十三日又記：「今天微陰。即使是這樣，早上八點也發布了空襲警報，接著美機飛來台北上空，和昨天一樣實施俯衝轟炸。昨天的轟炸，據說是由美國機動部隊的艦載機空襲全島各地，總計出動一千一百架次。掛念故鄉。下午去報社上班。待了一陣子之後，去台灣信託探問陳遜章，去探問山水亭。又發布空襲警報了，嚇得跑回家。據說下午幾乎都沒見到敵機。晚上警戒警報。」

百姓

呂赫若

陳遜章（一九一七—？）是吳天賞與陳遜仁的弟弟，原在日本早稻田大學攻讀法國文學，也參與了台灣文藝聯盟東京支部的文藝活動，一九四一年三月畢業後想改學聲樂，但是身為基督徒的父母因經濟考慮而反對，於是改讀神學，到了暑假，回台休假後就沒再去日本，轉而在台灣信託任職。

從十月十四日至十二月一日，呂赫若沒記日記。我們無法知道他在這段期間的生活狀態與感受。但是，我們可以知道的是，這段期間的時局變化。例如，十月廿二日，殖民當局設立了疏散指導部。廿三日，一架失事的日本客機焚毀了台灣神宮新建的神殿。廿四日，日軍在菲律賓的海戰慘敗。廿五日，日本神風特攻隊攻擊美軍艦艇。十一月十五日，殖民當局嚴禁收聽短波廣播等等。

與此同時，台灣文學奉公會機關誌《台灣文藝》編輯部於空襲後數日，立即向島內有代表性的日台作家「邀稿」，要求他們「以醜敵來襲為題材」，描寫美軍對台灣轟炸的所見所聞與所感。十二月一日，該刊第一卷第六號（十一月號）刊行。卷首以頌揚神風特攻隊日本精神的〈文學報國的赤心〉定調，製作了「獻給神風特別攻擊機隊」特輯。同時也收錄了十四位作家極短篇，製作「辻小說特輯」，其中包括「本島人」作家楊逵〈小鬼群長〉、龍瑛宗〈青風〉、高山凡石（陳火泉）〈峰太郎的戰果〉、葉石濤〈美機敗走〉與呂赫若〈百姓〉等視角與策略不同的奉命作品。

在時間緊迫與頁數限制之下，呂赫若的〈百姓〉還是秉持「朝著國策的方向去闡釋」與「描寫生活的策略，去寫他向來關注的農民。在這篇「文學報國」之作裡，敘事者對農民形象的認知，從因為勤儉、固執而被認為吝嗇，到酬神唱戲大宴賓客的浪費，最終在空襲那天完全改觀。我們看到，呂赫若編造了兩家積怨反目、錙銖必較的隔鄰農民，卻在第一次遇上空襲時，捐棄前嫌，在敵機威脅下的甘蔗園裡，幫助即將分娩的仇家媳婦平安生產，並在第二天主動拿出做雞酒的麻油與米酒給仇家。（《小說全集》頁五一三—五一四）

故事就這樣戛然而止。於是我們看到，通過頌揚空襲下農民無私的舉止，呂赫若不但非常有智慧地交代了殖民當局要求的任務，而且也沒有喪失一個殖民地作家的民族氣節，從而維護了自己的尊嚴與精神完整。恰恰因為〈百姓〉是不得不的奉命之作。在日記上，呂赫若並沒有記下有關此作從構思、書寫到發表的任何記載，也就可以理解了。

11 疏開校栗林

十二月二至四日，呂赫若又寫了三天日記，記載了周末返鄉的生活內容。通過「買了六十包要送叔叔的曙牌香菸」的記事，我們可以看到，他也準備離開台北疏散到家鄉了吧。四日下午，他回台北上班。五至八日又連續四天沒寫日記。然後就開始記載關於疏散的準備。九日，他寫道，「時局緊迫，明天疏散行李要緊。」十日（星期日），早上「十點，貨運行的人來捆包家裡的日常用具，到十二點弄妥，合計十四件。家裡因之空蕩蕩的。」接著，日記又連續四天空白。十六日，他「坐下午兩點五分的火車返鄉，在士林養的雞全帶回去。晚上七點抵潭子，黑漆漆的，下著小雨，又無人力車，淋著雨走回家。」第二天，「在家裡一覺醒來可真舒服」。下午四點左右，「因潭子的貨運行通知行李運到了，馬上去潭子。僱了一台牛車，到傍晚運回來，搬放在大廳裡。運費計四十五圓三十八錢」。

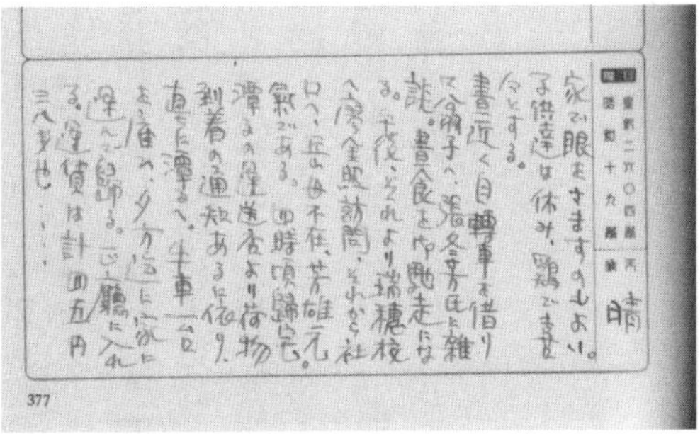

呂赫若的最後一則日記

目前可見的呂赫若日記，寫到這裡（一九四四年十二月十七日），就封筆了。我們也就無從理解他往後的具體生活內容與所思所想了。

十二月廿一日，報載台灣總督長谷川清更迭，任命原台灣軍司令官安藤利吉繼任。鹽分地帶的吳新榮醫師閱報後，在當天的日記寫道：「深感台灣一切歸於戰爭一途的態勢，個人問題已不足計。」（《吳新榮全集 6》頁一六七）吳新榮如此，呂赫若肯定也是如此。而且，可以想見，他接著展開的就是一段躲避美機空襲的疏散生活了。

「到了戰爭末期，言論不自由，吃也都有問題了。」呂赫若在台中的親密文友巫永福在受訪時告訴我。「美國的 B-45、B-38 飛機幾乎每天都來空襲，我就疏散到草屯。呂赫若也疏散到田庄。我們在一起的機會就少了。」

她一直跑著黑暗的夜路走，倒了又起來，起來又倒下去。不久槍聲稀少了。迎面吹來的冬夜的冷氣刺進她的骨裡，但她不覺得。

——呂赫若〈冬夜〉（一九四七年一月）

第十三章

從青天白日到冬夜

一九四五年台灣光復後呂赫若全家福（呂芳雄提供）

一九四五年。

開年以來，盟軍飛機持續加強空襲台灣。到了二月底，台灣民眾的主食已經以甘藷代替食米了。三月，硫磺島日軍全部被殲。美軍登陸沖繩本島。五月，德國無條件投降。月底，盟軍飛機轟炸台北市。六月，殖民當局先後廢除保甲制與皇民奉公會，另行公布「國民義勇兵役法」（男性十五至六十歲，女性十七至四十歲，都要服兵役或被徵用），組成「台灣國民義勇隊」。七月，盟軍飛機持續疲勞轟炸台灣各地。同月十六日美國原子彈試爆成功。十七日，美英蘇波茨坦會議。廿二日，張文環就任台中州大里庄庄長。廿六日，美英中對日本發表波茨坦宣言，敦促日本無條件投降。

也就在局勢明朗的七月下旬，呂赫若到台南佳里拜訪吳新榮，並由吳新榮陪伴，拜訪博學的林泮先生。林芳年《失落的日記——緬懷往事》寫道，「平常沉默寡言，不作冗長闊論」的呂赫若對他父親林泮的學養頗感興趣，白天跟他「談古典文學」，晚上就與林芳年同睡「一張舊式的床鋪」。他在佳里林

台北市太平町慶祝台灣復歸中國的街景

家「前後住了四天三夜」之後，卅一日「由明治製糖會社子龍站搭乘小型火車到隆田站轉大火車返回台中」。

1 陶醉於光復的亢奮中

兩星期後，也就是八月十五日，日本天皇接受開羅宣言與波茨坦公告，宣告無條件投降。台灣復歸中國。歷經半世紀殖民統治的台灣民眾無不沉醉於歡欣鼓舞的狂喜當中。呂赫若自不例外。

三天後（八月十八日），林芳年到校栗林回訪呂赫若。他在《失落的日記》緬懷當年的印象說：「中部的村落的房舍不像南部那麼集中，稀稀落落疏散在田間，呂家也不例外。據說，呂赫若的父親是一位擁有很多土地的地主，但其住屋均係以泥土塊砌成的，屋頂雖蓋磚瓦，惟屋裡地面沒有抹水泥，屋裡容易潮溼，有點陰陰森森。／我在大廳與呂兄邊聊邊看大廳的裝潢，覺得呂家真是地方的望族，因為大廳是一個家庭的鏡子，大廳是否有生氣，證明一個家庭的興衰，大廳生氣勃勃，說明呂家正值鼎盛時代。」

林芳年的回憶從一個側面描述了當時的「建義堂」規模。其實，像這種規模的房舍，怎麼也不太可能是什麼富紳之家吧。儘管如此，林芳年仍然覺得當時的呂家是「地方的望族」，呂赫若是文學界「一群窮小子中的富家子」。雖然江漢津與巫永福都認為呂赫若的父親只是個小地主，可在一九三六年七月出生的呂赫若長子呂芳卿印象中，小時候走路卻不需要經過別人家的土地。從時間上看來，林芳年看到的呂家，其實就是呂芳卿記憶中的兒時印象吧。因此，可以說，一直到光復初期，「小地主」呂赫若的家境比起一般人還是相對富裕的。

另據《民俗台灣》主編池田敏雄《戰後日記》，九月九日黃昏，「黃兄」（可能是黃得時）到東門拜訪池田敏雄，「說呂赫若也許會到他家」。「晚上八點」，池田於是「和黃兄一起回到他家」。但呂赫若卻「沒來」。十月十日，池田敏雄和畫家立石鐵臣到台中找楊逵，「正好遇到第一次雙十節，街上喜氣洋洋，解放氣氛甚濃」。第二天，在中央書局，池田也見到了「正陶醉於亢奮中，與過去的他大為不同」的呂赫若。除了呂赫若之外，他還「見到老友張星建、李石樵和吳天賞」，眾人談論的話題主要是在「文化運動」上頭。十二日，池田拜訪了三民主義青年團台中籌備處，「會見主任張申儀（信義），以及葉榮鐘、呂赫若……」。然後池田又和呂赫若到大地咖啡館聊天。呂赫若說，他「雖然討厭日本政府但並不討厭日本人」。他強調「自己是人道主義者」。此外，他也和池田談到「過去受日本人的歧視和壓迫，尤其是他當公學校教師時的種種矛盾」。

池田敏雄的紀錄，從一個側面反映了呂赫若在光復初期的精神狀態與社會活動。而他在《旬刊台新》的同事王白淵也在十月十日的《台灣新報》發表了題為「光復」的詩云：「小兒離開了母親／夜裡不斷的哭著／兒在險暗殘暴裡／慈母為兒斷心腸／求不得　見不得／暗中相呼五十年／夜來風雨而已散／一陽來復到光明／啊！／光復　我父母之邦」

十月十七日，第一批國軍抵台。「全島六百萬的同胞都齋戒沐浴去迎接，」吳濁流《無花果》（頁七八）回憶道，「范將軍、謝將軍、嗩吶、南管、北管，十多年來隱藏起來的中國色彩的東西接二連三地出籠了。至於那五十年間的皇民運動，僅只一天就被吹走了。」《陳逸松回憶錄（日據時代篇）》（頁三〇七）也載，他與王井泉等《台灣文學》同人也抱著歡迎「王師」的興奮心情，「聚在山水亭三樓的前棚上，俯瞰國軍列隊前進」。遠在南部的吳新榮則寫了一首〈祖國軍歡迎歌〉，高唱曰：「五十年來暗天地／今日始見青天　今日始見白日」「五十年來為奴隸／今日始得自由　今日始得解放」「五十年來破衣冠／今日始能拜祖　今日始能歸族」。（《吳新榮全集7》頁六—七）

十月廿五日，中國戰區台灣省受降儀式在台北市中山堂舉行。日本駐台總督安藤利吉簽署投降書，呈遞中國受降主官代表陳儀。陳儀隨即代表中國政府莊嚴宣布：「從即日起，台灣及澎湖列島已正式重入中國版圖，所有一切土地、國民、政事皆置於中國主權之下。」台灣人民堅持五十年奮勇抗戰，付出六十五萬人的生命代價，終於讓寶島台灣重歸祖國，正式結束了蒙受日本帝國主義奴役的屈辱歷史。這一天便被定為台灣光復節。

十月廿七日，原皇民奉公會文化部長林貞六，以本名林呈祿在《台灣新生報》發表〈祝新生報新生〉一文，強調「台灣在過去五十年間，在日本帝國主義壓迫之下，不惟言論極端被其抑制，報導完全受其歪曲，且與祖國之政治、經濟、教育、思想、文化，完全隔絕。因此，我台灣同胞，遂變為一種宿命的無怙無依者，變成人為的聾子、啞子、瞎子，對於祖國實際情況，毫無認識辦法」。十一月，龍瑛宗在《新風》創刊號發表用日文寫成的小說〈青天白日旗〉。十二月二日，日據末期呂赫若曾經幾次登門拜訪的文學前輩楊雲萍在《民報》「學林」副刊發表〈我們的「等路」——台灣的文學與藝術〉指出，「我們的語言的大部分，是被日人掠奪，失去我們的表現的手段，這是致命的」。

在台北市中山堂舉行的受降儀式

是的，光復以後，日本殖民時期用日語寫作的作家，即便是像呂赫若這樣已經「擁有自己的語言特色」的作家，首先要超克的問題就是如何改用自己的語言創作。因此，在一片學習國語的社會熱潮之下，呂赫若與台中地區的文友也展開了共同學習國語的活動。一九八九年一月二十日，楊國喜先生在台北王昶雄家告訴我，每個週末，晚上七點開始，時任《台灣新生報》台中分社主任的吳天賞在自由路家裡（台中大飯店對面）主持了一個國語學習班，參加的人包括張文環、張星建、江燦琳、呂赫若和楊國喜等人。通國語並掌握中文寫作能力的張深切，從北京返台以後也參加了學習班。呂赫若每次都從潭子趕來參加。一直到北上以後，他才沒再出席這個每週固定一次的文人會。

前面提到，池田敏雄於十月十二日拜訪三民主義青年團台中籌備處時見到了呂赫若。從目前可見的種種資料看來，呂赫若在光復後首先參與的政治團體就是三民主義青年團。巫永福說，那時，他與呂赫若常和中央書局經理張星建來往。張星建同時擔任三民主義青年團台中團團長，而呂赫若是青年團的班底，在那裡辦公。（《作品研究》頁三二〇）自稱是二二八事件「二七部隊隊長」的鍾逸人還說，呂赫若在三民主義青年團台中籌備處「總務股長」葉榮鐘之下擔任「股員」。（《辛酸六十年》頁三〇〇／一九九三年前衛）但葉榮鐘的大量著作卻未見與此有關的記事。

三民主義青年團簡稱三青團，一九三八年七月九日正式成立於武昌，由蔣介石親任團長，陳誠任書記長，最高機關為中央團部，各省市設支團部、區團部、分團部、區隊、分隊、小

楊雲萍〈我們的「等路」——台灣的文學與藝術〉

組等各級組織，以抗戰之名和共產黨爭奪青年，將大批國統區、淪陷區青年吸收到它開辦的軍事學校或特務訓練班，培養成國民黨軍事幹部或特務骨幹。一九四二年夏天，從浙江金華轉進福建龍岩的「軍事委員會直屬台灣義勇隊」隊長李友邦（一九〇六－一九五二，原名李肇基，台北蘆洲人）奉上級命，在義勇隊中成立「三民主義青年團中央直屬台灣義勇隊分團部」。台灣光復後即任「三民主義青年團台灣區團部」主任。

「三民主義青年團台灣區分團」的籌備工作早在陳儀抵台之前就已經開始進行，主要推動者是首先隨美軍返台的張士德上校。十月二日，《台灣新報》全版介紹了成立不久的三民主義青年團的性質及主要任務，並鼓勵台灣青年加入這個「引導中國往正確方向前進的民間政治團體」。

呂赫若為什麼會參加三青團？他是不是「三民主義」的信徒呢？在台中師範時期曾和呂赫若一起搞馬克思主義讀書會的江漢津先生認為，呂赫若之所以參加三青團，主要是因為當時對國民黨的認識還不夠。他們雖然在學生時代研討過孫文的《三民主義》，但那時的認識還很初步、幼稚，只知它是改良主義，對國民黨的政治本質認識不夠，更不知道三青團事實上是用來對抗ＣＣ和藍衣社的國民黨內部的奪權團體。

但是，光是「認識還不夠」，並不足以說明呂赫若之所以參加三青團的心理狀態。或許，通過曾經積極推動三青團籌組工作者的表白，更能幫助我們理解呂赫若及其同時代知識分子的情思。首先，讓我們看看「因為戰時中的管制嚴重，國內的情形無一知道」，但看到「國家制度急速崩壞」，「社會秩序無止紛亂」，「國民政府的接收工作卻遲遲不進」，而急切地想要「響應祖國的接收工作」的吳新榮（夢鶴），在自傳小說《此時此地》第十章「台灣重歸祖國，夢鶴參加黨團」中的一段敘述：「夢鶴在這樣擔憂的時候，台北陳亦常派人來聯絡，說：祖國已派團部代表張某、軍部代表黃某和美軍聯絡員飛到台北，現在接觸中，此後可以保持聯絡。這是像白日見著虹霓那樣，夢鶴始接著祖國的吐息，非常感奮……不久，台北又派人來說：和張大佐接觸的結果，他說國內一貫的作風就是『黨外無黨，團外無團』，而且他的使命就是要組織『三民主義青年團』。這位台北派來的聯絡員又添加說：所以在向來存在的團體或將要組織的團體，一切都要解消或吸收納入『三民主義青年團』。夢鶴雖對『三民主義青年團』未有完全而充分的認識，但深刻地感覺著需要一個政治團體來擔起再建的任務，和維持社會的秩序。所以他自願做一個先驅者來組織『三民主義青年團』，並吸收所謂『新青年會』及『還中會』的主要分子來合作。」（《吳新榮全集3》頁一五九－一六〇）

吳新榮所說的「台北陳亦常」就是曾經積極推動三青團籌組工作，後來擔任三青團台北分團主任的陳逸松。「團部代表張某」則是台中大甲出身的原農民組合幹部，以台灣義勇隊副隊長的名義回台的張士德上校。《陳逸松回憶錄（日據時代篇）》（頁三〇〇－三〇一）載稱，張士德「在日本投降之後十來天」歸台，八月卅一日傍晚與他見面，並任命他為「三民主義青年團中央直屬台灣區團部主任」，要他把青年人組織起來「保護國家財產的安全」，以防日本人在「國軍到來之前」搞破壞。陳逸松解釋說，儘管大家（包括他自己）都弄不清楚三

李友邦與三民主義青年團中央直屬台灣區團第一期幹部

青團「在國內政治體系上的定位與功能」，更不瞭解「國內複雜政情」，但都基於想對祖國有所奉獻的良知與血性而熱烈加入。於是，由他「自兼團長」的「台北分團」很快就組織起來了。他也運用各種人脈陸續成立各地分團，並指派負責人，其中台中是張信義和楊逵，台南是吳新榮和莊孟侯。

至於吳新榮所說「台北派來的聯絡員」，應該就是同是佳里人，當時與陳逸松在台北組織「台灣政治經濟研究會」，主編《政經報》的老台共蘇新。他在一九四九年編寫《憤怒的台灣》一書時，對這股光復初期的「三青團熱」作了定性說明：「不知道蔣介石的法西斯統治的台灣人民，當初都以為台灣真正解放了，政治運動可以自由了，於是各地成立了許多大大小小的團體，如『三民主義研究會』、『治安協助會』、『新生活促進會』，甚且誤認『三青團』為真正三民主義的青年組織，而許多青年都加入了它。他們的目標是模糊地標榜：協助新台灣的建設，促進台灣地方自治的實現，擔負起過渡時期地方治安的維持，三民主義的研究和對一般群眾的民主思想的啟蒙教育等等。」（一九九三年時報版／頁一一三）

從以上三位歷史見證者的文字說明來看，呂赫若及許多台灣青年加入三青團的心情是不難理解的。而事實上，在陳儀抵台前的那段無政府狀態期間，三民主義青年團在維持地方治安上確曾起了一定的作用。另外，在學習國語與國歌教唱方面也起到一定的作用。

「光復初期，台灣民眾熱烈要求我在電台教唱國歌。我於是去找當時正在瘋三青團的陳逸松。」呂泉生回憶說，「我記得，當時呂赫若與張冬芳也在場。我把民眾的反應告訴陳逸松並問他有沒有歌譜？他就拿了一本趙元任編的中學音樂課本，打開第一頁給我看，說這就是。我看到上頭寫著『三民主義、吾黨所宗……』，就懷疑說這是黨歌嘛。他笑笑說大家都唱這條……我只好接受。但是，我接著又提出一個難題說，那些歌詞，我雖然會看卻不會念，要怎麼教？這時，呂赫若就說，士林（協志會）有個叫郭琇琮的青年正在教國語和唱歌。我於是就去請郭琇琮到電台教唱國歌。」

十一月十七日，長官公署公布了「人民團體組織辦法」。三青團及其他各種各樣的群眾組織也都被迫解散。呂赫若後來也離開台中的三青團。江漢津先生說，至於何時離開，他就不清楚了。他只知道，呂赫若上台北以後在文化圈非常活躍。

2 台灣文化協進會文學與音樂委員會

的確，呂赫若上了台北以後，即刻成為文化圈的活躍分子。除了先後在建中、北一女教音樂之外，他也同時活躍在文學界、音樂界和報界。後來，他周邊的親朋好友，分別在不同的時空，對他當時的情況，作了不很完整的碎片憶述。

首先，上台北以後，就讀東門國小的長子呂芳卿回憶說，每天早上，爸爸都會帶他去上學，放學就自己回家。他爸爸從來不與學校老師聯繫。只有一次，他去旅行回來，爸爸來接他時遇到老師，就向老師說了一聲謝謝。他記得，他爸爸都在晚上寫稿，同時教他們做功課，也會幫他們蓋被子。還有，那時候，他們看電影是免費的。這是他對父親僅有的印象了。

「光復後，我們都很高興回歸中國，但我們

台灣文化協進會
昨召開成立大會

一九四六年六月十七日《民報》二版頭條報導台灣文化協進會成立

對大陸並不瞭解，不知道國民黨。」李石樵回憶說。「那時候，我住在新生南路。彼此常常往來。我比他大六歲。大家都卅幾歲了，事業上沒什麼成就，生活也都困苦。因此，碰了面就互相鼓勵，打氣。」

以下，就筆者所見的報導，首先梳理光復至二二八事變之前呂赫若參與的台灣文化協進會的文化活動：

一九四六年六月十六日，本省文化界集結台北中山堂成立台灣文化協進會，「以聯合熱心文化教育之同志及團體協助政府宣揚三民主義傳播民主思想改造台灣文化推行國語國文為宗旨」。選舉台北市長游彌堅為理事長，林呈祿、黃啟瑞等四名常務理事，林獻堂、楊雲萍、陳逸松、陳紹馨、王白淵、蘇新等二十名理事，李萬居等七名監事。廿二日，理事會聘許乃昌為總幹事，王白淵為教育組兼服務組主任，蘇新為宣傳組主任，陳紹馨為研究組主任，楊雲萍為編輯組主任。由此可見，該會幹事處（祕書處）主要領導與呂赫若的關係密切。

七月十九日，幹事處例會討論了文學、音樂、民俗、美術各委員及雜誌發刊方案。廿八日，文學委員會在中山堂舉行第一回懇談會，呂赫若與楊逵、黃得時、張星建、張冬芳、王昶雄、郭水潭、王詩琅、朱石峰（朱點人）、蘇維熊、施學習、洪炎秋、許文葵、陳有諒、林荊南、吳漫沙及各報社記者二十餘人出席，討論台灣文學現階段的工作、表現形式與語言、民謠之蒐集與創作、文學作品之發表機關、台灣文化賞與國內文學之研究及其出版等六項問題。九月十五日，機關誌《台灣文化》創刊，編輯人楊雲萍。第一卷第一期〈本會的記錄〉的「日誌」記載，八月十日，音樂委員會在該會辦事處舉辦第一回懇談會，呂赫若與呂泉生、陳泗治、張彩湘、李金土、林秋錦等十五人出席，討論：當前台灣音樂教育、台灣歌謠、古樂與組織業餘大眾合唱團方案等四項問題。九月六日，台灣文化協進會幹事處例會討論舉行音樂演奏會方案。七日聘呂赫若與呂泉生、陳泗治等六人為音樂演奏會籌備委員。十三日，呂赫若等四名委員與該會幹事出席第一次音樂演奏會籌備委員會。十七日，呂赫若等六名委員與該會幹事及相關人員多名出席第二次音樂演奏會籌備委員會。

十月十九日，台灣文化協進會在中山堂舉行「光復週年紀念音樂演奏會」，陳儀蒞場聆聽，游彌堅致開幕詞，聽眾達三千七百餘名之多，十二名音樂家與廣播電台合唱團及台灣省交響樂團室內樂隊登台演出。呂赫若由張彩湘伴奏，男高音獨唱。二十日上午，呂赫若等十四名音樂家與該會總幹事許乃昌及王白淵、蘇新、陳紹馨、楊雲萍等各組主任，在辦事處舉行音樂演奏會檢討座談會。（《台灣文化》第一卷第二期／頁三二）據〈音樂座談會記錄〉所載，座談會由理事長游彌堅主持，首先由張福興談台灣過去的音樂，其次談了對昨晚音樂會的感想。呂赫若最後一位發言。針對大家所談設立音樂學校的問題，他建議要極力促進省長官公署實現，理由是：第一，現在本省青年沒有一個研究音樂的機關。第二，設立音樂學校不僅僅可做各校研究機關的中心，也可以成為徵募歌曲和推進音樂教育的工作中心。第三，音樂學校分聲樂、作曲等各專門科目，既可解決目前各校音樂教員不能專教音樂的限制問題，又可讓音樂家專任教職以安定生活。他同時也批評說昨晚的節目小作品過多，因此建議，以後若要再開演奏會，對節目要有所考慮，不可以人為中心來安排，要以曲目作中心。（《台灣文化》第一卷第三期／頁

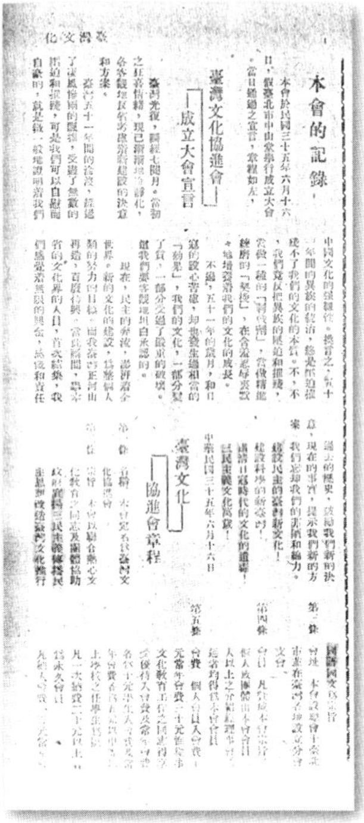
臺灣文化

本會的記錄

臺灣文化協進會
成立大會宣言

臺灣文化
協進會章程

《台灣文化》第一卷第一期〈本會的記錄〉

三一〕

十二月二十日午後兩點，呂赫若與呂泉生、陳泗治、張彩湘、李金土等五人出席台灣文化協進會召開的「音樂比賽大會籌備會」。廿一日，呂赫若獲籌備會聘為聲樂專門審查委員之一。（《台灣文化》第二卷第一期〈本會日誌〉）

一九四七年一月十三日午後三點，台灣文化協進會「為促進文化音樂向上起見」，邀請呂赫若、呂泉生、張福興、李金土，與該會幹部在該會辦事處召開音樂比賽大會第一次籌備委員會。（《台灣文化》第二卷第二期〈本會日誌〉）

第三期

音樂座談會記錄

主辦：本會
地點：本會辦事處
日期：民國三十五年十月二十日上午九時
出席者：
來賓：張福興，李金土，陳暖玉，周遜寬，林森池，高錦花，高慈美，陳信貞，呂泉生，陳清銀，周玉池，蘇黎環，呂赫若，伍正鋒。
本會：游彌堅，許乃昌，陳紹馨，王白淵，楊雲萍，沈相成，蘇新。

游彌堅：現在要開會了，請先談談關於臺灣過去的音樂。

張福興：在我所知道的範圍，來談臺灣過去音樂的回憶，我現在將達六十歲，自從我九歲的時候，日本佔領臺灣以後，設立公學校，就有教音樂，但是程度只有像家庭中兒童的唱歌，社會青年和壯年或年老的人們雖然相當愛好音樂，但卻沒有適合青壯年的音樂。臺灣向來的音樂，是隨我們祖先的移住，由福建傳來的，有「詩吟」，「將軍令」，和「賞大燈」等々。後來我入師範學校，在臺北所看見的，依然沒有民衆的音樂，不久，臺北有「南管」和「北管」的流行，但這也是當時富裕的人和紳士們所娛樂……

— 27 —

《台灣文化》第一卷第三期〈音樂座談會記錄〉

3《人民導報》記者

一九四六年元旦《人民導報》創刊，〈發刊辭〉宣稱「今日台灣的文化必須側重於啟蒙、發揚、與溝通」，同時自許「願為台灣文化的『掃雷艇』，新文化的『播種機』，使台灣文化走入合理的正軌。」該報社長是後來在二二八事變中失蹤的宋斐如（一九〇二—一九四七）。蘇新當總編輯。

「光復以後，我和呂赫若又經常聚在一起了。」巫永福回憶說，「後來，我們都上台北工作。我到陳炘的信託公司上班。他由蘇新介紹到《人民導報》當記者。蘇新出獄後，我們經常在佳里吳新榮那裡作伙。」因此，我們不難想像，日本投降前夕，呂赫若四天三夜的佳里之行，一定也見到了蘇新。再者，吳新榮戰後日記記載，一九四六年十月十三日，他趁著北上之便拜訪蘇新時，呂赫若也在場。他們三個人「談《人民導報》、文化企業社、文化協進會、黨國事情、人物月旦，至夜半」。（《吳新榮全集7》頁二一一）吳新榮的這則日記也為三人之間的緊密關係提供了有力的佐證。

人民導報
新年
發刊辭
三民主義上人民之意義
總發售處

一九四六年元旦《人民導報》創刊

蘇新說，他到《人民導報》以後，對國內政情的認識開始轉變。「其主要原因是：第一，參加《人民導報》的這些人，大多比較進步，由他們那裡聽了不少關於大陸上的情況，特別是『國共合作』的性質和內容。同時國民黨的真面目已逐漸暴露，增加了對國民黨的認識。第二，看到一些進步報刊，如《民主》、《周報》、《文萃》、《新華日報》等，從這些報刊上得到不少新知識。」他的思想轉變立即表現在他的「取材和編輯方針上」，採取「反對國民黨」的立場。（《蘇新自傳與文集》頁六三）

同樣地，可以想像，在《人民導報》與蘇新共事的呂赫若，對國民黨的本質應當也會有不同於光復初期的認識。

三月六日，國民黨中央宣傳部長吳國楨於中外記者招待會上公開宣布：「新聞自由為政府既定方針及中國國民黨一貫主張……現政府已依照其原訂政策，電飭各收復區，自電到之日起，即將所有新聞檢查，予以取消。」消息揭露之後，台灣新聞界便以中央社主任葉明勳牽頭，籌組新聞記者公會。廿一日下午，各報記者廿二人在台北中山堂舉行首次發起人會議，選舉李萬居、林忠、葉明勳、宋斐如等九人為籌備人，進行籌備事宜。

四月二十日下午，台灣省記者公會在台北中山堂舉行成立大會，行政長官陳儀、國民黨省黨部主委李翼中、宣委會主委夏濤聲、台北市長游彌堅、美國新聞處主任、警備司令部副參謀長、民政處指導員等來賓暨會員一百八十名到會，審議章程，選舉理事葉明勳、宋斐如等十七名、監事吳春霖等五名、候補理事楊雲萍等七名、候補監事兩名。

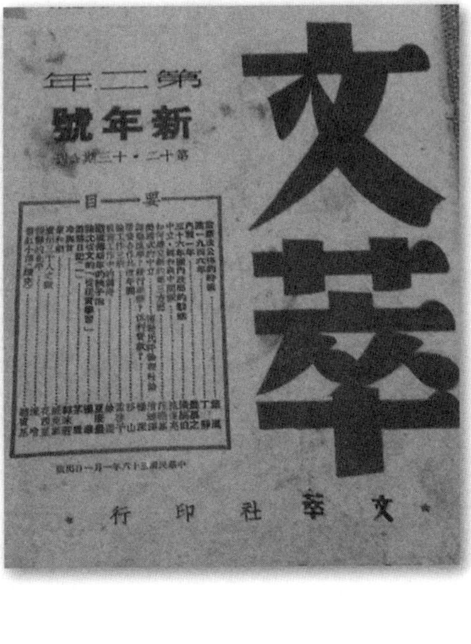

呂赫若也以《人民導報》記者身分參加了台灣省記者公會。雖然它是官方中央社發起，響應國民政府政策的報人組織，但從會員名單來看，也包括了省內省外的進步記者，如蘇新、陳文彬、王白淵、龍瑛宗、許乃昌、馬銳籌、白克、黎烈文、倪師壇等等。而宋斐如顯然就是民間報人的領頭人。

但是，《人民導報》後來即在國民黨省黨部的壓力下撤換了原任社長宋斐如，改請省參議員王添灯（一九〇一－一九四七）當社長。不久，日據時代的農運領袖簡吉（一九〇三－一九五一）自高雄來到《人民導報》編輯部找蘇新。簡吉在三〇年代舊台共事件被判刑十年，日本投降後又開始搞農民運動。

他向曾經同在台南監獄「服役」的蘇新提供一份詳細材料，簡單說明高雄某地主搶割農民稻穀引起衝突又勾結警察鎮壓的情形，希望《人民導報》聲援。蘇新認為這事必須報導。既然《人民導報》打出「人民」二字，就必須名符其實為「人民」報導真相，如果連這也不敢報導，必將在人民中間喪失威信。但他考慮到不久前發生的被迫改組一事，於是慎重地把這份材料給王添灯、宋斐如和總主筆陳文彬看。王添灯隨即指示蘇新派得力的記者到現場調查、拍照，同時到醫院探訪受傷農民，記錄他們的講話，並請醫生開診斷證明。蘇新立即派「最得力的助手」呂赫若跟隨簡吉趕去高雄，並交代他如果情況屬實，即刻打電報回來。兩天以後，呂赫若的電報回覆：「情況屬實」。蘇新於是根據呂赫若提供的現場材料整理了一篇報導。（《蘇新自傳與文集》頁一一五—一一六）

通過這次的現場調查，在文學創作上長期關注農民問題的呂赫若，不但實際介入了現實社會的農民抗爭，而且在與簡吉南下的途中，肯定也補上了一堂他沒有機會趕上的農民組合反殖民鬥爭史。這對他往後的創作，應該也是勝讀十年書的歷練吧。

六月九日，《人民導報》刊登了這篇署名「本報高雄特訊」的報導，大標題是「日人統治時代之暗影，又重現於今日之高雄」，小標題是「地主勾結劣紳警察壓迫農民，農民組織決死隊以保生命

中華民國三十五年六月九日 （星期日）

日人統治時代之暗影
又重現於今日之高雄
地主勾結劣紳警察壓迫農民
農民組織決死隊以保生命線

一九四六年六月九日《人民導報》根據呂赫若的現場調查而刊登的報導

線」。十三日起，高雄市警察局長童葆昭隨即在官方的《新生報》、《中華日報》與《國聲報》刊登題為「高雄市警察局為駁斥人民導報之荒謬言論」的啟事，指責《人民導報》「顛倒事實、淆亂是非」，「喪心病狂，莫此為勝」，並控告「誹謗名譽」。這就引發了所謂「王添灯筆禍事件」。

「由於《人民導報》的反國民黨傾向很濃厚」，國民黨台灣省黨部「準備封閉與逮捕」。該報顧問宋斐如與主筆陳文彬立即找國民黨有關官員「說情」，結果以「蘇新撤職」和「編輯部改組」作為條件。（《蘇新自傳與文集》頁六五）

於是，九月十九日，《人民導報》頭版刊載了兩則「啟事」：「本社因王添灯先生辭退社長職其後職務由宋斐如負責自理」和「本社敦聘王井泉先生為發行人」。同月廿七日，蘇新又在該報二版刊登一則「代郵」啟事，藉此聲明已「辭退人民導報編輯之職」。

根據《人民導報》報導，十月廿四日，台北地方法院判決：「王添灯以文字公然煽惑他人犯罪，處有期徒刑六月，褫奪公權一年，連續散布文字，指摘並傳述足以毀損他人名譽之事，處罰金六百元，如易服勞役，以二十元折算一日，併執行之。」王添灯不服上訴。台北高等法院受理王添灯上訴案，並於十一月廿五日上午九時，在高等法院三樓法庭開第一次審查庭。（十一月廿四日）除了王添灯之外，出庭的還有

王添灯筆禍事件
高等法院昨日公開審理
各界人士傍聽甚形擁擠
黃石順當場目擊
流氓剛剛毆打後 警察又大批逮捕
地主強要弟不肯 他們就舉刀追我
警察開槍還亂 整個鄉村慘加

一九四六年十一月廿六日《民報》

律師林桂端，證人簡吉和兩名農民。旁聽席上民眾頗為擁擠，法院乃臨時增設席位；除了台北市各報編輯、主筆和記者之外，還有很多台大的學生。人數約八十多人以上。庭長錢國成（閩南人）在檢察官陪審下首先用閩南話審問王添灯。其中，問到「派誰去調查」時，王添灯回答說：「記者吳實豐，這是總編輯派去的。」（十一月廿六日）

王添灯所說的「記者吳實豐」，應該就是呂赫若的化名。

十二月三十日，台北高等法院開王添灯上訴案的第二次審查庭，被傳證人包括現場目擊者黃石順、蘇新、鄭明祿、該報「吳記者」與簡吉等人。旁聽席和前一次同樣，擁擠著各報記者、編輯和社會各界人士。（十二月卅一日《民報》）

一九四七年一月廿九日《人民導報》報導，王添灯筆禍案廿八日在高等法院開第三次審查庭。王添灯陳述完四點反證後，檢察官隨即聲明撤回告訴。二月六日該報又載，高等法院依照大赦令予以王添灯免訴處分。

呂赫若作為關鍵證人的記者，經歷了這場支持農民而惹上的「王添灯筆禍案」的鬥爭之後，對現實政治的覺悟肯定又更加深刻了。歷史擺在他前面的道路選擇，因此也就越來越清楚明白了。

4《自由報》同人

王添灯辭退社長，編輯部改組後，《人民導報》的性質也逐漸改變。呂赫若與另一記者吳克泰也同時退出了《人民導報》。（《蘇新自傳與文集》頁六五）

一九九〇年四月初，為了尋訪因為參與二二八事件而流亡大陸不得歸鄉的台灣革命者，我第一次來到北京，並且在景山東街的台灣民主自治同盟中央總部會客室採訪了幾名歷史見證者，其中包括蔡子民〔一九二〇—二〇〇三〕、周青〔一九二〇—二〇一〇〕與吳克泰〔一九二五—二〇〇四〕等幾位曾經與呂赫若共事過的前輩。他們也都分別從自己的實際相處經歷談了所知道的呂赫若。

「我在《人民導報》期間和呂赫若時有往來。他給我的印象似乎是個自由主義知識分子的典型。我們雖然經常思想交流，但也沒有深入展開。我覺得他人很好，樂觀，幽默。我去中山堂聽過他唱聲樂，人家都穿得很漂亮，他卻穿得較隨便。」吳克泰回憶說。「宋斐如因刊登息峰多年的老人（暗示張學良）已到了台灣的消息，而挨上警備司令部參謀長柯遠芬責罵。柯還為此召開記者會，大發雷霆，說這是軍事機密，不能報導。其實上海的報紙早已刊登了，但柯遠芬揪住不放，要宋斐如派人到警備司令部找第二處（特務處）處長林秀鸞作解釋。宋斐如要呂赫若去解釋說這是外面來稿，社長考慮再三才登的。呂君感到不便不願意去。宋轉而問我。我看社長十分為難，也就答應去了。解釋以後對方說『以後注意』就了事。很明顯，這是軍統對宋斐如施壓。後來，蘇新被逼退，《人民導報》就比較沒有中心。雖然宋斐如天天都去報社，但報紙的內容和影響力逐漸變差。因為《人民導報》不安定，呂赫若比我先離開，到曾任《人民導報》主筆的陳文彬主持的建中教音樂。後來又跟隨蘇新參與王添灯出資創辦的進步報紙《自由報》。」

《蘇新自傳與文集》〔頁一九〕載稱，王添灯因為《人民導報》刊登支持高雄農民鬥爭的報導，受到高雄警察局的控告後，便想再辦一份能為台灣人民說話的報刊。另一方面，同樣被迫退出《人民導報》的蘇新，既對辦報的興趣非常強烈，又懷著一種「再來辦一個報給你看」的抗爭心理，因此就勸王添灯出錢辦報。王添灯於是找了舊台共的潘欽信〔茶業公會祕書〕、蕭來福及一些友人，與蘇新一起商量辦報的事。他們首先取得共識，認為有必要再辦一家能代表人民利益的「民間報」，為人民說話。然後，在王添灯承諾經濟資助的前提下，決定由若干「志同道合」的同人自願出錢出力，共同經營一份名為《自由報》的「同人報」。由王添灯擔任社長。蕭來福擔任經理，負責出版和財務。蘇新答應再請幾個進步記者和編輯參加，義務供稿，由他編好後，交給蕭來福出版。於是呂赫若與原《人民導報》記者吳克泰、周青，《新生報》的王白淵、周慶安，《民報》的徐淵琛、蔣時欽，以及剛從日本回來的早稻田政治經濟系畢業生蔡慶榮（蔡子民）等兩代進步文化人，都參與了《自由報》的籌辦會議與工作。九月，週刊《自由報》正式創刊。蘇新鑒於《人民導報》的痛苦經驗而慎重地決定不出面，改以王白淵介紹的，曾任日本《華僑新聞》總編輯的彰化二林青年蔡慶榮，擔任總編輯。其他同人，有的出主意並寫成評論，有的轉介不便在各報發表的報導或文章。

《自由報》的基調是台灣地方自治。抗戰勝利，國共「重慶談判」後，蔣介石和毛澤東簽訂了「談判紀要」（即「雙十協定」），規定要「積極推行地方自治，實行由下而上的普選」。儘管國民黨極力封鎖消息，李純青（一九〇八—一九九〇）主編的《台灣評論》還是首先把「紀要」發表出來。於是，台灣人民也開始瞭解大陸上政治鬥爭的形勢，醞釀台灣地方自治運動。蔡子民回憶說，《自由報》的同人認為，台灣剛剛光復，經濟、社會情況與大陸很不一樣，而且台灣人民在國民黨統治下處於無權地位，所以提出台灣高度的地方自治主張。為了使論點合法化，每期就在報頭兩旁選刊「紀要」、孫中山以及蔣介石的有關語錄。所有文章也避免刺激

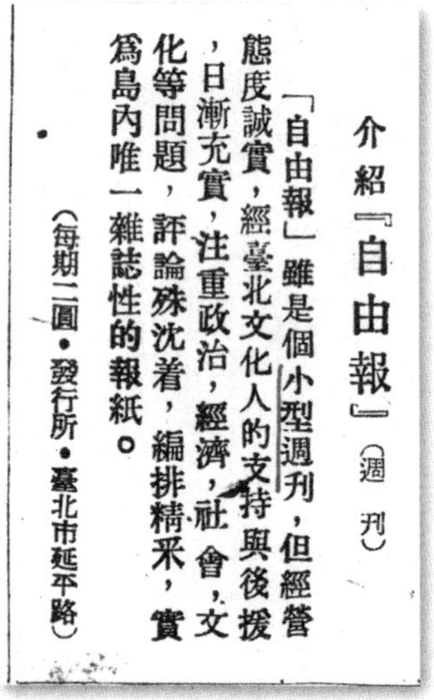
介紹『自由報』（週刊）

「自由報」雖是個小型週刊，但經營態度誠實，經臺北文化人的支持與後援，日漸充實，注重政治，經濟，社會，文化等問題，評論殊沈着，編排精采，實為島內唯一雜誌性的報紙。

（每期二圓・發行所・臺北市延平路）

一九四七年一月十五日《文化交流》創刊號的廣告

性文字，注意擺事實、講道理。但它還是受到台灣警備司令部的警告。但也因為它的立論實事求是，比較能夠反映台灣人民的生活、要求和鬥爭，而廣獲青年學生和知識分子的好評，發行量激增。從而打造了光復初期台灣左翼文化戰線的重要基地。儘管它從創刊以來時發時停（一共發行十五期），並曾改名為《台北自由報》和《青年自由報》，但在光復初期，多數台灣人民對國民黨還抱有幻想的時候，對於教育和組織台灣人民起來反對腐敗政治、要求民主自治，起了一定的作用。可惜的是，在二二八事變發生之前，終因立場問題而被迫停刊封社。

這樣，呂赫若也就結束了光復初期短暫的記者生涯。

5 文字轉換與歷史清理

光復後，日據時期以日文寫作的台灣作家都共同面對了語言轉換的時代要求。儘管有些無才之輩後來因此責備埋怨「光復」，但有志氣的台灣先行代作家在當時卻不是這樣沒有民族骨氣。作為日據末期台灣文學的一名旗手，面臨時代轉換而來的現實挑戰，呂赫若從一開始就自覺地有著清楚認識。他之所以進入《人民導報》和《自由報》當記者，主要的動機也在於鍛鍊中文寫作的能力。

「我認為，光復後，呂赫若在創作上面臨一個文字轉換的大問題，在報界工作對他很有幫助。」一光復初期曾經在《人民導報》和《自由報》擔任過高雄特派與記者的周青見證說。「一九四六年下半年，記得在中山堂的一次官方記者招待會上遇到他。剛好他坐在我右側，我們之間相互交換名片。我首先問他還在寫小說吧？日文廢止之後肯定面臨一個陣痛的過程……是呀。他說，我小說不會放棄，現在面臨的最大問題是怎樣把日文轉換用中文寫作，我來報館當記者就是實現這種計畫的行動。他接著又說，他準備用三至五年時間來實現用中文寫作的計畫。」

「到台北以後，我和呂赫若就比較少在一起了。偶爾他還會到西門町我上班的地方找我。」巫永福也說，「有一天，他帶了一本中文本的《金瓶梅》到我峨嵋街的宿舍，跟我討論書中的人物及語言。由此可見，他相當下工夫訓練自己的中文能力。我相信，只要再給他時間，他一定可以用中文寫出好作品。」

其實，根本就不用「三至五年時間」。通過自覺鍛練中文寫作能力，在短短不到半年期間，呂赫若就有了令人刮目相看的創作成果。台灣光復後的第二年，也就是一九四六年，他即刻以中文重新展開他的文學創作，一直到失蹤為止，一共發表了四篇中文小說。通過這四篇作品，他向歷史繳交了值得後人敬佩的中文習作的成績單。

首先，在一九四六年二月十日發刊的《政經報》半月刊第二卷第三期，呂赫若發表了第一篇以中文寫的小說〈故鄉的戰事（一）——改姓名〉。接著，在三月二十五日發刊的《政經報》第二卷第四期又發表了〈故鄉的戰事（二）——一個獎品〉。

《政經報》的發行人是陳逸松，主編蘇新（第一期由王白淵代理），編輯委員：王白淵、胡錦榮和顏永賢。一九四五年十月二十五日創刊。創刊詞題為〈民族意識之發揚及整個指導中心〉，強調該報是「關於政治經濟全般的問題之報紙」，「將民族的滿幅熱情而求一個指導中心，將喚起全民眾來建設我們的中國，我們的台灣。」《蘇新自傳與文集》回顧說，「因當時辦《政經報》的這些人對國民黨懷著相當大的幻想，所以《政經報》的政治傾向起初完全表現無條件地擁護國民黨、國民政府和陳儀。」但是，隨著「陳儀發表了一些政策，國民黨的真面目逐漸表露」，《政經報》也從第三期起「開始發表一些批評的文章」。（頁六一—六二）

呂赫若的兩篇中文小說正是在這個階段的《政經報》先後登場。首先，他把批判的銳箭射向日本殖民當局在皇民化時期所推動的「改姓名」。

一九三六年九月，日本海軍預備役大將小林躋造上任台灣總督，以「皇民化、工業化、南進基地化」作為殖民統治的三原則，而「皇民化」統治的極致就是「改姓名」。

一九四〇年二月十一日，也就是日本「皇紀紀元二六〇〇年」，總督府修改台灣戶口規則，強迫台灣人改換日本姓名，不改者，斥為「非國民」。但台灣民眾民族意識強烈，效果不彰。十月二十日，殖民當局於是公布「台灣籍民改日姓名促進要綱」，強迫執行。

呂赫若的小說〈故鄉的戰事（一）——改姓名〉，就是通過日本人小學生責罵不排隊的同學為「改姓名」——意謂「假偽」之意——的故事，揭露日本人所說「台灣人改姓名是一視同仁」的「假偽」性，並通過「我」的議論，對台灣同胞改姓名者一天多過一天的現象，給予冷靜的批判云：「時在皇民化運動極烈的時候，台灣同胞的改姓名是一天又一天的多，所以這時候，我聽了這些小學生一直辱罵著改姓名，覺得侮辱得很。把很野蠻的強迫手段拿台灣同胞來改了名字，才弄出這樣的侮辱台灣同胞，日本人啊！這是對嗎？台灣的同胞啊！你為什麼會〔是〕這樣子的傻子，不但失去名字，而且來被人侮辱。」也就是說，呂赫若的批判既針對殖民當局政策的虛偽，同時也指向自取其辱改了姓名的台灣人。

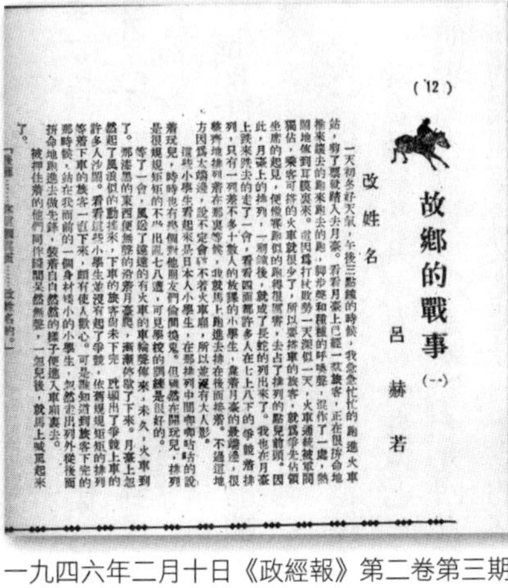

一九四六年二月十日《政經報》第二卷第三期

同樣的批判也體現於〈故鄉的戰事（二）——一個獎品〉的殖民者與被殖民者的人物塑造。〈一個獎品〉主要是說，美國飛機空襲後，農民唐炎的水田中央倒插了七、八顆未爆炸彈，他不得不冒險把它們上繳派出所。但派出所的池田大人卻嚇得躲入防空壕內，直到保甲書記把這些炸彈接走之後，才從防空壕爬上來，並把唐炎毒打一頓。後來，村民見到唐炎就嘲笑他冒險繳出炸彈所得的獎品卻是一頓毒打。可是唐炎並不在意，因為他通過這次事件終於認識到：「日本人絕不是不怕死的。從前人家老說日本人是不怕死的，這完全是瞎說。」而小說也通過殖民者池田貪生怕死的面貌，有力批判了日本軍國主義宣傳的所謂「大和魂」。呂赫若批判了不知反抗的唐炎是「官家最喜歡的老百姓」，但也通過唐炎的體悟指出，他不只是為自己，而且也給整個民族，找到了一條活路。

呂赫若在《政經報》發表了兩篇中文小說之後，又在同年十月十七日發行的《新新》月刊第七期，發表了一篇題為「月光光——光復以前」的中文小說。

鄭世璠《滄桑話「新新」——談光復後第一本雜誌的誕生與消失》指稱，《新新》月刊的總編輯是日本京都帝大哲學系畢業，「熱愛祖國」的台北延平大學教務主任黃金穗（一九一五—一九六七）。編輯則由「新高漫畫集團」的同人：陳加鵬、王花、葉宏甲和洪朝明等四人負責。創刊號於一九四五年十一月二十日在新竹問世。可以說是台灣光復後本省「最早出現唯一的民間綜合文化雜誌」。它的宗旨主要有兩點：「第一、協助新來的政府，為被奴役五十年的台胞，提供認識祖國文化的途徑，以提升本島文化水準。同時也將被遺棄半世紀之亞細亞的孤兒滿腹痛苦，痛痛快快地傾吐出來透透氣。第二、介紹輝煌五千年祖國文化，使省民早一天與祖國同步」。因此，它克服了種種主客觀的障礙，從第三期開始就用「國文」寫「卷頭言」了，而日文作品的分量也一期比一期減少。但是，由於戰後的通貨膨脹，一九四六年初夏面臨了財務困難，幸遇原《台灣藝術》編輯郭啟賢的引介，得到《大華民報》發行人林兩端等人的資助，而從第六期起移到台北編輯發行。應該就是此時，呂赫若通過舊識郭啟賢而與《新新》有了聯繫吧。

同年九月十二日晚上，《新新》在山水亭舉辦了一場著名而重要的「談台灣文化的前途」座談會。座談會由蘇新擔任主席，與談的台灣文化菁英包括與呂赫若來往密切的王白淵、黃得時、張冬芳、李石樵、王井泉和林摶秋等人。十月十七日發行的《新新》第七期刊載了座談會紀錄。與此同時，該刊「卷頭語」也強調，台灣「文化人活動的最重要的武器——語言和文字——也漸漸由日語日文轉入國語國文了」。於是我們看到，該刊終於刊登了創刊以來的第一篇中文小說〈月光光——光復以前〉。作者就是呂赫若。由此，我們也可以看到，呂赫若等《台灣文學》同人與蘇新、王白淵等老左派形成的新的左翼文化陣營，又擴大了統一戰線。

（14）

故鄉的戰事（二）

一個獎品

呂赫若

一九四六年三月二十五日《政經報》第二卷第四期

〈月光光〉的故事背景大約是在太平洋戰爭時期。因為美軍的轟炸，城市裡的許多房子都被日警脅迫拆掉，作為防空闊地。主角莊玉秋一家八口不得不到市郊租房子。但典型「皇民化」的台灣人房東卻要求房客必須是「國語家庭」。因為搬家的急迫性，莊玉秋只好佯裝是「在日常生活都說日本話」的家庭，從而取得房東勉強首肯。於是，從搬家那天起，莊玉秋一家即小心地說著日本話，穿日本衫，「勉強地模仿著日本人的氣概」。為了避免孩子跑到外頭不經意說出台灣話，他就不准他們出去玩，並嚇他們說：「外頭有鬼，有歹人，也有瘋狗。」然而，經過一番心靈煎熬之後，莊玉秋終於認識到自己的做法是錯誤的，於是在一個美好的月夜，把孩子們都帶到院子裡賞月，同時用台灣閩南話大聲唱著童謠：「月光光，秀才郎……」

無疑地，這又是呂赫若針對日本帝國主義的「皇民化」運動所展開的強而有力的「歷史清算」的批判小說。我們看到，一九九五年四月，在師範大學（台北）「第二屆台灣本土文化學術研討會——台灣文學與社會」，陳芳明發表論文〈紅色青年呂赫若——以戰後四篇中文小說為中心〉指稱，呂赫若的〈月光光〉除了「批判日本皇民化運動」之外，「也暗諷國民政府在台推行的國語政策」。一九九八年，他在台北麥田出版的《左翼台灣——殖民地文學運動史論》（頁二三四）又進一步指稱：「〈月光光〉並不能只是當作反皇民化運動的小說看待，其實對當時的政局，也具有微言大義的精神。」他的言外之

月光光

小說

光復以前

呂赫若

一九四六年十月十七日《新新》第七期

意是說，小說通過暗諷國民黨接收當局推行的「國語運動」，從而體現了呂赫若對「民族主義的假像」的揭露。然而，證諸呂赫若當時對「國語」與中文學習的積極表現，以及《新新》極力「祖國化」的事實，乃至於呂赫若後來不惜捨身投入新民主主義革命的歷史，只能說，這種烏賊式的論述，顯然只是為了極度發展一己政治偏見下的妄語罷了。

就內容與主題而言，呂赫若這三篇作品集中在清理與批判日據末期的皇民化運動與軍國主義的殖民地歷史與意識。這也是殖民時代所有有良知的台灣作家，在光復初期自覺地進行歷史清算的重要工作。我們看到，在此之前，曾經在「大東亞文學者會議」說「感謝皇軍」的龍瑛宗，在一九四五年十一月的《新新》創刊號，就已經通過一篇題為「文學」的日文隨筆，對日據時期的台灣文學沉痛地做出深刻的自我反省，並呼籲要「再出發走正道」。他寫道：「回顧一下台灣吧！台灣無疑是個殖民地。在世界史上，殖民地的文學未曾繁榮過，殖民地是和文學無緣的。儘管如此，台灣不是有文學嗎？不錯，有像文學的文學，但那不是文學，明白吧！有謊言的地方沒有文學，只有戴著文學假面具的假文學。我們必須自我批判，我們必須再出發走正道不可。」

呂赫若的這三篇中文作品，無疑就是龍瑛宗呼籲的台灣文學「再出發走正道」的具體實踐吧。

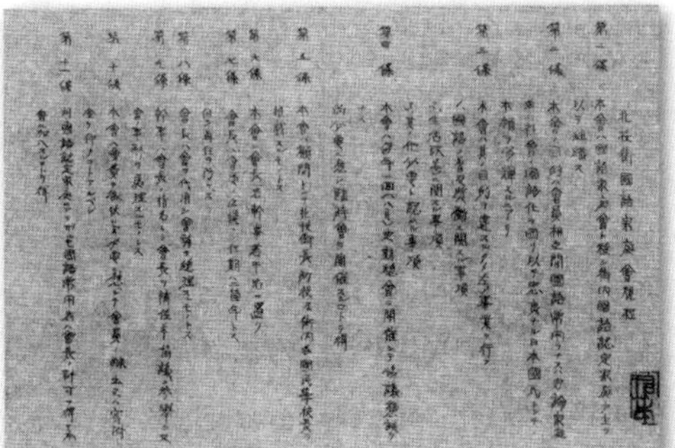

北投國語家庭會規（台灣民眾文化工作室資料庫）

6 草山水源地參觀記

台北市自來水源計有水道町水源地及草山水源地兩處。一九四六年十一月三日，台北市政府公共事業管理處自來水課繼水道町水源地之後，再次招待各報記者參觀供給大龍峒、太平町等城北方面用水的草山水源地。呂赫若也以《人民導報》記者身分前往參觀，並在介紹「新店溪（水道町）水源地」的報導之後，於五日在該報發表另一篇題為「草山水源地參觀記」的「特寫」，署名「本報記者赫若」。就其寫作歷史來看，這兩篇報導應該是他絕無僅有可知的紀實作品。為了瞭解他的寫作全貌，更為了把握他經過記者鍛鍊之後的中文寫作能力，我們不妨如實閱讀這篇〈草山水源地參觀記〉的原文：

> 台北市自來水源，有新店溪和草山兩處泉源。新店溪水源地已經上回介紹過了。關於草山的天然水源地，台北市政府為使各方明瞭起見，特於本月三日招待記者們前往參觀。草山素以溫泉著名，但那幽美的溫泉區不但擁有溫泉，而且也有很好的甘泉。這一帶重山疊疊，紗帽山，七星山，大屯山，小觀音等山均布遍著○密叢的森林，而構成天然水源地。草山水源地也即是這些泉水的匯集，送到台北市給市民使用的。不過，因為要聚集了那些天然水，所以設施布置等都很需要工夫的，可說是科學與自然界的挑戰，這點很值我們的注視。因此記者禁不住躍躍欲參加這次觀覽。

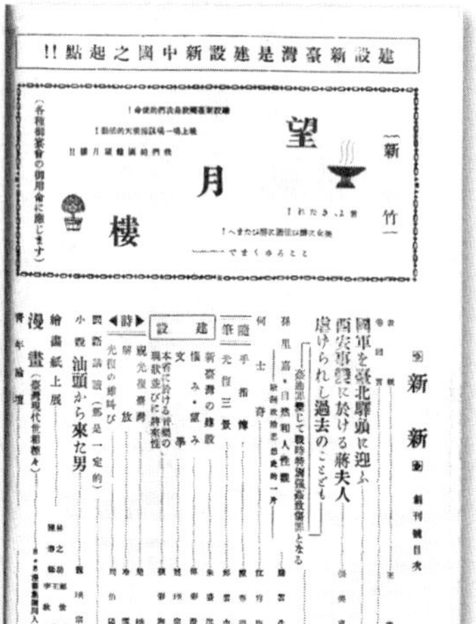
建設新臺灣是建設新中國之起點!!

新竹 望月樓

（各種御宴會の御用命に應じます）

新新 創刊號目次

國軍を臺北驛頭に迎ふ

西安事變に於ける蔣夫人

虐げられし過去のことども

隨筆

建設

詩

油頭から來た男

漫畫（臺灣現代世相種々）

《新新》創刊號

按照〔統〕一路線的順序，我們先到圓山貯水池去。該貯水池位置〔位於〕圓山忠烈祠後面的山坡頂，風光絕佳。從這山頂平地向西方看去，眼下看得出一大平原，尚未收割的稻田，呈出金黃的穀色，以紺碧的天空和觀音山作了背景，反映著一天太陽的晨光。尤其是淡水河彷彿一條白雪似的照耀過來，詳細地看，可看出河岸樹木的倒影在水中微微地盪漾著。

走近一看，該貯水池不斷地響著滔滔的水聲，波濤澎湃間，清水激起飛濺的浪花，與池壁相奮鬧，而捲起一陣陣浪潮，湧向黑漆漆的鐵管，一直穿到台北市內去。據說，每月所送的水量達有二萬三千三十立方公尺之多，而這些水都是由草山各水源聚來的。不過各處水源的水，聚來此處的中途，因有走過了三角埔之絕壁關係，將利用降落這絕壁傾斜之水勢，設有一發電廠。這是我們第二次去參觀的地方〔去參觀的第二個地方〕。在本省需要之電力總由電力公司一手包辦之中，這廠可說是另有〔另外〕私設之一，雖然不大，每月產生電力現在達有三十餘萬KW，市府因種

市府招待各報記者
參觀草山水源地
一日湧水量兩萬五千噸

【中央社訊】臺北市自來水源計有水道町水源地及草山水源地兩處，前者規模宏大，經濾過供給臺北市城南方面用水，後者係集中山地之自然湧水不經濾過，規模較小，供給大龍峒太平町等城北方面用水，臺北市公共事業管理處自來水課，前曾招待各報記者參觀水道町水源地之設施，昨（三日）又招待參觀草山水源地，該地之水源分為第一，第三，第四之湧水源，一日湧水量計為二萬五千噸，三處之水集中於第三水源，以鉅大之鐵管送到三角埔貯水槽，臺灣電力公司三角埔發電所，用鐵管導入自來

一九四六年十一月四日《人民導報》

特寫
草山水源地參觀記

一九四六年十一月五日《人民導報》

種關係，現委託電力公司辦理中。廠裡機械很精緻而整齊，使我們不禁感嘆之聲。這裡〔的〕機械，在光復後，可並沒有被破壞了，這是很應該的，但比其他工廠之慘狀起來〔但比起其他工廠之慘狀來〕，是值得可賞〔慰〕的事。

草山是日霖雨連綿。因為水源都在斷崖之下，所以穿過一座又一座的樹林去。第一水源在大屯山腳，第三、第四水源在紗帽山腳之谿谷裏，都是天然湧上了〔來〕的泉水，水量並不少，滔滔而流。我們是到第三、第四水源去看，裏邊十分陰涼幽暗，青苔遍地。但這裏一切都是明媚綠潤，數年來的雜樹交柯呈一個透明的葉的窟窿，大家在下邊駐足，望過樹梢去便是一片空曠的北投的平野，展著深邃的遠景，觀音山、淡水河都在一眼之中。左右又有許多開花的樹草滿擁著嚶嚶嗡嗡的蜜蜂。第三水源名曰「湧泉台」，傍邊懸著一條白糸糸的瀑布，瀑布前又有橫著一架石橋，可踱來踱去觀望瀑布，頗豐〔富〕雅氣和詩感。第四水源離第三水源差不多有三十公尺，名曰「甘水泉」。在這深谷裏怎樣〔竟然〕能探出這些豐富而優秀之水源，我們都甚感謝開拓者之勞苦，同時，不可忘記，今日之中國極其需要不惡辛苦的開拓者。最後我們要想起草山水源地的擴張工事，這工事用了五個年之久，其中間，台北市長有換了五個人，費了三百十五萬元〔於民國十七年之台幣〕之工資，這可算不容易的建設工程。講起這，值得我們以後建設的示範，就是近代的建設須要像這水源地建設一樣，須有組織性，計畫性，雖有〔雖然〕換了首長也繼續下去。絕對努力打破封建性才可以建設新中國。這是很明白的。〔括號內文字為筆者校訂〕

客觀地說，除了對中文的使用還不是很精準之外，呂赫若這篇一千字左右的新聞特寫，無論是主題、結構，尤其是帶有情感的現場描寫，都體現了一流的報導文學水平。

7 關於未婚女性

一九四七年一月五日，《新新》第二卷第一期〔新年號〕刊載了雜誌社主辦的「未婚女性座談會」紀錄〔頁十—十三〕。因為邀請他的主編黃金穗是「好朋友」，再加上自己向來也非常關心這個問題，呂赫若就答應擔任「座長」〔主持人〕。與談人包括：台灣大學學生鄭鳳嬌，延平大學學生劉心心、陳秀容、陳瑳瑳、胡月嬌，在工商銀行任職的陳百代與林光枝等。

呂赫若開場說，因為台灣從來沒有實施男女共學制度，社會上都對光復以後的男女共學感到不自然，所以首先請兩校學生談談，對於男女共學有沒有感到不自然？其次，他請她們發表對於男女平等、歧視女性的封建思想，以及婦女會提倡的禁止公娼與女侍應生的婦女運動的意見。他在互動中回應說，關於男女平等的問題現在還是有名無實；公娼的問題不僅僅是婦女的問題，還要待整個社會改造來解決，目前則以恢復生產部門，解決婦女的失業問題最為重要。接著，他又請她們談談現在台灣女性的好處與壞處。其中，有人提到，因為日本教育的感化，大多數的台灣女性有在男人面前不敢發言的現象，並且反問他對外省來的女人的感想怎樣。他從音樂老師的觀察回答說，外省來的女學生比較活潑好教，這大概也是因為教育環境不一樣的關係吧。針對學生所言的男女關係，他又回應指出一個值得注意的現象：日本人雖然不大愛護太太但沒有姨太太，中國人對女性很恭敬溫順卻有很多姨太太。然後他提出來的第四個問題是她們認為有沒有理想的男人？結果大家一起笑著說「沒有」。最後，他問她們對台灣現在的政治有什麼感想？並且在回應時鼓勵她們要做社會的先覺者，儘管從來的先覺者都一定要被人迫害。

有意思的是，在談到「有沒有理想的男人」的問題時，延平大學學生陳瑳瑳說「中年的男人都把女人看作是奴隸或者玩藝，所以有姨太太的現象」。呂赫若回應時說了一段話：「我想在台灣戀愛結婚是不能成立的。為什麼呢？因為台灣的男女的交際，還沒有普遍，所以戀愛都要靠偶然性，即偶然有碰到異性的時候，都像〔叫〕花子拾了白飯似的，沉醉下去……」

如果，這場座談會也讓蘇玉蘭參加，應該可以把台灣未婚女性所面臨的問題，尤其是有關戀愛的話題，談得更加透徹吧。因此，我們不妨再來看看，因為偶然遇到，而讓呂赫若沉醉於戀愛中的蘇玉蘭，在光復以後的愛情生活又是如何呢。

蘇玉蘭說：「我和『呂的』已經一起走了三年之後，他帶我去他家。我才知道他有五個小孩。我很難過。那天，他老婆不在家。我不知道她的長相是圓是扁。他就跟我說他跟他老婆結婚也沒有拍照。我只聽說她娘家比較有錢。他老婆知道他和我的事情當然也氣得要命，聽說都不跟他講話。我心想他已經有妻有子。我們之間就是不正當的關係。而且，我們在一起的時間都只是星期日，要不就是晚上而已。我也活得很痛苦。後來，我朋友的大姊給我介紹了一個對象來提親事。我就寫信給『呂的』，告訴他，我不想再繼續走下去，我們不要再一起了。但是他一直要，一直追來。他說他看到信就哭了。那天，他約我到國際戲院看電影。他一直哭，解釋說如果只是貪圖我的美色，那麼，比我更加漂亮的也還有。他說他跟我在一起，是因為我的性情比別人要好啦。我不忍心看他痛苦，只好寫信給那個向我提親的男人，跟他說我已經和別人在走了，不能跟他結婚。那個男人一氣之下就跑到日本，娶了日本老婆。台灣光復後，我換到合作金庫上班。那時，我跟『呂的』有了身孕。我一個女孩子家，怕給

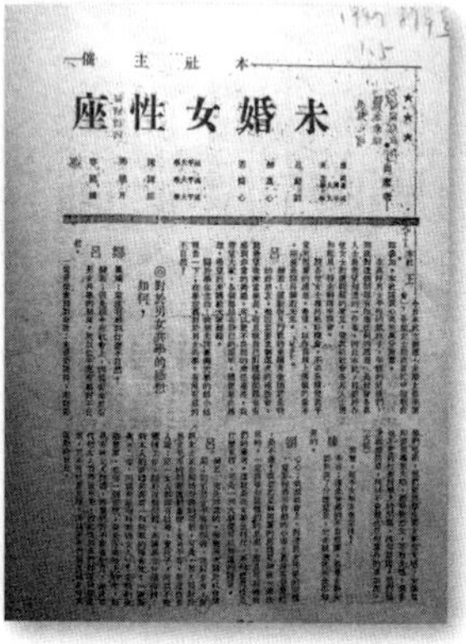
本社主催
未婚女性座

一九四七年《新新》新年號

人知道了見笑，不敢說出來，連我老母也不讓她知道。他知道了，就叫王白淵當媒人，一起到我家向我老母提親。我老母愛錢，又愛賭博。我老爸本來在西門町有個攤位在賣魚，但是正月十五日在顧攤位時被賊仔殺死。我老母沒錢用，就把攤位賣了二十萬。所以，一開始，我老母不肯，就要他拿五百萬聘金。當時，五百萬可以買一間樓仔厝。就因為這樣，後來大家就封我老母一個外號叫『五百萬』。那時，剛好台中有人經他介紹到台北來寄『錢單』被倒。照理說，他沒替人擔保，不用賠錢。但他道義上過不去，就賣掉家裡的田地去賠。然後拿了一百萬元給我母親。我母親見到錢高興得不得了。我們於是送餅給一些親友和我新工作的同事，也有正式請客。但是，沒有結婚證書，也沒有戶口（後來我女兒的身分證上一直是私生女）。但他還是半夜才來。我認為這根本不是正當夫妻、正常家庭的生活，哭得要死。有一段時間，他過來，我就不再跟他講話。後來，他用我的名字在祖師廟附近（今長沙街一帶）買了一棟日本宿舍給我。他要買房的時候，我有看過他老婆一次。高高瘦瘦的，梳著古早人的頭。他後來還叫他大哥的女兒來顧厝。他大哥過世後，她從小就跟他一起生活。我聽他姪女說，他們家就住在附近而已。她平常都會幫他老婆顧小孩。他帶她出來，他老婆就很不高興。所以，她就在晚上泡奶以後由後門鑽出，來我這裡幫我顧厝。再後來，我們結婚請客時來的一些客人也常來這裡。他們看起來都很斯文，不輸日本海軍軍官的模樣。我記得，喝喜酒時，他們都要先和人乾杯。我還以為他們是外省人呢。我印象深刻的是，他們還經常一起看地圖。」

8 一九四七年二月的〈冬夜〉

一九四七年，對台灣和全中國來說都是「多事」之年。元旦，南京國民政府公布中華民國「憲法」，同時宣稱將於十二月廿五日「行憲」，從「訓政時期」進入「憲政時期」。台灣的社會輿論，特別是政治界、文化界、知識界，都欣喜萬分，準備迎接施憲。也就在元月，呂赫若的第四篇中文小說〈冬夜〉脫稿，二月五日在《台灣文化》第二卷第二期發表。

從第一卷第二期起，《台灣文化》的「編輯人」掛名改為「台灣文化協進會」（實際是蘇新）。作為光復初期台灣文化界首次集結的團體的理事長，台北市長游彌堅在創刊號發表〈文協的使命〉指出，《台灣文化》的主要作用是提供光復以來「苦悶卻含蓄著，無量的成長力，革命性」的台灣文化界，一個「良好的園地讓它發酵，生長」出「新的台灣、新的中國，乃至新的世界的新文化」（頁一）。但是，由於台籍文化人對「語言、文字」的生疏，使得《台灣文化》的寫稿者以外省文化人居多。針對這點，該刊在第二卷第二期的「編輯後記」特別澄清：「我們素來並沒有省界觀念，只希望能在本省文化界開闢一條新路，提高本省文化水準。」就在這一期，呂赫若也繼楊守愚與張冬芳之後，在《台灣文化》發表了短篇小說〈冬夜〉。該刊編輯藉此強調：「本省創作界尚在『微乎其微』，我們很期望本省文人，對於創作方面，更加努力。」

從題材來看，〈冬夜〉不能說與那場「未婚女性座談會」沒有任何關連吧。它的情節大致如下：日本發動太平洋戰爭的第二年，在城市生長的十八歲的楊彩鳳嫁給林木火。五個多月後，林木火被迫當了「志願兵」到菲律賓前線作戰，僅僅來了一封信就音訊斷絕。彩鳳先隨公婆疏散到近山的窮苦村莊，

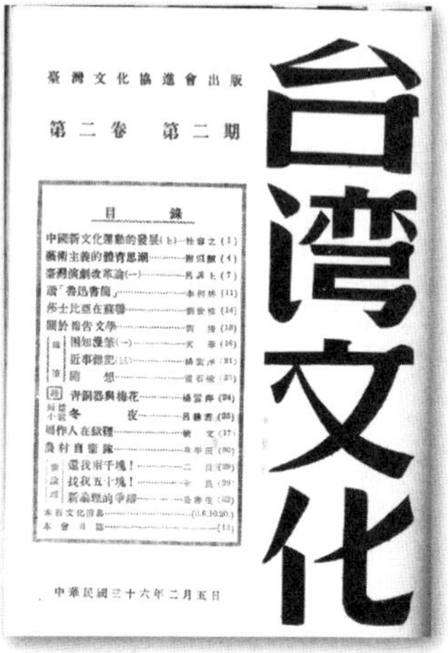

一九四七年二月發表〈冬夜〉

萬般無奈地過著戰時的窮乏生活。整整勞動了三個多月之後，她只好回到淡水河邊貧民窟的娘家依親。彩鳳的父親原本是個青菜販，卻因為經濟統制而沒有生意可做。彩鳳不得不在肉類小販統制組合當店員，在最低的配給條件下，勉強負起一家五口的生活費。台灣光復後，統制組合解散，彩鳳失業了。而在光復的歡天喜地之中，一切物價卻破天荒地飛漲起來了。彩鳳的父親想要復業卻短缺資金，只好帶著兩個幼兒賣「油炙粿」（炸油條）和香菸來維生。在飢餓中掙扎的彩鳳，依然日夜盼望丈夫歸來。但等了一年之後，她終於從生還者口中得知：木火可能已在美軍的機槍掃射下死了。彩鳳的期望破滅。第二天，為了挽救娘家的生活，她就不顧人家的批評，到光復後林立起來的酒館上班。在酒館，她邂逅了一個經常來花天酒地，年約二十六七歲的浙江「財子」郭欽明，並在下班後被蓄意騙到他的住所，以手槍威脅逼姦，而「失掉了孤守三年有餘的貞操」。一個月後，郭欽明拿了三萬元「聘金」求婚。彩鳳坦言相告自己結過婚。但他卻以「台胞解救者」自居，說他「愛著被日本帝國主義蹂躪過的台胞」；他「要救被日本帝國主義摧殘的人」；這是他的「任務」等等。彩鳳就這樣一片真情地再嫁了。自稱「為台胞服務的」郭欽明隨即把梅毒傳染給彩鳳。婚後僅半年，「這可怕的病毒（就）把她變作一個枯黃的女人」。郭欽明不但不敢承擔自己的罪責，反而誣賴彩鳳尚去酒館賣淫而染病，並以此藉口離婚，要回「聘金」，把她遣送娘家。彩鳳病癒後，為了家人的生計著想，不得不再回酒館上班，並在麵線嫂的牽線下成了一個暗娼。就在故事開始的那個寒冷的冬夜，從酒館下班後的彩鳳又到麵線嫂家裡接客。嫖客是當過日本兵，從菲律賓回

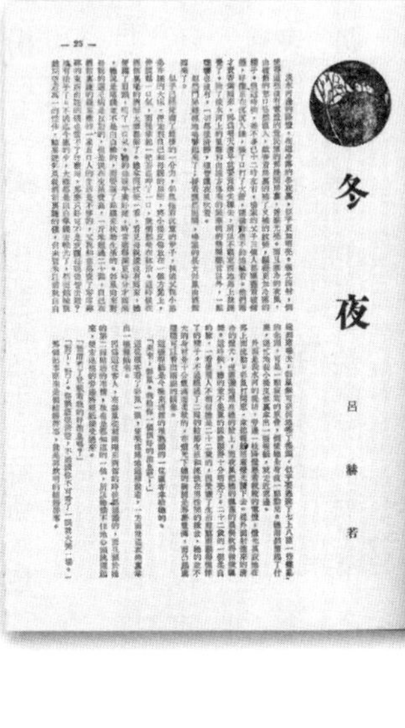

來的常客狗春仔。正當狗春仔擁著彩鳳上床時，冬夜裡忽然響起槍聲。狗春仔立即拿著手槍倉皇逃跑。彩鳳害怕被涉入其中，也在警匪相互射擊聲中，不顧一切，在暗夜中拚命地跑著。迎面吹來冬夜的寒氣，她卻渾然不覺……

〈冬夜〉與前面三篇中文小說不同的是，它不僅僅描寫日據末期的台灣社會，同時還跨越到光復初期。簡單地說，就是當時民間所流傳的「順口溜」：從戰爭期的「驚天動地」，到光復時的「歡天喜地」，然後又因為接收官員的「花天酒地」，邁入另一個「黑天暗地」的歷史前夜。基本上，楊彩鳳一連串的遭遇，側面反映了台灣民眾從日本殖民統治過渡到光復後接收失政的歷史經驗。小說取名「冬夜」，既表現了台灣民眾對「黑天暗地」的社會現實的鬱抑和憎惡，同時也反映了人們對春天和黎明的嚮往企盼。證諸呂赫若後來所走的道路，它其實也預示著小說家呂赫若從此將要邁入革命的征途吧。

值得注意的是，呂赫若在光復初期發表的這四篇中文小說，其中三篇是在蘇新先後主編的《政經報》與《台灣文化》。呂赫若與蘇新之密切關係於此再度得到證明。據蘇新的女兒蘇慶黎（一九四六－二〇〇四）轉述她母親的說法，事實上，在「二二八事件」之前扮演著台灣文化運動旗手的蘇新，也一直「期盼他將成為台灣最偉大的文學家」。

總的來說，呂赫若當時的中文駕馭能力雖然還不成熟。但通過他那稍嫌艱澀的中文寫出來的四篇小說，我們不難看出他的努力與才情。因此，到了〈冬夜〉時，不管是文字或是內容，呂赫若已經以中文再次展現了一個成熟的小說家的姿態。我們大可相信，只要假以時日，一個台灣小說大家的完成自屬必然。然而，誠如他在小說中反映的隱憂一般，就在〈冬夜〉發表後的月底，二二八事件爆發了。事變後，呂赫若也投入了台灣「新民主主義革命」隊伍，並且從此行蹤成謎。歷史的進程決定了呂赫若的文學生命只能宛若流星般地消逝了。

第十四 蛇吻

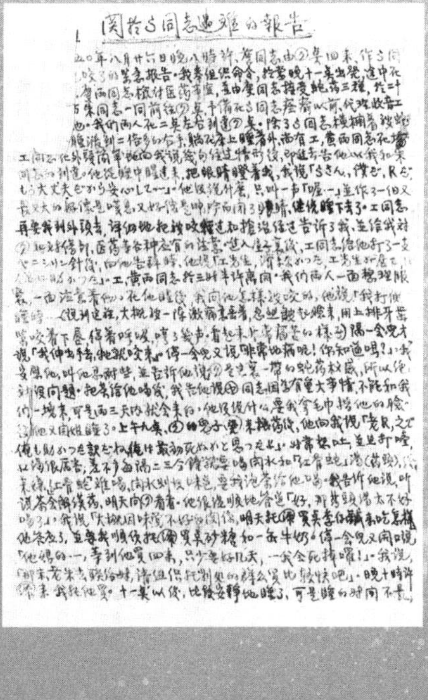
関於S同志遇難的報告

死非所懼，唯恐沒有可以傳世之作。

——呂赫若〈一九四二年四月三日〉

從〈冬夜〉脫稿到發表期間，全台灣正處於一場嚴重的米荒風暴當中。與此同時，包括雜糧價格在內的其他物價也受米價持續上漲的影響而上漲。飢民朝不保夕。社會矛盾尖銳。一場政治風暴已經難以避免了。

一九四七年二月廿七日晚上，台北延平路緝查私菸的一聲槍響，終於使得台灣民眾長期積累的苦悶和不滿像開閘的水流一般傾洩而出。隔天，二二八事變爆發。

一直到今天，我們仍然沒有任何文字或口述材料，可以掌握呂赫若在事變期間的行蹤，乃至活動與言論。但是，誠如《蘇新自傳與文集》（頁六九、一一八）所載，呂赫若的《人民導報》與《自由報》同事——蘇新、潘欽信、蕭來福與蔡慶榮等人，在王添灯被選為處理委員會宣傳組組長之後，組織了一個「對策委員會」，作為「參謀」，幫他起草在會上的發言、提案和廣播稿，以此「阻止處理委員會的妥協行為，利用王氏的地位進行公開的宣傳，暴露反動派的罪行，引起全省人民的注意，來推動各地的鬥爭。」因此，

物價仍瘋狂跳漲
當局決強力管制
禁止黃金外幣買賣
即日全省一律實行
萬華民衆搶購國米

一九四七年二月十三日《民報》

我們可以通過王添灯在二二八期間的鬥爭實況，從一個側面去理解呂赫若的二二八吧。

1 二二八及其後的音樂活動

我在《消逝在二二八迷霧中的王添灯》寫道：三月一日上午，台北市參議會邀請省參議員王添灯、參政員陳逸松與國大代表等組織「緝菸血案調查委員會」在中山堂開會，決議派代表王添灯等人前往公署謁見行政長官陳儀，請求政府解除戒嚴，開釋被捕民眾，官民合組處理委員會，從寬處置。二日下午，王添灯及緝菸血案調查委員會各委員與政府代表在中山堂討論後決議：一，擴大該會組織。除了省參議員和國大代表之外，另由商會、工會、學生、民眾和台灣省政治建設協會五方面選出代表，組成處理委員會。二，要求政府解散「警察大隊」（王添灯在省參議會上已經提過），改由憲警及學生組織「治安服務隊」來維持治安。三，要求陳儀接受四項處理辦法並立即向人民廣播：（一）參加此次暴動之人民應予從寬，一律不加追究。（二）被捕之人民，政府應准免保領回。（三）死傷者不分省籍，一律撫恤；（四）准予處理委員會增加其他人民代表。三日，擴大後的處理委員會完成任務編組，王添灯被選為宣傳組組長。當晚，首次以宣傳組長之名向全省人民廣播。四日，處理委員會擴大為全省性，並特別規定「一切言論、新聞須經由宣傳組才能發表」。「行動隊」及「忠義服務隊」的流氓隊員包圍王家，威脅王添灯。五日，上午十時，陳逸松等十名處理委員會組織大綱起草委員在台北中山堂開會討論組織大綱草案。下午二時起，處理委員會在台北中山堂分別召開小組會議，其中以宣傳組提

延平路昨晚查緝私烟隊

開槍擊斃老百姓

查緝隊員用槍口擊傷賣烟婦人，群情昂奮要求賠醫藥費，竟肇起慘事！

一九四七年二月廿八日《民報》

出的兩個議案最具政治意味。一是派王添灯與參政員陳逸松及市參議員黃朝生、吳春霖等四人為代表赴南京陳情。一是發表告全國同胞書以闡明事件真相。下午四時半，王添灯、陳逸松、林宗賢、劉明朝、李萬居、林壁輝、黃純青、陳朝乾、劉明、李友三、黃朝琴、周延壽、顏春和以及工會、學生代表等三十餘人，在台北中山堂舉行二二八事件處理委員會成立大會。大會由陳逸松擔任主席，經熱烈討論，通過「二二八事件處理委員會組織大綱」。晚上，王添灯再向全體民眾廣播處委會向陳長官提出的八項要求與政治改革方案。今日起，一至四日「因故未能出報」的《中外日報》恢復出刊。為了擴大宣傳，王添灯向《中外日報》發行人林宗賢交涉，派蘇新去當臨時總編輯。林宗賢擔心外省籍編輯不了解情況而引起群眾憤怒以致焚燒報館，所以也同意蘇新去替他監督。這樣，王添灯的「對策委員會」掌握了《中外日報》。六日，處理委員會通過廣播發表「告全省同胞書」，呼籲不分省籍為爭取民主而共同奮鬥。下午二時，「處委會台北市分會」正式成立，由王添灯擔任主席並負責起草「政治改革方案」的補充與具體化。「對策委員會」乃由潘欽信執筆草成卅二條「處理大綱」。七日，王添灯在處理委員會說明卅二條「處理大綱」。混亂中，其他代表再追加十條，成為當局日後鎮壓的藉口。會後，王添灯將皮包交給蔡子民，以赴死的心情同其他代表向陳儀提交四十二條「處理大綱」。陳儀拍案拒絕。下午六時二十分，王添灯作最後一次廣播，宣布處委會的使命已完，呼籲全省人民奮起。八日，《人民導報》發表社論〈二、二八事件感想〉。《中外日報》也發表蘇新執筆的社論〈對於「二、二八事件處委會」的幾點希望〉。晚上，蔡慶榮與蕭來福到王添灯家，告知國民黨的援兵已經登陸並開進台北，勸其暫時離家隱蔽。但王添灯始終堅信自己的所作所為是正義的，決心面對即將來臨的厄運。九日，台灣省警備總司令部參謀長柯遠芬廣播：「從九日起，台北、基隆一律宣布戒嚴。」下午兩點，滿載國軍整編第廿一師的太康艦從上海抵達基隆，隨即從北到南次第展開更大規模的鎮壓。十日上午十時，陳儀宣布臨時戒嚴。

十一日上午六時，王添灯在自宅被捕，音訊全無。廿六日，陳儀發表為實施清鄉告全省民眾書。

這樣，事變之後，呂赫若曾經共事過的王添灯、宋斐如，曾經往來的舊識陳炘、陳澄波、吳金鍊……等人，都消逝在二二八的歷史迷霧之中了。蘇新、吳克泰、周青、蔡慶榮等《人民導報》與《自由報》的同事則流亡大陸。建中校長陳文彬身繫囹圄。

面臨這樣巨大的社會動盪與人事衝擊，熱情如呂赫若，難道會無動於衷嗎？

「自從二二八之後，我已發誓折筆不寫東西，也絕口不談文學。因為我所有的文學朋友都在那事件時慘遭殺害。你當然也知道呂赫若逃入草山，被毒蛇咬死了。留下我沒死，但我每天都在做噩夢。」

這段話，是張文環接受張良澤訪談時所說，收錄於一九八五年三月台灣文藝雜誌社出版，陳永興編《台灣文學的過去與未來》〔頁一七〇〕。雖然呂赫若並沒有因為「二二八」而「逃入草山，被毒蛇咬死」，但也反映了當時的社會氛圍與張文環的心境。

風暴之後，我們也看不到呂赫若再發表任何文學作品了。那麼，他究竟在哪裡，又從事些什麼活動呢？

從各種當年的報刊記事看來，停筆以後的呂赫若，仍然活躍在台北的文化界，尤其是音樂界。以下，就筆者所見，按照時序，梳理他在二二八以後參與的音樂活動。

如前所述，一九四七年一月十三日，台灣文化協進會召開的音樂比賽大會第一次籌備委員會決議：「定於八月下旬在台北、台中、台南三市舉行初次預選，九月

二〇〇八年印刻出版

下旬集合在台北市中山堂舉行二次預選，十月中旬舉行正式演奏比賽」。該會隨即以理事長游彌堅之名，在一九四七年三月五日發行的《台灣文化》第二卷第三期封面裡，公刊「比賽參加者須知」與「比賽曲目」啟事。但是，此後《台灣文化》卻未見第二次籌備委員會與比賽的相關記事。直到九月一日發行的第二卷第六期「本會日誌」（頁二〇）才又記載：八月廿七日，台灣文化協進會召開音樂比賽大會第三次籌備委員會。然後是一九四八年一月一日發行的第三卷第一期「本會日誌」（頁三二）載稱，十二月一日在台北市中山堂北辰室召開了檢討會。如果按照先前的出席情況，這兩次會議，作為評選委員的呂赫若，應該都不會缺席吧。

此外，一九四七年九月號《台灣之聲》的「音樂消息」（頁一三）與十月一日《台灣文化》第二卷第七期的「文化動態」（頁七）皆載，八月廿二日至廿五日，台灣省交響樂團於中山堂舉行第十二次定期演奏，演奏貝多芬第九交響樂。呂赫若應邀在第四樂章擔任男高音獨唱。

一九四八年十月一日，《台灣文化》第三卷第八期「本會日誌」（頁一二）與「全省第二屆音樂比賽大會」（頁一四）續載，九月十五日中午十二點，台灣文化協進會在該會辦事處召開第二屆全省音樂比賽大會籌備委員會，議決預賽、決賽與入選者演奏會的日期和地點，為使評選能本嚴格公正的原則起見，聘請呂赫若、呂泉生、李金土、陳泗治、張福興等廿五名「本省一流音樂家」組成評選委員會。十月廿日，報名截止。《台灣文化》第四卷第一期（一九四九年三月一日）「本會日誌」（頁二一）續載，十月廿一日，評選委員在該會召開籌委會。十月廿四日假省立師範學院禮堂舉行鋼琴、小提琴與聲樂組的預賽。十一月十日，評選委員召開第二次籌委會。十一月十四日在中山堂舉行決賽。十二月五日晚上假中山堂舉行入選者演奏會。

一九四九年一月號《台灣之聲》（頁一三）報導，呂赫若與張福興（一八八八—一九五四）、張彩湘（一九一五—一九九一）等十餘位本省音樂名家，年前的十二月十四日，參加了台灣省音樂文化研究會主辦，在中山堂隆重舉行的第一屆音樂演奏大會演出。然而，就在筆者修改書稿期間，無意間在網上看到莊永明〈好漢剖腹來相見〉一文，把「台灣省音樂文化研究會」稱作「台北文化研究社」，說它是「光復後，幾位留日台籍音樂家籌組」的團體，「平時交換心得，並約定每年舉辦一次音樂發表會。第一次音樂會是在一九四八年十二月十四日舉行，參加人員有張福興、張彩湘、蔡江霖、柳麗峰、周遜寬、林善德、廖素娟、徐展坤」。這樣，呂赫若就被去歷史了。

第二屆全省音樂比賽大會紀念章（呂芳雄提供）

這也說明，如果我們不去查找原始的報導或紀錄，只看後人耳食之言轉化的文字，歷史的事實往往就會被刻意遺漏或扭曲了。

2 台灣民主自治同盟五人小組

時序進入一九四九年之後，我們就幾乎再也不能從當年的報章雜誌看到有關呂赫若公開活動的記事與報導了。究竟，呂赫若在一九四九年之後又幹了些什麼事呢？

「二二八之後，呂赫若的思想愈來愈左傾。從談話中，我知道他常常和建中校長陳文彬在一起。」

巫永福先生在訪談的最後向我透露了他長年以來沒有明說的看法。「後來，他的思想愈來愈左傾，就幾乎不曾再來找過我。他知道我不會走那條路的。他不找我，我想，是為了一旦出事不會給我帶來麻煩吧。從前，幾乎是每天在一起的好朋友，聽他講話，我就知道他的意思了。」

當我對巫永福先生的採訪告一段落時，時間也不早了。我向他告辭。他客氣地送我到門口，握著我的手，說謝謝我替他的好朋友寫傳。走出巫宅，我在安和路的紅磚道上邊走邊想：陳文彬是建中校長。呂赫若在《人民導報》擔任記者時，陳文彬是該報主筆。後來，呂赫若也到建中擔任音樂老師。由此可知，他們彼此之間的關係。

隔年四月，我在北京採訪吳克泰時，他也對我說，呂赫若在二二八事件後思想更為開闊，與陳文彬一起有文化界的組織。

一直以來，張恆豪編《呂赫若生平寫作年表》也寫道，呂赫若在一九四八年「受當時建國中學校長，也是『台灣民主自治同盟』盟員陳文彬的影響，思想逐漸左傾」。

但是，這些說法，其實都不足以清楚說明呂赫若後來的黨人身分。首先，據其台中師範同學江漢津先生所言，以及他的文學作品所表現的思想高度，早在從事文學活動之前的師範生時代，呂赫若就已經是具備馬克思主義世界觀的「左傾」青年了，並不是在二二八後受到陳文彬影響思想才「逐漸左傾」。只是，當時的台灣已經沒有可以讓他那一代青年實踐的社會條件了。如果硬要說影響，我個人以為，他受到

呂赫若遺存的建中紀念章（呂芳雄提供）

蘇新的影響，應該比陳文彬來得大，至少，在二二八事變前是如此。

其次，關於「台灣民主自治同盟」的問題。《蘇新自傳與文集》〔頁七二—七五〕載道，一九四七年七月，參與二二八鬥爭而流亡上海的他因為安全顧慮轉往香港，一段時日後，陸續見到了經由中共上海局安排，也轉往香港的謝雪紅、楊克煌、古瑞雲，共同創辦了新台灣出版社，出版《新台灣》叢刊。他們以香港為據點，向台灣宣傳國內外形勢，特別是國內革命情況；向國外或大陸揭露蔣政權壓迫和剝削台灣人民的情況；利用香港報紙公開反對託管運動和美帝侵略台灣的陰謀；把在大陸及國外的台胞聯繫起來。為了便於進行這些工作，更重要的是，他們從二二八鬥爭的失敗經驗認識到：如果沒有一個強有力的「統一戰線」團結各階層的革命力量，就不能與共同的敵人鬥爭到底，在鬥爭的過程中，革命力量必被敵人分化。但是，如果沒有一個包括各階層的政團，提出代表各階層利益的政綱，公開出來號召，要團結各階層的民眾是不可能的。由於這樣的血的教訓，他們於是根據台灣人民追求民主自治的政治訴求，在十一月十二日組織了「台灣民主自治同盟」。但是，為了避免被香港政府發覺，該盟「籌備會辦事處地址及會員名單暫不公表」，公開聲明「台盟」在台北成立，總部設在台北。以後，它的一切聲明、宣言、新聞消息等等都用「台灣通訊」的形式或以「台盟」的名義發表。這樣，自一九四八年初起，人們就常在民主報紙或雜誌上，看到「台灣民主自治同盟」的聲明或該同盟總部發言人的談話。

社論
對於「二二八事件處委會」的幾點希望
3.8（中外）

一九四七年三月八日《中外日報》蘇新執筆的社論

陳文彬正式加入「台灣民主自治同盟」是在一九四九年流亡大陸之後。那麼，陳文彬在建中校長任內是否「台盟」成員，還待求證。至於吳克泰所說「文化界的組織」，我們一直無法在公開的報章雜誌看到有關的報導，因而，也就無法確知，它究竟是怎麼樣的組織？又有過什麼活動？儘管如此，這樣那樣的說法，總是告訴我們一個事實：那就是，當蘇新因二二八事變而流亡上海之後，呂赫若與陳文彬是有一定密切的往來的。只是，他們往來的具體內容，我們不得而知罷了。一直要到一九九〇年四月，我在北京採訪了陳文彬遺孀何灼華女士及長女陳蕙娟之後，事情總算理出了一定的頭緒。

話還得從二二八事變後談起。

「事變後，我父親蘇新遭到國民黨通緝，不得不帶著母親（蕭不纏）和兩歲大的我流亡上海。」蘇慶黎說：「到了夏天，父親因為身分暴露，準備到香港，於是託上海的台籍公費留學生帶母親和我返台。據母親說，我們母女從基隆上岸，回到台北，呂赫若來火車站接我們，並安排我們在台北短暫停留的生活。」

蘇慶黎的這段回憶正足以再次說明呂赫若與蘇新之間的關係，而且間接說明二二八前後他們應該保持著緊密的聯繫。另外，與她們母女同船返台的還有也是因為二二八而流亡上海的台大學生領袖陳炳基（一九二七—二〇一五）。陳先生在一九九〇年四月接受我的採訪時回憶說：「當時，蘇新因為生活困難及工作的關係，由美容醫生石霜湖介紹，要到香港去，於是把老婆蕭不纏及一歲多的女兒蘇慶黎託

台盟成立前後在香港出版的新台灣叢刊

給我。此外，同船回來的還有李韶東、公費留學生莊德潤與江濃，以及一些被騙到大陸打內戰的台籍國軍。在船上，我幾乎天天抱著蘇慶黎。船到基隆時，那些台灣兵怕被抓，一靠岸就四處奔逃。因為這樣，我只好一個人把蘇新一家的行李（蘇新逃離台灣時把所有的家當都帶出來了）一件一件扛上碼頭。我還因此而扭傷了腰。」

問題是：究竟呂赫若是如何與蕭不纏母女聯絡上的？那時，陳炳基已經與中共在台地下黨的上海聯絡站——上海台灣同鄉會有一定的接觸了。那麼，呂赫若是不是也已和台灣的地下黨組織有了聯繫呢？如果有的話，聯繫人又是誰呢？一直到現在，這個疑問，都還沒有得到可以說明的答案。問題還得回到呂赫若和陳文彬的來往情形去理解。

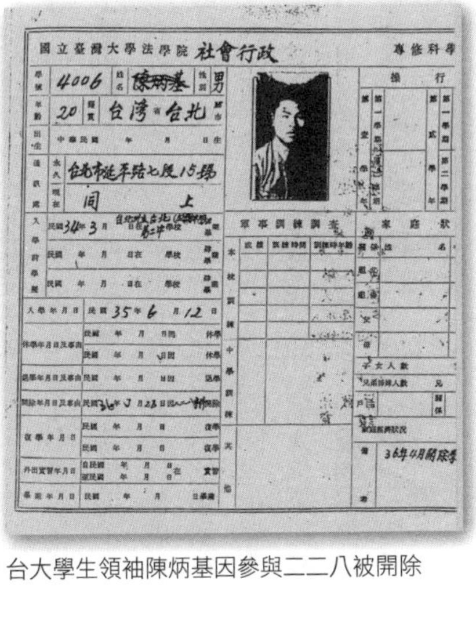
國立臺灣大學法學院 社會行政 專修科學

學號	4006
姓名	陳炳基
性別	男
年齡	20
籍貫	台湾省 台北市
通訊處 永久	台北市延平路七段15號
通訊處 現在	同上
入學許學歷	民國34年3月 台北市立台北（…）第二中學校
入學年月日	民國35年6月12日
開除年月日及事由	民國36年3月28日…
備考	36年4月開除學

台大學生領袖陳炳基因參與二二八被開除

陳文彬（一九〇四—一九八二），高雄燕巢人，一九二四年就讀台中一中時因為反日罷課遭退學，於是到上海法政大學預科學習，第二年東渡日本，考入東京法政大學，一九三一年春畢業於文學部哲學系社會學科。他在回台的船上宣傳孫中山的革命事蹟與聯俄聯共扶助工農的三大政策，因而被日本特高抄家，並被迫再次來到上海，投奔友人李劍華，先後任教中國公學、復旦大學，同時通過李夫人的姊姊關露（中共地下黨員）而加深了對馬列主義的信仰，也與李劍華創辦《流火》月刊，積極宣傳反日革命思想。後來，《流火》被查禁，李劍華入獄，陳文彬險遭不測。一九三六年初只好舉家東渡日本。台灣光復後，他與家人從日本回來，加入《人民導報》陣營，擔任總主筆兼該社附設業餘學校副校長（校長宋斐如）。一九四六年八月十八日被派任由日據時期主要招收日本人學生的台北第一、第三、第四中學校合併的建國中學校長，隨即積極推展校務，並於新學期增收六班外地來台工作人員子弟，同時首先打破本省男女學生界線，男女兼收，因而報考踴躍。

陳文彬先生的遺孀何灼華女士與長女陳惠娟女士在接受我的採訪時，分別從自己親身接觸的經驗回顧了呂赫若的點點滴滴。首先，何灼華女士說，呂赫若因為與陳文彬在《人民導報》是同事的關係，常常到家裡來聯繫工作。他在中山堂開音樂會，他們全家都會去聽。二二八事變後，陳文彬為了營救四名被監禁的建中學生而被監禁，直到五月中旬，魏道明接替陳儀主掌省政，改採「懷柔政策」以籠絡台灣民心時才被釋放。出獄以後，他因為健康狀況很差而回燕巢老家療養。當他再上台北時，他們一家已經無屋可棲。宋斐如的妻子區嚴華就邀請他們一家四口到她家住。她解釋說，區嚴華是廣東人，在省政府法制室工作。雖然宋斐如已在事變中遇害了，可她在國民黨裡頭仍然有她的關係。那時候，她帶著一個兩歲的孩子和一個保母住在東門一棟大宅院裡。她接著又說，他們搬進區嚴華家後，陳文彬隨即在那裡開辦了一個讀書會。這時候，曾經在《人民導報》和建國中學與陳文彬共事的呂赫若也重新出現了。他除了參加讀書會之外，一沒事就往他們家跑。他當時在北一女教音樂，而他們的長女陳蕙娟恰恰就是他的學生。她特別記得，北一女音樂老師高約拿生肺病，沒錢住院。他和另一個音樂女老師林秋錦就在中山堂義演，把門票收入捐給高老師。何灼華女士的訪談告一段落後，呂赫若在北一女教過的學生陳蕙娟也接著回憶說，她讀北一女是從一九四六年四月至一九四九年四月。呂赫若教她們唱的歌大都是比較有內涵的，特別帶有感情的歌曲。其中，他最喜歡帶學生唱的歌是〈教我如何不想她〉。一般同學都以為這不過是首戀愛曲子。可因為他常到家裡參加爸爸主持的讀書會，她心裡頭明白，這個「她」，其實指的是海峽彼岸的革命所要建立的新中國。

呂赫若的長子呂芳卿也曾告訴我說，他讀成功中學的時候，陳文彬校長經常帶他漂亮的女兒去他們家。那時候，他父親也曾經叫他讀中譯本的高爾基的小說。

這樣看來，也許，吳克泰所指呂赫若與陳文彬一起搞的「文化界的組織」，就是這個讀書會吧。

多年之後，隨著台北檔案局的資料解密，我們終於得以看到台灣省保安司令部〈39〉安澄字第二三六一號判決書所載與此有關的部分案情。這份一九五〇年八月三十日由台灣省保安司令部軍法處審判官陳英裁定的判決，「被告」包括：顏錦華（台中縣人，四十二歲，台灣省物資調集委員會祕書辦事員）、蕭坤裕（台中縣人，四十六歲，怡宏公司經理）、孫裕光（天津市人，三十四歲，石炭調整委員會祕書）、吳坤煌（台中縣人，四十二歲，石炭調整委員會祕書）、劉明（嘉義市人，四十九歲，石炭調整委員會主任委員）、王白淵（台中縣人，四十九歲，台灣省工藝品生產推行委員會委員兼總務主任）等六名男性。

根據判決書「事實」部分所載（以下引文標點符號是筆者所加），一九四七年「顏錦華經陳本江介紹參加台灣民主自治同盟，並介紹呂赫若、吳坤煌、陳文彬、蕭坤裕為盟員，編為五人小組，受陳本江領導，輪流在各家聚餐，討論時事」。如果這是「事實」，也就是說，呂赫若和陳文彬都是經由顏錦華而加入「台灣民主自治同盟」，確切時間不詳。那麼，顏錦華又是什麼背景的人？他與呂赫若和陳文

一九九八年一月十八日何灼華與長女陳惠娟（藍博洲攝）

彬又是怎麼認識的呢？該判決書又載，顏錦華「於日治時代曾參加台灣農民組合被日人判處罪刑，執行期滿出獄後離台，赴祖國漢口居留四年，台灣光復後由漢口回台」。然而，這些內容並不能說明，他與呂赫若及陳文彬的關係是怎麼建立起來的。就呂赫若的人脈關係來看，唯一的可能就是通過台灣農民組合領導人簡吉了。但這也僅僅是合理的猜測而已，沒有任何可資憑據的文字或口述資料。此外，所謂「五人小組」，除了陳文彬，最有可能與呂赫若有所關連的就是同屬文學界，被「處有期徒刑十年，褫奪公權五年」的吳坤煌了。判決書載稱，吳坤煌「於民國三十八年初，經顏錦華介紹參加台灣民主自治同盟，加入五人小組，討論時事，受化名蔡姓即陳大川之領導」。

吳坤煌（一九〇九—一九八九），南投人，一九二三年考入台中師範，因參與一九二八年的中師學運遭退學。一九二九前往東京，先後就讀日本大學藝術專門科及明治大學文科等校，思想左傾。一九三二年參加日本左翼劇團築地小劇場新劇工作，並與王白淵等人籌組隸屬日本普羅列塔利亞文化聯盟的東京台灣人文化同好會，遭取締而輟學。一九三三年復與張文環、巫永福等人另組台灣藝術研究會，發行《福爾摩沙》雜誌，主編創刊號。一九三四年加入台灣文藝聯盟。隔年促成台灣文藝聯盟東京支部成立，擔任支部長，同時以台灣作家身分參加日本《詩精神》、《詩人》及中國左聯東京支盟《詩歌》等左翼詩刊，與日本左翼詩壇及

台灣省保安司令部〈39〉安澄字第二三六一號判決書

旅日大陸作家雷石榆等人密切交流，並加入國際反法西斯運動東亞陣線，積極推動殖民地台灣文藝界與日本文壇、中國左聯東京支盟、朝鮮左翼戲劇團體的交流，策畫朝鮮舞蹈家崔承喜來台公演，一九三六年九月底以圖謀民族解放之罪名再次被捕。一九三七年六月獲釋。一九三八年返台後遭特務跟監，於是奔赴北平、徐州、上海、南京各地教書經商。

如果就背景來看，呂赫若與吳坤煌產生連帶的關係人，就應該是同案牽連入獄的王白淵了。據判決書所載，王白淵的「犯罪事實」是「與顏錦華相識，經顏錦華勸誘，雖未參加台灣民主自治同盟，但參加聚餐，且對於顏錦華等明知為匪諜而不告密檢舉」，故「處有期徒刑二年，褫奪公權二年」。

也就是說，上述判決書所載顏錦華、吳坤煌與王白淵的涉案內容，都不能清楚說明呂赫若「參加台灣民主自治同盟」，並被編為「五人小組」的具體過程。

如果就另一同案蕭坤裕的「犯罪事實」所稱，於民國「三十八年五月間，經吳坤煌介紹與顏錦華，加入台灣民主自治同盟，參與五人小組」。那麼，所謂「五人小組」的成立，最早也是在一九四九年五月了。

這裡，我們暫時不分析討論判決書所載的具體案情，只說所謂「五人小組」這一點。也就是說，據判決書所載，案情的發展是這樣：一九四七年十一月十二日之後，顏錦華經陳本江介紹，參加台灣民主自治同盟，並於一九四九年初介紹吳坤煌入盟。同年五月間，吳坤煌又介紹蕭坤裕予顏錦華，加入台

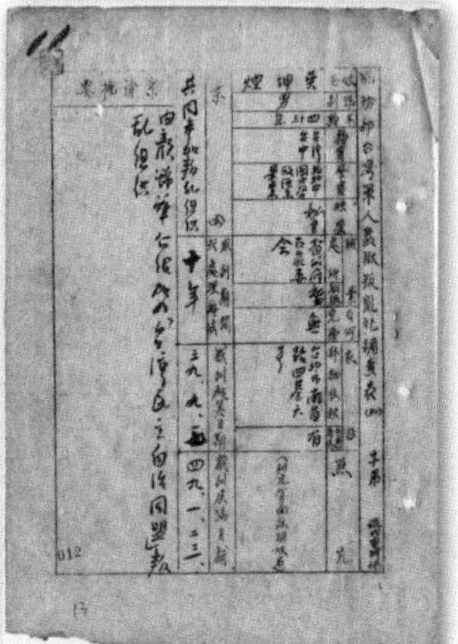
吳坤煌軍監調查表

灣民主自治同盟。然後，他們三人，與同樣由顏錦華介紹而參加台灣民主自治同盟的呂赫若與陳文彬（入盟日期不明），共同「編為五人小組」，「受化名蔡姓即陳大川之領導」。

據此，外界傳說的「文化界的組織」，或陳文彬家的「讀書會」，應該就是這個所謂「五人小組」。問題是，這是歷史事實嗎？

事實是，一九四九年五月，陳文彬再度名列國民黨的黑名單，於是在區嚴華的義助之下逃離台灣。至此，呂赫若與陳文彬共同戰鬥的日子，也告一個段落。而林雪絨女士回憶說，她在家裡第一次見到陳文彬的妻女，是在陳文彬逃離台灣之後。也就是說，呂赫若仍然在生活上關照著陳文彬的妻女。

3 大安印刷廠及其牽連的人與事

一九八七年七月，江漢津先生在第一次受訪時告訴我，雖然二二八後他和呂赫若不常見面，但是，據他所知，呂赫若應該已經實際投入「台灣省工作委員會」領導的新民主主義革命。他在外頭的文化活動只是掩護而已。所以，他偶爾回潭子老家，見了面，彼此也有默契，不去探問對方的事情。

關於「台灣省工作委員會」，一九九一年十二月卅一日，李敖出版社翻印國家安全局機密文件《歷年辦理匪案彙編》第一輯「匪台灣省工作委員會叛亂案」載稱：一九四五年八月抗日戰爭結束，日本殖民地台灣回歸中國。為了開展日後的台灣工作，中共中央派任台籍幹部蔡孝乾為台灣省工作委員會書記。九月，蔡孝乾由延安出發，間道潛行三個月於十二月抵達江蘇淮安，向華東局書記張鼎丞、組織部長曾山洽調來台幹部。一九四六年二月率領嘉義籍的張志忠等幹部，分批到滬，與華東局駐滬人員會商，並學習一個月。同年四月，張志忠率領首批幹部先由上海搭船潛入基隆，開展地下組織。六月，張志忠完成組建工作赴上海匯報。七月，蔡孝乾回台。台灣省工作委員會正式成立。但一直到一九四七年二二八事件爆發時僅有黨員七十餘人。一九四八年六月「香港會議」時已增加到四百人左右（「二二八」的死傷逃亡不在此內）。〔頁十二、十八〕

呂赫若曾經在台北經營一家大安印刷廠。這是稍涉呂赫若生命史的人都知道的事了。這裡，我想比較深入地探討大安印刷廠的成立過程、經營內容及關閉原因，並試著把它和中共在台地下黨的關係搞清楚。這樣，也許對呂赫若的黨人生涯較能掌握。

首先，呂芳雄在《追記我的父親呂赫若》寫道，一九四八年七月學期結束後，呂赫若辭去北一女教職。新學期開始，校長陳士華女士坐三輪車登門拜訪，請他續任。但他深知自己背後的工作具有的危險性而婉謝。十月，他未曾告知妻子，在兩天之內，將校栗林建義堂房地賤價出售，同時把他父親供奉在大廳的神像移至附近山上觀音亭，一些不用的家具分送親友，林雪絨的嫁妝則一件不少搬回台北信義路三段的新住所。江漢津先生也提到，大約是一九四九年時，有一天，呂赫若約他到豐原見面，說他已經把潭子所有的財產賣掉，準備到台北開一家印刷廠。他要江漢津到他家，看看有沒有要的書或東西，統統拿去。呂芳雄又說，他父親把房地出售後的所得，在台北經營大安印版所〔大安印刷廠〕。他那不明底細的舅舅林永南想致贈禮物，祝賀大安印版所開業，但為他父親所拒。呂芳雄認為，他父親應該是擔心舅舅在祝賀的禮品上留有名字，日後恐怕會受到牽連吧。

一九五〇年四月江漢津被捕，入獄後曾經與牽連印刷廠案的蕭坤裕同房一段時日，從而聽他透露了一些相關的訊息。

「蕭坤裕的頭腦就像是馬克思主義辭典一般，讓我佩服。」江漢津說，「我聽說，日據末期，他曾在北大教書，光復後回台，在台北做生意，後來擔任台灣煤礦業鉅子劉明的金礦公司——振山事業社總經理。他知道我和呂赫若的關係之後也向我透露說，呂赫若所開的印刷廠就是劉明帶他到大安區找的地。」

但是，江漢津先生也告訴我，在綠島新生訓導處，蕭坤裕牽連所謂「獄中組織叛亂」案，而被送回台北軍法處看守所重新審理，不久就因為中風而病故了。

因為蕭坤裕先生已經不在人間了。在沒有其他歷史見證人的狀況下，為了搞清楚呂赫若與蕭坤裕、劉明及印刷廠之間的關係，我只能向劉明先生求實了。於是，一九八八年九月，我由蔣碧玉女士陪同引介，第一次拜訪了蟄居杭州南路的劉明先生（一九〇二－一九九三）。同年十一月，我又自己再度拜訪劉老先生。然而，這兩次的採訪，除了有關劉明先生個人的基本背景之外，只證實了他提供資金給大安印刷廠的事實。其他細節，老先生都因為有所顧忌而不願多談。一直到老先生病逝之前，我也始終沒有機會聽到他的第一手證言。

後來，關於劉明與蕭坤裕之間的關係，我在一九二六年七月四日刊行的《台灣民報》第一百十二號第十五頁，看到一則題為「介紹新刊《神童》雜誌」的報導寫道，台北醫專出身劉傳來（劉明的三哥）、東京高工劉傳明（劉明的本名）與中央大學蕭坤裕等「熱心有志青年共約二十餘名」，鑒於殖民地台灣「未聞有人慮及兒童教育一事」，為了「啟發兒童之智能，並涵養其科學的趣味」，於是「利用其課餘」，於六月創刊專供「我台公學校五六年級以上男女兒童」，「作為課外讀本」的《神童》月刊。由此可見，蕭坤裕與劉明關係之密切是有其歷史淵源的。其後，一九九〇年二月，陳映真先生主持的人間出版社出版了旅美作家葉芸芸女士編寫的《證言二、二八》。我看到，「第一部：證言篇」，收錄了葉女士於一九八二年在美國訪談陳逸松的〈「山水亭」舊事〉，其中也提到了他所知道的蕭坤裕、劉明與呂赫若及印刷廠的關係：「蕭坤裕是南投人，家裡開布店。學生時代，我們都在東京，大家很熟。他是中央大學法學部畢業的。那時候，大學生愛談理論，卻都一知半解，只有他是真的馬克思理論的權威。後來他到南京教書，一度被『藍衣社』當作日本間諜逮捕。因而他很失望，離開南京到大連，跟一位同鄉張宗田開醫院，光復後才回台灣。」陳逸松指稱，「印刷廠是呂赫若和蕭坤裕一起經營的。蕭氏跟劉明先生是像兄弟一樣的朋友，互稱『親家』，平常就在劉明的金礦公司——振山實〔事〕業社當顧問，幫忙管理礦山。印刷廠開辦時，劉明曾給他們一筆錢，後來就因而被捕，本來都判死刑了，用的是『資匪』的罪名。」〔頁一一七〕

陳逸松的說法如果是事實的話〔為什麼不是呢〕，它在一定程度上已說明了大安印刷廠的資金來源與經營人事的問題。但是，我們還得再問：呂赫若究竟通過誰引介而認識蕭坤裕和劉明。因為陳逸松並沒有交代呂赫若和蕭坤裕是怎麼認識的，我們只有根據可見的材料來推測了。

在《證言二、二八》出版之前，我注意到，蕭坤裕的名字出現在《台灣社會運動史》中譯本「第一章文化運動／第六節無產階級文化運動／第二款共產主義的文化運動／第二台灣共產黨東京特別支部指導下的學生運動」的第四十八頁。據載，一九二九年，就讀日本中央大學的蕭坤裕與陳逸松、吳新榮、蘇新、蕭來福和林寶煙等日據末期以來呂赫若交往過的文化界人士，都是台共東京特別支部指導下的學運團體學術研究會的重要成員。其中，蘇新更是呂赫若在光復初期共同戰鬥的前輩。因此，呂赫若極有可能是通過蘇新而認識戰後才返台的蕭坤裕吧。但是，關於這點，蘇新的各種回憶文字並沒有留下任何

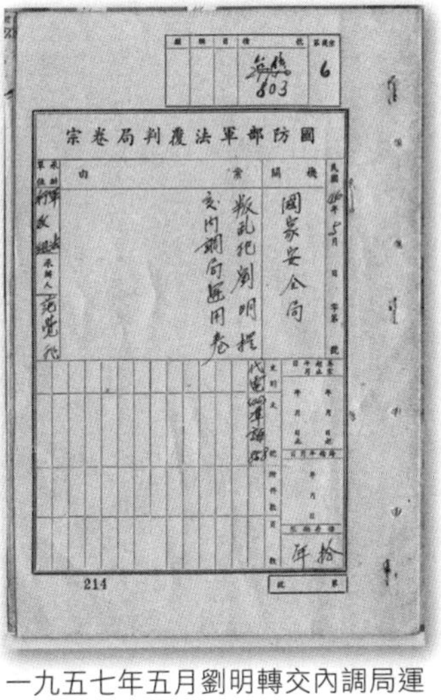
國防部軍法覆判局卷宗
機關 國家安全局
案由 叛亂犯劉明提交內調局運用卷
214

一九五七年五月劉明轉交內調局運用的卷宗

記載。我也不敢就此斷定，呂赫若一定是通過蘇新介紹而認識蕭坤裕的。那麼，除了蘇新，光復後擔任台中商業學校教務主任的堂姊夫林寶煙，以及陳逸松等上述諸人，也都有可能是引介呂赫若與蕭坤裕認識的人了。

馬克思說「人是社會關係的總和」。因此，我以為，把當時呂赫若周遭參與社會運動者的人脈關係作一定的梳理，對時代的了解是會有幫助的。當然，上述這些運動人脈關係上的推測，並不足以說明呂赫若、蕭坤裕以及大安印刷廠，究竟和中共在台灣的地下組織有沒有一定的關係。然而，在沒有其他歷史見證人的狀況下，我們只有根據可見的材料來推測呂赫若辨印刷廠前的動態了。

關於蕭坤裕與劉明的涉案情節，前述台灣省保安司令部〈39〉安澄字第二三六一號判決書載稱，顏錦華先是「為陳本江向蕭坤裕徵募工作經費舊台幣六七百萬元」。蕭坤裕「參加台灣民主自治同盟」後，「復向劉明勸募財物，連同自己捐款，先後供給顏錦華、陳大川舊台幣約三億餘元」。「劉明經蕭坤裕勸募，由蕭坤裕交給顏錦華、陳大川舊台幣約黃金十兩」。以此之故，蕭坤裕與劉明均以「為叛徒供給金錢」之罪名，分別判處有期徒刑十五年與十年，褫奪公權十年與五年。蕭坤裕另判「財產除酌留其家屬必須之生活費外全部沒收」。

也就是說，陳逸松所說，呂赫若和蕭坤裕一起經營的印刷廠，是他們通過顏錦華引介，加入台灣民主自治同盟，並參與五人小組之後的組織事業了。

關於大安印刷廠和「台灣省工作委員會」的關係，在官方文件中見到的記載，一是安全局編印的《歷年辦理匪案彙編》第一輯「匪台灣省工作委員會叛亂案」提到的「在台北開設『大安印刷所』，印刷反動文件」（頁一八）。二是香港阿爾泰出版社《中共的特務活動．原始資料彙編之三》附錄伍「中共特務對台工作」一節指稱：「台灣省工作委員會」自一九四八年五月在香港祕密舉行所謂「台灣工作幹部會議」後，一直到一九四九年年底期間，「組織遍及全省各階層各城鎮，總計有十九個『市（區）工委』及二百零五個支部，近十個武裝基地，另有三個全省性的『工委』專做學運、工運及高山族工作」。在「二百零五個支部」中，有「十一個」直屬「省工委」；「印刷廠」即是其中之一。（頁三三二—三三三）

另據司法行政部調查局《台灣光復後之「台共」活動》所載，台灣省工委書記蔡孝乾在向中共華東局匯報的一九四八年六月至一九四九年三月「工作總結」指稱，「現在黨員已有六百多名，團結在黨員周圍的進步分子總在千人以上，經常供給他們進步書籍，以提高他們的政治認識是非常重要的」。但是，「在被封鎖與印刷困難條件下」，「工作的困難」，恰恰是「幹部教育材料和一般思想啟蒙的書本」，不但「最感缺乏」，而且「不能很好地分發」。所以，「今後的工作要「建立半公開印刷廠一所，以大批拱給教材資料和宣傳品。」（頁五一—五二）

再者，一九五〇年蔡孝乾被捕以後又在保密局的問訊筆錄（八月廿九日）交代了後續的發展說：

「我就在三十八年（一九四九年）夏天，命陳本江負責籌設印刷廠，後來陳利用黨員蕭坤裕向台灣省石炭調整委員會主任劉明籌得經費舊台幣數億元，並利用黨員呂赫若在台北市覓妥地址開辦『大安印刷廠』，先後印刷《黨員手冊》、《開國文獻》、《中共十八週年紀念文獻》等小冊，分發全省黨員研讀，以提高黨員對中共的認識。」

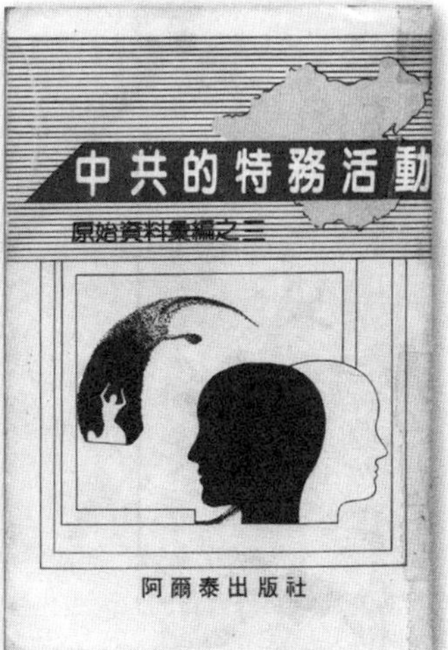

歷經多年循線查訪之後，一九九六年，我終於找到一位當年任職大安印刷廠，原籍南投集集的政

治受難人方阿運先生（一九三二—），並於四月六日在台灣地區政治受難人互助會台北市辦公室，針對大安印刷廠及其涉案的具體情形，進行了一整個下午的訪談。

「一九四九年六月左右，台中商業學校初級部畢業後，我經人介紹進入大安印刷廠工作。我記得，工廠廠址在中正路上，也就是現在忠孝東路與八德路交叉口的陸橋下。」方阿運先生回憶說，「我去報到的時候，工廠看起來才剛開動不久，高砂鐵工廠的一名陳姓師傅還在幫忙裝機器。就我所知，工廠的實際負責人是劉沭生，業務經理是劉耀廷。他們兩人都是日本早稻田大學畢業生。至於呂赫若，白天不曾見過他到廠裡，每一次來都是晚上，主要是找劉沭生。大安印刷廠的其他員工都是經過劉沭生信任的人介紹進來的。白天，大家在樓下工廠工作。晚上就睡在樓上。」

多年以後，我在台北檔案局解密的檔案裡頭看到了三份與大安印刷廠有關的判決書。第一份是一九五三年六月十九日的〈42〉審三字第四十六號，台灣省保安司令部軍事法庭審判官彭國壎判決，「被告」蘇士等六名，其中魏文賢、方阿運、劉耀庭三人「於卅八年（一九四九年）秋，同在逃叛徒呂赫若（廠主）、劉沭生（工頭）等所開設領導之台北市大安印刷廠工作，均知該廠常於深夜祕密印反動書刊，惟迄不向政府告密檢舉」，「明知為匪諜而不密告檢舉各處有期徒刑五年」。第二份是同年七月廿五日的〈42〉審三字第六三號，審判官范明判決「被告」蕭慶章（即蕭慶璋）「於卅八年夏，經劉沭生介紹入大

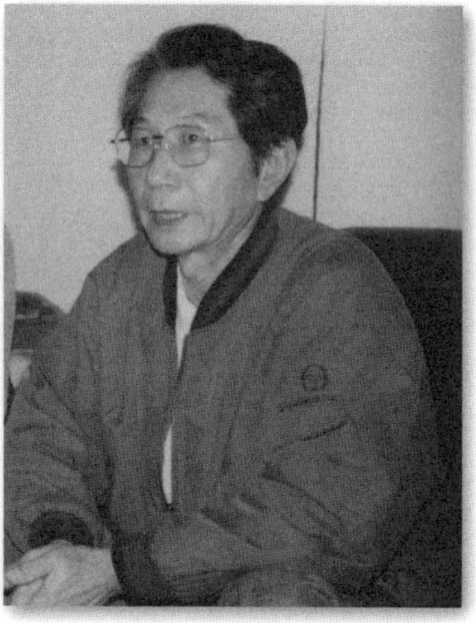

一九九六年四月六日的方阿運先生（藍博洲攝）

安印刷廠，充檢字工人。劉匪述生則任該廠工場長。同年十月間，經劉匪述生勸誘，乃加入匪幫之組織。嗣由劉匪述生交予翻印偽《中華人民共和國開國文獻》一書，囑絕勿向外人亂講，並指示如正印刷時有外人來，大家應趕快將電動機拆斷，原版文件收存」，「意圖以非法之方法顛覆政府而著手實行處死刑，褫奪公權終身，全部財產除酌留其家屬必須生活費外沒收。偽《中華人民共和國開國文獻》一冊沒收」。第三份則是同年九月十日的〈42〉審覆字第三〇號，審判官周咸慶判決魏文賢、方阿運、劉耀庭三人「於卅八年八月中旬及九月間，兩次由在逃叛徒劉述生召集」，與「另案被告蕭慶璋、自首分子吳金……等八人，共同印刷朱毛匪幫之偽《中華人民共和國開國文獻》、偽『中華人民共和國國歌』及新聞稿等叛亂文件。復於同年十月由劉匪述生吸收，參加叛亂之組織。又二三日後，劉匪召集其七人開會，告知參加組織之名稱為『TL支部』……」，故改判魏文賢、劉耀庭「意圖以非法之方法顛覆政府而著手實行處死刑，褫奪公權終身，全部財產除酌留其家屬必須生活費外均沒收」；方阿運「意圖以非法之方法顛覆政府而著手實行處有期徒刑十五年，褫奪公權十年，全部財產除酌留其家屬必須生活費外沒收」。

「沒錯。劉述生經常會給我們分析大陸的內戰局勢，告訴我們國民黨與共產黨的本質差別，並且強調解放軍不久就會過來了。」方阿運先生向我解釋了他對判決書的看法。「因為這樣，後來我們被指控的罪名即是參加所謂『TL支部』的『叛亂』組織。領導人是劉述生。可是，印刷廠公開印製的，主要還是音樂家張彩湘編的《小學音樂課本》和《世界名曲樂譜》。」

除了《小學音樂課本》和《世界名曲樂譜》，呂芳雄指出，「大安印版所」還公開印製出版有《孕婦保養須知》與《俠盜羅賓漢》等書。

「呂赫若北上開印刷廠後不久，有一次回豐原，和我見面時，特地帶了一本張彩湘編的小學生歌本給我，說是他的印刷廠印的第一本書，要我多多指教。」江漢津先生也證實說。「我看了以後就諷刺他說，什麼！原來你在台北開印刷廠就是印這種東西。他聽我挖苦，只是苦笑，沒有多說什麼。後來，我才知道，他印這種東西只是掩護而已。實際上，主要印的是開國文件、機關報及黨員手冊等重要文件。而張彩湘，後來也因為呂赫若的關係被關了幾年。」

張彩湘是苗栗頭份人，日本武藏野音樂大學畢業的鋼琴家。如前所述，他曾經擔任呂赫若演唱的鋼琴伴奏，也曾經幾次一起擔任音樂比賽的評審。至於方阿運與江漢津所說大安印刷廠印製的小學音樂課本，應該與其父親張福興有關。張福興於台灣總督府國語學校畢業後公費保送東京上野音樂學校〔今東京藝術大學〕器樂本科，學習管風琴與小提琴。台灣光復前，先後在國語學校、總督府醫學校、台北第一高等女子學校、台北第二中學校擔任音樂老師。所以呂泉生說他「是本省學習音樂的第一人，也是本省教授音樂的第一人」。光復後，他和兒子張彩湘任教省立師範學院〔今台師大〕音樂系，同時負責主編國民學校音樂課本，一手包辦選擇教料、謄稿、繕譜與校對的工作。這也是他們父子後來會牽連大安印刷廠案的緣故吧。

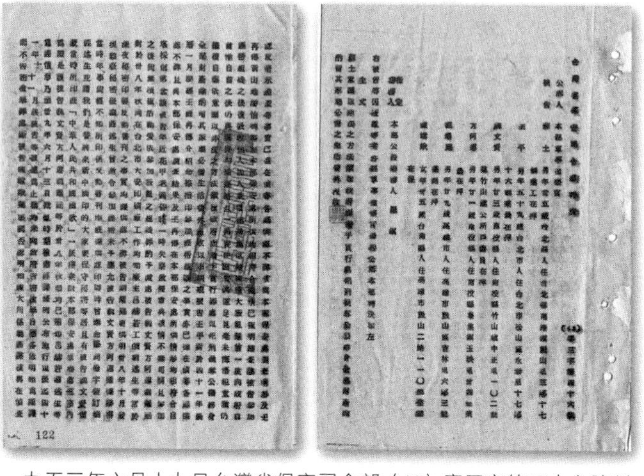

一九五三年六月十九日台灣省保安司令部〈42〉審三字第四十六號判決書。

至於江漢津所說的「機關報」，應該就是迄今為止還未出土的《光明報》了。當時就讀於北一女的陳惠娟也說，呂赫若和她父親陳文彬經常一起收聽新華社的廣播，了解大陸內戰的局勢演變，並且把它記錄下來，再刻蠟版，油印《光明報》，然後再由她和妹妹陳惠貞負責郵寄給包括國民黨高級官員的社會大眾。另據基隆中學老師陳仲豪說，「二二八事變後，一群熱血的台灣青年自發組織的讀書會，自印了一份研究馬克思主義和研討台灣時勢的刊物《光明報》。一九四八年，台灣省工委重新部署該報，並於一九四九年初轉移到基隆中學，負責傳播內戰的確實消息和中共中央的聲音。」為了籌措印報的經費，基隆中學校長鍾浩東還把房子賣了，然後拿這筆錢到屏東媽祖廟對面經營一家名為南台行的地下錢莊。安全局機密文件《歷年辦理匪案彙編》第二輯「匪基隆市工作委員會鍾浩東等叛亂案」也載稱：一九四八年秋季，「基隆中學支部劃為校內、校外兩個支部，分別活動」。一九四九年五月，「正式成立『基隆市工作委員會』，鍾浩東任書記」，並「負責印刷出版」「匪在台之地下刊物《光明報》」，「傳遞轉送各地匪徒散發，以擴大反動宣傳」（頁一、二）。據此看來，《光明報》的印刷出版有兩種可能，一是先由大安印刷廠負責再轉移到基隆中學，另一則是同時在兩處進行印製。一九四九年秋天，「基隆光明報事件」發生，基隆中學校長鍾浩東以降的教職員與學生陸續被捕。因為《光明報》是全省各地組織成員都在看的「機關報」，所有直接間接涉入者都預感到一場政治大風暴就要來了。

張彩湘全家

「後因蕭坤裕、劉明等先後被當局捕獲，」前述蔡孝乾問訊筆錄續載，「呂赫若、陳本江等在台北不能繼續立足，該廠〔大安印刷廠〕遂行停歇。但詳情我已不很清楚了。」

根據台灣省保安司令部軍法處蕭坤裕執行書所載，他被捕的日期是一九五〇年一月廿四日。然而，方阿運記得，大約是在一九四九年十月底、十一月初的時候，劉沭生就把印刷廠結束，要廠裡的員工離開。也就是說，大安印刷廠應該是在蕭坤裕被捕之前就已經關廠了。

後來，方阿運聽說，呂赫若和劉沭生轉往鹿窟。再後來，他又聽說，安全局機密文件所載，在保密局圍剿時被當場擊斃的「基地指導員」劉學坤，就是劉沭生的化名。

4 脫險傳奇及其牽連

大安印刷廠結束營業。呂赫若趕緊安排周遭親人的生活，準備潛入地下。他的親友也分別從自己的接觸過程憶述了他在這段期間的行蹤與說詞。

「二二八事件後社會很亂。『呂的』就有打算要去大陸。他本來就不是做生意的角色，後來卻去跟人合夥開什麼印製廠。」蘇玉蘭哀怨地回憶說，「結果，事業派下去，紙價漲了，工人也要漲薪水。

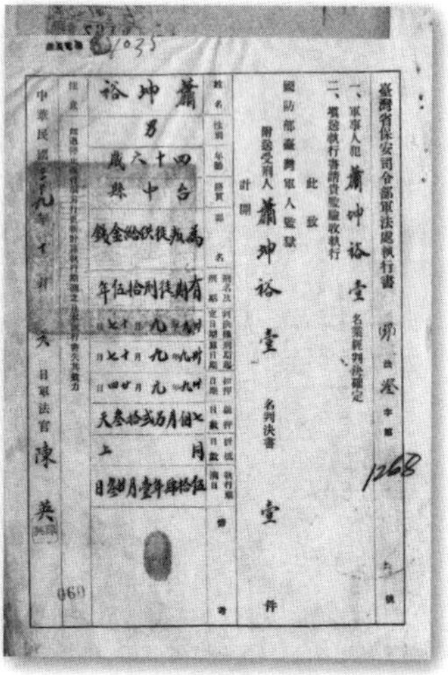
臺灣省保安司令部軍法處執行書
一、軍事人犯蕭坤裕壹名業經判決確定
二、填發執行書請查照驗收執行
此致
國防部臺灣軍人監獄
附發受刑人蕭坤裕壹名判決書壹件
計開
姓名	性別	年齡	籍貫
蕭坤裕	男	四十六歲	台中縣

有期徒刑拾伍年
1268

蕭坤裕軍法處執行書

他告訴我，說印製廠撐不下去了，大家決定要解散。解散後，他就『跑路』了。但是他沒說這些。他只說這裡的生意沒辦法做了，要去日本做生意。那時候，我女兒已經出世了，還有一個在肚子裡（但當時不知道自己又懷孕了）。他先前說要做西裝，拿了十兩金條給我，於是叫我金子不要賣，若沒得吃了才去賣。他又叫我孩子不要送人，不管再怎麼辛苦，都不能送。但是，他也勸我說，要是有好的對象就再嫁過啦。結果，他離開十天後，又回來，說要等開往琉球、日本的船。我發現他褲袋裡有一把槍。但我不敢多問。他待沒多久，又走了。從此我就沒再見過他了。」

呂赫若同時也逐一安排了妻子林雪絨和幾個小孩的生活。呂芳雄《追記我的父親呂赫若》寫道，他首先處理家中笨重的物品，林雪絨的嫁妝及一些家用物品運送到社口岳母家，一些有關文學與音樂方面的書籍與收藏分散寄存朋友家中。呂芳雄私下向我透露說，那時他才不過六、七歲而已，他聽他母親說，他父親寄放了一些物品在李石樵那裡，同時還把一批唱片疏散到張彩湘家，藝術收藏品則寄放在藍蔭鼎先生那裡。對此說法，我在採訪李石樵先生時不方便直接問他，只是迂迴地問他最後見到呂赫若的情況。他回答我說：「我最後一次見到呂赫若時，他告訴我要搬家，然後就再也沒有他的音訊了。」然後他又充滿惋惜之情說：「現在想起來，一個那麼好的人材就這樣不見了，實在真可惜。畢竟，像他這樣能寫，能唱，又能畫的，也沒幾人。文學、藝術，創作量不夠則很難估計成就，也沒法讓世人看到成績，因而受到該有的尊敬。以他的才氣，如果讓他發展下去，是很有希望有大成就的。」

呂芳雄《追記我的父親呂赫若》續載，呂赫若後來又把信義路三段的日式房屋賣掉，「大安印版所」的所有權狀交給蕭坤裕代為處理，讓懷有身孕的林雪絨在弟弟林永南家中待產，同時也讓分別就讀北一女及成功中學的長女和長子與母親作伴，然後親自帶年紀較小的二子呂芳雄回社口岳母家，接著又來帶二女田鶴子。田鶴子在從豐原車站回社口途中，腳後跟不幸被乘坐的機車後輪所傷，傷勢頗為嚴重。他趕緊送去給好友張深堂醫師治療，然後委託在豐原任教的廖金照（一九五八年五月九日槍決）代為照顧，就匆匆離去了。

就在這段期間，有一天，呂赫若在豐原與江漢津見了面。江漢津回憶說，呂赫若告訴他說已經把印刷廠關了，準備去日本。江漢津和幾個朋友於是給他送行。這之後，江漢津就再也沒見到他了。

據呂芳雄轉述母親回憶的《追記》所載，呂赫若安排好林雪絨住到林永南家中，臨走時，留了新台幣一萬元（相當五兩黃金）給她和兩個小孩作生活費，並交代她說，如果生男的則取名芳民，生女的就叫民芳。然後他又安慰她說，多則數月，少則一兩個月，必定回來；往後的生活費用不必操心，會有人送來。最後又交代她說，產後回社口娘家暫住一段時間，也不必帶太多的衣物。

呂赫若的戶籍謄本記載，一九五〇年一月四日，戶籍從台北信義路三段遷回潭子校栗林老家。或許，這也是他最後一次回老家操辦的事情吧。呂芳雄的《追記》寫道，然後，放心不下妻子的呂赫若，又冒險回到林永南家，探視林雪絨。他見了她，第一句話就用日文問說妳還沒生？她說應該就在最近吧。他關照了家裡的大小事情，又說要去找蕭先生，看看他是否已經脫手出售「大安印版所」。當天深夜，他又回來了，並向林雪絨透露蕭先生已經被捕，自己也差點被逮捕的經過。第二天早上，他和要去上學的長子一起出門，然後在半路上和兒子道別。呂芳卿背著書包，依依不捨地看著父親的背影愈走愈遠，終於消失在遠方的轉角處。

關於呂赫若一度被捕但幸而脫險的經過，在軍法處看守所，蕭坤裕親口向同房的江漢津描述了具體過程：一九五〇年一月廿四日，蕭裕坤被保密局特務逮捕。儘管遭到嚴刑逼供，他始終不肯供認和呂赫若及大安印刷廠的關係。可他擔心的是，被捕之前，呂赫若已和他約好，當天晚上六點要到他家拿錢。如果呂赫若依約前往，一定會被捕。這樣，他和印刷廠的關係也一定會暴露。果然，當刑訊搞到半夜時候，外頭有人送了張條子給負責刑訊的特務。那名特務立即改口問他認不認識呂石堆？蕭坤裕一聽就放心了。他判斷呂赫若一定有依約到家裡找他並被扣留，但身分沒有暴露。他於是就照實回答說：「認識，他是豐原潭子人，是生意上往來的朋友。」那名特務就不再追問了。後來，蕭坤裕的太太利用面會時設法把當天的情況告訴他，說那天晚上呂赫若準時到了蕭家，一到就被埋伏在那裡的特務扣押盤問。幸虧呂赫若機警，推說是來向蕭先生拿一筆生意往來的錢。他們就向呂赫若要身分證來看，結果看到姓名寫的是呂石堆。原來特務掌握的情報只知呂赫若，但不知呂石堆就是呂赫若的本名，再加上人長得漂亮的蕭太太故意向特務撒嬌，要他們別連累無辜。最後，特務在不敢確信之下就派人回保密局，向蕭坤裕確認。果然，蕭坤裕和呂赫若所言並無不合。於是就在扣押了五六個鐘頭後把呂赫若放走。

呂芳雄《追記我的父親呂赫若》續道，這之後的某個晚上，呂赫若又一臉疲憊突然出現林永南家，探視妻小。臨睡前，他又交代林雪絨說，日後如果人家問起，就說去日本做生意了。第二天，天還沒亮，他向林永南拿了一個卡其色的背包，裝了簡單的行李，然後就在傷心的妻子與林永南夫婦的目送之下，匆匆地消失在黎明前的暗夜之中。大約一星期後，也就是農曆十二月廿六日（一九五〇年二月十二日），林雪絨平安生下老么芳民。可她卻從此沒再見過呂赫若了。

據江漢津所知，呂赫若的本名後來之所以會暴露，還有一個插曲。在印刷廠關起來之前，板橋林熊祥經營的文化機關（按：應指東方出版社）曾經叫呂赫若印製一批印刷品。基隆《光明報》案發生之後，呂赫若擔心大安印刷廠也將波及，於是在潛入地下之前，把這批訂單和訂金都轉給艋舺一家蘇氏兄弟開的印刷廠。可是蘇氏兄弟卻遲遲不印。林熊祥久久要不到貨，一氣之下，就在報上登了一則警告啟事，要求「大安印刷廠負責人呂赫若（本名呂石堆）幾日內出來處理」。保密局特務看到這則啟事才知道，一條到手的大魚竟然就這樣輕易給溜走了。

呂赫若漏網。保密局特務於是把這股怨氣發洩在他的親友頭上。結果，林永南、蘇玉蘭，以及留在台北念中學的長子與長女，都一一被抓去刑訊，分別拘押了一段時日後才陸續釋回。

「『呂的』跑路以後大約有四個月的時間，他欠人錢的事情才爆發。」蘇玉蘭回憶說。「那陣子，我家走廊下及四周都有人拿槍在顧。我走出去，他們也緊緊跟在後面。後來，五六十名兵仔就進來搜房子，不管是什麼，連衣褲什麼的都翻，都搜，像是〈牛車〉、〈清秋〉這些手稿都被搜去了。有個兵仔還說我女兒和他大女兒（差十四歲）長得很像，同樣美美的。接著他們就抓我去問話。他們把我押上一輛自用轎車，把我的眼睛蒙起來，載到一個地方才鬆開布條。進去以後，我瞄到那裡掛著一面國旗。後來，我才知道，那裡好像就是保安司令部。一到那裡，我就被吊起來。其中一個較低階的兵仔凶凶地要打我。一個長得比較斯文像是他們上司的就說不能打，還把我的鎖鍊解下來。我被關進一間窗戶開得好高的牢房，連我在內，總共關有七個女人，很擁擠，只能坐著睡。我在牢裡被關了四天。他們也問了四天的話。每天都問，就是要對照我每次的回答是否一樣。他們問我怎麼跟他認識的？我就照實說給他們聽。他們說他是共產黨。我就說我不管他外面的事啦。我雖然有讀日本書，但不會講國語，漢文也不通，而且他寫的文章我也不曾看過。他們又說，如果他不是共產黨，怎麼會去印那些宣傳共產主義的書。我說，他可能是為了賺錢才會去偷印那些書啦，他應該不是共產黨。他們還問我他平常都去爬什麼山？我就回答說好像是太平山，還是什麼山的。他們每天問，我每天回答。可能是我的回答都有一致吧，後來，他們裡面較上司的官就放我出來了。」

一九八九年一月廿一日，呂芳雄先生引介我到台北採訪林永南先生。但因為恐懼猶在吧。當我們來到林家門口時，他卻臨時失約，外出了。其後，呂芳雄先生向我轉述了其舅林永南的回憶說，一九五〇年三月，保密局特務為了追拿「行蹤不明」的呂赫若，把他抓去嚴刑逼供。但他什麼都不知道，再怎麼刑，也問不出所以然來。一九五一年元月十二日，與呂赫若、顏碧霞等人同案判決「無罪」。同年四月，關了十三個月後才把他釋放。

5 桂花巷的流言

關於呂赫若的脫逃，一直以來，在同時代的政治受難人圈子還流傳著一則與辜家媳婦顏碧霞有關的傳言。一九八九年十月二十三日，前保密局特務頭子谷正文甚至寫了一篇題為「桂花巷失落的人和事」的小說體文章，繪聲繪影地描述了呂赫若遇捕，並在「辜顯榮的兒媳，辜振甫的嫂子，辜廉淞的媽媽——辜顏碧霞」（「惕紅」）協助下脫逃的經過。這篇刊於李敖發行《一百・一百・期》叢書的虛實交構文章寫道：「呂赫若，這個人似乎失蹤了。而我，恰好認識這個人，但當年我僅知其為音樂家。這位音樂家，彈著『吉他』，以低沉的音調常常陪伴著『惕紅』，夜以繼日，唱著你濃我濃，談著解放台灣。突然有一天夜裡，提騎掩至，捉走『惕紅』，逃了小呂。呂赫若駕著辜廉淞（一九三三—二〇一二）的Mini Austin轎車逃了。棄車在中山橋，人不見了。『惕紅』小姐則以『資匪』的罪，判刑十年。一天也沒少，乖乖坐十年牢。沒收延平北路三層樓房一幢，鐵工廠一爿……」（頁六三—六八）

辜顏碧霞被沒收的鐵工廠名為高砂鐵工廠，後來就被充作保密局的臨時監獄，也就是一般五〇年代政治受難人所稱的「北所」。據說，辜顏碧霞自己也曾被關在這裡的女監。關於此事，陳逸松在葉芸芸訪談的〈「山水亭」舊事〉一文說：「二二八之後，他〔呂赫若〕在辦《光明報》，後來知道國民黨要捉他，大概準備要走，來找過我一次，告訴我他要再去日本，要我幫他經營印刷廠，我因律師事務忙碌沒答應他。他才找辜顏碧霞，她應允了，這是為什麼她也被捉去關了五年。」（頁一一七）

為了理解呂赫若的最後行蹤，我一直設法能夠採訪到辜顏碧霞女士，請她談談她所知道的呂赫若。雖然自稱與辜顏碧霞和蘇玉蘭女士是第三高女同學的林至潔女士答應要幫我聯繫採訪事宜。然而事情始終沒能落實。因此，我也無法直接聽到她對谷正文所言情節的意見。我只好通過第三者的探詢來求證上述情節的真實性了。

一九九〇年元月九日，我向蔣碧玉女士談到谷正文所提呂赫若與辜顏碧霞的事情，並問她這是不是事實？蔣女士告訴我，事實上，這個傳聞早在當年就有了。究竟是不是事實，她也不敢確定。但她個人認為不太可能。因為辜顏碧霞雖是年輕寡婦，但身處豪門，家裡有那麼多傭人，眾目睽睽，要發生這種關係，是不太可能的。然而，我認為，這個理由並不能說服人。

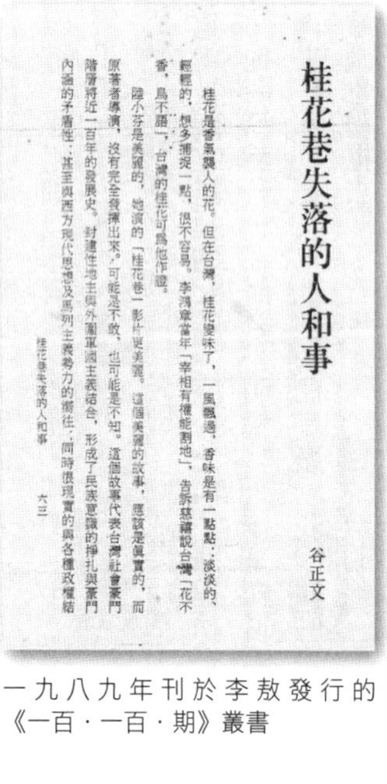

桂花巷失落的人和事

谷正文

桂花是香氣襲人的花。但在台灣，桂花變味了，一風飄過，香味是有一點點，淡淡的、輕輕的，想多捕捉一點，很不容易。李鴻章當年「宰相有權能割地」，告訴慈禧說台灣「花不香，鳥不語」，台灣的桂花可爲他作證。

陸小芬是美麗的，她演的「桂花巷」影片更美麗。這個美麗的故事，應該是眞實的，而原著者導演，沒有完全發揮出來，可能是不敢，也可能是不知。這個故事代表台灣社會豪門階層將近一百年的發展史。封建性地主與外圍軍國主義結合，形成了民族意識的掙扎與豪門內涵的矛盾性；甚至與西方現代思想及馬列主義勢力的嚮往，同時很現實的與各種政權結

桂花巷失落的人和事　六三

一九八九年刊於李敖發行的《一百・一百・期》叢書

蔣碧玉的大姊嫁給辜顏碧霞的大弟弟，所以和辜顏女士有姻親關係。另外，她還向我透露，辜顏碧霞的小弟就是我曾採訪過的顏永賢先生。日據時期，顏永賢在就讀台北二中時，曾經因為反日事件被捕繫獄。光復初期，他也是《政經報》的核心同人之一，與蘇新等左翼知識分子來往密切。二二八事件後流亡大陸，改名顏光，文革結束後移居巴西，投靠顏家親戚。我想，辜顏碧霞既然有這樣一個弟弟，那麼，她和呂赫若的認識，也就不是不太可能的事了。問題是，究竟她和呂赫若是怎麼認識的？關係又是如何？為什麼她又會因呂赫若的關係被捕，並以「資匪」之罪名處刑十年呢？對我而言，我想要採訪

辜顏碧霞女士的動機，不過如此。我對其他八卦傳聞一點興趣也沒有。因此，我希望蔣碧玉有機會還是幫我問一下辜顏女士。她也答應有機會就幫我問問看。

第二天，也就是元月十日，蔣碧玉在她姊夫的公司「尾牙」晚宴上見到了辜顏碧霞，並且向她轉述了我告訴她的谷正文的文章內容。可以想見，辜顏女士的態度會是如何。

辜顏碧霞很氣憤，說根本是胡說八道。蔣女士後來向我轉述了她們對話的內容。她於是順勢問辜顏碧霞，她和呂赫若究竟是怎麼認識的？同時強調，她要不說，人家當然就可以隨便亂編了。辜顏碧霞於是說，呂赫若其實只是她女兒的鋼琴老師。原先她女兒有一個女家教，後來結婚不教了。因為呂赫若恰好是她女兒北一女的音樂老師，就請他當鋼琴家教。至於她為什麼會被牽連入獄？她說她自己也搞不清楚。她承認，呂赫若為了大安印刷廠的周轉是有向她借過錢。她也借了他新台幣兩千元。但她認為這也是人情之常。

蔣碧玉同時向我表達了她個人的看法。她認為，辜顏碧霞之所以會被牽連，應該是那些特務覬覦她的家產吧。因為辜顏碧霞被捕時，她自己才剛剛釋放不久，保密局的特務還特地找她打聽辜顏碧霞背景。

也許是坐牢期間的改造吧，辜顏碧霞從獄中出來以後，有一

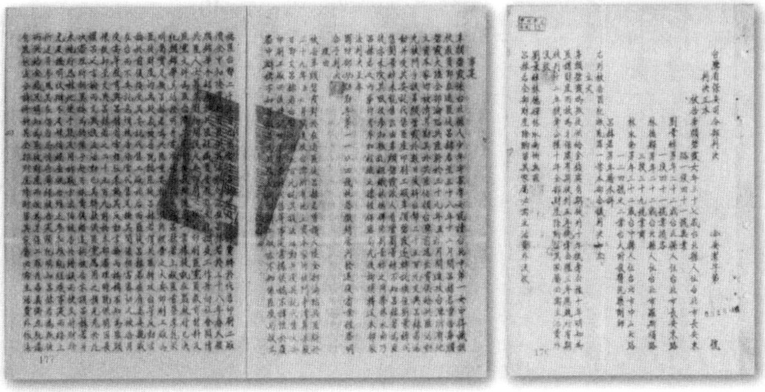

台灣省保安司令部〈40〉安潔字第〇三二六號判決書

兩年期間，對待家裡的傭人變得非常客氣。可是，後來，她那少奶奶的習性又恢復了。蔣碧玉女士也向我解釋說。現在，她的庭門深鎖，一共擁有警衛、傭人二十幾個。要想採訪她，恐怕就不太容易了。因為這樣，關於谷正文所說，呂赫若「駕著辜廉淞的 Mini Austin 轎車」在中山橋逃跑一事的真實性，我們也就無法通過當事人來證實它一定不是事實。但是，如果以呂赫若不會開車的實際情況來看，谷正文所寫的情節，應該還是他那不為人所知的居心而編造的流言吧。

多年以後，我們終於得以從檔案局解密的台灣省保安司令部〈40〉安潔字第〇三二六號判決書所載，看到一些前所未見的官方說法。這份判決書是一九五一年元月十二日台灣省保安司令部合議庭審判長邵彬如，審判官劉達與周咸慶的判決，同年元月二十日由書記官孫汝信抄發。

首先，關於呂赫若，該判決書「理由」的部分載稱：「查呂赫若於三十八年春天經顏錦華介紹參加共匪組織，負責教育文化調查工作，並向社會同情共匪人士募集財物，開設大安印刷工廠，以印刷匪黨員教育材料及匪黨文件，為匪台灣（省）工（作委員）會掩護機構之一。業據提訊在監執行已決犯顏錦華具結證明，並電准保密局查據呂赫若上級匪首蔡孝乾供明屬實。足徵呂赫若為共匪重要幹部，其所經營之大安印刷工廠為匪徒財產，均無疑義」。以此之故，儘管「在逃」，仍判處「全部財產除酌留其家屬必須生活費外沒收」。

其次是關於辜顏碧霞的記載：「被告辜顏碧霞（年三十七歲），係台北縣人，少年守寡，有女就讀台北市第一女中，得識該校教員即在逃匪徒呂赫若。至三十八年十二月間，呂赫若曾告辜顏碧霞，大陸全部淪陷，共匪將於三十九年五六月間進攻台灣，所有地主資本家均（會）被清算，勸其於共匪占領台灣前應出資供給共匪活動，免被鬥爭。該辜顏碧霞於數日後將（新）台幣二千五百元交與呂赫若活動，並受其委託，代售匪產印刷工廠。辜顏碧霞遂轉託族姪劉景綽代售。劉景綽未能售出，由辜顏碧霞派人看管」。「惟〔被告〕於覆審中辯稱，不知呂赫若為共匪，大安印刷工廠亦不知係匪產，而故為隱匿。台幣二千五百元係借予呂赫若赴日旅費，將於代售印刷工廠價金中扣除，實無資匪供其活動之意」。但「被告既聽匪徒呂赫若謂共匪將攻台等反動言論於前，復接受其委託代售工廠於後，而匪徒呂赫若查有妻妾親戚在台而不委託，竟煩被告保管代售，足證其關係相當密切。況被告身受高等教育，與呂赫若常相往來，聽其反動言論而諉稱不知為匪，顯係狡卸。至交與呂赫若之二千五百元，前於本部審理時既供明因畏懼呂之言論而交與設法活動，已具將款供匪黨應用之預見，竟於此次審理時翻異，諉為供係予赴日旅費。復經追詢，被告亦謂呂赫若並未施行恐嚇迫使手段，及用詐欺方法陷被告於錯誤而使交付財物，尤足證明狡辯不足採信。經查被告雖乏參加叛亂組織事實，而綜上所述並參照其在保密局偵查筆錄，被告實觸犯明知呂赫若為叛徒而供給金錢，及明知為匪徒財產而故為具保二罪，並各具獨立犯意，自應依法分論併科，其全部財產除酌留其家屬必須生活費外依法沒收」。結果，該庭合議判決「辜顏碧霞為叛徒而供給金錢處有期徒刑十年褫奪公權十年，明知為匪徒財產而故為具保處有期徒刑五年褫奪公權三年，應執行有期徒刑十二年褫奪公權十年，全部財產除酌留其家屬必須生活費外沒收」。

除此之外，本案其他三名被告劉景綽、林德輝（係劉景綽之同學）、林永南，雖「均有參加組織之嫌」，但「尚乏積極事證」，「依法均應諭知無罪」。

判決之後，辜顏碧霞轉送台北監獄執行，同

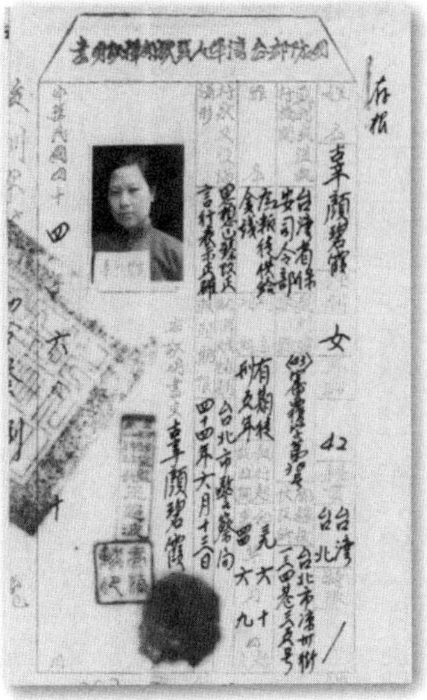

顏碧霞的開釋證

年十二月又送軍法處軍人監獄。一九五四年四月初復審，同年七月十日改判五年。一九五五年三月十日又轉送新竹少年監獄管教，五月十三日簽署反共「誓書」，六月十日刑滿開釋出監。這樣，谷正文「一天也沒少，乖乖坐十年牢」的說法，顯然也不是事實。

6 關於鹿窟領導人陳本江

現在，大家都知道，呂赫若的生命之旅，最後結束在汐止、石碇一帶的鹿窟山區。在行政區上，鹿窟是指台北縣（今新北市）石碇鄉鹿窟村。安全局機密文件《歷年辦理匪案彙編》第一輯「匪鹿窟武裝基地許希寬等叛亂案」所指的「鹿窟武裝基地」，則指「台北縣所屬汐止鎮、南港鎮、石碇鄉、坪林鄉交界之山區」。它「位於基隆台北間，叢林峻嶺，至為險要，西可控制台北市區，東南威脅基隆海岸之側背」，是一「具有戰略價值之區域」。一九四九年九月，「台灣省工委會」書記蔡孝乾認為「解放」迫近，準備配合作戰，而下達「在北區建立基地和成立北區武裝委員會」的指示，「鹿窟基地」因此成立（頁一六一、一五七）。此外，前述一九五〇年八月廿九日蔡孝乾《問訊筆錄》載稱，「因為組織不斷被當局破壞」而「隱蔽入山區的幹部」，包括「北部文山區」的「陳本江、陳通和和呂赫若等八名」。另據前調查局台灣省調查處處長郭乾輝（一九〇八—一九八四）執筆，一九五四年四月該局「中央委員會第六組印」，「限於中上級保防幹部參考研究之用」的「機密」叢書《台共叛亂史》（頁八四）所載，「鹿窟基地」的實際領導人是「省工委台北市委組織下的漏網幹部」陳本江與陳通和兄弟。

許多五〇年代的政治受難人都知道，傳聞中，「鹿窟基地」有陳本江領導的「紅軍」，以及陳通和領導的所謂「黑軍」。然而卻很少人知道陳本江這個人的出身背景。我以為，如果要比較深入地掌握呂赫若黨人生涯的究竟的話，我們有必要先對陳本江這個人有所了解。

就文字資料而言，起初，我所能看到的比較詳細的有關陳本江的紀錄，就只有浙江平陽籍的報人周夢江（一九二二─？）晚年所寫的幾篇回憶文章。他在收錄於前引葉芸芸《證言二、二八》的《二二八事變見聞記》說，他「是在謝雪紅家中認識」陳本江的。當時，他的身分是台中《和平日報》編輯主任，陳本江則是「中外日報參事」。據他所知，「陳本江是台北人，當時約莫三十多歲，為人嚴肅，聽說曾在北京某大學教過書，但不知專業是什麼？當時住在台北，並無家眷」。一九四七年一月，他「受台中市政府注意，被迫辭職離開」和平日報社，乃「由友人陳本江介紹認識《中外日報》董事長林宗賢」，受聘為該報採訪主任。當晚「在其寓所住過一夜，其住處極其簡陋」（頁一七三、一六七）。在收錄於他與王思翔的《台灣舊事》書中的〈曇花一現的《中外日報》〉中，對上述所提內容則有更具體的細節描述，並補充了一些個人觀感說：「陳本江這人看去有點神祕感。據他自己講，他曾在東北和北京一些大學任過講師，以後又是報社高級人員，可是一點知識分子氣味都沒有。西裝外面掛著懷錶，手上戴個很大的金戒指，表面看去是個道地的商人。」但「陳的家真是可說一無所有，除了一張床和棉被外，一本書也沒有」。「以後他住在報社的經理部，我住在編輯部，兩地相距頗遠，我有時偶然去經理部時，也沒有再看見他。」（頁六八）

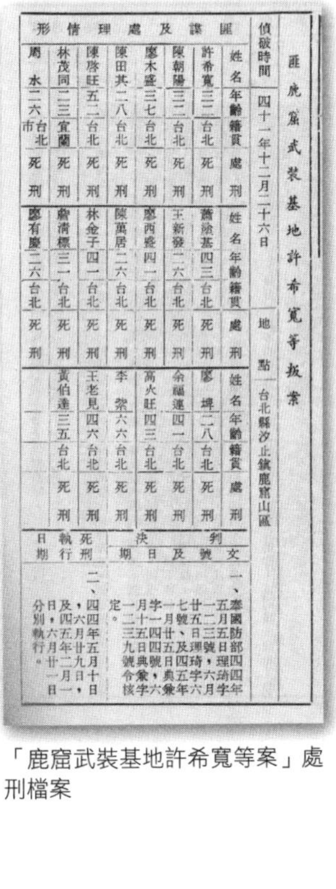
匪鹿窟武裝基地許希寬等叛案

偵破時間：四十一年十二月二十六日

地點：台北縣汐止鎮鹿窟山區

匪諜及處理情形

姓名	年齡	籍貫	處刑	姓名	年齡	籍貫	處刑	姓名	年齡	籍貫	處刑
許希寬	三二	台北	死刑	蕭滄基	四三	台北	死刑	廖埤	二八	台北	死刑
陳朝陽	三二	台北	死刑	王新發	二六	台北	死刑	余福連	四一	台北	死刑
廖木盛	三七	台北	死刑	廖西盛	四一	台北	死刑	高火旺	四三	台北	死刑
陳田其	二八	台北	死刑	陳萬居	二六	台北	死刑	李祭	六六	台北	死刑
陳啓旺	五二	台北	死刑	林金子	四一	台北	死刑	王老見	四六	台北	死刑
林茂同	二三	宜蘭	死刑	簡清標	三一	台北	死刑	黃伯達	三五	台北	死刑
周水	二六	台北市	死刑	廖有慶	二六	台北	死刑				

判決文號及日期：一、奉國防部四四年五月五日理琦字一二三號，六月廿五日理琦字六七號、及四五年一月廿五日典彙字一四四號，六月十五日號典字一二三九號令核定。

死刑執行日期：二、四四年五月十日，六月廿九日，及四五年二月一日，六月廿一日分別執行。

「鹿窟武裝基地許希寬等案」處刑檔案

關於陳本江與《中外日報》的關係，一九四七年「過了年」「進了《中外日報》」的吳克泰，晚年在《吳克泰回憶錄》（二〇〇二年人間）寫道，「有一天該報專員陳本江（北京回來的）約我們三個人（省工委直屬新聞記者小組的吳與孫萬枝及《中外日報》專員徐淵琛）晚上到徐家。我開始不知道是什麼事。到了徐家樓上坐定，陳本江就把電燈關上，有些神祕。我們就在黑暗中慢慢聽他道來。大意是說在目前形勢下，很需要有一個人民團體來把各階層人士團結起來，他沒有說這個人民團體準備用什麼名稱，也沒說地址將設在何處。他把團體章程一條一條地念給我們聽，聽起來與省工委綱領不盡相同，但有雷同之處。我們問他準備推誰為會長？他沒有答，只說以後會知道。因為我們只聽他念了一遍，沒能好好斟酌，也就沒有討論，就散會了。他要發起組織這麼一個人民團體的用意確實很好，但這究竟是經過誰同意支持的，我不清楚。當時，孫不在《中外日報》，陳本江也不認識他，怎麼恰恰找我們三個人呢？從他關掉電燈在黑暗中同我們開會的這種神祕做法來看，有些幼稚，我認為此時陳本江還不是地下黨員。不久以後『二二八』爆發，這件事也就吹了。」（頁一八二－一八三）

周夢江在收錄於《台灣舊事》的〈二二八中和蘇新相處的日子〉又再次提到陳本江這個人，內容與前文並無多大的出入，但也涉及了陳本江二二八期間在報社的情況。針對鍾逸人在《辛酸六十年》所云「陳本江在報社權力很大」之說，他不點名批判為「無稽之談」。他說，浙江臨海籍的《中外日報》社長鄭文蔚（原國民黨CC系《東南日報》採訪主任，到台灣後任長官公署參議）「對編輯部控制很嚴，

一九九五年四月時報出版

林宗賢平日都無法過問，何況陳本江。」一九四七年三月二日，台北局勢漸趨穩定，鄭文蔚於是在編輯部召開緊急會議，要求「報紙馬上恢復出版，要為陳長官講話。」但因「無人響應」而「憤然離去」。當天晚上，周夢江卻接到陳本江的電話說：「林宗賢派蘇新於明天上午到編輯部，請你協助他工作。」〔頁一四〇—一四二〕

根據多年來的田野查訪所知，我以為，周夢江的證言有幾點值得討論和注意。首先，陳本江不一定是「台北人」。我的根據是一九九三年五月一日五〇年代被槍決的基隆中學教員藍明谷〔一九一九—一九五一〕遺孀張阿冬老太太向我提供的證言。光復後，她在台北一家貿易行任職；老闆恰好是陳本江的朋友。陳本江常到貿易行走動，彼此就認識了。後來她又通過陳本江介紹，認識了與他同住一處的藍明谷與王荊樹。據她所知，他們三人都是高雄岡山人。而陳本江與藍明谷都在光復後才從北京返台。

關於陳本江的確切背景，一直要到一九九五年，「從來沒聽過『鹿窟』兩個字」的旅美漢學家孫康宜教授〔一九四四—〕，「偶然從別人那兒聽說」之後才知道，原來她那本名陳大川的大舅陳本江與三舅陳通和，就是「一九五〇年代初台灣『鹿窟事件』的領袖」，從而在所有長輩的反對下，逐漸寫出了她所知道的有關上一代人的生平事蹟。據其《走出白色恐怖》所述，陳本江一九一五年出生於日據下的高雄鳳山，一共八個兄弟姊妹。民族意識強烈的父親不願被日本殖民統治而全家搬去廈門。陳本江就讀鼓浪嶼的一所教會中學，年年考第一。但盧溝橋事件爆發後，他們全家又被日本領事館勒令回台。一九三九年，陳本江考取日本早稻田大學政治經濟科，前往東京留學，閱讀了康德、黑格爾、卡萊爾和馬克思等西方思想家的著作。其後，他的三弟陳通和、妹妹陳玉真〔孫康宜的母親〕也前往東京求學。民族意識同樣強烈的陳通和不願被殖民當局強徵當日本「志願兵」，中學未畢業即逃到郊區的鐵工廠做苦工。就讀東京高女的陳玉真則通過大哥陳本江介紹，認識了來自天津，與他同班的同學孫裕光。一九四二年底，陳本江與孫裕光同時畢業。孫裕光回國，任教北大。陳本江則去明治大學讀研究所，畢業後也到北大法學院任助教和講師，教經濟史、經濟學史和日文等科目，並且成為北京台灣學生會〔青年會〕重要成員。一九四三年初，陳玉真來到北京與孫裕光結婚，與小姑和小叔同住中南海附近的北新華街。當時北京通貨膨脹，物資管制，有錢也買不到米，全靠陳本江冒險出外張羅而保全了孫家一家人的性命。抗戰勝利後，目睹民不聊生的社會亂象，早在大學時代就已經研讀馬克思主義的陳本江決定加入「左翼組織」。一九四六年春，孫裕光帶著妻子與兩個幼兒，在同船的北大同事張我軍幫忙下從上海搭船返台。一九四八年陳本江也回到台灣。一九五〇年一月廿三日深夜，保密局特務為了追查陳本江的行蹤，逮捕時任梧棲港務局副局長的孫裕光，四月底釋放。五月五日，孫裕光再次被捕。前述台灣省保安司令部〈39〉安澄字第二三六一號判決書載稱，一九五〇年八月三十日，三十四歲的孫裕光，以「石炭調整委員會祕書」的身分，與顏錦華、蕭坤裕等人，同由台灣省保安司令部軍法處審判官陳英裁決，以「參加叛亂組織」之「罪名」，「處有期徒刑十年褫奪公權五年」。

就在尋找呂赫若的書稿已經寫完多時之後的二〇二一年九月，我在原「台灣省旅平同鄉會」執委梁永祿先生的

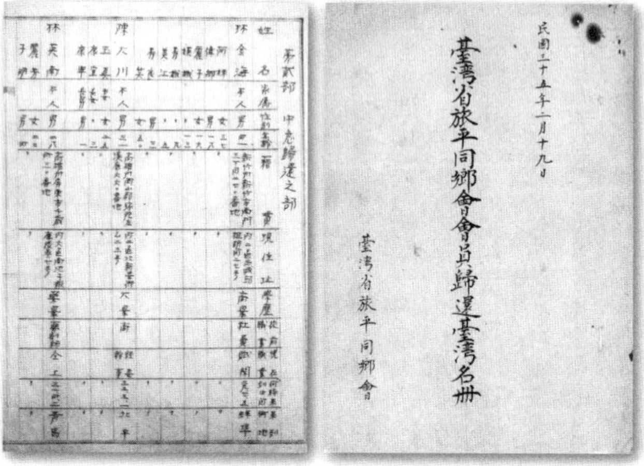

一九四六年台灣省旅平同鄉會的名冊

外孫張寧提供的兩份史料，看到了原名陳大川的陳本江的紀錄，其一是一九四六年一月的《台灣省旅平同胞名冊．第五冊》記載：陳大川，卅一歲，籍貫／高雄州岡山郡彌陀庄潔（溪）底六六〇（番地），經歷／商，住址／內二北新華街乙廿三號，現職／北平復員協進會幹事，家屬／妻玉真廿五歲、女康宜三歲、子康寧一歲。另一份是一九四六年二月十九日的《台灣省旅平同鄉會會員歸還台灣名冊》「第貳部　中急歸還之部」，新增的資訊是：學歷／大畢，現職／經委幹事，一九四四年三月一日來到北平。我用手機拍照後，通過微信傳給在美國的孫康宜教授。她看過之後用英文問道：「為何它說我是陳大川的女兒？」我回答說：「如果不偽稱你們是舅舅的兒女，就不是台胞，就回不了台灣。」她說她理解了，「This is so amazing!」然後又說但是她弟弟的名字應該是「康成」。我說這我就不知道了，應該是你母親與舅舅登記的。她說她理解。

應該注意的是，既然陳本江曾在北大任教，那麼，他與也曾在北大任教的大安印刷廠經營者之一蕭坤裕，應該會有一定的聯繫吧。既然陳本江和蘇新在「二二八事變」初起時有一定的聯繫，而蘇新在事變期間也和蔡孝乾、廖瑞發等地下黨領導人有間接聯繫。因此，他們兩人的背後，應該有個組織在做橫的聯繫。那麼，以呂赫若與蘇新關係之密切而言，呂赫若與陳本江在當時或者日後發生組織聯繫，也是很有可能的。

7 鹿窟山村的關鍵證人

就在一九八七年尋訪呂赫若的同時，我認識了世居鹿窟，務農為生，一九五二年年底因為「鹿窟案」而入獄十年的王文山先生（一九三七－），從而對鹿窟的案情有了初步認識。他說，「鹿窟案」牽連的地區很廣，包括頂鹿窟、下鹿窟、頂紙寮坑、下紙寮坑、九層坪、松柏埼、大崎頭、十三份、上耳空龜、下耳空龜、鵠鵠崙、玉桂村、南港。在此範圍內的成年男子幾乎都被抓光了。一部分青少年也牽連涉案。十五歲的他算是最年輕的。他二哥和在山上當木材工人的叔叔（後來被槍斃）也進去了。他記得，大約一九四九年底或一九五〇年初，開始有外地人以度假或養病的理由陸陸續續來到山上，分別住在不同的村民家裡。其中一個姓王和一個姓鄭的外地青年來到他家。一個月後，外號分別叫「紅軍」和「黑軍」的人（多年以後他才知道他們是陳本江和陳通和）就來探視他們。最初，他們經常在村子轉轉走走，後來怕外面的人知道行蹤，就在山上隱密的樹林搭草寮居住。他指出，這些外地人，看起來都很紳士，生活也非常規矩，很有學問，還會教村民讀書。日據末期，他在大溪墘上公學校，每天走兩個鐘頭，升二年級時，因為美軍轟炸台灣就沒再上學，在家幫父親做農。所以，農忙之餘，他也跟著他們學漢字，讀書，聽他們談與生活相關的事情。例如，地主和佃農的關係。他們說，為什麼有人土地那麼多，有人卻什麼都沒有，所以應該要支持國民政府土地改革，讓農民都有田種，每個人都有土地。他們也談社會制度不合理的問題，說不該存在剝削的行為等等。但是，因為村民日夜都得做農事，經常有人缺課，沒多久，讀書的事便無法繼續了。他強調說，他們除了教村民讀書，也幫村民做事，照顧村民的醫療。所以他們在村民眼中都是好人。而他認為，他們若沒本地人引路是進不來的。他後來知道，最早，可能是村裡一個叫陳春慶的人先帶陳本江和陳通和兄弟進來。

通過王文山先生的敘述，我大致理解了所謂「鹿窟武裝基地」的實況。更重要的是，也知道了帶領陳本江兄弟入山的是村民陳春慶。問題是陳春慶是怎樣的人？他與陳本江又是怎樣認識的。於是，經由王先生聯繫引介，我終於在杳無人跡的鹿窟荒村見到了幾近自我放逐的陳春慶先生。因為人是他帶進鹿窟的，又因為大逮捕之後他還在逃亡，所以與鹿窟有關的好幾個案子的判決書也都突出他的重要地位，他被捕後又因有追緝其他尚未落網者的運用價值而沒被判刑入獄。因此，長久以來，一般無辜牽連入獄的村民都對他有所懷疑。他說，這些他都承擔得起，毋須解釋，也講不清楚。因此，靠著經營釣魚池維生的他，經常到鹿窟山上割除路邊的雜草。

一九八八年十月十七日下午，我依約前往他那僻處北宜路山腳下的家，進行第一次採訪。我在北宜路口打了電話，問明路徑，隨即騎著機車，循著他所指示的彎來繞去的小路，順利來到他那位於魚池旁邊的簡樸的平房住宅。一進門，我就看到正對門口貼了一張幾乎布滿牆面的中華人民共和國大地圖。門側，靠牆擺了一張單人床，枕頭與棉被整齊摺疊在床頭，旁邊空位上堆了一疊「匪書」。他拉了一把摺疊椅讓我在床畔入座，自己就坐在床沿，與我聊了起來。話沒幾句，一個管區警察騎著機車來到（顯然我的到訪已被注意），向他問了幾句例行性的無聊問話。他坦然地一一回答。警察打發走了。我於是正式向他進行採訪。彷彿是壓抑了幾十年的話無人可說，他的話匣子一開就滔滔說個不停。神情激動。語速快。內容龐雜。又經常不按我的提問今昔穿插跳躍式的展開。我的採訪筆記寫得很艱難。但總歸取得了他對我的信任。從此以後，一直到他病逝（一九九六年十一月十三日）為止，我又與他在不同地方、不

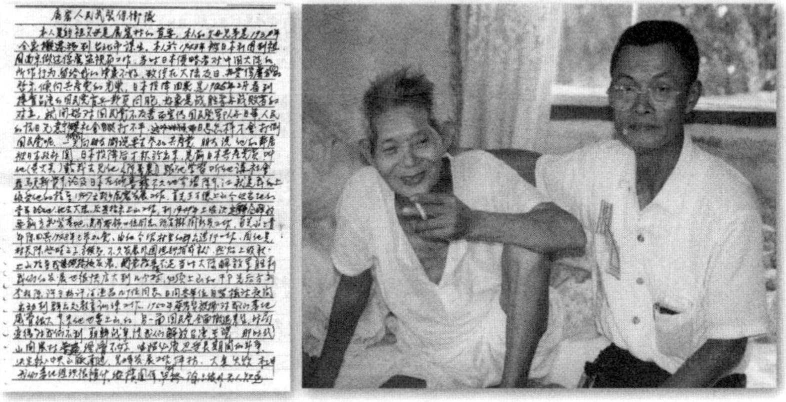

一九九六年十月三十日陳春慶（左）與王文山及其手跡（藍博洲攝）

同時間做了無數次正式與非正式的訪談。根據他龐雜的敘述與未完成的幾頁回憶手稿，我也整理了一些相關的頭緒。

日據下的一九二三年，陳春慶生於鹿窟。祖父和父親先後是鹿窟村長。一九三七年日本侵略中國時，他還以為自己是日本人。一九四〇年太平洋戰爭爆發後，他還打算志願去當日本兵，因為父親不准而沒有成行。後來，他就去日本軍部應募「英美俘虜監視員」。一九四一年三月被派往中國戰場。在浙江一帶，他看到台灣義勇隊四處張貼的抗日標語，才漸漸知道自己不是日本人，是中國人。戰後，他回到台灣。他們家也從鹿窟搬到樺山町製酒工廠（今華山文創園區）對面。村長就由堂兄陳啟旺接任。一九四六年，他通過鄰居介紹而認識了老台共陳義農。陳義農介紹他參加一個讀書會，因而又認識了王忠賢、許希寬、黃石岩、顏錦華和陳本江等人。二二八發生時，他就在陳本江的領導下參加了景尾和桃園的人民武裝行動。

據當年參與台北地區二二八武鬥計畫的吳克泰、葉紀東和陳炳基等人的證言，景尾的武裝行動實際上是中共地下黨策動的。由此看來，陳本江可能早在二二八之前就已經是地下黨人了。

「認識陳本江，我這一生的命運也從此改變了。」陳春慶先生感嘆地告訴我說。二二八後的清明節，他在觀音山祕密宣誓入黨，隨後即在陳本江領導下，先後在空軍司令部、農林處、鐵路機務段等單位發展工作，同時也協助陳本江發展印刷工廠。印刷廠就在陳春慶家隔壁。據他所知，劉明拿了十億元（舊台幣）給印刷廠，在開封街石炭公會上班的蕭坤裕，在物資局任職的顏錦華，也都與這家印刷廠有來往。

另據監察院「106國調0018：鹿窟案調查報告」（二〇一七年十月二十日）第九頁所述，一九五五年七月，陳春慶被捕以後在保密局的訊問筆錄載稱，他「於卅六年（一九四七年）四月經陳甸煙介紹，由陳義農吸收參加共黨，受陳義農、許希寬、王忠賢、陳通和、陳本江之教育和領導。卅七年七月經陳本江介紹至松山農器具工廠任警衛，未幾即在廠內吸收王精等人參加共黨組織，成立松山農器具工廠小組，由陳春慶任組長，歸陳通和領導。於此時期，曾隨陳本江前往呂石堆（即呂赫若）之宣誓。」

如果陳春慶的上述說詞都不是虛構的話，我們就可以推定，呂赫若是在一九四八年七月以後宣誓入黨的。同時，我們也大致掌握了這樣的組織關係：地下黨（蔡孝乾）——陳本江——呂赫若、蕭坤裕、大安印刷廠——劉述生（劉學坤）——「ＴＬ支部」。這樣的組織關係，正足以說明呂赫若和劉述生為何會在印刷廠關閉後，先後奔赴陳本江領導的「鹿窟基地」。

陳春慶又說，鹿窟基地被破壞後，陳本江和陳通和兄弟先後被迫「自新」。陳本江已於一九五八年左右因腦充血而死在南門附近某公車站牌下。陳通和客居美國。然而，根據孫康宜《走出白色恐怖》之說，陳本江於一九五五年十二月出獄，一九六七年六月十日因腦溢血病逝台北街頭。她又說，陳本江「似乎曾經以表現左翼情緒的武俠小說的形式創作過一些作品，並署有『紅豆公主』的筆名，但不幸的是今天很難重獲這些作品了。」更讓後人感到遺憾的是，我們不但看不到他留下有關「鹿窟」的片言隻語，更沒有機會向他採集這段撲朔迷離的禁忌歷史的證言了。

晚年的陳旬煙（藍博洲攝）

8 虛構的造案情資

關於鹿窟基地的發展過程，陳春慶說，一九四九年之前，他即奉陳本江指示，經常回去鹿窟山上，發展基地預備地。因為局勢惡化，一九四九年八月二十日，他接獲指令，在山上正式成立「台灣人民武裝保衛隊」。九月初，上級陳本江也上山了。在陳本江的安排下，呂赫若後來也由村長陳啟旺的兒子陳田其帶來山上。

安全局機密文件《歷年辦理匪案彙編》第一輯「匪鹿窟武裝基地許希寬等叛亂案」的「陰謀策略與活動方式」欄載稱，這些地下黨人「在鹿窟組織偽『台灣人民武裝保衛隊』，下轄安全小組，情報小組，學習小組，家族小組，婦女隊，小鬼隊，總計有隊員約二百餘名，其訓練項目分為：軍事訓練，理論教育，改造勞訓，飢餓訓練等，企圖鞏固基地，形成武裝力量，以備爾後策應匪軍攻台。」（頁一五九）對此，王文山先生回憶說，後來他知道他們真正的身分是搞革命的，也被吸收了，因而知道組織的名稱叫「台灣人民武裝保衛隊」。但組織非常嚴密。他大致只知道有分幾個小組，細部情形不清楚。他那個小組是小鬼隊，主要工作是注意是否有陌生人進入村子範圍，並即刻向上通報。其次，山上資訊不發達，需要報紙。但像他這樣的小鬼教育水準低，公開上街去買報紙，會讓人懷疑，所以到雜貨店買東西時，就順便拿最近的舊報紙包東西，夾帶回去。

一九八八年十二月廿九日，一個台北罕見的下著大雨的冬夜。我由王文山先生陪同引介，各自騎著一台機車，頂著撲面而來的冷雨，來到汐止，採訪了同是鹿窟「小鬼隊」成員，而且對呂赫若上山及遇難經過都略知其情的李石城先生。一九三五年出生汐止大崎頭（今白雲里）山村的李石城，日據時代就讀十三份公學校，光復後未再上學，當牧童。一九五二年，十七歲的他因鹿窟案入獄，一九六三年出獄後當煤礦工人維生。他的頭腦靈光，記性好，而且把他所知道和聽到的呂赫若上山以來的事情生龍活現地告訴我。二〇一五年二月，他又親自撰寫出版了《鹿窟風雲：八十憶往——李石城回憶錄》一書。以下就以當天的訪談紀錄為主，參照回憶錄的補充，探尋呂赫若在鹿窟山上的腳蹤。

一九四八年農曆正月廿七日，李石城的家裡為父親做「對年」（一週年忌日）。近午時，祖母的內姪孫，也就是表哥陳春慶與他的堂弟陳明，以及另一位「長得一表人才，身如宋玉，貌似潘安」的潘老師，帶著一串香蕉來祭拜。約隔半年，農曆七月十五普渡那天，陳春慶再度來到李家，向李石城的哥哥表示，山上空氣好，他有幾位台北朋友，身體不太好，想來休養一段時間。他說他已跟獨居大崎頭最高點的鄭姓村民講好，安排他們暫住，以後要拜託李石城幫他們購買日常用品。這樣，後來（據陳春慶所言應該是一九四九年九月以後），潘老師，一位年約五十出頭（實際是四十出頭）的葉先生，以及三十歲左右的蕭先生，就住進了原本蔓草叢生狀似廢屋的鄭家。李石城和另兩位同年鄰居也常到已經煥然一新的鄭家，找他們聊天，聽他們講故事。當然，有時候也到汐止街上，幫他們購買民生用品。也因為這樣，後來他們三人也都參加了「台灣人民武裝保衛隊」的「少年先鋒隊」（小鬼隊），擔任「聯絡員」。再後來，他在軍法處看守所與葉先生同房時才知道，葉先生的真實姓名是王忠賢，而潘老師就是鼎鼎大名的呂赫若。

就現有的文字資料來看，呂赫若上山以後的事蹟，只有安全局編印《歷年辦理匪案彙編》第一輯「匪鹿窟武裝基地許希寬等叛亂案」有所記載。其中，第一六〇頁的「通

李石城回憶錄封面

訊方法」欄，有關「鹿窟基地」的「對外聯絡——與匪華東局聯絡之經過」載稱：「第一次為一九五〇年（民國三十九年）四月中旬，派張金海之姊張某（名不詳），由基隆大武崙乘走私船至香港，往晤林良材，由林良材再介紹謝雪紅引見匪華東局駐港人員，報告台灣地下組織之現況，及約定第二次之聯絡日期。謝與華東局取得聯絡由香港來信後，即赴北平。第二次為一九五〇年七月上旬，再派呂赫若至香港，由林良材介見古中委，請示工作方針，呂匪往返均乘大武崙走私船，同年八月下旬回台。匪古中委曾允派數名高級幹部，來台擔任訓練幹部工作，並允送三部電台備用。另計畫密送偽台幣，作為工作費用及擾亂台灣金融，至配合作戰迫近時，即空投武器及傘兵，以加強戰鬥力量。此外古匪並曾與呂匪約定於一九五〇年十一月二十日，在鹿窟光明寺會晤，但屆時並未前來，以後因聯絡困難，遂與香港斷絕消息。」

根據前述監察院的「鹿窟案調查報告」（頁六）所載，這份情資應該是來自一九五三年七月六日保安司令部〈42〉安訪第〇六二二號函所附：陳通和一九五三年三月八日「自白書」的「我們建立台灣解放區的原則與企圖」一節。基本上，我個人認為，這段敘述是陳通和在嚴刑拷打之下為了蒙混過關而編造的情節，不是事實。

首先，一九四九年一月，謝雪紅為了代表台盟參加新政協會議，已經由中共黨組織的安排離開香港，經朝鮮、安東、瀋陽，於同年三月上旬抵達北平。一九五〇年上半年，她正

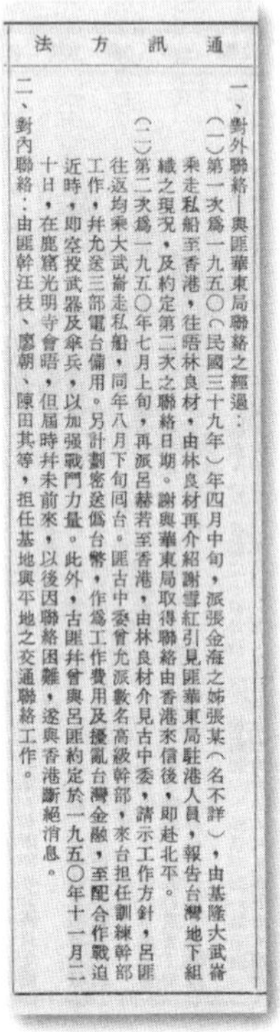

通訊方法

一、對外聯絡——與匪華東局聯絡之經過：

（一）第一次爲一九五〇（民國三十九年）年四月中旬，派張金海之姊張某（名不詳），由基隆大武崙乘走私船至香港，往晤林良材，由林良材再介紹謝雪紅引見匪華東局駐港人員，報告台灣地下組織之現況，及約定第二次之聯絡日期。謝與華東局取得聯絡由香港來信後，即赴北平。

（二）第二次爲一九五〇年七月上旬，再派呂赫若至香港，由林良材介見古中委，請示工作方針，呂匪往返均乘大武崙走私船，同年八月下旬同台。匪古中委曾允派數名高級幹部，來台担任訓練幹部工作，幷允送三部電台備用。另計劃密送僞台幣，作爲工作費用及擾亂台灣金融，至配合作戰迫近時，即空投武器及傘兵，以加强戰鬥力量。此外，古匪幷曾與呂匪約定於一九五〇年十一月二十日，在鹿窟光明寺會晤，但屆時幷未前來，以後因聯絡困難，遂與香港斷絕消息。

二、對內聯絡：由匪幹汪枝、廖朝、陳田其等，担任基地與平地之交通聯絡工作。

「匪鹿窟武裝基地許希寬等叛亂案」的「通訊方法」欄

忙於參加第一次華東軍政委員會全體會議、二二八三週年紀念會與全國政協第一屆第二次會議等。不太可能，也沒有恰當的身分，專程前往香港聯繫此事。而且，蔡孝乾在前述訊問筆錄也指出，台盟「與『台灣省工委會』組織完全分開，不相混合」。

其次，一九九〇年四月，我在上海採訪了「張金海之姊張某（名不詳）」的張硯女士。她告訴我，二二八前，她和大哥李中志（一九一六－一九五〇）與弟弟張金海（一九二七－一九五一）就由老台共出身的蘆洲地下黨人廖瑞發（當時的「台北市委書記」）介紹入黨。一九四八年十一月，一名叫林慶雲（高雄鳳山人）的地下黨人被捕。因為她和陳本江都與林慶雲有組織關係，廖瑞發於是叫他們撤離台北，轉移到鹿窟山村。一九四九年一月，廖瑞發又派人來叫她下山，要她作為青年代表，到大陸參加四月十日起舉行的「新民主主義青年團第一屆全國代表大會」。三月廿一日，她於是在組織的安排下，與吳克泰夫婦及另外兩名黨人，以及兩名士林協志會的青年，一同搭船到上海。此後即不曾回過台灣。

這樣看來，安全局文件所指「一九五〇年四月中旬」派張某赴港聯絡之事，純屬虛構的情資。既然沒有第一次聯絡，那麼，第二次的聯絡，當然也是假的了。

顯然，目前僅見的官方資料，並不能讓我們理解呂赫若上山以後的事蹟。我們還是只有向當年鹿窟案的當事人尋訪，才能找到呂赫若黨人生涯的最後足跡。

9 蛇吻

蘇玉蘭回憶說，她被釋放回家以後，有一個普通的外省兵來家裡找她，說呂赫若本來是要跑掉的，但沒跑成。結果，同夥的人怕他偷跑出來自首，就先打死他了。她問屍體呢？對方卻說不知道。她因此認定他的說詞別有目的，而沒有輕信。

如同本書「序曲」所述，在押房裡頭，一九五〇年五月底被捕的林書揚也聽到了「呂赫若被蛇咬死」的「傳聞」，而且還有現場——鹿窟山區。因此，他後來在台東泰源監獄與「鹿窟案」農民蘇金英同房時，就提起這個「傳聞」來求證。聽說有個小說家跑到山上，後來被蛇咬死了是嗎？他問蘇金英。叫什麼名字？蘇金英反問林書揚。呂赫若。蘇金英說他沒聽過這個名字，但山上潮濕，蛇很多，是有過不少人被蛇咬死。他又強調說，他就曾經埋過一個被蛇咬死的外地人。這個外地人叫什麼名字？林書揚又問蘇金英。蘇金英說他已經不記得了。因為這樣，林書揚也不敢確定蘇金英所說的這個人，就是傳說進入鹿窟山區的呂赫若。儘管如此，他根據多年來陸續聽到的相關涉案人的說法，還是大膽斷定此人應該就是呂赫若。

安全局機密文件《歷年辦理匪案彙編》第一輯「匪鹿窟武裝基地許希寬等叛亂案」載稱，蘇金英是「鹿窟基地」吸收的「地方流氓」之一，由「台灣人民武裝保衛隊」的「安全小組」「運用」，以「盡力控制內部」（頁一六〇）。然而，由於他已經病逝多年，我也就不可能向他求證了。所幸，呂赫若臨死前在現場的證人還有陳春慶，以及不在現場卻聽過蘇金英講述這段經過的他的妻弟——李石城先生。

「呂赫若在鹿窟擔任非常重要的工作——無線電發報。發報機是老式的，約二百台斤重；必須接電才能發報。同時，為了逃避偵查，每發報一次，就要到隔一段距離遠的地方再發報。而且，白天不能行動，必須在晚上摸黑行動。我還幫他拿過手電筒呢。」李石城以一種與有榮焉的語氣對我訴說他曾參與的呂赫若的發報工作，接著又把他所聽到的呂赫若遇難的經過告訴我。「但是，鹿窟山上的蛇多，經常有人被蛇咬死。呂赫若就是在這種工作條件下被蛇咬的……」這時，一直安靜地坐在一旁聆聽的王文山插話說：「我爸爸就是被蛇咬死的。」李石城繼續說，「那天是辛卯年農曆五月廿三日。當天晚上，大溪墘的村民正忙著準備隔天迎媽祖（關渡二媽）繞境的年例。他在台陽煤礦附近，利用坑外運輸用一百五十馬力的捲揚機發報。發報之後，他剛扛起發報機要轉移時卻被毒蛇（據說是龜殼花）咬了。人家趕緊告訴住在附近略懂草藥的我姊夫蘇金英。這時，他正在殺豬，就說等他殺完豬立刻處理。可是，等他殺好豬前去處理時，藥性已過。不到三小時，呂赫若就死了。」

「那天晚上，我和陳本江及老蕭（劉學坤）在鹿窟那邊。聽到呂赫若被毒蛇咬到的消息，我和老蕭立刻趕去現場。」陳春慶也證實了多年以來的「傳聞」，並不勝惋惜地回憶述說了他所目睹的現場情況。「可是，我們趕到時，呂赫若已經意識不清了。他看了我一眼，還叫了兩聲『阿慶兄』，然後又向我說他想吃枝仔冰。聽他這樣說，我知道蛇毒已經侵入他的腦部，沒救了。果然，沒多久，他就斷了氣。我於是和老蕭、蘇金英和另一個村民，在蘇金英家菜園旁的空地上挖了一個坑，用一床草蓆把他的屍體包起來，就地埋葬。」

二〇二一年一月十五日下午七點十六分，呂芳雄先生突然通過微信傳給我四張題為「關於S同志遇難的報告」圖片，報告最後署名「一九五〇年十月五日蕭」。當時我正在北京舉辦「反殖民與台灣光復圖文展」，兩天後，抽空瀏覽了字跡不好辨認的報告手稿之後，隨手回信反問呂先生：有何證明S就是你父親呢？光是負責「收音工作」，不能為證，而且，「他媽的」不像是你父親的口語吧？隔天上午，他又發了兩張圖案一樣混沌的照片給我，一張應該是「戰後台灣政治案件：鹿窟事件史料彙編」新書發表會的傳單，另一張則是「戰後台灣政治案件：鹿窟事件史料彙編（一）」的封面，並解釋說「是國史館新書發表會的書這樣說的」。看到信息後，我又在第一時間回說：「我認為不一定是事實。還有，你父親會罵『馬鹿野郎』這種話嗎？」

同年年底，就在出版社決定本書書稿進入排版作業之時，我又重新校訂了一次書稿，並且仔細對照閱讀了幾遍那份報告的手稿與《彙編（二）》附錄的打字稿。基本上，我認為，因為報告並沒有確切指出S的身分，甚至連在山上使用的化名都沒有，所以報告所指的「S同志」不一定就肯定是呂赫若。儘管如此，因為在鹿窟山上被蛇吻而死的地下黨人沒有聽說有第二人，那麼，S應該也就是呂赫若了。這樣，呂赫若在鹿窟的具體工作就不是李石城聽說的發報，而是收聽新華社廣播，然後再編寫為內部教育用的時事材料。再者，報告裡頭出現的關鍵人物「慶同志」，《彙編》人員認為就是陳春慶，而其相關情節與陳春慶向我口述的內容大體一致。因此，儘管在沒有確切根據的情況下，我也同樣不敢說「慶同志」就是陳春慶，但也同樣認為應該就是他了。問題是他為何一直沒向我提到「蕭」也在犧牲的現場呢？這只能說當時我的問題關注點在呂赫若，而且對鹿窟基地的背景還是陌生的，也就沒有做好採訪的能力了。

國史館編修人員認為，這份報告的執筆者「蕭」，是在鹿窟化名劉學坤的大安印刷廠的工場長劉述生。根據應該是劉學坤在組織內部「備忘卡片」的「姓名暗號」欄載稱是「蕭石城」之故吧。（《彙編（二）．附錄》頁一二六九）其實，早在一九八八年十月第一次接受我的採訪時，陳春慶就談到在鹿窟被圍剿時犧牲（一九五三年一月十三日）的劉學坤最勇敢，說他化名老蕭，人稱蕭指導員，是客家人，原是師範學院搞學運的學生等等。後來採訪的大安印刷廠員工方阿運則以為，他和業務經理劉耀廷都是日本早稻田大學畢業生。但是，《鹿窟事件史料彙編》導言的「涉案人物分析」卻載，他是高雄人，學歷是日本商業學校（不知是否畢業）。根據「備忘卡片」自填資料，他出身貧農家庭，於一九四八年五月提出入黨申請，同年七月十三日宣誓，九月十三日被宣布為正式黨員，一九四九年十二月一日前來鹿窟基地。他的興趣是音樂和寫作，「解放後」選擇工作的「第一志願」是「文化工作，特別是新聞工作。」因此，就報告的文筆洗鍊與內容生動而推斷這是他寫的，應該沒錯。據其報告，這位負責「收音工作」

的S同志應該於一九五〇年八月廿六日在「ク（音Ku）點」（大溪墘蘇金英家）睡覺時遭龜殼花蛇侵吻，八天後不治身亡。病勢發展的具體經過如下：

八月廿六日：晚八時許，鹿窟「本部」得到S同志被蛇咬了的緊急報告。當晚十一點，蕭奉組織命令前往ク點，代理S的收音工作，途中慶同志交付蛇藥三種。

八月廿七日：凌晨二點左右，蕭與朱同志（周水）到達ク點。I（方金澤）、黃（王再傳）兩同志在場。S「橫擱著被蛇咬腫脹到二倍多的右手，躺在床上睡著」。I給他打了一針青黴素。三時半許，I、黃離開。S醒後，蕭問他怎樣被咬的。他說：「我打側睡時……」（說到這裡，大概被一陣激痛襲擊著，忽然皺起臉來，用上排牙齒緊咬著下唇，停著呼吸，哼了幾聲，看起來非常痛苦的樣子）隔一會兒才說：「我伸出手去，牠就咬來。」停一會兒，又說：「非常地痛呢！你知道嗎？」蕭安慰他，叫他忍耐些，並說ク是這裡一帶的蛇藥權威，所以絕對沒問題。蕭把茶給他喝。S要蕭拿毛巾揩他的臉後又開始睡了。上午九點，ク的兒子發來換藥。因為蕭說ク是這裡

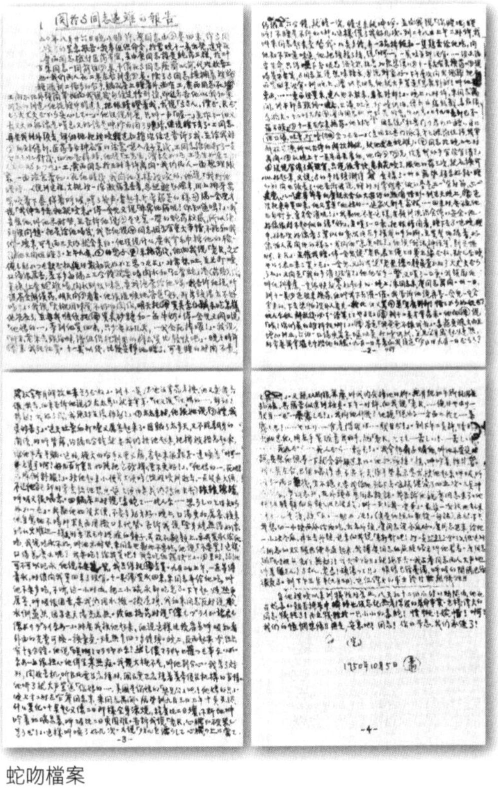

蛇吻檔案

一帶的蛇藥權威之故吧，S用日語向蕭〔老R〕說一開始他還以為要死了，現在得救了啊。但他「時常想吐，並且打噎，口渴很厲害，差不多每隔二、三分鐘就要喝開水和『紅骨蛇』湯（藥頭）。」晚上十一點以後，「比較安靜地睡了，可是睡的時間不長，約隔五、六分鐘就醒一次，醒過來就呻吟。」儘管如此，他還是體貼地催蕭好幾次去睡，說「不睡是不行的哪」。

八月二十八日：上午八點多鐘，蕭「弄一碗稀飯和一隻雞蛋給他吃，問他知不知道味道。他把頭搖了搖，說：『啊……，一點味道都沒有，……沒辦法，要生命，只得嚥下去呢！』語氣很粗魯和很悲傷。」十一點左右，ㄅ來換藥。下午，屢次問蕭說ㄅ的兒子添把蜜餞、砂糖和牛奶買回來沒有。到晚上仍未回來，就大聲罵「馬鹿野郎」！晚上，口渴、吐氣、打噎仍舊，傷部由痛轉酸，毒疱稍微漲大。

八月二十九日：患部已不痛不酸，但口渴、吐氣、打噎仍舊。十一點左右，ㄅ來換藥。他對來探視的領導や同志用日語抱怨，說因為杜魯門派美第七艦隊阻撓我軍解放台灣，所以他才有此大禍。晚上十一點半，ㄅ再來看他。他請ㄅ看他的手有沒有消？ㄅ沒說有消了或沒有，只說很奇怪，被龜殼花咬了，服他的藥三次，就應該可以好起來。他又說S的手指頭漸復原樣了。

八月卅日：病勢稍為好轉，睡的時間也較長了。醒來時告訴蕭說，經常做夢，夢見「五一」勞動節、「七一」建黨、「八一」建軍節等的慶祝大會和大遊行的熱鬧情形。晚上，又罵還沒把東西買回來的添說：「他媽的……這家人都是畜牲……回來時，要碰他幾句釘子，氣才會消呢！」蕭勸他要顧到組織全

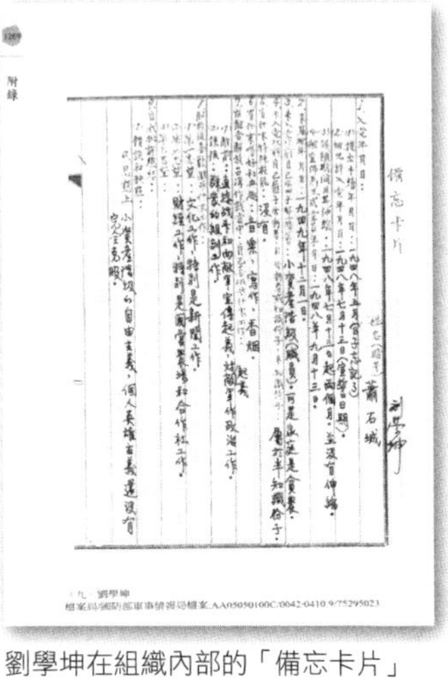

劉學坤在組織內部的「備忘卡片」

體的安全。他好像很對不起似的說好，並嘆了一口氣，把眼睛閉著，睡下去了。但睡時，好幾次好像受到驚嚇似的，突然用左手摸蕭的手和腳，並緊緊地握著，好像怕人離開的樣子。然後說他很「神經質」，要蕭別見怪，並催他睡。停一會兒，又用日語向蕭說他倆投緣，這個時候只有他過來，然後又問說他的臉色是不是很蒼白？沒事吧？手消了些沒有？他把右手一瞥，又嘆了一口氣。

八月卅一日：早上十一點，ㄅ還沒來換藥。他叫蕭下去催一催。蕭勸他再等一會，並說下去恐怕被外人看見。他於是用日語罵ㄅ道：「馬野鹿郎！真是個令人煩的傢伙，解放後一定要清算這些傢伙。」今日「毒疱更漲大，而且增加到五、六個，口渴更厲害，嘔、吐氣、打噎仍然，並且全身感起燒熱」，經常要蕭拿濕毛巾揩他的臉。

九月一日：早晨醒來即用日語問蕭，說今天是九月一日吧？解放軍是這個月來解放是吧？十一點，ㄅ還沒拿藥來換。他又要蕭去催。蕭回來告訴他說ㄅ太太馬上就拿來。他又說：「他媽的……移動！移動！我好了後，我絕對主張移動！」ㄅ太太來時，他跟她說：「ㄅ嫂，我真夠苦了。」這天，吐氣和打噎又厲害起來。因為躺久了背痛，約隔幾分鐘，就要蕭等扶他起來，半坐半躺，看著又重又痛的腫大的右手，艱苦地接連喚著：「啊……，這隻手啊！好幾百斤重！！如能把它砍掉，豈不更好！」「他媽的……，死吧！死掉倒舒服！」儘管如此，他仍然自覺地想通一通大便而要蕭他們扶他出去，踉踉蹌蹌，呼吸又很喘急，回躺床上時，用日語感嘆說他原來不知道毒蛇竟然這麼可怕。晚上，口渴更加厲害。因為小便麻煩，後來他自覺地不喝那麼多水，而用漱口來代替。他告訴蕭說「全身燒熱得好像躺在火堆邊一樣」。時常要濕毛巾揩臉和脖子，或放在額顱上。又不聽勸，要蕭買冰給他吃個痛快。

九月二日：上午，一直催問蕭冰買回來了沒有。十一點，添買回來了。他不聽勸，約一小時內，把二小碗冰都吃光了。下午起，燒熱更厲害，呼吸很困苦，要求用水撒一撒屋頂。換藥時用日語說：「我痛苦，你們比我更加痛苦呢。」時常要蕭扶他起來呼吸和看外面的光景。燒熱達四個多鐘頭。晚上，反轉發冷十多分鐘，自己用日語憂心說：「唉啊！是寒熱症嗎？但我應該沒得過啊。」蕭開收音機聽台北電台廣播對時，剛好國民黨正廣播美帝侵台機構的事情。他聽了就大聲罵道：「他媽的……美國是你媽的『契兄公』吧！他媽的！」

九月三日：上午，病勢並沒什麼變化。十點之後又全身滾燒，程度比昨日更壞，不斷地呻吟著和喘息著，呼吸更困難，用日語向蕭叫喚了好幾次，說「我的心臟好像要裂開了」「可不可以打濕毛巾放在我的心臟上」，又說雙腳很麻痺，叫蕭他們按摩他的腳。身軀和手腳亂碰亂磕，痛苦似已達到極點。下午一時許，用日語向蕭說他「可能還是不行了，已經暴露了。」蕭問他：「什麼？」他仍用日語自我批判說：「總之，就是各個方面暴露了有產階級的無用。」下午二時許，情形更加惡化，他用左手緊握著蕭的手用日語說他太痛苦了，如果他死了，一切就拜託蕭了。蕭拿起扇子搧他，叫他不要這麼說，安慰他說等一下就會舒服過來的。他把頭搖了搖，呻吟著、掙扎著，到三點左右，已經喘不過氣來了，作手勢要蕭扶他起來，呼吸了一兩口氣後，坐不穩，又要蕭給他躺下去。這樣繼續了四、五次。三點二十分左右，蕭告訴他說慶同志來了。他把眼睛朝向外頭（但已沒力氣）叫一聲：「喔！慶哥」。最後一次扶他起來呼一口氣後用日語說：「啊，舒服了！」（這是他說的最後一句話）再躺下去。

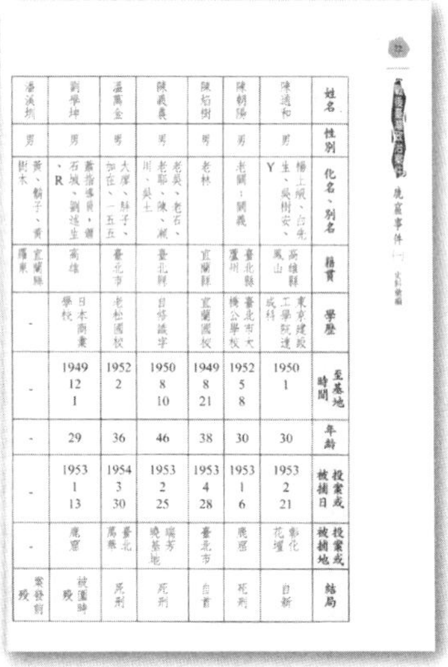

姓名	性別	化名、別名	籍貫	學歷	至基地時間	年齡	投案或被捕日	投案或被捕地	結局
陳通和	男	楊上航、白先生、吳樹安、Y	高雄縣鳳山	東京建設工學院建成科	1950 1	30	1953 2 21	彰化花壇	自新
陳朝陽	男	老闆、闊義	臺北縣瀛州	臺北市大橋公學校	1952 5 8	30	1953 1 6	鹿窟	死刑
陳砧樹	男	老林	宜蘭縣	宜蘭國校	1949 8 21	38	1953 4 28	臺北市	自首
陳義農	男	老吳、老石、老耶、陳、淵川、吳士	臺北縣	自修識字	1950 8 10	46	1953 2 25	瑞芳燒基地	死刑
溫萬金	男	大摩、胖子、加在、一五五	臺北市	老松國校	1952 2	36	1954 3 30	臺北萬華	死刑
劉學坤	男	蕭指導員、黃石城、劉進生、R	高雄	日本商業學校	1949 12 1	29	1953 1 13	鹿窟	被逮時殞
潘溪圳	男	黃、矮子、黃樹木	宜蘭縣羅東	-	-	-	-	-	案發前殞

《鹿窟事件史料彙編》的「涉案人物分析」

慶同志給他一小塊冬瓜，再向蕭說：「來打一針維他命吧！」但這時S同志的雙眼已經吊直起來。慶同志說：「大概無效了，無效了！我去連絡！」就跑下去。蕭與詹兩人用日語大聲叫著：「S桑！S桑！老S！挺住啊！」但他的眼睛已經渾濁，呼吸的間隔已經很長了。到了下午三點半，「這位偉大的鬥士終於壯烈犧牲！劉學坤充滿敬意地寫道，「自他被咬以來到犧牲時為止，八天和十二個小時期間裡，他在與蛇毒的艱苦搏鬥中，瞬時也沒忘記無產階級的革命事業，這樣偉大的同志犧牲了！而且犧牲於一只小小的毒蛇！憤慨！惋惜！啊！我們的悵惘悲傷！但是，安息吧！同志！你的鬥志我們承繼了！」

時間太久了。劉學坤與陳春慶之外，報告裡提到的幾個黨人，後來也有不同的下場：朱同志（周水）死刑。黃同志（王再傳）死刑。I同志（方金澤）不明。詹同志（張棟柱）自首。亡者已矣。不明者不知生死。自首者，時至今日，恐怕也不在人間了吧。因此，呂赫若的蛇吻公案就此可以定讞了吧。

尾聲
愛情像滿天的流星雨

已經感覺到夏天的氣息了，大自然的味道真好。想到了「風流」一語。

——呂赫若〔一九四三年三月十八日〕

一九四九年八月四日與家人的最後紀念照（呂芳雄提供）

按照李石城所說的農曆日期，那麼，呂赫若死難之日就是一九五一年六月廿七日了。按照一九五〇年十月五日「蕭」寫的「關於S同志遇難的報告」，則要提前到一九五〇年九月三日。顯然，情治單位並沒有掌握到這項情資。因此，我們看到，一九五一年十一月十七日，保安司令部發表的第一批尚未自首的「潛匪」名單，呂赫若仍然名列其中。但是，內容僅僅如下幾個字：「呂赫若，三十二歲，台中縣，台北歌手」。

這應該是目前可見關於呂赫若的最後一則官方訊息。一個不世出的一代才子，在官方的文獻記載就這樣「蓋棺論定」了。

但是，在他沒有確定落入特務的羅網之前，事情仍然無法塵埃落定。他周遭的親友也就無法正常生活。蘇玉蘭怕房子被沒收就賣了。她母親看她有錢，就叫她回去一起吃住。後來，錢用光了。她母親又不肯幫她照顧剛出世的兒子和還不會走路的女兒。她只好僱人帶小孩。可她賺的工資根本就不夠付保母費。她母親又要她把小孩給人再去嫁人。迫於現實生活的種種無奈，她最終不得不把女兒和兒子陸續送人領養，然後改嫁。除了痛苦的回憶，她和呂赫若的關係也就此了結了。

自從最後一面之後，回到社口的林雪絨也一直沒有呂赫若的消息。後來，她卻突然接到保安司令部通知，說呂赫若的案件已結案，要她前去處理一些手續。她於是獨自北上，在弟媳陪同下前往保安司令部。承辦人員說案件結束了，要求她簽字拋棄「大安印版所」的所有權狀。她別無選擇的簽字了事，同時試著問呂赫若的下落。對方卻反問她，說難道妳沒有聽說他在石碇山區被蛇咬死了嗎？一九五三年一月廿六日，為了避免情治人員一再的騷擾，她於是由村長保證，以「行蹤不明」的理由，依法把呂赫若遷出戶籍。儘管如此，長年以來，她內心還是盼望著哪天能再見到他的一線希望。一直到一九八八年十月廿八日，我由江漢津先生引見並轉述了陳春慶先生所言的死訊。她才不得不接受這個事實。

一週之後，十二月四日，我又由江漢津先生陪同引介，在台中市一家咖啡店與呂赫若的長公子芳卿及四公子芳甫見面。他們各自談了對父親的印象。然後我又告知採訪所得有關呂赫若遇難的經過，並轉達陳春慶先生願意帶他們兄弟前往現場挖尋屍骨之事，請他們兄弟決定後再聯繫具體日期。

十二月十一日，星期日，早上十點，我騎著機車來到陳春慶先生約定的大溪墘蘇金英先生兒子「蘇新添」的家。江漢津先生與呂赫若的六個公子及大女婿也分別從台中和台北各地準時趕來會合。我們隨即由陳春慶先生帶領，越過蘇家門前的公路，從水泥護欄缺口處沿著布滿藤蔓與雜草的野坡下到溪谷，捲起褲腳，小心踩踏溪水淙淙流過的大石頭的乾燥部位，涉越十幾米寬的野溪，進入綠蔭蔽天的樹林，一步一步，走向蘇家老屋的菜園舊地。陳先生憑著記憶來到一塊幾株雜木環繞堆滿落葉的空地，然後說應該就是這裡了。呂家兄弟雙手合十默拜，隨即按照陳先生的指示，分別用鋤頭或圓鍬，在半徑約兩公尺的範圍挖掘。泥土是濕軟的。應該是從前的菜地沒錯。但什麼都沒有。大家不甘心，於是繼續深挖，還是沒有。於是又在堆積一旁的泥土中撥翻尋找。仍然沒有。時間太久了，陳先生感嘆說，這裡又非常

省保安部發表首批名單

一九五一年十一月十七日名列保安司令部第一批尚未自首的「潛匪」名單。（攝自《聯合報》）

潮濕，也許骨殖都已經化泥了吧。呂家兄弟向父親在天之靈默悼，擲筊，然後循著原路離開現場。

我的尋訪呂赫若下落的工作至此也告一段落。

初識呂芳雄先生時，他曾經幾次在眾人聊起他父親的才情之時不滿地脫口說：「你們都說我父親多麼偉大，但是他留給我們的卻是整個社會長期以來的敵視與排斥。」後來，我觀察到，隨著他對父親及其背後的歷史的進一步認識，他對父親的態度也由不滿、理解而逐漸轉為認同，並且力所能及提供資料給各方研究者。儘管如此，在他寫於一九九九年八月的《追記我的父親呂赫若》，最後還是難忍時代給他們帶來的傷痛而委屈地寫道：「在熾熱又亮麗的『才子』光環下，父親走過他的人生，但卻留給他的家屬寒冷又黑暗的『冬夜』般的生活。」

一九八八年十二月十一日尋找呂赫若的終站。（藍博洲攝）

因為這樣，我經常想起林書揚先生初次和我談到呂赫若傳奇時提到的尾崎秀實（一九〇一─一九四四）。在二戰中，他因為「左爾格間諜事件」而以「人民公敵」之名被絞處。那是我第一次聽到尾崎的名字與事件。重點是，林先生說，在死囚牢裡，通過寫給妻子的信件，尾崎表白了他的理想與追求，後來並以《流星般的愛情》為題出版。林先生認為，呂赫若的一生就像尾崎一般有如滿天燦爛的流星雨。我想，應該也是這華麗而悲壯的意象，驅使我不可抗拒地去探尋呂赫若的生命軌跡吧。後來，我也在北京華夏出版社一九八八年出版，前蘇聯瑪．柯列斯尼柯娃和米．柯列斯尼柯夫的《龍潭虎穴裡的祕密戰鬥》中譯本，閱讀了左爾格與尾崎的相關材料，同時隨手抄錄了尾崎在《流星般的愛情》的部分自白。他寫道：「看來，職業革命者是不能有家庭的……我知道，不僅不考慮自己，而且毀掉妻女的幸福，從我來說這是極為殘酷的」。但是他「卻清清楚楚地看到了並不遙遠的未來。我被未來強烈地吸引著。我沒有時間考慮自己和自己的家庭。」因為他「完全相信，由於我把整個身心獻給了為我們的時代擺在我們面前的那些問題服務的事業，我也就是在為最高利益──我的利益和我家庭的利益服務了。」他強調，「仔細想來，我是一個幸福的人。隨時隨地我都遇到了人間愛情的表現。我回顧度過的一生時想道：照亮我一生的是如同現在在頭頂上輝耀的星辰一般的愛情……」（頁三七七─三七八、三六七）

有人說「一個民族是否有希望，要看他們能否仰望星空。」我想像著，當蛇毒侵入腦部而開始譫妄之際，如果矢志「救精神」的呂赫若還能像電影一樣快速而集中地瀏覽自己短短一生的風流畫面，從而總結一句告別人間的話語，那麼，他應該會如同尾崎那樣，望著滿天繁星而含笑讚嘆說：愛情像滿天的流星雨。

──二〇二〇年四月二日脫稿，二〇二二年一月十七日修訂，於五湖。

呂赫若年表

一九一四

• 農曆七月五日，生於日據台中州豐原郡潭子庄校栗林建成堂。原名呂石堆。次男。

一九二二

• 就讀潭子公學校。

一九二三

• 公學校二年級得優等獎童話集一冊，進入兒童文學世界。父親呂坤霖（一八八九—一九三七）與兄弟分家，另蓋建義堂。

一九二五

• 林寶煙娶堂姊呂阿葉。彰化二林蔗農事件。

一九二六

• 在銀行服務的叔叔呂坤瑞攜家往荷屬爪哇經商。台灣農民組合成立。

一九二七

• 台灣文化協會左右分裂，左派取得領導權並將本部移至台中。台灣民眾黨於台中成立。台中一中罷學事件。日本金融危機。改造社廉價版《資本論》熱銷。

一九二八

• 潭子公學校第一名畢業。考上台中一中與台中師範學校。遵父命就讀台中師範公學師範部普通科。身高一百四十六公分。

體重三十二點九公斤。台中師範罷學事件。

一九二九

- 台中師範學校第二學年。磯村老師啟蒙讀島崎藤村《千曲川速寫》。身高一百五十五公分。體重四十公斤。農曆十月七日，哥哥呂石墩在日本車禍死亡。林寶煙重建台共東京特別支部指導的學運組織「學術研究會」失敗後返台。

一九三〇

- 農曆二月十七日，母親陳萬里過世。台中師範學校第三學年。身高一百六十三公分。體重四十五點二公斤。閱讀《世界文學全集》、山川均《資本主義的詭計》、河上肇《貧乏物語》與《中央公論》、《改造》等雜誌。

一九三一

- 台中師範學校第四學年。身高一百六十七公分。體重五十一點二公斤。遇第二位文學啟蒙老師古澤，開始習作。

一九三二

- 台中師範學校第五學年。身高一百六十九公分。體重五十四公斤。在學校鋼琴獨奏。音樂成績九分（滿分為十分）。前往日本畢業旅行，在東京神田書店街蒐購馬克思主義書籍。

一九三三

- ・台中師範學校演習科（實習）。身高一百七十公分。體重五十六點八公斤。與林寶煙的妹妹林雪絨訂婚。經常向林寶煙借書。

一九三四

- 二月：父親再娶廖氏霧霞。
- 三月：台中師範第廿三名畢業（全班三十人）。取得公學校甲種本科正教員資格。與林雪絨結婚。分發新竹州峨眉公學校訓導。

・五月：台灣文藝聯盟在台中成立。
・秋天：〈暴風雨的故事〉投稿張文環主編《福爾摩沙》第三期，但未採用。
・十一月：台灣文藝聯盟機關誌《台灣文藝》創刊。
・十二月：《文學評論》截稿後收到〈南國風景〉。

一九三五

・一月：短篇小說〈牛車〉刊《文學評論》第二卷第一號。
・三月：長女愛琴出生。調任南投營盤公學校訓導。
・四月：廿一日中部震災。偽滿《滿洲報》文藝副刊「北風」連載中譯〈牛車〉十二回（廿三日至七月九日）。
・五月：短篇小說〈暴風雨的故事〉刊《台灣文藝》第二卷第五號。
・七月：短篇小說〈婚約奇譚〉刊《台灣文藝》第二卷第七號。
・八月：參加台灣文藝聯盟第二回大會並入盟。

一九三六

・一月：〈關於詩的感想〉刊《台灣文藝》第三卷第二號。
・三月：三至五日，〈文藝時評〉刊《台灣新民報》。
・四月：〈牛車〉（胡風譯）入選上海文化生活出版社譯文叢書《朝鮮台灣短篇集——山靈》。
・五月：短篇小說〈前途手記〉刊《台灣新文學》第一卷第四號。出席中師同學廖金照的婚禮。
・六月：〈文學雜感——兩種空氣〉刊《台灣文藝》第三卷第六號。吳新榮收「豐原呂赫若君寫來一信」。
・七月：長男芳卿出生。朝鮮舞蹈家崔承喜來台公演。
・八月：訪鹽分地帶吳新榮等文友並開文藝座談會。東京音樂學校聲樂科教授長坂好子女士在台北、高雄、台南、台中、新竹等地舉行獨唱會。短篇小說〈女人的命運〉、隨筆〈舊又新的事物〉刊《台灣文藝》第三卷第七、八合併號（終刊號）。
・暑假：赴日短期學習聲樂。

- 九月：日本海軍預備役大將小林躋造上任台灣總督，以「皇民化、工業化、南進基地化」作為殖民統治的三原則。

一九三七

- 四月：總督府禁用漢文。
- 五月：短篇小說〈逃跑的男人〉刊《台灣新文學》第二卷第四號。
- 六月：《台灣新民報》漢文版全廢。《台灣新文學》終刊（第二卷第五號）。
- 七月：日本發動侵略中國的蘆溝橋事變。
- 八月：台灣進入戰時體制。
- 十一月十九日（農曆）呂坤霖逝世。

一九三八

- 一月：次女田鶴子出生。
- 三月：調職潭子公學校。
- 七月：隨筆〈入山三題〉於《台灣新民報》連載（一至五日）。
- 十一月：日本發表建設東亞新秩序聲明。

一九三九

- 一月：三女緋紗子出生。
- 四月：〈父亡〉於《台灣新民報》「鄉土隨筆集」連載（十至十二日）。
- 十月：〈季節圖鑑〉作為《台灣新民報》學藝欄「新銳中篇小說特輯」第四篇開始連載（十六日）。
- 十一月：〈季節圖鑑〉第三十回結束（十五日）。樂評〈舒伯特歌曲論〉於《台灣新民報》連載（十九至廿八日）。

一九四〇

- 元月：短篇小說〈一根球拍〉刊《台灣新民報》（廿三日）。

- 二月：總督府強迫台灣人改換日本姓名。
- 三月：為上京故自願辭退公學校之職。
- 四月：短篇小說〈藍衣少女〉刊《台灣藝術》第二期。前往東京。入學下八川圭祐聲樂研究所，師事東音教授長坂好子女士。
- 五月：長篇小說《台灣的女性》第一回〈春的呢喃〉刊《台灣藝術》第一卷第三號。
- 七月：第二回〈田園與女人〉刊第一卷第五號。
- 八月：第三回〈花的表情〉刊第一卷第六號。入職歐文社編輯部。
- 九月：第四回〈在深山〉刊第一卷第七號。
- 十月：第五回〈是朝露嗎〉刊第一卷第八號。殖民當局公布執行《台灣籍民改日姓名促進要綱》。
- 秋天：李石樵引導參觀上野美術館慶祝展。
- 十二月：第六回〈西沉的落日〉刊第一卷第九號。退職歐文社。參加株式會社東京寶塚劇場演劇部。日比谷公會堂初登台。

一九四一

- 二月：《台灣新民報》正式改名為《興南新聞》。台灣文藝家協會改組為配合國策的文學統制機構。
- 四月：台灣皇民奉公會成立。
- 五月：劇評〈「陳夫人」的公演〉刊《興南新聞》〔二十至廿五日〕。
- 六月：隨筆〈我思我想〉與新詩〈謹呈陳遜仁君靈前〉刊《台灣文學》創刊號。創作〈訓導記〉〔未刊〕。
- 八月：短篇小說〈財子壽〉起稿。
- 十月：戶籍遷入東京中野區川添町十三番地。
- 十二月：太平洋戰爭爆發。

一九四二

- 一月：演出《大爆擊》、《黃鶯》、《卡門》。短篇小說〈財子壽〉脫稿。構思短篇小說〈月夜〉、〈鄰居〉與劇作《順德醫院》。〈拉青和八卦篩——結婚習俗的故事〉刊《民俗台灣》第二卷第一號。自許要多創作戲劇，為台灣的戲劇運動做貢獻。發現美的事物。認為歸根究底，描寫生活，朝著國策的方向去闡釋它，乃是沒有直接參與戰鬥者的文學方向。

- 二月：演出《卡門》、《大爆擊》、《奄美大島的新娘》、《夏威夷的晚鐘》。起筆〈鄰居〉。構思劇作《家風》〔改題為《百日內》〕與《聘金》〔二幕劇〕。〈月夜〉輟筆。自許要以劇作家立身，作為文學與音樂的結合點。
- 三月：演出《卡門》、《富士山》「軍歌戲」〔劇名未載〕。張文環退稿小說〈同宿記〉。翻譯《紅樓夢》。想寫更像台灣人生活的、不誇張的、有台灣色彩的小說而將已達三十張稿紙的〈月夜〉付之一炬。構思〈碗筷〉〔短篇小說〕、《順德醫院》〔第一幕〕、《七夕》〔喜劇〕。寫隨感〈新劇與關於台灣人觀眾〉。〈碗兩個筷子四支〉〔〈碗筷〉〕棄筆。自勉年過三十時要寫出偉大的長篇小說。
- 四月：棄筆《七夕》。唯恐沒有可以傳世之作。收到刊登〈財子壽〉的《台灣文學》第二卷第二號。對台灣文學界的混沌狀態失望而決定留在東京，但對「日劇」厭倦又決定還是非回台灣不可，正式向東寶辭職，誓言今後專事文學。構思三幕劇《父親逝世後》與四部曲半自傳性小說《鴻河堂四記》。到上野美術館看陳夏雨雕刻展。劇作《百日內》脫稿。起筆二幕劇《聘金》。殖民地台灣正式實施陸軍與海軍特別志願兵制度。
- 五月：退出株式會社東京寶塚劇場。棄筆《聘金》。帶著妻小返抵台灣〔十日〕。出席李石樵與黃朝清的台中文化界晚宴與茶話晚會。日本內閣情報局指導成立文學統制組織「日本文學報國會」〔簡稱文報會〕。自許從事文學是活著一定要走的路。
- 六月：叔叔呂坤瑞欲往南洋。次男芳雄出生。與王井泉、中山侑和張文環話及戲劇研究所。《台灣時報》邀稿短篇小說〈廟庭〉脫稿〔七至二十日〕。投入《台灣文學》無償編務。寫吳新榮〈亡妻記〉讀後感。起筆小說〈常遠堂主人〉。張星建等人勸進興南新聞社。
- 七月：與遠藤保子一起播放「軍國歌謠」。《台灣文學》第二卷第三號出刊，以「太公望」筆名撰寫「羅漢堂雜談」部分記事。出席《台灣文學》評論會、台灣文藝家協會大會、《民俗台灣》晚宴。劇評〈農村與青年演劇——評皇奉台北州支部青年演劇腳本集〉刊《興南新聞》〔二十日〕。
- 八月：邀請台中地區文友舉開《台灣文學》第四、五期合評座談會，親自記錄並整理後刊《興南新聞》〔十日〕。〈常遠堂主人〉擱筆。〈廟庭〉刊《台灣時報》八月號。台灣演劇協會委託撰劇本。《台灣文學》同人反對他進興南新聞社並勸留台北，與張星建商量辭謝興南新聞社。與中山侑和王井泉具體商議往後的戲劇計畫。起草興行會社組織大綱。

- 九月：遷移曾祖父等先人墳墓。戲劇隨感〈新劇與新派〉刊《興南新聞》（七日）。一幕七場喜劇《結婚圖》脫稿。短篇小說〈風水〉脫稿（十二—二十日）。重新起筆短篇小說〈鄰居〉。出席台灣文藝家協會月會、《台灣文學》新贊助人副島清港（張清港）贊助酒宴。去芝山巖惠濟宮抽籤求問將來以作家為生與移住台北之事。皇民奉公會文化部長林貞六希望他去該部工作。
- 十月：決定往後專注於作品寫下去。與堂弟如鵬給台灣演劇協會翻譯劇作《結婚圖》。〈鄰居〉刊《台灣公論》十月號。《台灣文學》第二卷第四號刊〈風水〉與太公望「羅漢堂雜記」。短篇小說〈谷間〉開筆。為曾祖父等先人洗骨。在陳逸松家茶會和蔡香吟獨唱。面見皇民奉公會文化部長林貞六。與台灣映畫株式會社老闆謝火爐合作創辦演劇會社，出席股東第一次懇談會，並以起草者身分說明創辦宗旨，不斷地寫劇團章程。以台灣人為主要對象的台北放送局第二放送正式開播。
- 十一月：擔任台灣演劇協會戲劇指導者講習會音樂鑑賞講師。第一次大東亞文學者大會（三至十日）。出席台灣藝術社「話台中」座談會、同音會演奏鑑賞、《台灣文學》編輯會議、台灣文藝家協會臨時大會。〈谷間〉廢筆。重新構思起筆短篇小說〈月夜〉。正式到台灣映畫株式會社上班（十九日）。全家遷居士林（廿六日）。
- 十二月：出席《民俗台灣》的台灣音樂欣賞之夜、《台灣文學》的中村哲教授新婚祝賀宴會、文藝家同好迎接日本陸軍報導班成員石坂洋次郎與上田廣的文藝座談會與晚宴、《台灣文學》關於明年度發展的編輯會議。與台灣映畫株式會社老闆談判決裂。〈月夜〉脫稿。構思小說〈富貴春〉。寫《台灣文學》投稿作品短評。廣播劇《林投姐》脫稿，在台北放送局播放。短篇小說〈合家平安〉開筆。讀紀德《偽幣製造者》，徬徨於通俗作品和純文學的歧路。自勉要一個接一個地寫，畢竟作品會起作用。清水書店王仁德約定翻譯《紅樓夢》。

一九四三

- 一月：送別磯江老師音樂會。觀看桃園雙葉會的戲劇《阿里山》。出席《台灣文學》編輯會議與中山侑餞別會。任職台灣興行統制會社新劇部新劇股〔二十日〕。公司交派劇本《高砂義勇隊》脫稿。張冬芳搬進隔壁二樓，同與士林演劇挺身隊賴曾商組第二放送劇團。在放送局廣播獨唱六首〔呂泉生編曲、指揮管絃樂伴奏〕。與張文環、王井泉、林摶秋等人商討以音樂與演講的形式舉辦《台灣文學》三週年紀念晚會。《台灣文學》第三卷第一號刊〈月夜〉與太公望「羅漢堂雜記」。

- 二月：廣播劇《演奏會》脫稿，在第二放送播放。導演士林演劇挺身隊廣播劇《韃靼漂流記》。在廣播劇《海路東征》演唱。開筆公司交派劇本《日本之子》。劇評〈阿里山——雙葉會的公演〉刊《興南新聞》〔十二日〕。在雙葉會台北公會堂公演《阿里山》開幕前登台演唱。賴曾找他籌組士林演劇研究會。公司任命為新劇合同會社籌設委員。出席興行統制會社新劇座談會、台灣文藝家協會月會、《台灣文學》編輯會議、戶川貞雄／丹羽文雄／庄司總一的夜談與演講會。中篇小說〈雙喜〉起筆。想要寫長篇作品，痛感有讀巴爾札克的必要而買全集。
- 三月：出席台灣演劇統制株式會社第一至三次創立委員會、台灣文藝家協會關於設立大日本文學報國會台灣分部的臨時大會、《台灣文學》歡迎戶川貞雄／丹羽文雄／庄司總一談話會、興南新聞社藝能（娛樂）文化研究所第一次籌備會。商議《台灣文學》改組為有限公司的事。起草台灣演劇會社創立宗旨書草案、業務大綱與章程。向台灣文藝家協會辦理日本文學報國會會員推薦手續。短篇小說〈合家平安〉脫稿。改寫公司《旬報》邀稿《台灣新劇的反省》。應吳天賞之邀寫《台灣音樂放送的意義》《再說音樂放送》刊《興南新聞》〔廿二、廿九日，署名「土角山」〕。小西園劇團委託寫布袋戲劇本《源九郎義經》〔又名《源義經》或《義經記》〕。在皇民奉公會台中支部娛樂競演會獨唱。
- 四月：用士林演劇挺身隊的成員做廣播劇。短篇小說〈一年級新生〉刊《興南新聞》〔四日〕。《源九郎義經》開筆。完成劇本《日本之子》。草擬厚生演劇研究會章程。感覺到《台灣文學》同人合不來。出席厚生音樂會第一次試聽會、厚生演劇研究會創立委員會、厚生演劇研究會成立大會，以及台灣文藝家協會臨時大會、台灣文學奉公會成立大會。台灣演劇合同株式會社的創立碰上難關。拒絕台灣總督府情報課囑託竹內治遊說去演劇協會即將發行的戲劇雜誌當編輯。〈合家平安〉刊《台灣文學》夏季號（第三卷第二號）。
- 五月：《興南新聞》刊〈觀台陽展〉〔三日〕、〈嗚呼！黃清呈夫婦〉〔十七日〕，葉石濤〈給世外民的公開書〉〔十七日〕點名批判張文環與呂赫若的作品沒有「皇民意識」。在台北放送局廣播獨唱義大利民謠〈我的太陽〉。希望今後的名片能印上「台灣文學編輯同人」。街頭小說〈約定〉在台北市區亭子腳展出。〈雙喜〉決定改題為「山峽記」而棄筆。思考在創作上要做一大轉變，文學運動的形態應該憑藉單行本。出席日本蓄音器商會可倫美亞的《台灣的音樂》唱片試聽會，深感重新認識台灣舊有的音樂是很有意義的。陳逸松希望他的創作是在文學上更具民族愛的作品。工藤好美希望他的作品將來朝追求美的事物或是有建設性的方向去發展。

- 六月：決定描寫美的事物。起筆短篇小說〈兄弟〉，改題為「血」，再改題為「流」。認為研究中國非為學問而是義務，是要知道自我。同時想寫回歸、立足於東洋的自覺的作品。想以社會為對象，描寫人的命運的變遷。想縮短自己與作品之間的距離，寫優美的小說。堅持要真實地、藝術性地寫生命久長的作品。廣播音樂劇《麒麟兒》前後篇完稿。交稿《源九郎義經》。想到短篇小說〈路〉的主題。與公司新劇部長理念不合衝突而想辭職。張文環勸他忍耐，並透露快要不能寫小說了。出席台灣文藝家協會評論隨筆部第一次評論作品會議、王昶雄婚宴並高歌祝福、《台灣文學》的臼井要與藤野雄士出征健行會。應陳泗治之邀去士林教堂唱歌。在台北放送局播唱「關於海的」歌謠。答應接受宋非我所組新劇團的諮商。
- 七月：再次體悟依賴雜誌的文學運動是非常態性的，應該藉由出版來完成慢工細活寫的作品。工藤好美勸他必須認識政治與政策、時代與時局之間的差別，並建議他研究歷史哲學。短篇小說〈流〉脫稿〔六月三日—七月二日〕，改題為「柘榴」，刊《台灣文學》第三卷第三號〔秋季特輯號〕。音樂劇《麒麟兒》在台北放送局廣播。在台北放送局廣播獨唱「『詩的朗讀』當中的……」。樂評〈關於音樂的文化性〉刊《興南新聞》〔十二日〕。答應王井泉和林摶秋之邀出演《巴達維亞城的暴風雨》主角，與厚生演員合念台詞。出席台灣文藝家協會評論隨筆部例會、台灣皇民奉公會國民皆唱運動預備會並被指派加入中央指導班、皇民奉公會勤勞產戰記座談會。婉拒日本文學報國會台灣支部理事會推舉為第二次大東亞文學者大會台灣代表。與陳逸松、王井泉、王仁德商討《台灣文學》經營方針及清水書局的出版事業。因為排版的事和張文環意見衝突，體認張總歸不是長於事務的人，為《台灣文學》的將來傷腦筋。勸文學停滯的張文環回鄉下。對張的性格開始感到失望而考慮自己出面，但看了同人散漫的態度後就沒那股勁了。讀杜斯妥也夫斯基傳記，自勉文學終究是苦難的道路，是和夢想戰鬥的道路。
- 八月：無條件遷出繼母的戶口。堂弟如鵬接到通譯徵召令。在皇民奉公會第一次國民皆唱大會演唱。與張文環會商如何克服《台灣文學》明年度將會碰到的暗礁而再感慨張文環實在令人傷腦筋。出席厚生音樂研究會演奏會、清水書店編輯會議。大木書房為出版《華麗島文學》邀寫短篇小說。重新構思〈路〉為〈清秋〉並起筆。隨筆〈處女作回憶——子曰空空如也〉刊《興南新聞》（廿三日）。

• 九月：厚生演劇研究會公演張文環原作、林摶秋編劇《閹雞》等戲。殖民當局公告昭和二十年度施行台灣徵兵制度。
• 十月：殖民當局頒布「台灣決戰體勢強化方案」。短篇小說〈清秋〉脫稿（八月七日—十月廿三日）。
• 十一月：《媳婦仔的立場》刊《民俗台灣》第三卷第十一號。〈財子壽〉獲頒台灣文學賞五百圓。街頭小說〈謠言〉脫稿，寄《興南新聞》。大木書房《台灣小說集》單行本收錄〈風水〉。出席台灣決戰文學會議。台灣音樂奉公會成立並在島內推動國民皆唱運動。林雪絨確診傷寒住院。
• 十二月：改調企畫部，專責編輯社訊。殖民當局命令《台灣文學》停刊。林雪絨出院。〈玉蘭花〉脫稿（十二—十六日），刊《台灣文學》第四卷第一期（終刊號）。與楊雲萍出席士林協志會主辦的青年學生聖誕晚會並獨唱。

一九四四

• 一月：訂定年度計畫：「出版回想風味的長篇小說《竹圍抄》，三百頁」與「完成長篇小說《建成堂記》（暫定名）的構想」。
• 二月：〈演劇教養的必要〉刊《興南新聞》（廿三日）。
• 三月：小說集《清秋》受主管機關審查後由清水書店「台灣文學叢書」出版。短篇小說〈山川草木〉脫稿（十七—卅一日）。
• 四月：全島六家報紙統合的《台灣新報》發行。〈前線報告——家有妻守著前線戰士更勇〉刊皇民奉公會中央本部《新建設》月刊第十九號。寫短篇小說〈順德醫院〉。
• 五月：〈山川草木〉刊台灣文學奉公會《台灣文藝》創刊號。〈順德醫院〉刊《台灣藝術》第四十九號。緋紗子確診腦炎住院。
• 六月：河野慶彥〈呂赫若論——關於作品集《清秋》〉刊《台灣時報》。《台灣文藝》第一卷第二號「台灣文學者總蹶起」專輯刊〈即使只是一個協和音〉。台灣總督府情報課訂定「派遣作家」計畫，被台灣文學奉公會派到台中州謝慶農場。

殖民當局發表《稠密都市住民疏散綱要》，指定台北、基隆、台南和高雄四市為必須疏散地區。緋紗子病逝。

- 七月：《台灣新報》附屬雜誌《旬刊台新》創刊。
- 八月：任職《旬刊台新》編輯部。被選任台灣文學奉公會理事會五名常務理事的唯一台灣作家。殖民當局公布台灣進入戰場狀態。決定妻小搬回校栗林老家。派遣小說〈風頭水尾〉刊《台灣時報》。
- 九月：改組後的台灣文學奉公會第一次理事會及《台灣文藝》編輯委員會，明確《台灣文藝》翼贊本島皇民文化宣傳的編輯方針，計畫刊行《產業戰士讀物》。三男芳傑誕生。
- 十月：起筆紀念緋紗子的小說〈星星〉。美國俯衝轟炸機群空襲台灣。殖民當局設立疏散指導部。
- 十一月：殖民當局嚴禁收聽短波廣播。
- 十二月：短篇小說〈百姓〉刊《台灣文藝》第一卷第六號。疏散校栗林老家。原台灣軍司令官安藤利吉繼任台灣總督。台灣總督府情報課刊行《決戰台灣小說集》「乾卷」。

一九四五

- 一月：《決戰台灣小說集》「坤卷」刊行，收錄〈風頭水尾〉。
- 七月：到台南佳里拜訪吳新榮等文友，前後住了四天三夜。
- 八月：日本無條件投降。林芳年回訪校栗林。
- 十月：在中央書局與三民主義青年團台中籌備處會見《民俗台灣》主編池田敏雄。中國戰區台灣省受降儀式在台北市中山堂舉行。

一九四六

- 一月：《人民導報》創刊。由蘇新介紹擔任記者。
- 二月：中文小說〈故鄉的戰事（一）——改姓名〉刊《政經報》半月刊第二卷第三期。
- 三月：中文小說〈故鄉的戰事（二）——一個獎品〉刊《政經報》第二卷第四期。
- 四月：參加台灣省記者公會。

- 六月：《人民導報》刊登據其調查改寫的高雄地主劣紳勾結警察壓迫農民的報導，引發所謂「王添灯筆禍事件」，並因編輯部改組而退出該報。台灣文化協進會成立。
- 七月：出席台灣文化協進會文學委員會第一回懇談會。蔡孝乾回台，台灣省工作委員會正式成立。
- 八月：出席台灣文化協進會音樂委員會第一回懇談會。陳文彬校長聘任建中音樂老師。
- 九月：台灣文化協進會音樂演奏會聘為籌備委員。出席第一、二次音樂演奏會籌備委員會。參與創辦《自由報》週刊。
- 十月：與吳新榮、蘇新夜談。中文小說〈月光光——光復以前〉刊《新新》月刊第七期。在台灣文化協進會光復週年紀念音樂演奏會男高音獨唱。出席音樂演奏會檢討座談會。
- 十一月：〈草山水源地參觀記〉刊《人民導報》（五日）。
- 十二月：出席台灣文化協進會音樂比賽大會籌備會，並獲聘為聲樂專門審查委員。

一九四七

- 一月：《新新》第二卷第一期刊其主持的「未婚女性座談會」記錄。出席台灣文化協進會音樂比賽大會第一次籌備委員會。
- 二月：中文小說〈冬夜〉刊《台灣文化》第二卷第二期。台北延平路緝菸槍響引爆二二八事變。
- 八月：擔任北一女音樂老師。應邀在台灣省交響樂團第十二次定期演奏的貝多芬第九交響樂第四樂章擔任男高音獨唱。
- 十一月：台灣民主自治同盟在香港成立。顏錦華經陳本江介紹入盟。
- 十二月：當選台灣省藝術建設協會候補理事。

一九四八

- 七月：辭去北一女教職。由陳本江、陳春慶監誓入黨。
- 九月：獲聘為台灣文化協進會第二屆全省音樂比賽大會籌備委員會評選委員。
- 十月：出席第二屆全省音樂比賽大會籌委會。出售建義堂房地。開設大安印刷廠。
- 十一月：出席第二屆全省音樂比賽大會第二次籌委會。
- 十二月：在台灣省音樂文化研究會主辦的第一屆音樂演奏大會演出。

一九四九

・一月：顏錦華介紹吳坤煌入盟。
・五月：吳坤煌介紹蕭坤裕給顏錦華並入盟。陳文彬因名列黑名單而逃離台灣。台灣地區開始實施軍事戒嚴令。
・八月：拍攝最後一張全家福照片（十四日）。陳春慶接獲指令在鹿窟正式成立「台灣人民武裝保衛隊」。保密局破獲所謂「光明報案」。
・九月：陳本江上鹿窟，其後安排呂赫若由村長陳啟旺的兒子陳田其帶上山。

一九五〇

・一月：戶籍從台北信義路三段遷回潭子校栗林老家。蕭坤裕被捕。
・三月：林永南被捕。
・八月：台灣省保安司令部軍法處裁定顏錦華等人判決。
・九月：一說蛇吻而死（三日）。

一九五一

・一月：台灣省保安司令部判決：全部財產除酌留其家屬必須生活費外沒收。辜顏碧霞有期徒刑十二年。林永南無罪。
・四月：林永南釋放。
・六月：二說在大溪墘蛇吻而死。
・十一月：保安司令部列入第一批尚未自首的「潛匪」名單。

一九五三

・一月：廿六日，林雪絨由村長保證，以「行蹤不明」之由，依法把呂赫若遷出戶籍。

文學叢書 679

愛情像滿天的流星雨

作　　者　藍博洲
總 編 輯　初安民
責任編輯　林家鵬
美術編輯　黃昶憲
圖片提供　藍博洲
校　　對　潘貞仁　藍博洲　林家鵬

發 行 人　張書銘
出　　版　INK 印刻文學生活雜誌出版股份有限公司
　　　　　新北市中和區建一路 249 號 8 樓
　　　　　電話：02-22281626
　　　　　傳真：02-22281598
　　　　　e-mail：ink.book@msa.hinet.net
網　　址　舒讀網 http：//www.inksudu.com.tw

法律顧問　巨鼎博達法律事務所
　　　　　施竣中律師
總 代 理　成陽出版股份有限公司
　　　　　電話：03-3589000（代表號）
　　　　　傳真：03-3556521
郵政劃撥　19785090　印刻文學生活雜誌出版股份有限公司
印　　刷　海王印刷事業股份有限公司

港澳總經銷　泛華發行代理有限公司
地　　址　香港新界將軍澳工業邨駿昌街 7 號 2 樓
電　　話　852-27982220
傳　　真　852-27965471
網　　址　www.gccd.com.hk

出版日期　2022 年 4 月　初版
ISBN　978-986-387-556-7
定　價　580 元

國家圖書館出版品預行編目資料

愛情像滿天的流星雨
／藍博洲著 --初版,
新北市中和區：INK印刻文學，
2022. 04 面； 14.8 × 21公分.（文學叢書；679）
ISBN 978-986-387-556-7 （平裝）
1.CST: 呂赫若 2.CST: 臺灣傳記
783.3886　111003105

舒讀網